티베트 사자의 서

Text copyright ⓒ 張宏實(Zhang Hong-shi), 2005
Korea language Translation Copyright ⓒ 2008 by Gimmyoung Publisher Inc
This translation is published by arrangement with 張宏實
throught Carrot Korea Agency, seoul.
All rights reserved.

그림으로 풀어낸 삶과 죽음의 안내서

티베트 사자의 서

THE TIBETAN BOOK OF THE DEAD

 파드마삼바바
장흥스 풀어씀 | 장순용 옮김

김영사

티베트 사자의 서 그림으로 풀어낸 삶과 죽음의 안내서

1판 1쇄 발행 2008. 11. 17.
1판 21쇄 발행 2025. 5. 20.

지은이 파드마삼바바
풀어쓴이 장훙스
옮긴이 장순용

발행인 박강휘
발행처 김영사

등록 1979년 5월 17일(제406-2003-036호)
주소 경기도 파주시 문발로 197(문발동) 우편번호 10881
전화 마케팅부 031)955-3100, 편집부 031)955-3200 | 팩스 031)955-3111

이 책의 한국어판 저작권은 저작권자와의 독점 계약으로 김영사에 있습니다.
저작권법에 의해 한국 내에서 보호를 받는 저작물이므로 무단전재와 복제를 금합니다.

값은 뒤표지에 있습니다.
ISBN 978-89-349-3220-8 03220

홈페이지 www.gimmyoung.com   블로그 blog.naver.com/gybook
인스타그램 instagram.com/gimmyoung   이메일 bestbook@gimmyoung.com

좋은 독자가 좋은 책을 만듭니다.
김영사는 독자 여러분의 의견에 항상 귀 기울이고 있습니다.

붓다의 제자들은 대부분 글자를 모른다.
붓다는 설법을 할 때 귀족이나 지식층의 언어를 쓰지 않고
제자가 알아들을 수 있는 언어를 사용하였다.
제자들에게도 남에게 설법할 때 일반적인 말을 사용하라고 하였다.

붓다는 법을 펼칠 때 어떤 형식에도 얽매이지 않고 가장 효과적인 방식을 선택하였다.
이 책은 도표와 그림 및 문자의 방식을 활용하여
불법과 관련된 지식이나 개념을 새롭게 해석하고자 한다.
그림은 금강저의 모양을 훨씬 명확히 알려주고
도표는 오방불이 지닌 사물 및 색상을 더 잘 설명한다.
윤회의 개념도 더 입체적이고 명확하게 전달한다.

붓다가 팔만사천 개의 법문을 사용하여 중생의 성불을 돕듯
이 책도 다양하고 입체적인 방식으로 붓다의 진리를 전달한다.

| 책을 내면서 |

쉽게 읽는 티베트 불교의 정수

그림으로 풀어낸『티베트 사자의 서』는 삶과 죽음의 문제에 대한 개인적 호기심에서 시작됐다. 티베트 불교미술 전시회에 참석했을 때 죽음에 관련된 신을 그린 탕카Tangka에 깊은 인상을 받았고, 그로부터 티베트 불교에서는 죽음의 가르침에 대해 왜 이토록 강조하는지 궁금해졌던 것이다. 궁금증을 풀기 위해 오래 전 읽었던『티베트 사자의 서』를 다시 읽기 시작했다.

흔히『티베트 사자의 서』라고 알려진 이 티베트 경전의 원제목은 '바르도 퇴돌', '중음에서 가르침을 듣는 것으로 해탈을 얻는 위대한 법'이라는 뜻이다. '중음'이란 고대 티베트 사람들이 묘사하는 죽음의 단계이다. 이 경전은 죽음의 모든 과정을 상세히 기술하는 한편, 염송과 그를 듣는 방식으로 평온한 죽음을 맞을 수 있도록 도와주는 책이다. 최초에는 구전口傳의 방식으로 전해지다가 몇 세기 전에 비로소 문자로 기록되었고, 20세기 초에 티베트어에서 영어로 번역되어 세계에 전파되었다.

이 방대한 불법 지식을 대할 때 가장 고민스러운 부분은 생활에 가까운 언어와 방법으로 불교의 지식을 전파할 수 없는지, 종교적 어휘의 제한과 장애를 제거해서 쉽게 어휘 배후의 뜻을 깨닫게 할 수 있는 방법은 없는지 이다.

더욱 정확하고 완벽한 해설을 위해 다양한 판본을 비교 분석하는 작업을 하는 과정에서 놀랍게도 여러 판본에서 번역의 착오와 혼란이 발견됐다. 몇몇 잘못은 명백한 오역이었으며 잘못된 판본이 수정되지 않은 채 계속 사용되는 경우가 많았다. 특히 5대와 5온의 순서, 신들의 방위와 색상, 공행모空行母와 분노하고 동물머리를 한 여신들의 명칭 등에서 주로 오류가 발견됐다.

이러한 오류를 판본 분석과 비교를 통해 수정해나가는 한편, 마인드맵 방식을 사용하여 죽음과 환생의 계통도를 그리고, 문자 서술이 아닌 시각 자료를 사용하여 설명하는 방법을 고안했다. 수많은 신의 방위, 색상, 나타나는 시기 등은 도표로 정리했다. 이런 시도는 독자의 혼란을 방지하고 방대하고 혼잡한 정보를 기억하는 데 큰 도움을 주었다.

   이와 같이 '그림으로 풀어내는圖解' 작업을 통해 더욱 정확하고 결정적인 어휘를 사용하고, 추상적인 개념을 구체적인 삽화로 표현하고, 문자의 흐름을 그림과 도표의 흐름으로 전환할 수 있었다. 그림으로 풀어낸 『티베트 사자의 서』는 중음의 과정을 한 눈에 살필 수 있는 진정한 '사망지도'의 역할을 할 것으로 기대한다.

장훙스張宏實

그림으로 풀어낸 『티베트 사자의 서』

주제를 표방하는 말
본문에서 탐구, 논의되고 있는 주제.

장章의 명칭과 번호
이 책의 내용은 다섯 장으로 나뉜다. 숫자는 해당 문장이 소속된 장章 아래 배열된 순서의 번호이다.

핵심문장
핵심 문장을 파악해야 해당 문장의 정수를 완전히 이해할 수 있다.

투생 중음 | 태胎에 들어가 환생하는 것을 어떻게 피할 것인가?

11 태의 문을 닫기

생전에 닦아 지님修持이 모자라고 선정 수행이 성숙하지 못한 망자의 영은 육도의 업력이 이끄는 유혹을 거절할 수 없어서 계속 방황하다가 자궁의 입구, 즉 태胎문의 문이 있는 곳에 이른다. 따라서 태의 문을 닫는 것이야말로 이 순간에 가장 중요한 일이다.

환생할 나라의 광경들이 망자의 영 앞에 나타난다

이때 업력의 이끌림으로 인해 망자의 영이 갖는 감각은 자기가 위로 올라가지 않으면 아래로 내려가거나, 혹은 수평의 방향으로 움직이는 느낌을 갖는다. 이 순간 관세음보살을 관상해야 하니, 반드시 이 점을 기억하라. 망자의 영은 소용돌이 바람, 폭풍, 눈보라, 우박을 겪고, 그리고 어둠속에 포위되어 사람들에게 쫓기면서 끊임없이 도망을 간다. 공덕을 쌓지 못한 사람은 고통을 느끼는 곳으로 도망을 간다. 반대로 착한 업을 쌓은 사람은 기쁘고 즐거운 곳에 이른다. 뒤이어 환생할 나라의 광경이 하나하나 면전에 나타나니, 따라서 망자의 영에게 아래의 가르침을 자세히 듣고서 심식心識이 절대로 헤매지 말라고 청하라. 설사 앞서 서술한 가르침을 깨닫지 못해서 여기까지 온 열심히 수행하지 않은 사람일지라도 이 참모습을 체험해 인식할 수 있다.

태에 뛰어드는 것을 피하는 두 가지 중요한 법문

그러므로 자세히 귀 기울여 들으라. 망자의 영이 태에 뛰어 드는 것을 피하는 방법은 두 가지가 있다. 첫째, 망자의 영이 태의 문으로 달려가는 것을 막는 것이고, 둘째, 들어갈 수 있는 태의 문을 닫는 것이다.

망자의 영이 태의 문으로 달려가는 것을 막는 방법

자신의 본존수호신을 뚜렷하게 관상하면서 마음에 그의 형상을 떠올린다. 그 형상은 마치 물속에 비친 달처럼, 허망한 환각의 형상처럼 실제적인 형체가 없다. 만약 개인적인 본존수호신이 없다면 관세음보살을 관상하라. 본존수호신을 관상한 형상이 '밖'에서 '안'으로 점점 공空으로 화하게 한다. 그리고 다시 어떠한 대상도 포함하지 않는 방식으로 청정한 빛과 텅 빈 공성을 관상하라.¹ 다른 번역에서는 '불가득不可得의 밝음-공을 관하여 닦으라'고 한다. 이것은 더없이 심오한 법문이니, 법에 의거해 닦아 익히면 곧 태에 들어가는 것을 피할 수 있다.

218 티베트 사자의 서

도해 圖解 에서 표방하는 말

본문에서 논의되고 있는 요점을 도해하고 분석해서 독자의 이해가 깊어질 수 있도록 돕는다.

호기심 박사

'자비'와 '지혜'라 부르는 이 책의 두 분 호기심 박사.

나는 호기심 박사 '자비'예요, 여러분이 제기한 문제를 전문적으로 돕는답니다.

나는 호기심 박사 '지혜'인데, 문제에 답하는 것을 가장 좋아합니다.

망자의 영이 태에 뛰어드는 것을 막는 방법

이 방법은 어떤 태문으로도 들어가지 말라는 것이에요!

이 다섯 개의 문을 닫으면 들어갈 수 없어요.

방법 1
망자가 태문으로 달려가는 것을 막는다.

1. 망자의 영은 본존수호신의 형상을 마치 물에 비친 달처럼 똑똑하게 관상한다.
2. 본존수호신이 없으면 관세음보살을 관상한다.
3. 관상한 본존수호신의 형상이 '밖'에서 '안'으로 점점 공☆으로 변하게 한다.

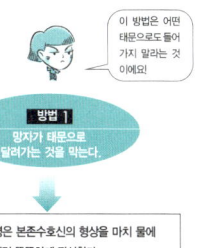

4. 어떤 대상도 포함하지 않는 방식으로 청정한 빛과 공성을 관상한다.

방법 2
태의 문을 닫는다.

첫 번째 — 순수하고 청정한 착한 생각을 갖는
두 번째 — 사랑의 행위를 하는 남녀를 스승으로 본다.
세 번째 — 애욕과 미움의 정서를 버린다.
네 번째 — 실재가 아닌 환영으로 본다.
다섯 번째 — 청정한 빛을 명상한다.

도표

반드시 읽는다. 경전 속의 은밀하고 혼란스런 서술을 도표의 방식으로 명확히 드러낸다. 이곳이 해당 내용의 정수가 있는 곳이다.

삽화

비교하기 어려운 추상적 개념을 구체적인 그림을 운용해 표현함으로써 독자에게 원뜻을 충분히 이해할 수 있도록 하였다.

본존수호신이 없을 때 왜 관세음보살을 관상해야 하는가?
본존수호신은 밀교의 특별한 신이다. 이 신은 요가 수행자가 태어나면서 대동하는 깨달음을 얻을 수 있는 본질을 대표한다. 일반적으로는 수행자의 스승이 선택해준다. 선택 기준은 개인의 특징과 관련된 수행법에 따른다. 관세음보살은 중생의 습성에 적합하기 때문에 특별한 본존수호신이 없을 때는 반드시 관세음보살을 본존수호신으로 삼아서 관상해야 한다.

특별히 주의할 점

혼동하기 쉬운 개념이나 자주 오해를 받고 있는 관념에 대해 특별히 설명하였다.

차례

책을 내면서 | 쉽게 읽는 티베트 불교의 정수 · 6
그림으로 풀어낸 『티베트 사자의 서』 활용법 · 8

1 기본인식

1. 죽음의 여정을 인도하는 지침서 | **티베트 사자의 서** · 16
2. 『중음에서 해탈을 얻는 법』의 저자 | **파드마삼바바** · 18
3. 파드마삼바바의 전기 | **우디야나국 왕자에서 티베트 불교의 교주까지** · 20
4. 『중음에서 해탈을 얻는 법』을 발견한 사람 | **티베트의 테르퇸 카르마 링파** · 22
5. 이 경전을 사용하는 목적 | **조용히 죽음과 직면한다** · 24
6. 『중음에서 해탈을 얻는 법』의 번역자 | **다와삼둡에서 초감 트룽파까지** · 26
7. 티베트 문자의 탐색 | **중음** · 30
8. 중음의 유형 | **여섯 가지 중음** · 32
9. 생전, 임종, 그리고 사후 | **티베트 불교의 해탈 경로** · 34
10. 해탈해서 가는 아름다운 곳 | **정토** · 36
11. 죽음의 과정을 거치는 주인공 | **의식** · 38
12. 죽음의 경계에서 가장 큰 영향력 | **업력** · 40
13. 죽음의 과정에서 출현하는 신 | **붓다, 보살, 그리고 분노의 존자들** · 42
14. 죽음의 경계가 변화하는 패턴 | **빛, 색상, 소리** · 44
15. 죽음의 험난한 경계 속의 법보 | **생명을 구원하는 묘법** · 46

2 임종 중음

1. 임종자의 벗이 알아야 하는 | **『중음에서 해탈을 얻는 법』 독송 방법** · 50
2. 독송자가 반드시 알아야 할 | **독송 절차** · 52

3. 임종자를 데리고 임종 중음으로 안내한다 | **큰절을 하면서 귀경문 독송** · 54
4. 죽음의 징후가 하나하나 나타나다 | **5대의 분해** · 56
5. 해탈의 첫 번째 시각 | **청정한 빛을 보다** · 60
6. 시간의 길고 짧음은 사람마다 다르다 | **첫 번째 청정한 빛의 시간은 얼마나 긴가?** · 62
7. 청정한 빛을 깨닫는 시기 | **생명의 바람이 중맥으로 모이다** · 64
8. 임종자의 의식이 신체를 이탈하는 비밀 기법 | **사자가 누워 있는 자세** · 66
9. 정토로 의식을 이전하는 방법 | **천식법을 시작하다** · 68
10. 세 가지 의식 상태 | **누가 청정한 빛을 보는가?** · 70
11. 청정한 빛을 체험하는 방법 1 | **대수인의 깨달음을 체험한다** · 72
12. 청정한 빛을 체험하는 방법 2 | **보현 붓다아버지와 붓다어머니를 체험한다** · 74
13. 의식이 거의 육체를 이탈하다 | **임종자는 정환신 상태에 들어서다** · 78
14. 정환신의 시험 | **두 번째 청정한 빛을 보다** · 80
15. 청정한 빛을 체험하는 방법 3 | **모자 실상이 만남을 체험한다** · 82
16. 심념의 본성을 깨닫는 순간 | **홍색과 흰색 명점의 결합** · 84
17. 심념의 본성을 깨닫는 두 가지 선정 방법 | **유상 선정과 무상 선정** · 86
18. 임종 중음 | **즉신성불을 위한 가장 좋은 기회** · 88

3 실상 중음

1. 실상 중음에 들어가다 | **진정한 죽음의 시각이 오다** · 92
2. 실상 중음에 들어가기 전의 간곡한 부탁 | **마음을 집중하여 중음의 가르침을 듣는다** · 96
3. 망자의 영이 볼 수 있는 신들 | **적정 존자, 적분 존자, 분노 존자** · 98
4. 생명 원소가 다시 한 번 출현 | **5온과 5대의 출현** · 102
5. 첫째 날의 시험 | **대일여래 붓다아버지와 붓다어머니의 현현** · 104
6. 둘째 날의 시험 | **금강살타 아촉여래 일족의 현현** · 110
7. 셋째 날의 시험 | **보생여래 일족의 현현** · 116
8. 넷째 날의 시험 | **아미타불과 그 일족의 현현** · 122
9. 다섯째 날의 시험 | **불공성취 붓다와 그 일족의 현현** · 128
10. 여섯째 날의 시험 | **적정 존자들이 일제히 나타나다** · 134

- 11. 일곱째 날의 시험 | **지명주존이 나타나다** · 144
- 12. 중음의 각 단계에서 영향을 미치는 요소 | **생전의 밀교 수행** · 152
- 13. 여덟째 날의 시험 | **대영광 헤루카 붓다아버지 붓다어머니의 현현** · 158
- 14. 아홉째 날의 시험 | **금강부 헤루카 붓다아버지 붓다어머니의 현현** · 162
- 15. 열째 날의 시험 | **보부 헤루카 붓다아버지 붓다어머니의 현현** · 164
- 16. 열하루 째 날의 시험 | **연화부 헤루카 붓다아버지 붓다어머니의 현현** · 166
- 17. 열둘째 날의 시험 | **업부 헤루카 붓다아버지 붓다어머니의 현현** · 168
- 18. 열셋째 날의 시험 | **공포의 분노 여신을 만나다** · 172
- 19. 열넷째 날의 시험 | **동물 머리의 여신들이 그대를 싸고 둥글게 돈다** · 176
- 20. 최후의 가르침 | **중음의 가르침의 강력한 힘을 믿어라** · 186

4 투생 중음

- 1. 망자의 영의 상태 | **마치 형태가 있는 몸을 지닌 듯하다** · 190
- 2. 투생 중음에 들어가기 전 | **세 가지 중요한 부탁** · 192
- 3. 일상을 초월하는 감각 기관 | **신통력** · 194
- 4. 경고와 대책 | **신통력을 탐내거나 집착하지 말라** · 196
- 5. 투생 중음의 시험 | **일곱 가지 험난한 경계의 환영** · 198
- 6. 명계의 심판 | **선악의 대심판** · 206
- 7. 심판의 대응 방법 | **일체는 모두 공성이다** · 208
- 8. 자신의 장례를 본다 | **심념이 이르는 곳마다 감응한다** · 212
- 9. 장례 의식을 행하는 태도 | **마음속에 기쁨과 착한 생각을 간직하라** · 214
- 10. 내생의 몸이 명백히 드러나다 | **육도의 업력이 망자의 영의 투생을 유혹한다** · 216
- 11. 태에 들어가 환생하는 것을 어떻게 피할 것인가? | **태의 문을 닫기** · 218
- 12. 첫 번째 태를 막는 방법 | **순수하고 청정한 착한 생각을 견지하라** · 220
- 13. 두 번째 태를 막는 방법 | **사랑의 행위를 하는 남녀를 스승으로 보아라** · 222
- 14. 세 번째 태를 막는 방법 | **애욕과 미움의 정서를 버려라** · 224
- 15. 네 번째 태의 문을 막는 방법 | **실체 없는 환영으로 본다** · 226
- 16. 다섯 번째 태의 문을 막는 방법 | **청정한 빛을 관조하는 법** · 228

17. 음양의 세계를 소통하는 열쇠 | **망자의 영의 심식은 생전의 9배이다** · 230

18. 태에 뛰어드는 것을 막을 수 없다면 | **뛰어들어 갈 태의 문을 어떻게 선택하는가?** · 232

19. 윤회의 세계 | **육도의 광경** · 234

20. 가장 위험한 상황 | **목숨을 노리는 악귀가 와서 복수한다** · 236

21. 목숨을 노리는 악귀에게 대응하는 방법 | **다섯 가지 필승 법문** · 238

22. 마두명왕을 관상한다 | **천식으로 정토에 태어난다** · 240

23. 마지막에는 태에 뛰어들 수밖에 없다 | **태의 문을 신중히 선택하라** · 242

24. 마지막 순간의 반전 | **축생도에서 인도로 환생할 기회** · 244

맺음말

1. 근기가 다른 해탈 법문이 있다 · 246

2. 들음은 신기한 힘의 열쇠이다 · 248

3. 망자의 가족과 독송자에게 주는 마지막 부탁 · 250

부록

죽음의 과정을 보여주는 지도 · 252

주요 영역본 소개 · 258

주요 영역본과 적합한 독자 · 260

주요 영역본 깊이 알기 · 262

『중음에서 가르침을 듣는 것으로 해탈을 얻는 위대한 법』 · 268

옮긴이의 말 | 죽음을 이해해야 삶이 바로 선다 · 326

이 장의 도해 圖解

책 제목의 해석 17 | 제2의 붓다, 파드마삼바바 | 티베트 불교의 첫 번째 전기 21 | 테르퇸이 보물 곳간을 발굴하게 된 연원 23 | 이 경전이 필요한 사람 25 | 구역본과 신역본의 차이 27 | 초감 트룽파 린포체와 신역본 29 | 신비한 중음 31 | 여섯 가지 중음의 탐구 33 | 세 가지 해탈의 경로 35 | 세 가지 정토 37 | 죽음의 과정 속에 나타난 의식의 변화 39 | 죽음의 과정 속에 나타난 업력의 변화 41 | 112명의 중음 신들 43 | 죽음의 과정 속에 나타나는 소리, 빛, 색 45 | 위험을 평화로 바꾸는 세 가지 방법 47

1

기본인식

죽음의 여정을 떠나기 전에 반드시 알아야 하는 것

열쇠가 되는 용어는?	중음, 경청
이 경전의 목적은?	해탈을 얻어 윤회를 벗어난다.
핵심 인물은?	파드마삼바바, 카르마 링파
죽음의 여정에서 주역은?	의식
죽음의 여정에 끼치는 영향력은?	업의 힘
죽음의 여정에서 나타나는 광경은?	여러 신들과 빛, 소리

기본인식 1 | 죽음의 여정을 인도하는 지침서
티베트 사자의 서

『티베트 사자의 서』는 본래 티베트의 '삶과 죽음을 논한 경전'이다. 여기에는 죽음의 세계와 윤회전생 시기의 갖가지 모습이 상세하게 서술되어 있는데, 이는 '또 다른 세계'로 안내하는 가이드이며 여행자는 육신이 없는 의식체意識體이다.

이 책은 『The Tibetan Book of Dead』(London:Oxford University Press, 1927)를 저본으로 삼았다. 이 책은 『서장도망경』, 『서장중음도망경』, 『중유문교득도밀법』, 『중음구도밀법』 등등 여러 가지 제목으로 알려져 있지만, 이 중에서 '중음에서 가르침을 듣는 것으로 해탈을 얻는 위대한 법'이란 뜻을 가진 『중음문교구도대법 中陰聞敎救度大法』이 원전의 티베트 언어인 '바르도 퇴돌 bardo thotrol'의 원뜻과 가장 가깝다.

그러나 일반 사람들은 『티베트 사자의 서』라는 제목을 더 쉽게 이해했고 '죽음'과 '재생'을 이야기한 책이란 걸 금방 알 수 있었다. 그래서 『티베트 사자의 서』를 제목으로 선택하는 한편, 책 내에서 이 경전을 일컬을 때는 티베트어의 원뜻에 비교적 부합하는 『중음에서 가르침을 듣는 것으로 해탈을 얻는 위대한 법』으로 부르기로 한다.

이 책의 목적은 죽음에 다다른 사람과 이미 사망한 사람, 그리고 곁에서 이를 지켜보는 가족들을 인도하고 도와주는 것이다. 독송讀誦을 통한 이 방식은 망자亡者의 영靈을 도와서 죽음의 과정을 안온히 지나게 하고 육체가 무너지는 두려운 경계를 편안히 넘어가게 한다. 이 경전을 읽어주는 **최고의 상태**는 거의 죽어가거나 방금 죽은 사람이 이 경전을 듣고 광명을 보고 생사윤회를 초월해서 열반과 해탈의 원만한 경계에 들어가는 것이다. 아니면 **적어도** 편안한 죽음과 안정된 재생의 목적에 도달하게 한다.

『중음에서 가르침을 듣는 것으로 해탈을 얻는 위대한 법』이하 「중음에서 해탈을 얻는 법」으로 부른다은 처음 서양에 출현한 이래 근대 종교와 심리학에서 중요한 위치를 차지하고 있다. 19세기 말엽, 서양 과학의 눈부신 성과로 사람들은 종교(특히 기독교)에 대해 신앙과 신심을 잃었다. 신지학神智學과 신비학神秘學이 일어나면서 어떤 사람들은 **동양으로** 방향을 틀어 정신의 해탈을 추구했는데, 이 경전은 그중에서도 가장 귀중한 책으로 여겨졌다. 특히 제1차 세계대전을 거치면서 정신과 마음의 세계를 추구하기 시작했고, 게다가 죽음과 재생의 문제에 관심을 기울이면서 그동안 거의 알려지지 않았던 한 권의 책이 마음을 지도하는 유명한 교법敎法이 되는 동시에 티베트 종교에 관심을 기울이도록 미국과 유럽에 영향을 끼쳤다.

책 제목의 해석

『중음에서 가르침을 듣는 것으로 해탈을 얻는 위대한 법』은 죽음의 과정 속에서 듣는 것만으로도 해탈을 얻는 위대한 교법이란 뜻이다. 글자의 뜻은 다음과 같이 설명할 수 있다.

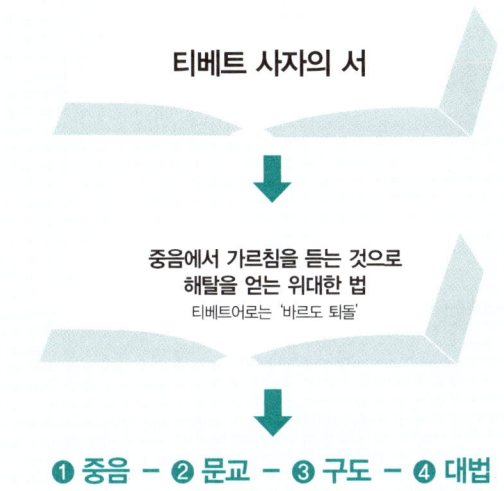

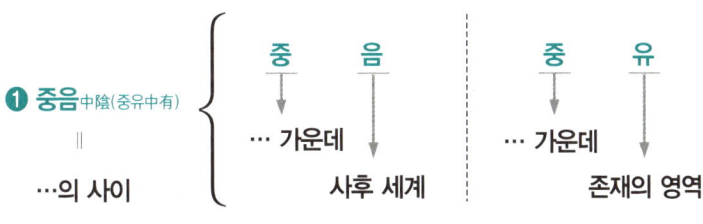

죽음의 시작부터 환생에 이르는 중간 과정의 시간을 가리킨다.

❷ **문교**聞敎 = 듣는 방식으로 임종하는 자를 인도한다.
❸ **구도**救度 = 해탈 = 임종하는 자가 해탈을 얻도록 돕는다.
❹ **대법**大法 = 위대한 교법 = 가장 깊은 가르침.

| 기본인식 2 | 『중음에서 해탈을 얻는 법』의 저자 |

파드마삼바바

『중음에서 해탈을 얻는 법』은 파드마삼바바가 세상 사람에게 전해준 광대한 교법 중의 일부이다. 내용은 사후 경계境界의 여행 가이드로서 스승이나 선지식善知識을 얻은 사람이 다른 이가 임종할 때나 죽은 뒤에 읽어주는 것이다. 파드마삼바바의 한역漢譯은 연화생대사蓮花生大師이다.

8세기에 살았던 인도의 고승 파드마삼바바

티베트 전설에 의하면, 『중음에서 해탈을 얻는 법』을 보존하기 위해서 책을 비밀리에 숨겨 두었다가 때가 되면 세상에 공개할 수 있도록 했다고 한다. 이 『티베트 사자의 서』는 파드마삼바바의 저작 중 하나이다. 파드마삼바바는 밀교의 유명한 승려로 대략 8세기에 살았던 인도인이며, 원래는 우디야나국의 왕자였다. 우디야나는 수많은 불교 서적에서 오저연나烏底衍那로 번역되었으며, **파키스탄** 인더스 강 상류와 그 지류인 스와트 강 일대를 말한다. 석가모니 붓다처럼 파드마삼바바도 왕자의 신분을 버리고 승려가 되었으며, 티베트 사람들은 파드마삼바바를 우디야나 대덕大德, 혹은 우디야나 대사라고 존칭한다. 티베트 불교 중의 비밀 교법은 파드마삼바바와 뗄래야 뗄 수 없는 관계이다. 그는 밀교 역사상 첫째가는 대성취자大成就者로서 무한한 신통력과 법력을 갖추었다는 전설이 전해진다. 티베트 사람은 그를 문수보살, 금강수보살, 관음보살의 세 존자尊者가 합일한 화신化身으로 믿고 있다. 어떤 경전에서는 파드마삼바바를 제2의 붓다로 칭하는데, 이는 **석가모니 붓다의 뒤를 이어서 인간 세상에 출현한 두 번째 붓다라는 의미이다.**

후세의 발굴을 기다리다

파드마삼바바가 남겼다는 아주 뛰어난 비밀 교법들을 오늘날까지도 여전히 티베트 각지에서 볼 수 있다. 주로 바윗돌이나 산의 동굴에 숨겨놓았는데, 그 목적은 파괴를 막기 위해서다. 그리고 이런 형식의 보배 경전을 **복장**伏藏:매장해놓은 보물이란 뜻이라 한다. 파드마삼바바와 일부 티베트 밀교 대성취자에 따르면, 법을 받는 중생의 근기根器는 시국時局의 차이로 인하여 정도의 차이가 있게 마련이다. 그래서 반드시 밀교 경전을 매장해놓았다가 후세 사람의 발굴을 기다려야 한다. 그 목적은 합당한 법문을 합당한 세대가 발굴해서 대대로 전하는 데 있다. 잠시 이 전설의 진실성은 차치하고, 9세기 초 낭달마가 불교를 멸할 때 파괴를 막기 위해 티베트의 무수한 경전이 매장되었다는 것은 확실한 역사적 사실이다.

제2의 붓다, 파드마삼바바

파드마삼바바는 티베트 불교를 연 조사(祖師)로서 신통력과 법력을 지니고 있다. 티베트 사람들은 그의 무한한 법력이 문수보살, 관음보살, 금강수보살의 세 존자가 합일한 화신에서 왔다고 믿고 있다.

문수보살 — 지혜를 상징

관음보살 — 자비를 상징

금강수보살 — 악을 굴복시키는 힘을 상징

파드마삼바바 — 세 존자가 합일한 화신, 즉 자비, 지혜, 악을 굴복시키는 힘, 세 가지가 합일하였다.

> **복장**(伏藏) : 티베트어 gter ma
> 파드마삼바바가 세간에 있을 때 매장한, 무수히 많고 아주 뛰어난 비밀 교법의 유적, 훼손을 피하기 위해 '복장'이라 칭했으며, 적당한 때가 오길 기다리며 매장된 이 비밀 교법은, 후세에 발굴되어 대대로 전해졌다.

기본인식 **3**

파드마삼바바의 전기

우디야나국 왕자에서 티베트 불교 교주까지

히말라야 지역에서는 파드마삼바바를 구루 린포체진귀한 보배 같은 스승라고 통칭한다. 그는 티베트 불교 각 종파의 공동 시조이다. 그가 티베트와 네팔, 부탄에 있으면서 행한 갖가지 노력은 당시 설역雪域:티베트에서 풍부하게 발전한 불법佛法을 지금까지 전해질 수 있게 했다.

연꽃 속에서 태어난 왕자

파드마삼바바란 '연꽃 속에서 태어났다'는 뜻으로, 이름만으로도 신기한 탄생 신화를 짐작할 수 있다. 그가 태어난 지역은 우디야나국으로 오늘날 파키스탄 동북부 스와트 계곡에 위치해 있으며 아프가니스탄과 인접한 국경지역이다. 전하는 바에 의하면, 우디야나국의 인드라붓다 국왕이 화원을 산책하다가 뜻하지 않게 호숫가에서 아기를 발견했다. 연꽃을 깔아서 만든 침구 위에 놓여 있던 아기를 거둔 국왕은 친자식처럼 길렀다. 이 전설이 후대로 전해지면서 파드마삼바바가 연꽃 속에서 태어났다고 전해졌다.

파키스탄에서 설역의 티베트까지

왕자는 청소년 시절에 세속을 버리고 출가하여 중인도의 유명한 나란다 불교대학에서 전통 불교학의 교육을 완성했다. 그러나 자신의 성향이 사원의 생활방식에 맞지 않는 걸 깨닫고서 속세로 돌아왔다. 이어 오늘날의 **미얀마와 아프가니스탄 해당하는 지역**을 편력하면서 많은 스승을 따르며 배웠으며, 마지막엔 깨달음을 얻어 인도에서 가장 중요한 성자聖者의 하나가 되었다.

8세기 중엽, 티베트의 왕 티송데첸은 티베트 지역 안에서 으뜸가는 밀교 사원을 건립하려고 했다. 그러나 본Bon교의 사제들이 강력하게 반대하면서 주술로 방해를 하자 티송데첸 왕은 많은 장애에 직면하게 되었다. 결국 **인도의 고승 샨타라크시타**의 건의로 **티송데첸 국왕**은 인도에서 파드마삼바바를 청해 모든 장애를 없앨 수 있었다.

파키스탄에서 티베트까지 가는 여정에서는 에베레스트에서 온 설산雪山의 여신 다섯 명과 티베트 산림에 은거한 지모신地母神 열두 명이 주술을 써서 파드마삼바바의 길을 막았다. 티베트 땅에서 생겨나고 티베트 땅에서 자라난 정령과 마귀들은 파드마삼바바가 운용한 비밀 주법呪法의 위력에 의해 하나하나 조복되었다. 마침내 파드마삼바바는 라싸에 도착해서 다시 경천동지할 신통력으로 본교의 무술巫術을 꺾는 한편, 삼예사의 건립을 감독하고 완성하였다.

티베트 불교의 첫 번째 전기

파드마삼바바의 일생은 전기(傳奇)적인 성격으로 가득하다. 즉 왕실의 후계자에서 여행가, 종교의 스승, 신기한 마법사, 그리고 티베트 불교의 교주까지 이어진다. 그리고 그가 편력한 곳은 서쪽으로는 아프가니스탄 변경에서부터 동쪽으로는 미얀마의 산악지대, 마지막으로 우뚝 솟은 히말라야 산맥을 넘어서 티베트의 라싸까지 포함하고 있다.

❶ 왕실의 후계자

우디야나국에서 탄생. 파키스탄 동북부 스와트 골짜기로서 아프가니스탄 국경과 인접해 있다.

티베트 불교에 의하면, 우디야나국은 수미산 남쪽에 있는 남섬부주 6구역의 남방구역에 위치해 있다. 여기에는 위대한 지명 존자와 공행모가 수행한 정토가 있다. 오늘날 달라이 라마 14세가 법을 펴고 있는 다람살라도 이 범주에 속해 있다.

❺ 히말라야산 일대의 정신적 스승

파드마삼바바가 티베트, 네팔, 부탄에 있으면서 행한 갖가지 노력은 당시 설역 일대에 불법을 흥성시켜서 오늘날까지 전해질 수 있게 하였다.

❷ 나란다 불교대학을 졸업한 뒤 각국을 떠돌며 스승을 찾다

중인도 나란다 불교대학에서 전통적인 불교학 교육을 마쳤으며, 그 후 오늘날의 미얀마와 아프가니스탄 사이에 있는 네 곳을 편력하면서 여러 스승에게 배웠고, 마지막엔 깨달음을 얻어 인도에서 가장 중요한 성자 중 한 명이 되었다.

❹ 신기한 마법사, 티베트에 들어가 신통력을 보이다

8세기 중엽, 티송데첸 국왕의 초청으로 티베트로 들어가기로 한다. 파키스탄에서 티베트까지 이르는 여정에서 비밀 주법의 위력으로 주목낭마봉에서 온 설산의 여신 다섯 명과 티베트 산림에 은거한 지모신 열두 명을 조복시켰다. 마지막으로 그는 라싸에 도착해서 다시 신통력으로 본교의 무술을 꺾어 누르고, 삼예사의 건립을 감독하고 완성하였다.

❸ 파키스탄에서 티베트까지 간 여행가이자 종교의 스승

지도의 왼쪽 상단에서부터 오른쪽까지가 파드마삼바바가 지나간 티베트의 험난한 여정이다. 카슈미르, 라다크, 라후얼, 게라살산 힌두교와 티베트 불교의 성스러운 산을 거쳤다.

이 길에는 천년 이상 된 라마의 묘와 무수히 많은 사원이 있는데, 대부분이 파드마삼바바의 영향으로 건립된 것이다.

기본인식

| 기본인식 | 『중음에서 해탈을 얻는 법』을 발견한 사람
| 4 |

티베트의 테르퇸 카르마 링파

14세기 티베트의 유명한 테르퇸 카르마 링파가 『중음에서 해탈을 얻는 법』을 발견했다. 이때부터 이 경전이 티베트 일대에서 전파되기 시작하여 오늘날까지 이르렀다.

파드마삼바바 이후 몇 세기 동안 적지 않은 사람이 매장된 밀교의 보물을 발굴했다. 이 정신적인 보물을 발견하고 아울러 그 교의_{敎義}를 전파한 사람을 '보물 곳간을 발굴한 사람', 즉 '테르퇸_{掘藏師}'이라 칭하였다. 수많은 티베트 밀교의 전적_{典籍}들이 몇 번이나 실전되었다가 다시 발견되면서 기적적으로 오늘날까지 간직되어왔으니, 이를 가능하게 한 최대의 공로자가 바로 역대의 테르퇸들이다. 그중에서도 가장 유명한 테르퇸이 바로 14세기 때 『티베트 사자의 서』를 발견한 카르마 링파이다.

카르마 링파가 발굴한 『중음에서 해탈을 얻는 법』

전설에 의하면, 테르퇸은 상당한 신통력을 갖추었다고 한다. 그들에 대한 묘사를 살펴보면, **맨손으로 바위타기, 바위 속의 물건 찾아내기, 오랜 시간 잠수하기** 등 신기한 재주를 갖추고 있었다. 테르퇸 카르마 링파는 그중 가장 유명한 사람으로 14세기 중반에 태어났다. 자서전에 의하면, 그는 티베트 동남부 지방에서 태어났으며, 그의 아버지도 아주 유명한 사람으로 당시 티베트에서 매우 위대했던 밀교 수행자 녜다 쌍예이다.

맏아들인 카르마 링파는 어려서부터 밀교 수행에 종사해서 신력_{神力}을 얻었다. 열다섯 살이 되었을 때 카르마 링파는 감포다르라는 산 위에서 매장된 수많은 문헌을 발견했는데, 『깨달음의 각성 속에서 적정_{寂靜}과 분노의 존자_{尊者}들이 스스로 현현함』이 포함된 여러 권의 모듬 책이다. 『중음에서 가르침을 듣는 것으로도 해탈을 얻는 위대한 법』도 이때 발견된 책 중의 하나이다.

● 테르퇸이 보물 곳간을 발굴하게 된 연원

테르퇸
티베트 불교에서 광대한 신통력을 갖추고서 매장된 밀교의 보물을 찾아낼 수 있는 사람을 이른바 '테르퇸'이라 칭한다.

유명한 테르퇸 카르마 링파는 『중음에서 해탈을 얻는 법』를 발견한 사람이다.

테르퇸이 보물을 발굴하게 된 연원

| 대자연으로부터 얻는다. | 선정 중에 관조를 하다가 얻는다. | 붓다와 보살이 현현해서 얻는다. |

바위나 동굴, 호수 등에서 실제로 얻는 것이다.

위대한 성취자가 명상을 하다가 얻는다. 마음으로부터 오는 무형의 타입이다.

붓다와 보살 등이 직접 현현하여 전수한다. 이것 역시 무형의 타입에 속한다.

테르퇸
테르퇸은 특수한 법문에 의거해서 제자에게 전수해주며, 전승의 대부분은 구역파舊譯派의 밀법, 즉 닝마의 전승 교법에 속한다. 다만 「구면십팔비분노연사복장법九面十八臂忿怒蓮師伏藏法」은 살가파薩迦派가 갖고 있는 복장 법문에 속한다. 밀법의 명칭에서도 알 수 있듯이, 이 또한 『중음에서 해탈을 얻는 법』 외에 파드마삼바바와 밀접히 관련된 '매장된 보물 곳간'이란 뜻이다.

기본인식	이 경전을 사용하는 목적
5	# 조용히 죽음과 직면한다

한 사람 한 사람이 아주 편안하게 죽음과 직면할 수 있도록 한다.

인류의 본능적인 욕망은 살아 있는 것, 그리고 계속해서 살아가는 것이다. 그러나 끝내 죽음에 직면하며 모든 것을 매듭짓는다. 죽음에 이르면 아무것도 알 수 없는 심연 속으로 떨어지며, 망자는 거대한 미망의 세계에 직면해서 극도로 낯선 환경에 처해 온갖 초조함을 느낀다. 망자의 영은 신비한 중음 세계에서 **친구도 친족도 없이** 끊임없이 도주하면서 공포를 느낀다. 이때 죽은 이의 곁에서 이 경전을 읽어주면 죽음의 과정을 편안히 지나는 데 도움을 줄 수 있다. 이 경전은 원래 임종하는 사람에게 사용해야 한다. 스승이 명석하고 정확한 발음으로 임종할 때 주의해야 할 사항을 일러주고, 이에 의거해 해탈을 얻어 윤회에서 벗어나도록 해야 한다. 하지만 수행자가 생전에 이 책을 완전히 습득했다면, 조급함 없이 침착한 태도로 죽음과 직면할 수 있다.

생전의 적용: 이 경전은 인간 세상을 해탈하는 법을 배우라고 강조한다. 티베트 사람들은 생전에 **'밀교 지도법'**을 닦아 익히면, 죽은 뒤 공포스런 실상 중음을 거칠 필요가 없이 곧바로 해탈에 이를 수 있기 때문이다. 금생今生의 육신을 소유한 채 해탈을 얻어서 다시는 윤회의 고통을 받지 않으니, 이것이 바로 티베트 불교의 '즉신성불卽身成佛 : 몸을 지닌 채 성불함' 개념이다.

임종의 적용: 인간이 죽음에 직면할 때는 피부와 체력, 체온, 호흡, 안색 등 생명 현상이 하나하나 붕괴되어 간다. 이 죽음의 시간이 닥치면 임종하는 자는 반드시 제때에 **'천식법遷識法 : 의식을 옮기는 법'**을 이용하여 아름다운 정토에 도달해야 한다. 천식법을 억념憶念 : 기억할 수만 있다면 남의 도움 없이도 자발적인 해탈을 얻을 수 있다. 만약 사용할 수 없다면, 다른 사람이 읽어주면서 곁에서 이끌어주는 것만으로도 해탈의 기회를 높일 수 있다.

죽은 뒤의 적용: 가령 살아 있을 때나 임종하기 전에 해탈을 얻지 못했다면, 세 번째 방식인 『중음에서 해탈을 얻는 법』을 적용해서 망자의 영이 공포스런 중음을 편안히 지나가도록 돕는다.

이 경전이 필요한 사람

이 경전은 살아 있는 사람, 임종하는 사람 또는 죽은 사람에게 쓰이는데, 그 목적은 모두 해탈을 얻어서 윤회를 벗어나는 데 있다.

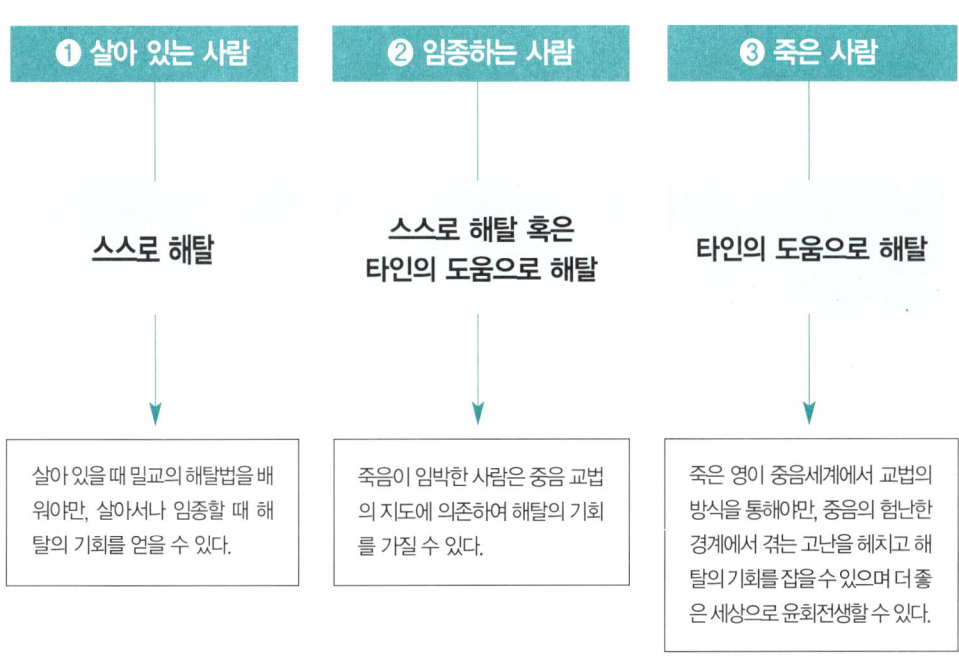

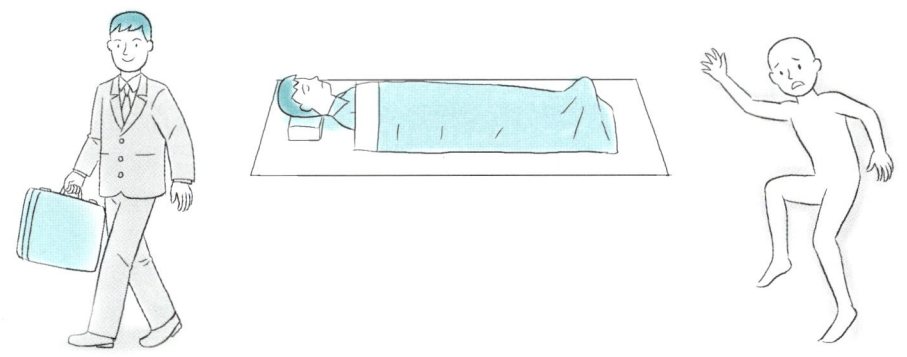

기본인식 6 | 『중음에서 해탈을 얻는 법』의 번역자
다와삼둡에서 초감 트룽파까지

1927년 옥스퍼드 대학에서 『티베트 사자의 서』 최초의 영역본이 발행되었으며, 편집자는 미국의 학자 에번스 웬츠 박사이다. 그는 소중한 인연에 따라 라마 카지 다와삼둡을 만나서 세계 최초의 영역본을 완성하였다.

1927년, 라마 카지 다와삼둡이 최초의 영역본을 완성하다

실제로 중음 교법은 아주 오래된 것이라서 『대원만밀독大圓滿密讀:촉첸 탄트라』에도 보인다. 예상 밖으로 서양에서 수백만 권이 발행되었으며, 중국에도 광범위하게 전파되었다. 오늘날 중국의 중요한 번역본들은 바로 이 **옥스퍼드 대학 지저스 컬리지의 1927년 초판본**을 저본으로 하고 있다. 당시의 번역자는 티베트의 학자 라마 카지 다와삼둡으로 부탄에서 은둔생활을 하는 고행승이었다. 내용은 다와삼둡의 스승이 직접 구술하며 비밀리에 전수한 해석이다. 그리고 이 책을 책임 편집한 미국 학자 에번스 웬츠 박사는 일찍이 인도와 눈 덮인 히말라야 고원 지대의 성지를 참배하면서 동양의 현자를 찾아다녔다. 당시 다르질링 경찰국 국장의 추천으로 라마 카지 다와삼둡을 만났으며, 이로 인해 **세계 최초로 영역된** 『티베트 사자의 서』를 완성했다.

1971년, 초판본을 검사하다

1971년 여름, 미국 버몬트 주에서 한 티베트 불교학 단체가 『티베트 사자의 서』에 대한 연구 토론회를 개최했는데, 초감 트룽파 린포체가 개인적 견해를 덧붙여 강해講解했다. 이 단체의 원래 명칭은 '버몬트 주 호랑이꼬리 좌선 공동체Tail of the Tiger Contemplative Community in Vermont'인데, 지금은 카르메 촐링Karme-Choling으로 고쳤다. 강연 당시 초감 트룽파 린포체는 티베트어 판본을 채택하였다. 그리고 청중들은 에번스 웬츠 박사가 편집한 『티베트 사자의 서』를 참고하였다. 연구 토론회에서는 내용의 번역과 표현방식에 대해 의미 있는 토론이 많이 이루어졌으며, 이때의 토론이 초감 트룽파 린포체로 하여금 새로운 영역본을 구상하고 준비하게 하였다.

구역본과 신역본의 차이

구역본 (1927년)

역자 라마 카지 다와삼둡
편집 에번스 웬츠 박사

특징
1. 옛 문장을 고친 탓에 원문에 충실하지 못하다.
2. 번역과 표현에서 일치하지 않고 모순된 곳이 많이 있다.

참고한 판본
수제본 1개와 목판본 1개

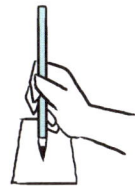

수제본
계피나무 껍질로 만든 종이를 썼다.
에번스 웬츠 박사가 1911년 부탄의 한 닝마파 청년 라마에게서 얻었다.

목판본

신역본 (1975년)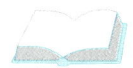

역자 초감 트룽파 린포체
편자 프란체스카 프레맨틀

특징
1. 기본적인 요점은 일치하고 모순된 곳도 없다.
2. 비교적 원뜻에 가깝다.
3. 직접적이고 명확하게 정보를 전달하는 것을 원칙으로 삼았다.

참고한 판본
인쇄본 1개와 목판본 3개

인쇄본
바라나시에서 1969년에 칼상 출판사가 발행한 판본

목판본

목판본

목판본

초감 트룽파 린포체가 진행한 상세하고 정확한 번역

1975년 샴발라 출판사는 역자 초감 트룽파 린포체와 편자 프란체스카 프레맨틀과 함께 새로운 영문판 『티베트 사자의 서』를 출간하였다.

50년 차이의 신역본과 구역본

❶ 신역본이 출간된 시기와 구역본이 출간된 시기는 거의 반세기 가량 차이가 있다. 티베트 불교의 수행을 이룬 수많은 라마가 서양으로 건너가 반세기 전보다 훨씬 완벽하고 정확한 불교학 자료를 제공하였으며, 이 때문에 신역본은 원뜻에 더 가깝고 번역이 충실하다.

❷ 티베트 불교가 서양의 주목을 받아 **학술적 연구로부터 마음과 신앙의 토대에 대한 연구**로 전환하였다. 이것이 두 영역본의 가장 큰 차이점이다.

❸ 서양의 티베트 불교 연구가 이미 **문자로 연구하는 데서 실제로 응용**하는 데로 제고되었으며, 동시에 직접적으로 전달 할 수 있고 활력이 충만한 번역을 하는 데 치중하였다.

신역본이 채택한 판본의 자료

❶ 신역본은 주로 1969년 인도의 바라나시에서 칼상 출판사가 발간한 원시 티베트어 판본을 채택하여 번역했으며, 그 외에 세 가지 서로 다른 각판을 참고하고 있다.

❷ 네 가지 판본에 의거해서 몇 군데 생략된 곳과 오류를 다 바로잡게 했다.

❸ 편집자 프란체스카는 네 판본을 검토한 끝에 판본 모두 기본적인 요점은 상당히 일치한다는 걸 발견했으며, 이 때문에 앞서 에번스 웬츠 박사가 구역본을 편집했을 때 나온 오역과 모순점에 놀라움을 금치 못했다. 심지어 그는 깊은 곳을 건드리지 않으면서도 숱한 명백한 차이를 특별히 설명해야 한다는 걸 인정하였다.

초감 트룽파 린포체와 신역본

❶ 1971년 미국 버몬트 주에서 『티베트 사자의 서』에 대한 연구 토론회가 열렸는데, 초감 트룽파 린포체는 다와삼둡의 구역본에 대해서 수많은 평가와 질문을 내놓았다.

❷ 많은 오역과 모순에 큰 놀라움을 표시하였다.

❸ 사람들의 정확한 인식을 돕기 위해 그는 『티베트 사자의 서』를 새롭게 번역하겠다고 결정하였다.

❹ 1975년 초감 트룽파 린포체와 프란체스카 두 사람은 네 가지 티베트어 판본에 근거해서 『티베트 사자의 서』를 함께 편역하였으니, 구역본이 나온 지 48년이 지난 후였다.

| 기본인식 7 | 티베트 문자의 탐색
중음

간단하게 말해서 '중음'은 '간격' 혹은 '과도적인 상태'란 뜻이다. 시간의 간격일 수도 있고 공간의 간격일 수도 있으며, 나아가 내면의 마음이 낳은 의식과 의식의 간격일 수도 있다.

소걀 린포체는 신역본에서 이렇게 말하고 있다. 중음은 티베트어로 바르도Bardo라 하는데, 한 장면의 '완성'과 다른 한 장면의 '시작' 사이의 과도적인 상태나 간격을 가리킨다. 더 자세히 분석하면, Bar의 뜻은 '사이'이고, do의 뜻은 '허공에 걸려 있다' 또는 '내버리다'이다. 이는 죽음의 과정 속에서 의식이 육체를 이탈하는 특수한 광경을 서술할 때 사용되는데, 이 상태는 마치 **의식이 육체를 '내버리거나' '허공에 걸려 있는'** 것과 같다. 이 특수하고도 신비한 단어 '중음'은 통상 '중유中有'로도 번역된다.

공간 혹은 시간의 간격

중음의 간격은 공간일 수도 있고 시간일 수도 있다. 가령 두 개의 건물이 있을 때 그 건물 사이의 공간도 바로 중음의 일종이다. 혹은 금생의 세계와 내생의 세계 사이도 중음이라 할 수 있는데, 이것은 공간의 개념이다. 해가 뜨고 해가 지는 사이의 대낮도 중음의 일종인데, 이는 시간적인 것이다. 시간의 개념에서 말하면 중음은 길 수도 있고 짧을 수도 있으며, 공간의 개념에서 말하면 넓을 수도 있고 좁을 수도 있다.

순간적으로 발생한 의식의 사이도 중음

인간 의식의 경험은 무수한 간격으로 이루어졌다고 할 수 있다. 예컨대 내면에서 순간적으로 발생한 의식의 변화는 하나의 의식으로부터 다른 하나의 의식으로 굴러간다. 앞의 의식이 종결되고 나중의 의식이 시작하는 그 사이라도 순간적으로 발생한 간격이 있다. 간격은 아주 극소하지만, 여전히 하나하나의 과정 속의 일부분이다. 그래서 인류의 일체 경험에는 모두 이 간격의 성질이 갖춰져 있다.

• 신비한 중음

중음의 티베트어

바르도 = 중음 = 중유 = 장면과 장면 사이의 간격이나 과도적인 상태

생활 속에서 늘 보는 중음

공간의 중음
두 건물 사이의 공간 거리도 일종의 중음이다.

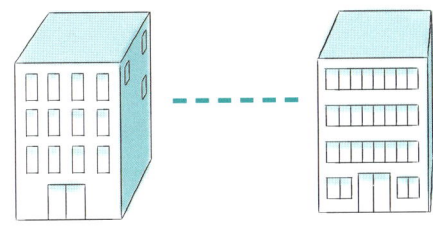

시간의 중음
해가 뜨고 해가 지는 사이의 시간 간격도 일종의 중음이다.

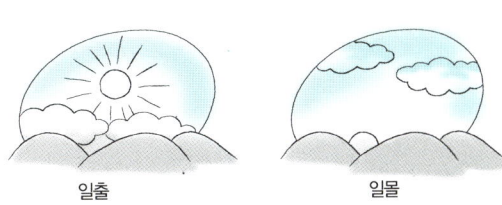

일출 일몰

의식 사이도 중음
내면에서 순간적으로 하나의 의식에 이어 다른 하나의 의식이 나타난다. 여기서 일어나고 저기서 사그라지는 의식과 의식 사이에는 극히 짧은 틈이 있는데, 이것도 일종의 중음이다.

아! 그러면 하나의 상태에서 다른 하나의 상태로 가는 그 사이가 중음이고, 원래 우리 생명은 무수한 중음으로 이루어진 것이구나!

맞아! 그렇지만 이 책에서 중음은 죽음의 과정 속에서 영(靈)이 육체를 이탈하는 특수한 광경을 서술한 용어야.

기본인식 31

기본인식	중음의 유형
8	# 여섯 가지 중음

사람은 출생에서 생명을 마칠 때까지, 그리고 더 나아가 전생轉生하여 태胎에 들어갈 때까지 모두 여섯 가지 형식의 중음을 거치는데, 『티베트 사자의 서』에서는 주로 임종 중음, 실상 중음, 투생 중음의 세 가지 중음을 논한다.

❶ **생처生處 중음** : 살았을 때의 평상적 의식의 경계. 이 단계에서 갖는 명백한 의식의 시간은 태어나서 죽을 때까지 평생토록 지닌 착한 업과 나쁜 업을 포함한다.

❷ **몽리夢裡 중음** : 꿈 같은 의식의 경계. 밤에 잠이 들어서부터 아침에 깨어날 때까지의 단계인데, 잠든 후에 육신이 갖는 마음의 활동을 포함한다. 어떤 수행자는 이 단계를 운용해서 수몽睡夢 요가를 진행한다.

❸ **선정禪定 중음** : 선禪이나 출신出神: 정신이 육신을 벗어남의 의식 상태. 요가 수행자가 수행 도중 삼매에 들면 그의 의식은 모종의 변화를 일으키지만, **선 수행을 끝내고 삼매에서 나올 때는 선을 닦을 때의 의식 경계가 중지한다.** 선정 중음은 가장 낮은 깨우침에서부터 가장 높은 득도의 깨달음까지 무수한 선정의 경험을 포함한다.

❹ **임종臨終 중음** : 사람이 사망했을 때는 잠시 혼미한 상태가 나타난다. 이는 일종의 무의식 경계에 처하는 것으로서 그 지속 기간은 아주 짧을 수도 있고 아주 길 수도 있다. 전통적으로는 이 일시적 무의식 상태가 대략 3일 반 지속된다고 보지만, **가령 극히 뛰어난 요가 수행자라면 더 많은 시간을, 심지어 일주일 이상도 지속시킬 수 있다.**

❺ **실상實相 중음** : 실상을 체험한 의식 상태. 사람은 죽은 후에 먼저 일단의 무의식 상태에 들어갔다가 나중에 다시 의식을 회복한다. 의식이 다시 소생하는 때부터 태胎에 들어가 육도를 윤회하기 전까지의 시간을 실상 중음이라고 말한다. 이 기간 동안 죽은 자는 마음에서 나온 기이한 환상을 느끼면서 일련의 환각을 거친다.

❻ **투생投生 중음** : 태胎에 들어가 재생할 때의 의식 상태를 가리킨다. 죽은 자의 의식은 곧바로 모체母體 안의 태에 들어가 잉태가 되면서 출생에 이른다.

여섯 가지 중음의 탐구

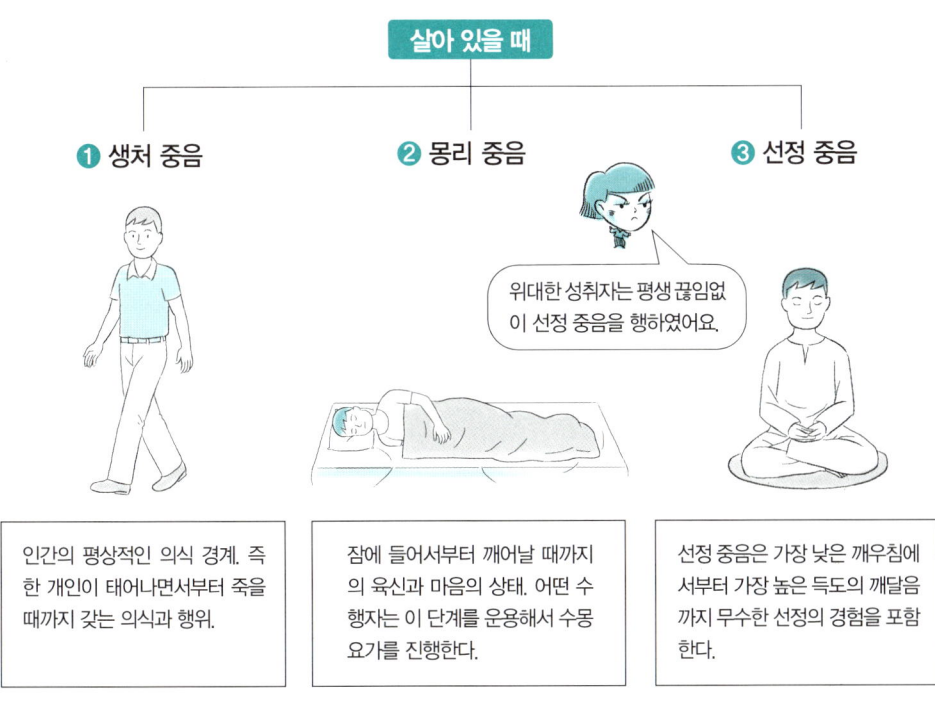

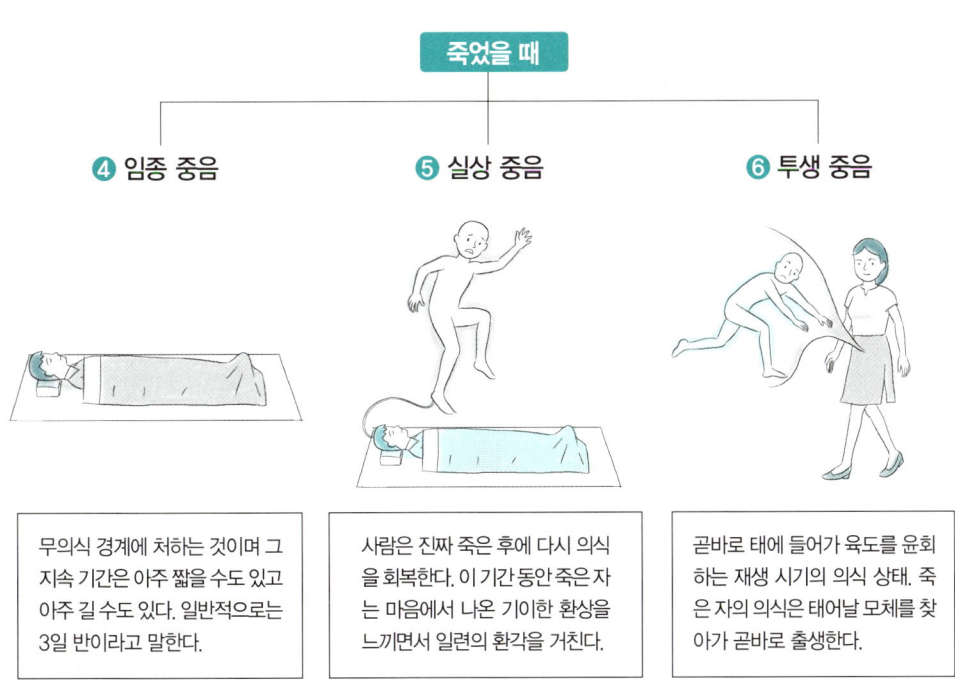

기본인식 9

생전, 임종, 그리고 사후

티베트 불교의 해탈 경로

윤회에서 벗어나려면 해탈에 도달해야 하는데 이는 모든 수행자가 추구하는 바이다. 『중음에서 해탈을 얻는 법』 속에서는 생전, 임종 그리고 사후 세 가지 해탈 경로를 제시한다. 삶의 어느 단계에 있든 저마다 해탈의 경로가 있어서 윤회를 벗어날 기회를 준다.

생전에 스스로 해탈한다

이 방법은 인간 세상의 해탈법으로서 최상의 근기根器를 가진 요가 수행자에게 적용되는 것이다. 최고의 지도법, 즉 '여섯 가지 중에 스스로 해탈의 도인導引을 행하는 법'을 거친 선정 수행은 자연히 해탈을 얻을 수 있다. 이 방법은 반드시 스승의 지도와 스스로 실제 수행이 있어야 한다. 최상의 근기를 갖춘 사람은 이런 선정 수행을 통해서 태어남과 죽음이 모두 마음으로 말미암아 생겨난다는 걸 깨달을 것이다.

수행자가 삶과 죽음이 모두 실답지 않은 환상이고 모두 심념心念의 현현임을 명백히 알 수 있다면 해탈을 얻을 수 있다. 왜냐하면 마음의 본질이 바로 공성空性이기 때문이다. 삶과 죽음, 좋고 나쁨의 모든 것이 공성의 일부이며, **존재하는 일체의 것은 다만 마음의 산물에 지나지 않는다.** 만약 이 이치를 명백히 한다면 능히 해탈을 얻을 것이다.

임종할 때 자발적인 해탈법을 시행한다

인간은 죽음의 과정 속에서 몸과 마음이 숱한 죽음의 징후를 드러낸다. 예를 들면 피부, 체력, 체온, 호흡 등등이 하나하나 붕괴된다. '죽음의 특징을 관찰하는 자발적인 해탈법'은 바로 임종하는 자나 곁에 있는 스승이 이 징후를 관찰하는 일종의 해탈법이니, 적당한 시기에 천식법을 작동해야 자발적인 방식으로 해탈을 얻는다. **그 열쇠는 천식법을 자세히 기억하는 데 있으며,** 그렇게 할 때 자발적인 해탈을 얻을 수 있다.

사후에 채택하는 『중음에서 해탈을 얻는 법』

가령 '죽음의 특징을 관찰하는 자발적인 해탈법'에 의지해도 여전히 해탈을 얻을 수 없다면, 반드시 제3의 방식인 『중음에서 해탈을 얻는 법』을 발동해야 한다. '들음'의 핵심적인 절차는 귀 기울여 듣는 방식이니, 곁에 있는 스승이 읽어주는 목소리에 귀를 기울이는 것이다. 이것이 해탈을 얻는 마지막 방법이다.

• 세 가지 해탈의 경로

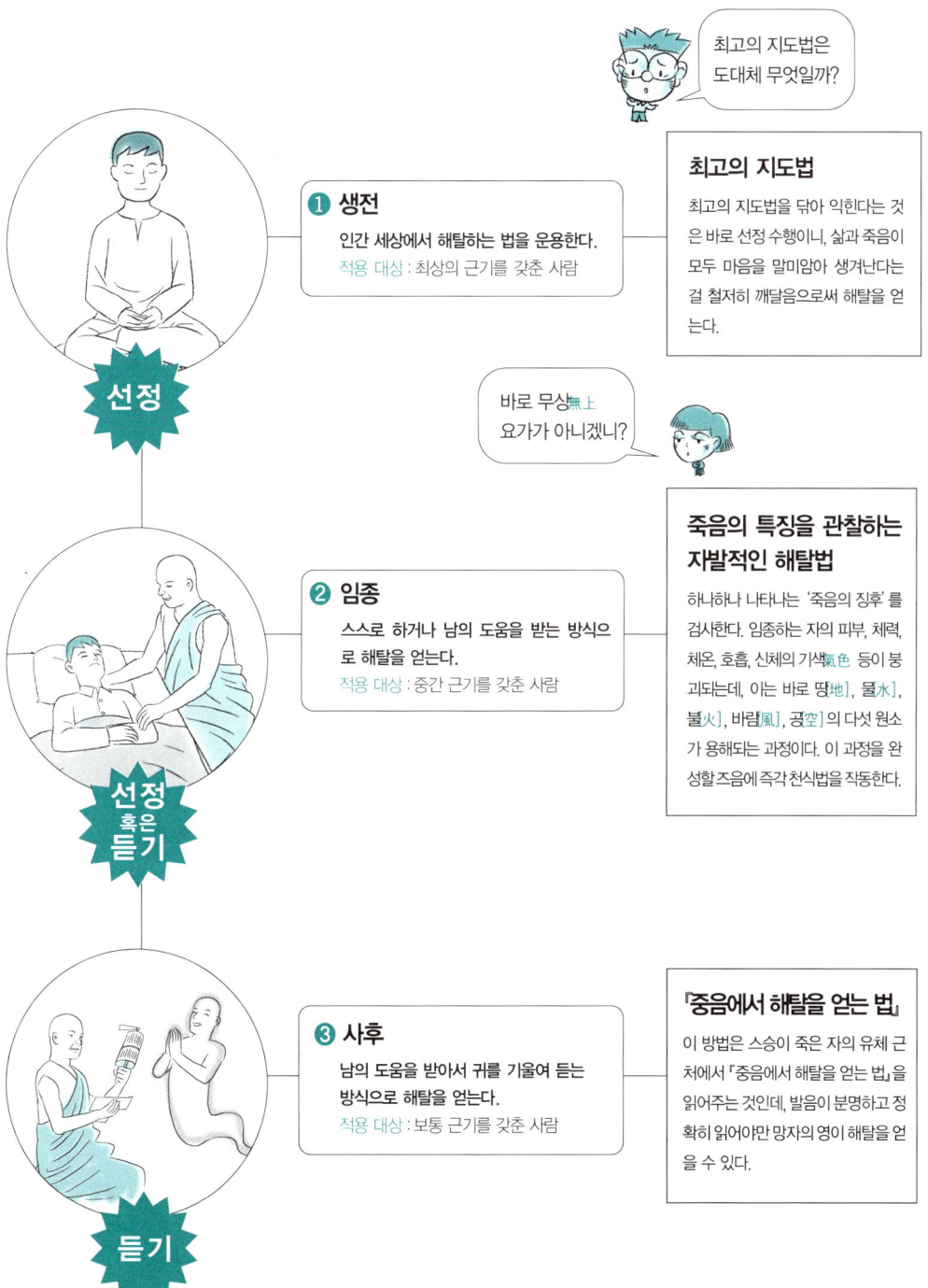

기본인식 35

기본인식 | 해탈해서 가는 아름다운 곳
10 정토

『중음에서 해탈을 얻는 법』에서는 생명이 갈 수 있는 정토에는 세 종류가 있다고 말한다. 첫째, 임종 중음에서는 근본 광명의 정토에 도달해 체득할 수 있으며 둘째, 실상 중음에서는 다섯 우주 붓다의 정토에 도달할 수 있다. 셋째, 실상 중음에서는 지명주존의 허공정토에 도달할 수 있다.

사람이 마지막에 직면하는 것은 생사生死가 아니라 열반이다. 누구나 삶의 끝에서 두 가지 길로 갈 수 있으니, 하나는 열반의 길이고, 다른 하나는 윤회의 길이다. 열반의 길로 가면 해탈을 얻을 수 있어서 아름다운 체험을 통해 거룩하고 순결한 정토에 도달한다.

근본 광명의 정토
인간이 죽은 뒤에는 일단 혼미 상태가 나타난다. 이 기간 동안 임종자는 무의식의 상황에 놓이는데, 그 지속 기간도 일정치 않아서 아주 짧을 수도 있고 아주 길 수도 있다. 대부분의 설명에 의하면 대략 3일 반 지속된다고 한다. 이 시간에는 첫 번째 빛과 두 번째 빛이 임종자 앞에 나타나는데, 오직 이를 체득해 깨달을 수 있어야 근본 광명의 정토에 도달할 수 있다. 일종의 '열반의 길'이다.

다섯 우주 붓다의 정토
죽은 영의 의식이 육체를 이탈한 후 **의식체**意識體를 형성하고 실상 중음에 들어가는데, 이때가 비로소 진정한 죽음의 과정이다. 첫 5일은 우주로부터 다섯 방위의 붓다가 하나하나 죽은 영 앞에 나타난다. 다섯 붓다는 저마다의 개별적인 정토가 있다. 다만 실상 중음 단계에서는 깨달음을 증득하고 해탈을 얻은 사람이라야 이 정토에 도달할 수 있다. 다섯 붓다는 대일여래大日如來, 아촉여래阿ㅁ如來, 보생여래寶生如來, 아미타불阿彌陀佛, 불공성취불不空成就佛이다.

지명주존의 정토
실상 중음의 일곱째 날, 다섯 분의 지명주존의 협조하에 해탈을 얻는다면, 역시 순수하고 청정한 허공정토에 도달할 수 있고, 마찬가지로 윤회의 고통에서 벗어날 수 있다. **지명주존**持明主尊은 지혜를 가진 신지神祇: 천지의 신명로서 밀교 특유의 성스러운 존자이다.

세 가지 정토

죽음의 중음 단계에서 갈 수 있는 정토에는 세 종류가 있다.

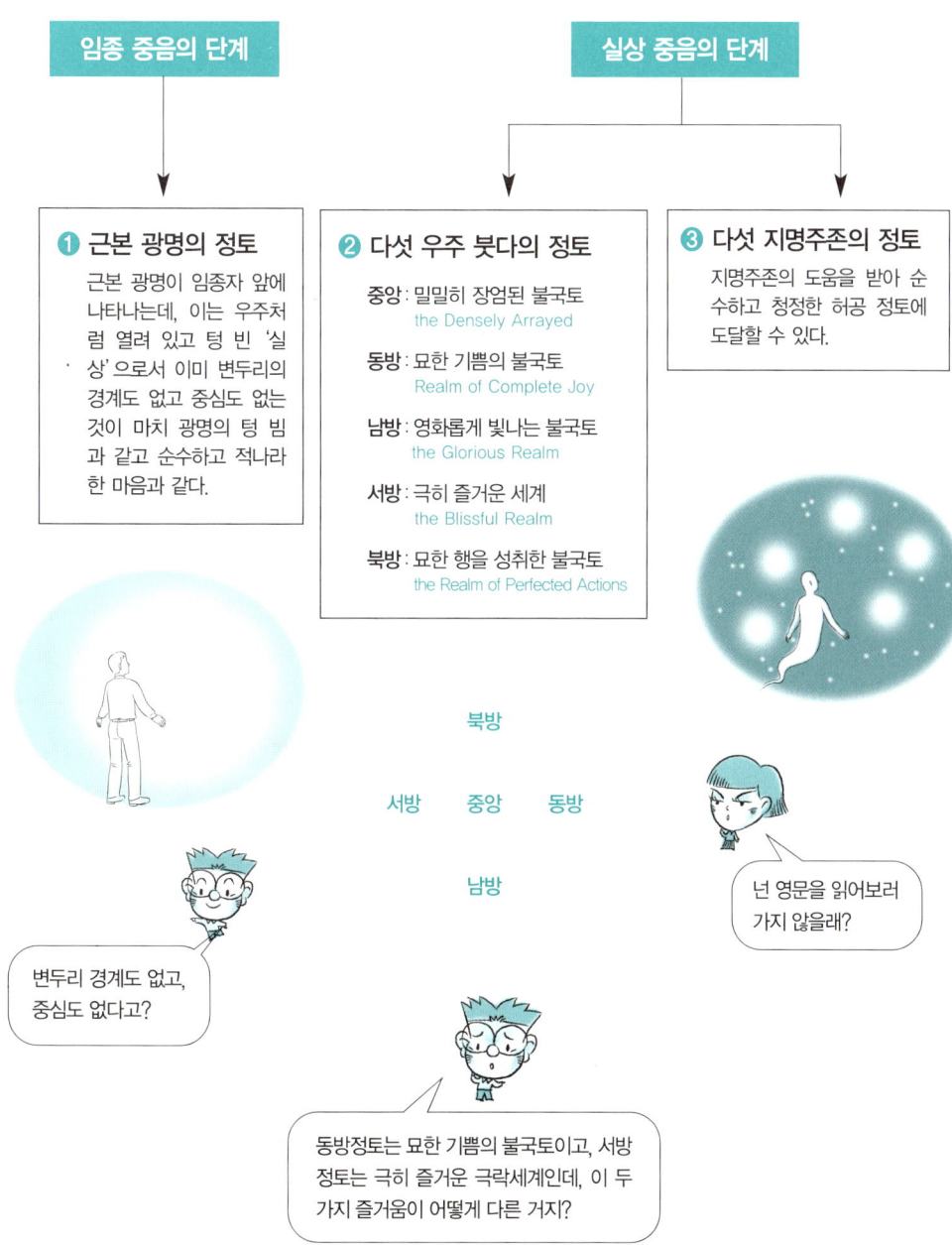

기본인식	죽음의 과정을 거치는 주인공
11	# 의식

인간은 깨어 있든 깊은 잠에 빠져 있든 의식의 활동이 정지하지 않는다. 마찬가지로 임종에서 사망에 이를 때까지도 의식은 사라지지 않으며, 이 의식은 육체를 이탈하면 사후의 중음 세계에 들어가서 중음 세계의 주인공이 된다.

의식은 끊임없이 이어지면서 임종에서 사망에 이를 때까지 네 단계를 거친다.

의식이 육신을 벗어나지 못했을 때 _{임종 중음의 첫 번째 빛이 나타날 때}

죽음이 임박하면 죽음의 징후가 하나하나 나타나고 일종의 **무의식 상태**에 들어간다. 구역본에서는 혼미 상태라고 했으며 '무상無想 상태'라고도 한다. 의식이 육신을 벗어나기 전 임종자는 첫 번째 빛을 볼 수 있다. 근기가 탁월한 요가 수행자라면 해탈을 얻을 수 있다.

의식이 거의 육체를 벗어날 때 _{임종 중음의 두 번째 빛이 나타날 때}

임종자의 호흡이 멈춰도 아직 완전한 사망은 아니다. **생명의 바람** vital elements 심장이 다시 뛰지 않고 그칠 때까지 인체의 중맥中脈:중추신경에 남아 있다. 이때 의식이 갑자기 맑아지면서 주변을 볼 수 있지만, 자기가 죽었음은 알지 못한다. 이때의 죽은 영을 '**정환신**淨幻身:청정한 환영의 몸'이라 하는데 두 번째 빛을 식별할 수 있어야 비로소 해탈할 수 있다.

의식이 완전히 육체를 벗어날 때 _{실상 중음}

두 번째 빛이 나타난 후 임종자는 다시 의식을 잃고 진정한 사망 상태에 들어간다. 3일 반에서 4일이 지나면 다시 깨어나며, 이때 의식은 이미 육신을 벗어났고 육신은 부패한다. 육체를 완전히 벗어난 상태를 **의식체**意識體라 하며, 자기 죽음을 깨닫는다. 중음 세계를 떠돌면서 실상 중음의 환상을 거치다가 투생 중음으로 들어가기도 한다.

의식이 새로운 육체에 들어갈 준비를 할 때 _{투생 중음}

의식이 일단 투생 중음에 들어가면 해탈할 방도가 없고 다시 윤회의 고통을 받게 될 가능성이 있다. 이때 의식은 다른 새로운 육체에 들어갈 준비를 한다.

죽음의 과정 속에 나타난 의식의 변화

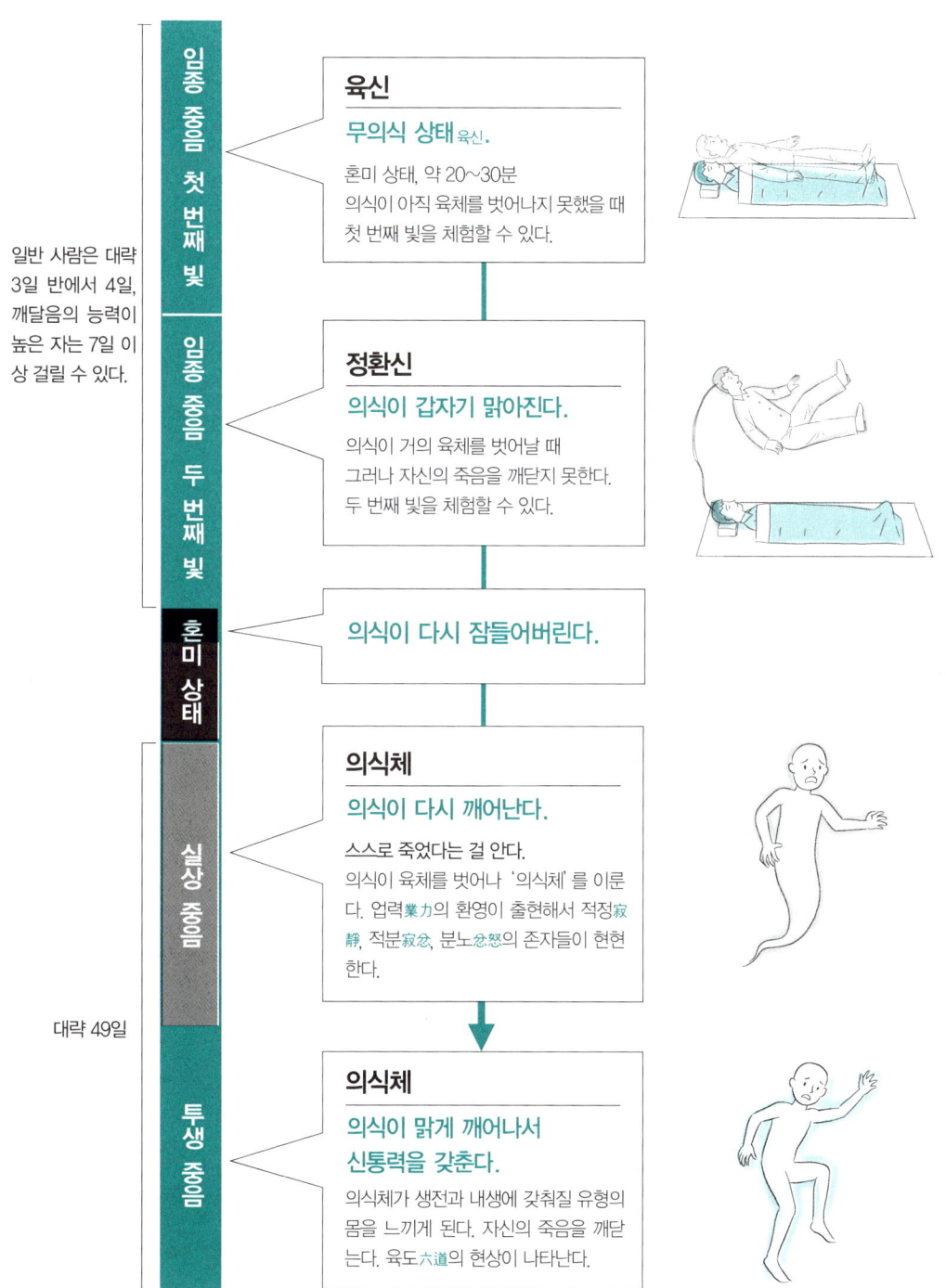

일반 사람은 대략 3일 반에서 4일, 깨달음의 능력이 높은 자는 7일 이상 걸릴 수 있다.

임종 중음 첫 번째 빛

육신
무의식 상태 육신.
혼미 상태, 약 20~30분
의식이 아직 육체를 벗어나지 못했을 때 첫 번째 빛을 체험할 수 있다.

임종 중음 두 번째 빛

정환신
의식이 갑자기 맑아진다.
의식이 거의 육체를 벗어날 때 그러나 자신의 죽음을 깨닫지 못한다. 두 번째 빛을 체험할 수 있다.

혼미 상태
의식이 다시 잠들어버린다.

대략 49일

실상 중음

의식체
의식이 다시 깨어난다.
스스로 죽었다는 걸 안다.
의식이 육체를 벗어나 '의식체'를 이룬다. 업력業力의 환영이 출현해서 적정寂靜, 적분寂忿, 분노忿怒의 존자들이 현현한다.

투생 중음

의식체
의식이 맑게 깨어나서 신통력을 갖춘다.
의식체가 생전과 내생에 갖춰질 유형의 몸을 느끼게 된다. 자신의 죽음을 깨닫는다. 육도六道의 현상이 나타난다.

| 기본인식 | 죽음의 경계에서 가장 큰 영향력
| 12 | **업력**
| | 훌륭한 생각이나 훌륭한 행위를 선업이라 부르고, 나쁜 생각과 나쁜 행위는 악업이라 한다. 금생에 쌓은 업은, 업의 힘을 형성해서 생명에 영향을 끼친다.

인간의 모든 생각과 행위를 업業,카르마이라 한다. 선업善業에는 즐거운 과보를 낳는 힘이 있고, 악업惡業에는 나쁜 결과를 낳는 힘이 있다. 선업의 힘은 임종자를 도와서 해탈에 이르게 하지만, 악업은 해탈과 성불을 가로막는다. 임종에서부터 사망할 때까지 네 단계의 업력이 있다.

업력이 아직 작용하지 않았을 때 임종 중음의 첫 번째 빛이 나타날 때
임종자가 막 호흡을 멈췄을 때 잠시 동안은 업력이 작용하지 않는데, 이는 임종자로 하여금 짧은 시간에 첫 번째 빛을 체험해서 해탈을 얻게 한다.

빛과 업력이 서로 맞설 때 임종 중음의 두 번째 빛이 나타날 때
임종자의 호흡이 멎고서 잠깐 한 식경 동안 '정환신'의 순수하고 청정한 상태에 들어가며, 이때 두 번째 빛이 나타난다. **이 빛은 장차 업력과 맞서면서 서로 줄다리기를 하는데,** 만약 빛이 업력을 정복하면 해탈을 얻어 윤회의 고통을 벗어나지만 반대로 빛이 업력을 극복하지 못하면, 임종자는 죽음의 다른 단계인 실상 중음으로 들어간다.

업력이 활동을 시작하면서 환각이 나타날 때 실상 중음
실상 중음에 들어가면 의식은 이미 육신을 벗어나서 의식체를 형성하고, 업력도 정식으로 활동을 시작해서 일련의 환각을 유발한다. 붓다, 보살과 분노의 존자들이 나타나 망자의 영을 정토로 인도하지만, 생전에 쌓은 업력이 끊임없이 간섭하며 죽은 영을 끌어당긴다.

업력의 활동이 클수록 더 많은 환각을 낳는다 투생 중음
실상 중음의 환영을 거치면 더욱 공포스러운 투생 중음이 기다린다. 갖가지 두려운 환영이 지속적으로 나타나는데, 모두 업력의 영향으로부터 온 것으로서 허망하여 진실이 아니지만 죽은 영의 투생投生 : 태어남을 간섭한다.

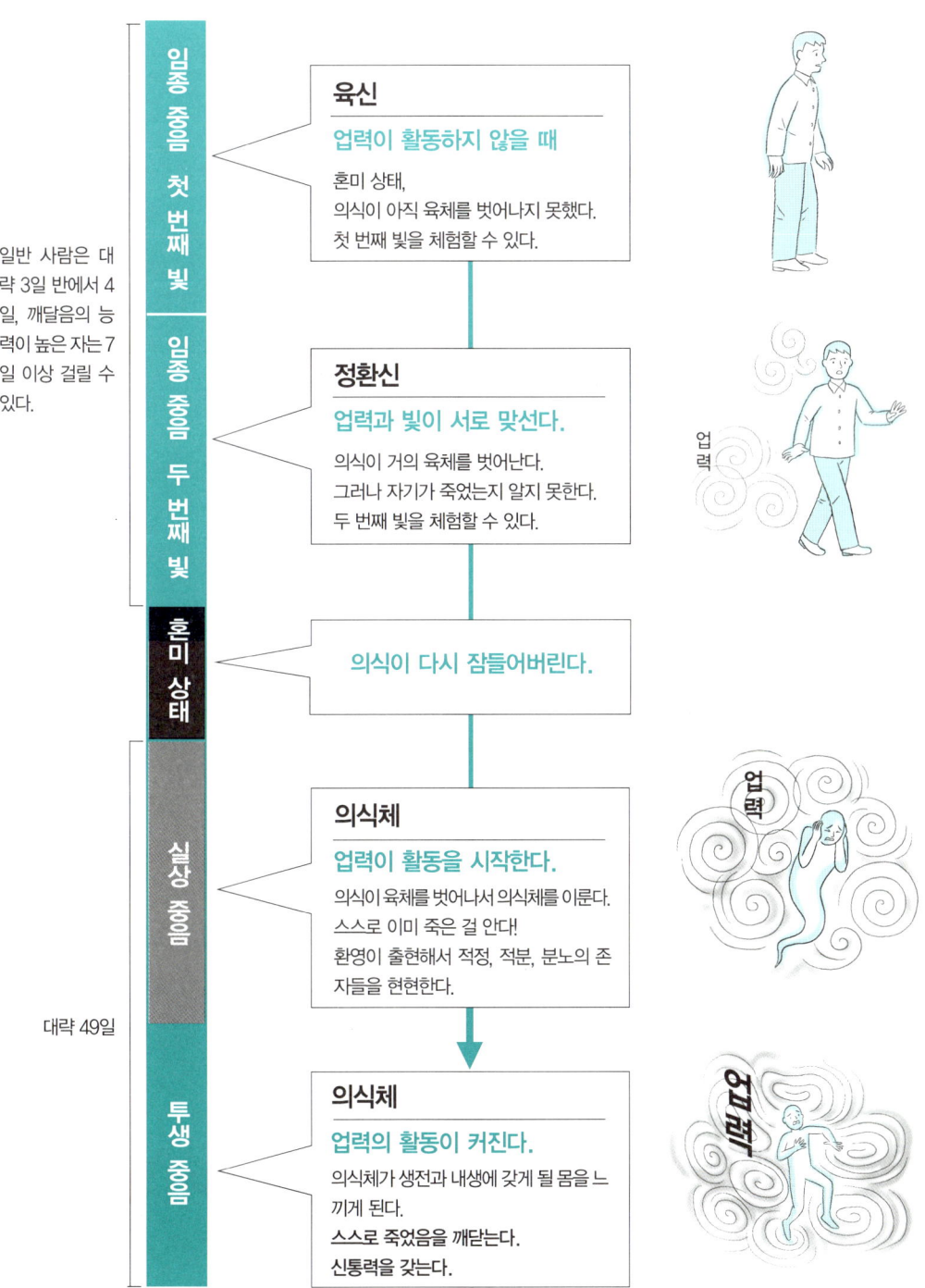

기본인식 41

| 기본인식 | 죽음의 과정에서 출현하는 신
| 13 | # 붓다, 보살, 분노의 존자들

중음 세계를 여행하는 과정에서 나타난 신명神明들은 모두 112명이며, 생김새에 따라 적정 존자, 적분 존자, 분노 존자로 나눈다.

적정寂靜 존자

죽은 뒤 실상 중음에 들어간 첫 번째 일주일 동안 망자의 영 앞에 나타나는, 고요와 평화의 존자들이다. 합쳐서 42존자이다.

분노忿怒 존자

바로 이어서 실상 중음의 여덟째 날부터 열넷째 날까지 나타나는데 분노의 얼굴을 하고 있다. 그들의 공통된 특징으로는 짙은 눈썹과 분노에 찬 눈매, 분노한 세 개의 눈, 말린 혀와 드러난 어금니 등으로 그 모습이 아주 선명하고 특이하다. 합쳐서 60존자이다.

적분寂忿 존자

이 외에도 일종의 적정과 분노 사이의 얼굴도 있는데 적분 존자라 한다. 분노의 기색을 띤 모습에 우울한 표정인데, 그들의 속성은 적정 존자와 분노 존자 사이에 있으며, 출현하는 시기도 적정 존자와 분노 존자 사이의 일곱째 날이다. 합계 10존자이다.

우리는 통상 중음 세계의 신들을 그린 티베트 탕카 탱화를 볼 수 있다. 한역 서적에서는 이 탕카를 모두 '중음문무백존中陰文武百尊'이라 칭한다. '문'은 평화의 적정 존자를 가리키고, '무'는 공포의 분노 존자를 가리키는데, 42명의 적정 존자와 58명의 분노 존자를 더한 것이다. **그러나 일곱째 날에 출현한 열 명의 지명주존持明主尊인 적분 존자와 열넷째 날 출현한 대흑천大黑天과 염마천閻魔天 : 혹은 염라대왕이라 함 두 분노 존자가 법을 수호함을 잊고 있다.**

112명의 중음 신들

사람이 죽은 뒤에는 실상 중음에 들어가는데, 이 단계에서 죽은 영은 112명의 신들을 만난다.

실상 중음

첫째 날 — **42명 적정 존자**
분노의 모습으로 문을 지키는 몇몇 존자들을 포함

- 붓다아버지 붓다어머니 : 10명
- 남성 보살 : 8명
- 여성 보살 : 8명
- 본초 붓다아버지와 붓다어머니 : 2명
- 육도의 붓다 : 6명
- 문을 지키는 남성 분노 존자 : 4명
- 문을 지키는 여성 분노 존자 : 4명

여섯째 날 — **10명 적분 존자**
적정과 분노 사이의 얼굴 모습

- 지명 존자 : 10명

일곱째 날 / 여덟째 날 — **58명 분노 존자**

30명의 헤루카
- 헤루카 붓다아버지 붓다어머니 : 10명
- 차가운 숲의 가우리 여신 : 8명
- 시체를 먹는 피사치 여신 : 8명
- 문을 지키는 짐승 머리의 여신 : 4명

28명의 요기니
- 동방의 요기니 : 6명
- 남방의 요기니 : 6명
- 서방의 요기니 : 6명
- 북방의 요기니 : 6명
- 문을 지키는 요기니 : 4명

열넷째 날 — **2명 분노 존자**
- 대흑천
- 염마천

```
   42
 + 58
 ────
 = 100
 +  10
 +   2
 ────
 = 112
```

실상 중음의 신들을 흔히 '중음문무백존中陰文武百尊'이라 하는데, 정말 100명만일까요? 자세히 따져보면 알 수 있어요!

보통 잊혀진 적분의 모습인 일곱째 날의 지명주존.

열넷째 날 등장하는 대흑천과 염마천.

사실 112명이지 100명이 아니다.

기본인식 43

기본인식	죽음의 경계가 변화하는 패턴
14	# 빛, 색상, 소리

중음의 세계에서는 지혜의 빛살도 출현하지만, 죽은 영의 심식心識을 미혹시키는 갖가지 광영光影도 출현한다. 광영은 색채와 명암의 변화를 수반하고 복잡한 음성과 음향도 출현해서 죽은 영의 심식을 공포스러운 미망의 세계로 밀어버리고자 하니, 부디 명백히 인식하기 바란다.

해탈을 돕는 빛

임종 중음의 시기에 첫 번째 빛과 두 번째 빛이 나타난다. 이때 반드시 기회를 포착해서 그 빛을 알아보아야 한다. 실상 중음에 들어간 처음 5일간은 붓다아버지와 붓다어머니의 마음속에서 강렬하고 밝은 지혜의 빛이 방출된다. 임종자는 그 빛을 뜨겁게 사랑하고 희구해야 하며, 아울러 한 마음으로 관상觀想함으로써 해탈을 얻는다.

윤회에 빠뜨리는 유혹의 빛

지혜의 빛을 따라 또 다른 부드럽고 온화한 빛이 이어진다. 악업의 영향 때문에 임종자는 강렬하고 밝은 지혜의 빛에 두려움을 느껴 피하려 한다. 만약 유혹을 느껴 그 빛을 향하면, 결국 이리저리 헤매다 육도윤회의 소용돌이 속으로 떨어지고 만다.

빛나는 색상에는 다양한 변화가 있다

악업의 부드러운 빛에는 다양한 색상의 변화가 있는데, 다양한 색상은 망자의 영을 끌어당겨 다양한 세계로 전생轉生시켜서 육도윤회에 들어가게 한다.

소리

실상 중음의 다섯째 날과 여섯째 날에는 윤회하면서 쌓은 악업 때문에 소리와 빛을 두려워한다. 실상 중음의 일곱째 날에는 강렬한 오색 빛이 현현하는데 죽은 자는 반드시 이 강렬한 빛이 지혜로부터 나온 것임을 체득해야 한다. 동시에 **법이실상**法爾實相: 법 그대로의 실상. 천연적이고 자연적이라 조작할 필요가 없는 실상도 우레와 같은 소리를 내고 분노의 비밀 주문 소리도 섞여 있다. 이 모든 것은 마음이 투사한 경물景物이다. 여덟째 날에서 열둘째 날까지는 분노 존자들이 나타난다. 하나하나의 헤루카 붓다아버지赫怒迦佛父가 **맑게 울리는 악음**顎音**을 내는데**, 마치 번개 같아서 죽은 영을 두렵게 한다. 모든 소리는 업력이 낳은 환각이므로 두려워하지 말라.

죽음의 과정 속에 나타나는 소리, 빛, 색

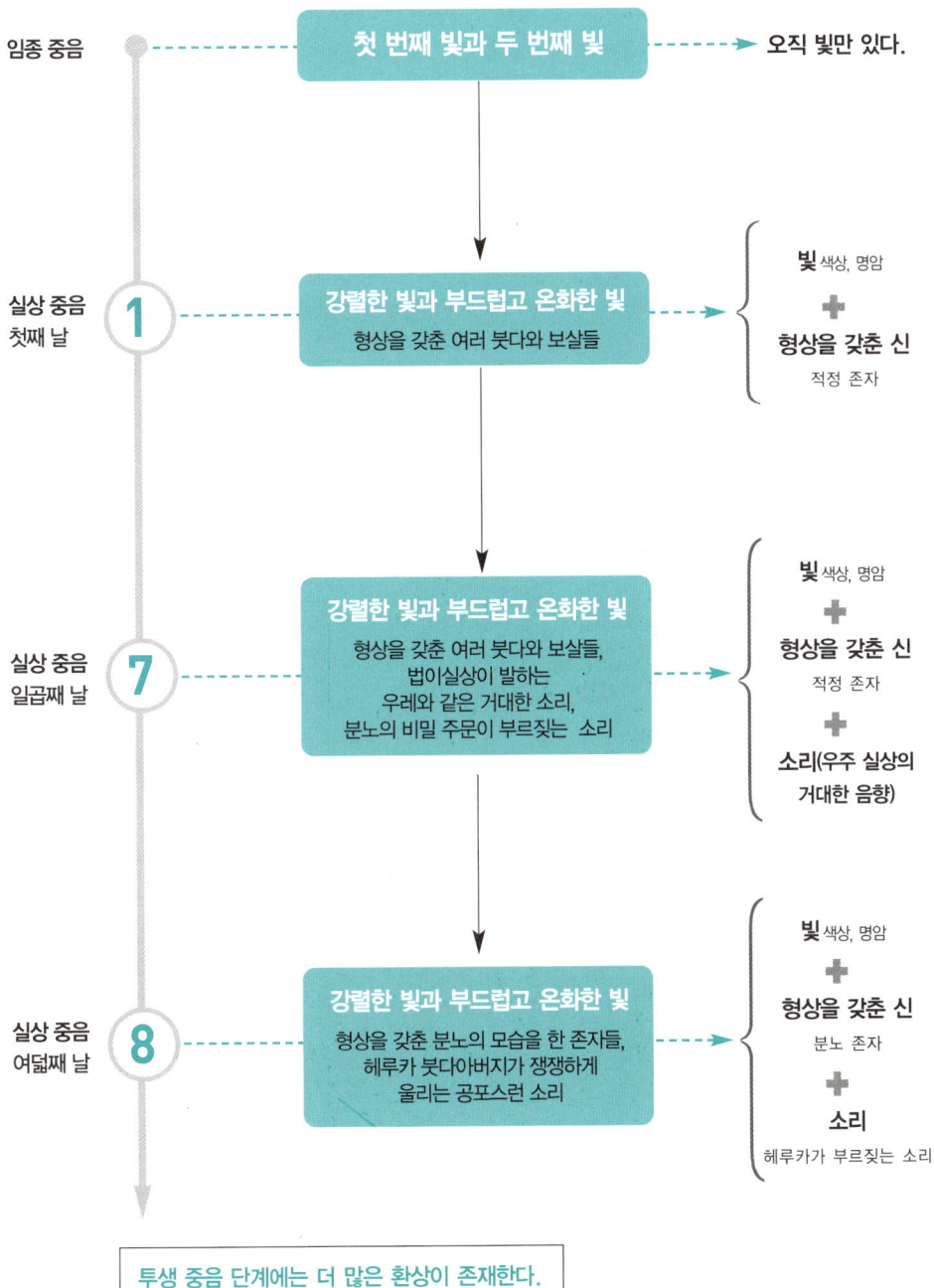

기본인식 45

| 기본인식 | 죽음의 험난한 경계 속의 법보
| 15 | # 생명을 구원하는 묘법

『중음에서 해탈을 얻는 법』은 고해苦海를 벗어나 해탈을 얻는 다양한 방법을 제시한다. 하지만 망자의 영은 극도의 혼란과 두려움을 갖고 있기 때문에 왕왕 이 방법을 잊어버린다. 세 가지 '생명을 구하는 묘법妙法'을 명심해야만 위험을 평화로 바꾸는 기회를 잡아서 해탈을 얻을 수 있다.

임종 중음 시기에 죽은 자에게 개인적인 본존수호신本尊守護神이 있다면 관상의 방식으로 그 신에게 기원한다. 그러나 본존수호신이 없다면 대비성존관세음보살大悲聖尊觀世音菩薩에게 기원할 수 있다. 투생 중음의 시기에는 망자의 영이 청정한 눈을 갖고 있어서 중음 세계에서도 천신天神 세계의 중생을 볼 수 있는데, 이때 그들을 탐욕의 눈으로 보지 말고 대비성존관세음보살로 관상해야 한다.

생명을 구하는 묘법 1   본존수호신을 관상하라

개별적인 본존수호신을 갖고 있는 요가 수행자는, 임종 중음의 단계에서 가장 중요한 것은 마음을 하나로 집중해서 자기의 **본존 수호신**Yidam을 관상하는 것이니, 반드시 심신心神을 흐트러뜨리지 말아야 한다. 마음속으로는 **실체의 형상이** 없는 본존수호신을 상상해야 하는데, 이는 마치 물에 거꾸로 비친 달그림자와 같아서 구체적 형상이 없다.

생명을 구하는 묘법 2   관세음보살을 관상하라

본존수호신이 없는 자가 중음 세계에서 안온하게 죽음의 과정을 지나가고 싶다면, 언제 어디서나 관세음보살에게 기원해야 하는데, 이것이 가장 좋은 호신부護身符이다.

생명을 구하는 묘법 3   스승을 관상하라

망자의 영이 중음의 몸이란 특수 상태를 갖고 있을 때는 친구에게 이야기하려고 해도 아무런 반응을 얻을 수 없다. 그래서 망자는 아주 초조해하는데, 이런 고통을 『중음에서 해탈을 얻는 법』에서는 '물에서 나온 물고기나 새우가 화로에 던져지는' 격이라고 비유하고 있다. 이때 스승이 있는 사람이라면 그 스승의 가호를 기원해야 하니, 이것이야말로 가장 뛰어난 대응 방식이다.

위험을 평화로 바꾸는 세 가지 중요한 방법

❶ 본존수호신을 관상하라

본존수호신은 밀교 수행자가 의존하는 관상의 방식이다. 그 혹은 그녀의 정감, 깨달음, 서원誓願을 가장 완벽하고 아름다운 경계로 투사한다.

반드시 정신을 집중해서 진지하게 그 신을 관상하는 데 힘써야 한다. 마음속으로는 실체가 없는 본존수호신을 상상해야 하는데, 이는 마치 물에 거꾸로 비친 달 그림자와 같아서 구체적 형상이 없다.

❷ 관세음보살을 관상하라

관세음보살은 자비의 상징이다. 전설에 의하면, 인도 남쪽 바다에 있는 보타락산에 거주한다고 한다. 죽은 자를 구원하는 가장 훌륭한 보살이다.

중음 세계 속에서 안온하게 죽음의 과정을 지나가고 싶다면, 언제 어디서나 관세음보살에게 기원해야 하니, 이것이 가장 좋은 호신부이다.

❸ 스승을 관상하라

스승은 투생 중음의 과정에서 망자의 영이 고통의 과정을 지날 수 있도록 돕고 인도할 수 있다.

중음 세계에서 죽은 자가 초조함, 고통을 느낄 때는 스승의 가호를 기원해야 하니, 이것이야말로 가장 훌륭한 대응 방식이다.

이 장의 도해圖解

임종자에게 도움을 주는 법 51 | 살아있는 사람이 죽은 자를 위해 할 수 있는 일 53 | 붓다의 세 가지 몸:법신, 보신, 화신 55 | 생명의 정의 57 | 죽음의 시작은 5대의 분해 59 | 무루의 마음과 근본 청정한 빛 61 | 청정한 빛이 나타나는 시기 63 | 생명의 숨기운 65 | 적절한 핵심 절차 67 | 임종시 다섯 가지 천식법 69 | 의식 상태와 청정한 빛의 관계 71 | 대수인과 청정한 빛의 관계 73 | 하나가 되는 실상과 마음의 상태 75 | 보현여래왕 76 | 본초불 77 | 두 번째 청정한 빛을 볼 수 있는 정환신 79 | 원만 단계와 생기 단계 81 | 모자 실상의 만남과 융합 83 | 홍색과 흰색의 명점이 만나는 과정 85 | 유상 선정과 무상 선정의 비교 87 | 즉신성불이란? 89

2
임종 중음

해탈하는 데 관건이 되는 시간

지속 시간은? 호흡 정지 후 3일 반에서 4일 사이
육신의 상태는? 육신은 여전히 존재하고 아직 부패하지도 않았다.
의식 상태는? 먼저 혼미했다가 다시 갑자기 깨어난다 정환신.
업력의 작용은? 아직 작동하지 않는다.
중음의 환영은? 아직 나타나지 않는다.
해탈의 길은? 청정한 빛이나 두 번째 청정한 빛을 깨달아서 바로 즉신성불卽身成佛 할 수 있다.

> 임종 중음
>
> **1**

임종자의 벗이 알아야 하는

『중음에서 해탈을 얻는 법』 독송 방법

정식으로 사망에 들어가는 중음 과정에 앞서 망자를 위해 어떻게 하면 『중음에서 해탈을 얻는 법』을 정확하게 독송할까를 알아야 한다. 망자가 생명의 최후 과정을 안온하게 지나도록 도와야 하기 때문이다. 가장 일상적으로 볼 수 있는 독송자는 망자의 스승인데, 망자의 유체가 있느냐 없느냐에 따라서 방법이 조금 다르다.

누가 『중음에서 해탈을 얻는 법』을 독송하는가?

❶ **첫번째 독송자** : 망자의 스승인 라마. 티베트 사람은 스승을 '구루'라고 칭한다.
❷ **두번째 독송자** : 망자가 신뢰하고 사랑하는, 함께 수행한 사형師兄이나 사저師姐.
❸ **그 밖의 독송자** : 망자가 공경하고 사랑한 벗 신역본에는 이 항목이 없다

『중음에서 해탈을 얻는 법』을 독송하는 방법

❶ 유체가 면전에 있을 때

독송은 망자의 귓가에서 해야 하지만 결코 유체에 닿아서는 안 된다. 이 점은 아주 중요하다. 티베트인과 라마의 믿음에 의하면, 임종을 맞이한 자의 신체를 절대로 접촉하지 말아야 하는 이유는 의식이 육체를 벗어날 때 교란받는 걸 피하기 위해서이다. 일반적으로 망자의 영의 의식은 교란을 받지 않고 머리 정수리의 범혈梵穴을 통해 벗어나기를 바란다. **만약 의식이 신체의 다른 구멍을 통해 벗어나면 인간 아닌 다른 세계로 뛰어들 수 있다.**

❷ 유체가 면전에 없을 때

· 독송자는 반드시 망자가 생전에 늘 앉거나 눕는 곳에 앉아야 한다. 그리고 『중음에서 해탈을 얻는 법』을 소리 내어 읽어서 진리의 힘을 명백히 설명해야 하는데, 이는 망자의 의식을 부르기 위한 것이다.
· 독송자는 망자가 앞에 있다고 상상하고 규정에 의거해 읽어야 한다.
· 망자의 친족이 우는 소리는 좋지 않은 영향을 낳기 때문에 반드시 금지해야 한다.

임종자에게 도움을 주는 법

벗이 할 수 있는 일

벗이 임종자를 위해 할 수 있는 일은 『중음에서 해탈을 얻는 법』을 독송하는 것이다.

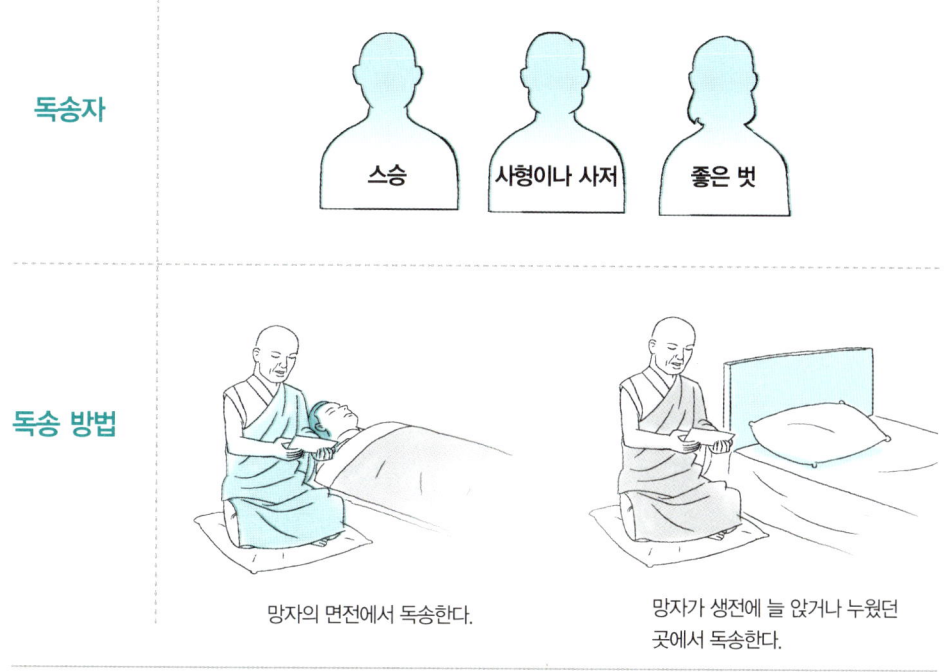

| 독송자 | 스승 / 사형이나 사저 / 좋은 벗 |

독송 방법: 망자의 면전에서 독송한다. / 망자가 생전에 늘 앉거나 누웠던 곳에서 독송한다.

 왜 신체에 닿지 말아야 하지?

 의식이 육체를 벗어날 때 방해받는 걸 피하기 위해서야. 순조롭게 범혈을 통해 벗어날 수 있으면 해탈을 얻거나 비교적 좋은 곳에 태어난대.

독송 방법

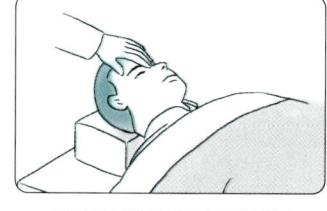
망자의 신체에 닿지 말아야 한다.

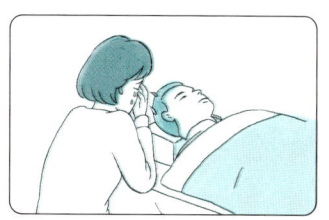
곡하며 울지 말아야 한다.

| 임종 중음 2 | 독송자가 반드시 알아야 할
독송 절차

세 가지 독송절차가 있으니, 독송자는 먼저 삼보를 공양하는 의식을 진행하고, 그 다음 네 가지 게송을 독송하고, 마지막에 정식으로 『중음에서 해탈을 얻는 법』을 독송한다.

절차 1 삼보三寶를 공양한다

❶ 공양을 마련할 능력이 있는 자는 실물을 공양하고 전력을 다하여 삼보를 준비한다.
❷ 공양을 마련할 수 없으면 부분적인 실물을 공양하고 **부족한 공양물은 다시 전력을 다하여 관상의 방식으로 기원한다.** 실체의 공양이든 관상의 공양이든 성심성의껏 전력을 다하는 것이 관건이다.

절차 2 네 가지 게송을 각각 일곱 번이나 스물한 번 독송한다

'게송偈'은 불교 의식 중 하는 노래로 『중음에서 해탈을 얻는 법』에는 네 가지 게송이 있다.

❶ **모든 붓다와 보살의 가피加被를 기원하는 게송** : 붓다와 보살이 망자의 영을 구원해 해탈시키기를 기원하는 게송이다.
❷ **중음의 험난함을 벗어나기를 기원하는 착한 염원의 게송** : 위험한 중음의 길 위에서 평화롭게 죽음의 과정을 지나가도록 호송하기 위해서이다.
❸ **여섯 가지 중음 경계의 근본적인 경고를 제시하는 게송** : 여섯 가지 중음 세계에 대한 주요한 경고이다.
❹ **중음의 공포에서 벗어나기를 기원하는 착한 염원의 게송** : 공포는 중음 세계에서 망자의 영이 체험하는 가장 심각한 정서이다.

주의 발음이 정확하고 어조가 적당해야 한다.

절차 3 독송은 세 부분으로 구성되고 일곱 번이나 스물한 번 독송한다

❶ **임종 중음** : 임종할 때 앞뒤로 현현하는 두 차례의 청정한 빛을 체험해서 해탈을 얻을 기회를 잡도록 돕는 데 있다.
❷ **실상 중음** : 실상 중음의 세계는 환영으로 가득한데, 모든 것이 망자의 마음이 반영된 것이다. 망자에게 일련의 중요한 경고를 제시한다.
❸ **투생 중음** : 투생 중음은 죽음의 과정에서 가장 마지막 단계로 이 법을 독송하면 망자의 영이 비교적 좋은 세계에 태어나도록 도울 수 있다.

살아 있는 사람이 죽은 자를 위해 할 수 있는 일

『중음에서 해탈을 얻는 법』을 독송하는 것은 살아 있는 사람이 죽은 자에게 주는 가장 큰 도움이지만 일정한 방법과 순서가 있다.

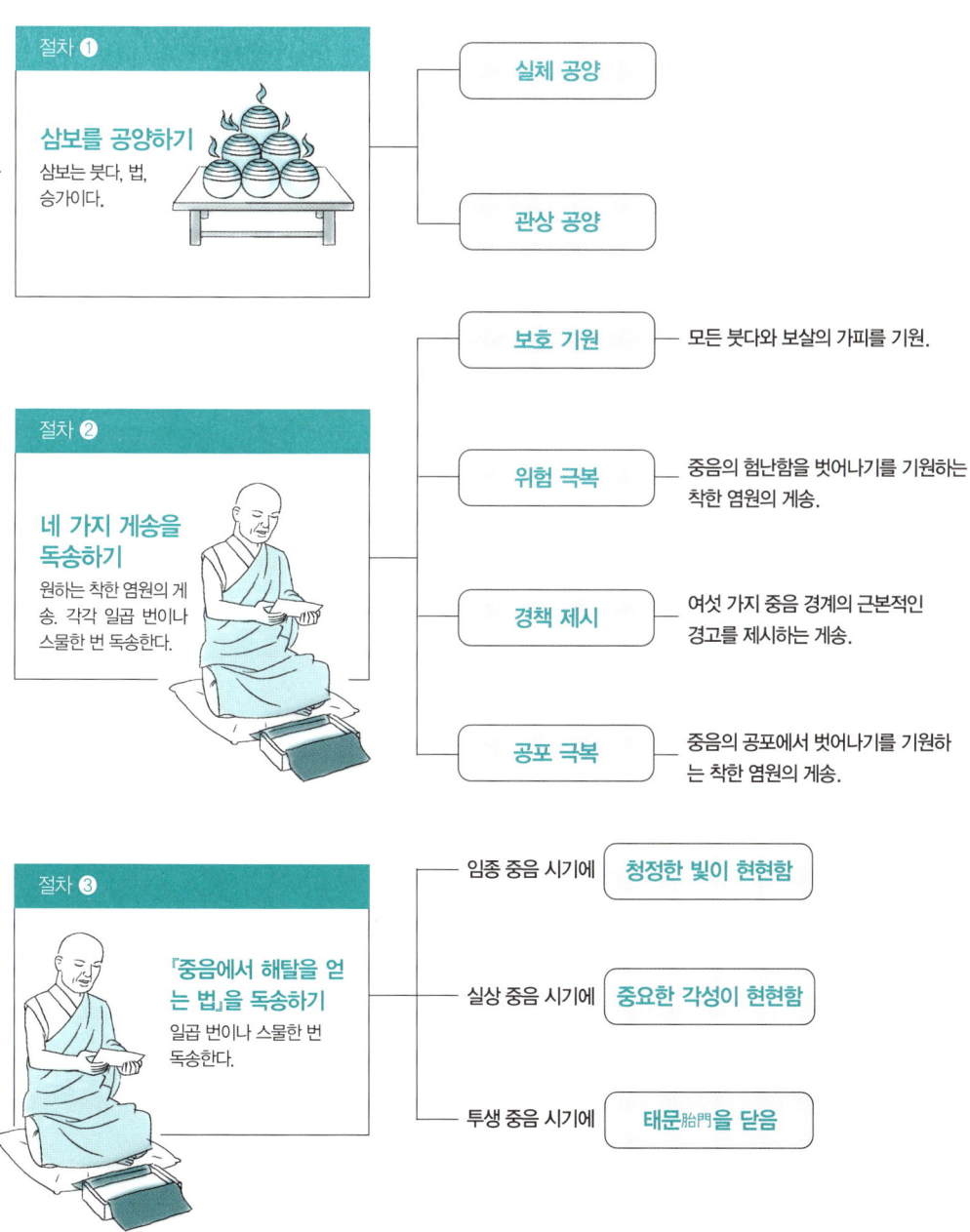

절차 ❶ 삼보를 공양하기
삼보는 붓다, 법, 승가이다.
- 실체 공양
- 관상 공양

절차 ❷ 네 가지 게송을 독송하기
원하는 착한 염원의 게송. 각각 일곱 번이나 스물한 번 독송한다.
- 보호 기원 — 모든 붓다와 보살의 가피를 기원.
- 위험 극복 — 중음의 험난함을 벗어나기를 기원하는 착한 염원의 게송.
- 경책 제시 — 여섯 가지 중음 경계의 근본적인 경고를 제시하는 게송.
- 공포 극복 — 중음의 공포에서 벗어나기를 기원하는 착한 염원의 게송.

절차 ❸ 『중음에서 해탈을 얻는 법』을 독송하기
일곱 번이나 스물한 번 독송한다.
- 임종 중음 시기에 — 청정한 빛이 현현함
- 실상 중음 시기에 — 중요한 각성이 현현함
- 투생 중음 시기에 — 태문胎門을 닫음

임종 중음
3

임종자를 임종 중음으로 안내한다

큰절을 하면서 귀경문 독송

스승이 먼저 큰절을 하면서 「귀경문歸敬文」을 독송하는 것으로 시작한다. 그 다음 세 명의 성스러운 존자를 공경하고는 임종자를 죽음 직전에 임종 중음에 진입하도록 인도한다.

스승이 처음에 독송해야 하는 귀경문은 다음과 같다.

> 법신法身 이신, 불가사의한 한량없는 빛의 붓다에게 큰절합니다.
> 보신報身 이신, 연꽃 존자, 안락 존자, 분노 존자에게 큰절합니다.
> 응신應身 이신, 모든 생명을 보호하는 청정하고 거룩하신 파드마삼바바께 큰절합니다.

「귀경문」에 나오는 세 분의 성스러운 존자는 '법신'이 현현한 한량없는 빛의 붓다, '보신'이 현현한 연화부의 적정 존자와 분노 존자, 그리고 '화신'이 현현한 파드마삼바바로 나눈다. 법신, 보신, 화신은 '3신身'이라 하는데 붓다가 현현한 세 가지 상태이다. 임종자는 사망 과정의 여러 단계에서 해탈을 얻는데, 법신, 보신 그리고 화신의 성취로 따로 획득한다.

형상과 빛을 초월한 법신 – 임종 중음에서 얻을 수 있다

법신다르마카야은 영원히 머물면서 결코 멸하지 않는, 사람마다 본래 갖추고 있는 참 성품이다. 인간은 어리석고 무지하기 때문에 법신을 볼 수가 없다. 법신은 다만 붓다의 지각 경계에 도달한 사람만이 능히 깨달아 체득한 상태이다. 『중음에서 해탈을 얻는 법』 속에서 대응한 것은 한량없는 빛의 붓다, 바로 아미타불로서 서방의 우주에서 온 붓다이다.

보살이 보게 되는 보신 – 실상 중음에서 얻을 수 있다

보신삼보가카야은 붓다의 지혜 공덕으로 이루어진 것이며, 특히 보살이 법을 설하기 위하여 변화로 나타낸 몸이다. 보살이 볼 수 있는 형상이다. 『중음에서 해탈을 얻는 법』에서 현현한 것은 연화부의 적정 존자들과 분노의 존자들이다.

중생 앞에 현현한 화신 – 투생 중음에서 얻을 수 있다

화신니르마카야은 중생의 기연機緣에 감응해서 변화하여 현현한 붓다의 몸이기 때문에 『중음에서 해탈을 얻는 법』의 형상에서는 바로 저자인 파드마삼바바 대사이다.

붓다의 세 가지 몸 : 법신, 보신, 화신

붓다의 존재에는 세 가지가 있다. 즉 3신이라 칭하는데, 법신, 보신 그리고 화신으로 나눈다.

법신
형상과 빛을 초월한 상태

아미타불

→ 망자가 임종 중음에서 해탈을 얻는다면, 이는 곧 법신의 성취를 얻는 것이다.

보신
보살이 볼 수 있는 묘한 모습

연화부의 적정 존자들과 분노 존자들

→ 망자의 영이 실상 중음의 단계에서 해탈을 얻는다면, 이는 곧 보신의 성취를 얻는 것이다.

화신
모든 붓다가 세간에 현현한 형상

파드마삼바바 대사

→ 망자의 영이 투생 중음에서 해탈을 얻는다면, 이는 곧 화신의 성취를 얻는 것이다.

> 임종 중음
> 4
>
> 죽음의 징후가 하나하나 나타나다
> # 5대의 분해
>
> 사람의 신체는 근육, 체력, 체열, 호흡, 몸의 기색 등 '5대의 내재적 원소'와 지:땅, 수:물, 화:불, 풍:바람, 공:허공 등의 '5대의 외재적 원소'가 서로 호응하면서 존재한다. 사망시 체내의 5대 원소와 체외의 5대 원소가 하나하나 붕괴하면서 갖가지 죽음의 징후가 명백히 나타난다.

5대의 분해와 죽음의 징후

지대地大의 분해

임종자의 온몸에서 일종의 압박감이 발생하는데, 이를 소위 '지대'가 '수대' 속에 녹아들어간다고 한다. 지대가 물에 흡수되면서 분해의 과정이 즉각 시작된다. 이때 수반되는 내재적 체험은 모든 사물의 겉모습이 황색으로 변하는 것이다. 모든 사물이 마치 홍수와 지진 속에서 붕괴되는 것과 같다. 바로 이어서 임종자의 체력이 급속히 떨어지면서 일어날 수가 없다.

> **처리비결** 임종자는 자신이 본 황색의 사물과 마음이 하나라는 것을 분별하거나 관상하고 단독으로 존재할 수 없는 상태를 추구한다.

수대水大의 분해

축축하고 차가운 감각을 온몸으로 느끼면서 마치 깊은 물에 빠진 듯하지만, 나중에는 점점 열이 나는 감각으로 변한다. 바로 '수대'가 '화대' 속에 녹아들어가는 것이다. 임종자는 전체 우주의 모든 곳에 홍수가 난 것을 느끼고, 주위의 사람도 임종자의 얼굴과 두 입술이 열이 나서 순식간에 건조해지는 것을 감지할 수 있다.

> **처리비결** 이때는 반드시 단호하면서도 안온하게 관상해야 하며, 눈앞에 보이는 물은 모두 내심의 산물이고 어떠한 독립적인 사물도 없다고 관상해야 한다.

• 생명의 정의

생명은 하나의 복합체이다.

생명 = 신체 + 의식 + 청정한 빛 의식 속에 숨어 있다

살아 있을 때
완전한몸은 마치 동일한 방과 같고, 의식은 이면에 머물러 있다.

사망 시기
신체가 먼저 무너지고 나서 의식이 신체를 벗어나 해탈하여 아름다운 정토에 도달하고, 혹은 별개의 한 생명의 태胎에 들어가 윤회한다.

신체는 5대의 결합체이다.

사람의 신체는 땅, 물, 불, 바람, 공의 다섯 가지 원소가 결합해서 이루어진 것이며, 이 때문에 근육, 혈액, 체열, 호흡, 몸의 기색 등 외적으로 나타난 현상이 있다. 죽음이 임박한 사람은 몸이 먼저 붕괴하면서 5대의 원소가 하나하나 분해되는데, 이를 '5대의 분해'라고 한다.

살아 있을 때는 5대가 결합되어 있다.   사망했을 때는 5대가 분해된다.

임종 죽음 57

화대火大의 분해

세 번째 원소 '화대'가 분해해서 '풍대'로 들어갈 때는 일체 사물이 다 붉은색을 띤 모습으로 나타나면서 사방의 사물이 불타는 듯한 체험을 한다.

> **처리비결** 내적 혹은 외적 경험은 모두 마음의 산물이고 마음을 떠나서 단독으로 존재할 수 없다는 것을 관상하고 깨달으면 바로 해탈을 얻는다.

풍대風大의 분해

'풍대'가 분해하여 '공대'에 들어갈 때는 일체의 사물이 다 녹색을 띤 모습을 나타낸다고 느낀다. 그리고 우주 공간에 광풍이 불고 폭우가 내리는데, 마찬가지로 신체의 조직도 전부 찢겨지고 부수어진다.

> **처리비결** 사물 없이도 독립적으로 존재하는 것과 모든 빛과 소리 및 색상이 마음에서 온다는 사실을 관상하면 바로 해탈을 얻는다.

공대空大의 분해

'공대'가 붕괴한 후에 육체는 완전히 무너지며, 생명은 곧장 의식 속으로 들어가면서 잇달아 귀를 찌르는, 엄청난 우레 소리가 들린다. 이때는 일종의 극심한 어둠 속에 있으면서 감각기관의 지각을 상실한다.

> **처리비결** 이때 마음을 집중하여 의식과 법계(다르마다투)의 본성, 혹은 청정한 빛이 하나로 융합함을 관상한다면 해탈을 얻는다.

죽음의 시작은 5대의 분해

죽을 때 생명의 붕괴는 '5대의 분해'로부터 시작한다. 5대는 땅, 물, 불, 바람, 공을 말하며, 이는 우리 몸 생존의 5대 현상인 근육, 체액, 체열, 호흡 및 신체의 기색과 호응한다. 5대의 분해가 진행될 때 임종자는 강력한 외적인 체험과 내적인 체험을 하는데, 이것이 죽음의 징후이다.

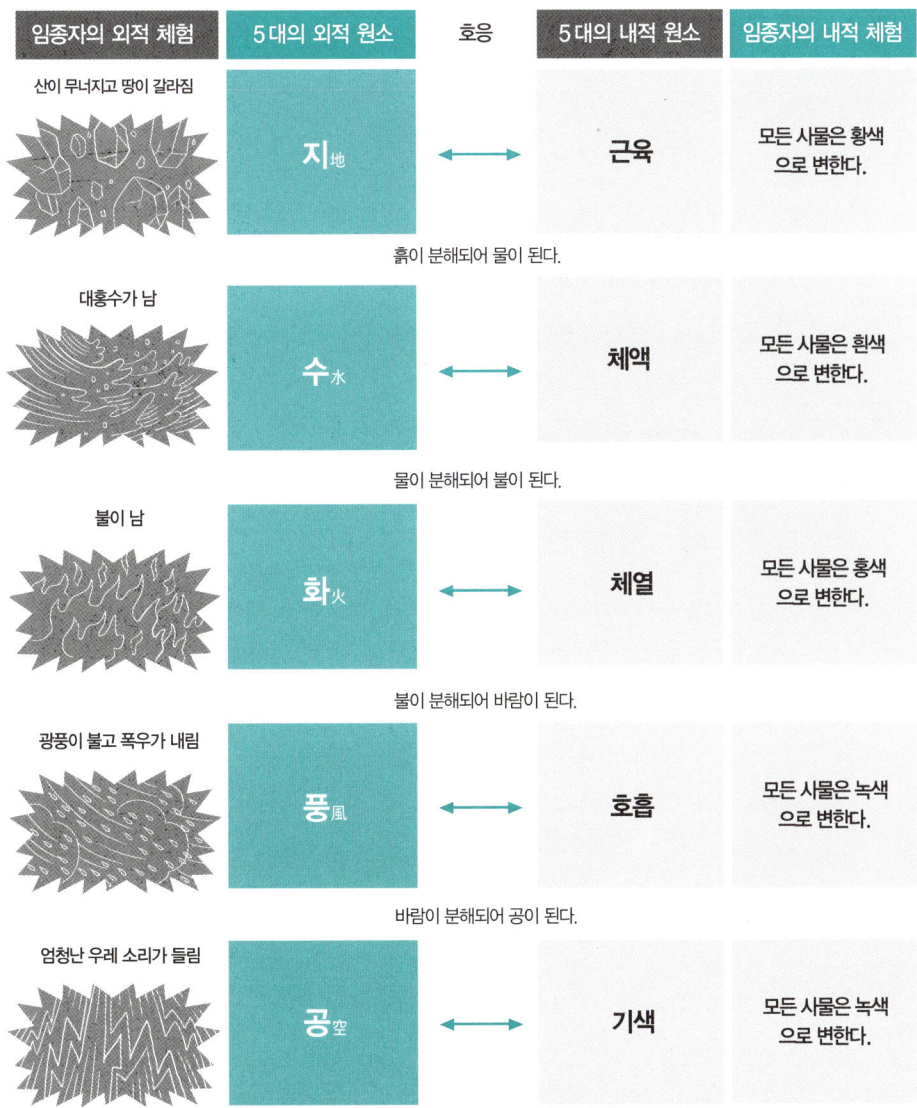

'공대'가 분해되면 신체는 완전히 붕괴하고, 생명은 의식의 차원으로 들어간다. 이때 귀를 찌르는, 우레가 치는 듯한 거대한 소리가 들린다. 이 순간 암흑 속에서 감각기관의 지각을 상실한다.

| 임종 중음 | 해탈의 첫 번째 시각
| 5 | ## 청정한 빛을 보다

사망할 때 호흡이 정지하더라도 생명은 즉시 끝나지 않고 한 가닥 숨결이 여전히 체내에 남아 있다. 이때 임종자는 '첫 번째 청정한 빛'을 볼 수 있으며, 이는 해탈할 수 있는 절호의 기회이다.

청정한 빛을 체득해 인식한다

첫 번째 청정한 빛은 바로 '근본 청정한 빛'으로 가장 먼저 현현한다. 죽음의 과정에서 근본 청정한 빛은 여러 번 나타나는데, 해탈을 얻는 데 열쇠가 되는 시간이다. 근본 청정한 빛이 이때 가장 먼저 나타나기 때문에 이를 **첫번째 청정한 빛** 또는 **'초기 청정한 빛'**이라 부른다.

5대가 분해할 때부터 첫 번째 처어정한 빛이 나타나기까지는 한 식경 정도의 시간인데, 이때를 '첫 번째 중음'이라고 한다. 누구든지 이 단계에서 아래의 절차에 따르기만 하면 첫 번째 청정한 빛을 얻을 수 있고, 사후의 중음의 길을 면할 수 있으며 곧바로 **'무생법신**無生法身 : 태어남이 없는 다르마카야**'**을 깨달을 수 있다. 무생이란 불생불멸로서 '열반'의 도리이다.

텅 비고 순수하고 청정하고 적나라한 심령心靈을 깨닫는다

호흡이 막 정지하려는 임종자가 아직 천식법을 가동하지 않았을 때는 염송하는 자에게 청해서 아래의 경문을 읽는다.

"존귀한 붓다의 후예여 망자의 이름을 부른다. 이제 그대가 진실의 대도大道를 찾을 때가 왔다. 그대의 숨이 멎으려 하고 있으며, 스승은 그대에게 청정한 빛을 대면시키려 한다. 중음 세계에서 그대가 직접 청정한 빛의 실상을 체험하도록 하는 것이다. 일체의 모든 것은 완전히 허공虛空이니, 만리에 구름 한 점 없는 푸른 하늘과 같다. 티 하나 없고 아무것도 걸치지 않은 그대의 신식神識은 마치 진짜 허공 같아서 전체가 투명하여 중심도 없고 변두리도 없다. 이 순간 그대는 청정한 빛을 인식해서 그 속에 머물러야 한다. 나도 동시에 그대를 도와 깨달아 들어가리라."

이 경문은 생전에 최고의 지도를 받았지만 아직 이해하지 못한 사람이나 최고의 지도를 이해하였지만 수행의 단계를 충분히 익히지 못한 사람에게 적용한다. 망자를 돕는 사람의 우선 순위는 스승 라마 혹은 망자가 신뢰하고 좋아하는 사형이나 사저, 함께 배움을 전수받은 마음의 벗이다. 만약 아무도 없다면 누구든 정확하고 크게 읽어주어야 한다.

무루의 마음과 근본 청정한 빛

유루有漏와 무루無漏

산스크리트어
아스라바 = 루漏 = 번뇌
아스라바 카사야 = 무루 = 번뇌 없음 = 청정함

근본 청정한 빛 = 법신인 무루의 마음

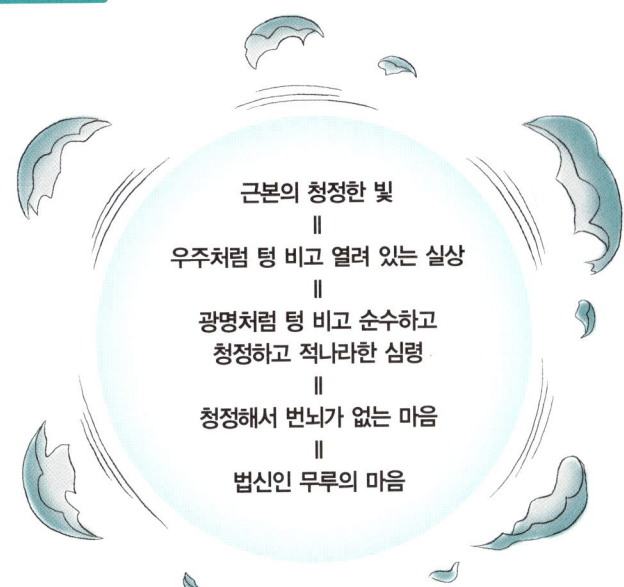

근본의 청정한 빛
=
우주처럼 텅 비고 열려 있는 실상
=
광명처럼 텅 비고 순수하고
청정하고 적나라한 심령
=
청정해서 번뇌가 없는 마음
=
법신인 무루의 마음

주의

근본 청정한 빛은 임종 중음의 시기에 다른 상태로 두 번 나타나는데, 이를 청정한 빛과 두 번째 청정한 빛이라 부른다. 따라서 임종자는 순순한 빛을 얻어서 해탈에 도달할 수 있는 기회가 두 번 있다.

임종자는 청정한 빛을 어떻게 대할 것인가?

청정한 빛을 보다. → 청정한 빛을 알아보다. → 청정한 빛에 안주하다.

임종 중음 6

시간의 길고 짧음은 사람마다 다르다
첫 번째 청정한 빛의 시간은 얼마나 긴가?

청정한 빛을 얻는 데 걸리는 시간은 밥 한 끼 먹는 정도이지만, 임종자의 심령 상태와 생전의 요가 수행의 성과에 따라 차이가 난다.

망자가 마지막 숨을 들이마시고 아직 날숨을 내쉬지 않은 채 호흡을 멈춘 바로 그 순간 청정한 빛을 볼 수 있다. 이때 의식은 아직 완전히 육신을 떠나지 않고 **무의식의 상태**_{구역본에서는 혼수 상태라 표현함}에 있는데, 바로 일반적으로 말하는 죽음 전의 '**미류 상태**彌留狀態 : 임종 상태'이다. 그리고 생명력을 대표하는 '생명의 바람'은 육신의 중맥에 남아서 첫 번째 청정한 빛을 체험한다. 이 무의식의 상태는 상당히 진귀한 것으로서 첫 번째 청정한 빛을 얻는 데 관건이 되는 시기이다. 일반인이 밥 한 끼 먹는 정도의 시간이라고 하지만 더 길 수도 있고 짧을 수도 있다. 주로 임종자의 마음 상태와 살아 있을 때 요가 수행의 성과를 살펴야 한다.

생전에 요가 훈련을 했다면 시간을 연장할 수 있다

요가 수행자는 선정의 여러 단계를 거쳤고, 또 관상 상태에서 평화로운 고요함과 영적으로 안정을 유지할 수 있어서 청정한 빛을 얻는 시간이 일반인보다 더 길다. 수행을 한 임종자는 스스로 청정한 빛을 체득하여 충분한 시간을 확보할 뿐만 아니라, 스승으로 하여금 **생명의 바람을 중맥에 머물 수 있도록 계속 자신을 돕게 해** 청정한 빛을 얻을 기회를 더 많이 만든다. 선정의 경지가 높은 요가 수행자는 사후에도 좌선 자세를 7일간 유지하거나 더 오래 유지할 수 있다. 어떤 때는 무지갯빛이 몸을 감싸고 향내가 나는데, 일반인의 악취와는 다른 것이다. 밀교의 탄트라에서는 이러한 무의식 상태가 약 3일 반 정도 연속된다고 하며, 다른 경전에서는 4일간 유지된다고도 한다.

생전에 마음 상태가 좋지 않았다면 손가락 한 번 튕길 시간밖에 없다

반대로 생전에 나쁜 생각과 나쁜 행위를 일삼은 사람, 그리고 기맥_{氣脈}이 건전하지 못한 사람은 청정한 빛을 보는 시간이 그저 손가락 한 번 튕길 정도밖에 없다. 이런 상황에서는 스승이 생명의 바람을 순조롭게 중맥에 진입시켜 청정한 빛을 체험할 수 있도록 망자를 도울 시간이 부족하다.

청정한 빛이 나타나는 시기

청정한 빛은 살아 있을 때도 나타난다.

청정한 빛은 사망할 때뿐만 아니라 살아 있을 때도 잠깐 나타날 수 있지만, 우리가 알아보지 못한다.

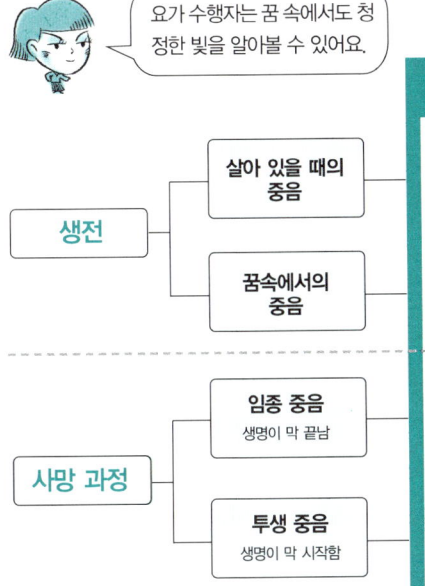

요가 수행자는 꿈 속에서도 청정한 빛을 알아볼 수 있어요.

	청정한 빛이 출현하는 시기	청정한 빛이 현현한 상태
생전 – 살아 있을 때의 중음	한 생각이 끝나고 다음 생각이 아직 생겨나기 전.	빛이 나타나지만 반드시 알아보지는 못한다.
생전 – 꿈속에서의 중음	낮에 나타난 모습이 끝나고 꿈 속 모습이 나타나기 전.	청정한 빛이 나타나고 빛을 알아본다.
사망 과정 – 임종 중음 (생명이 막 끝남)	이번 생의 모습이 사라지고, 실상 중음 과정에 나타나는 경치가 출현하기 전.	청정한 빛이 나타난다.
사망 과정 – 투생 중음 (생명이 막 시작함)	투생 중음의 모습이 막 사라지고, 태어난 곳의 중음 과정에 나타나는 출현하기 전.	청정한 빛이 나타난다.

청정한 빛을 보는 시간은 사람마다 다르다.

❶ 보통 사람이 밥 한 끼 먹을 정도의 시간.

❷ 만약 생전의 생활이 올바르지않고, 또 기맥이 건전하지 못한 사람은 손가락 한 번 튕길 사이의 아주 짧은 시간밖에 없다.

❸ 정진한 요가 수행자는 3일 반에서 7일까지 지속할 수 있고, 어떤 사람은 더 길게 갈 수도 있다.

임종 중음 63

임종 중음

7 청정한 빛을 깨닫는 시기
생명의 바람이 중맥으로 모이다

망자의 호흡이 정지되고 5대의 분해가 진행되고 나면, 체내를 흐르던 생명의 바람은 중맥으로 모이고 잠깐 동안 머문다. 이때가 바로 청정한 빛을 얻는 데 가장 관건이 되는 시기이다.

중맥이 생명의 바람을 빨아들이다

신체의 중맥은 **지혜맥륜**智慧脈輪 : 지혜 두티이라 칭하기도 하는데, 몸 안에 있는 생명의 바람프라나을 빨아들여 잠시 머물게 한다.

  이 생명의 바람은 유동적인 생명 에너지로 '생명의 흐름'이라 번역하기도 한다. 많은 경전에서 인정하는 생명의 바람은 바로 요가 수행에서 말하는 '기氣, 맥脈, 명점明點' 중에서 **'기'** 를 말한다. 모두 **'흐르는'** 생명 에너지이다. 생명의 바람이 모여서 중맥에 도달하면, 이는 해탈을 얻기 위해 반드시 거쳐야 하는 비밀 통로가 된다.

청정한 빛이 생명체를 이탈하다

중맥이 생명의 바람을 빨아들일 때 청정한 빛은 망자의 **복합체**複合體를 이탈하여 망자의 의식 속에서 명백히 빛난다.『중음에서 해탈을 얻는 법』속에서 말하는 복합체는 의식과 육체의 결합체를 가리킨다. 청정한 빛이 복합체를 이탈하는 것은 바로 의식이 육체를 이탈하는 것이다. 하지만 이 의식은 인간의 표층적인 감각기관의 의식이 아니라, 가장 심층에 있는 청정 의식으로 유식론에서 말하는 '아뢰야식阿賴耶識'에 가깝다.

  따라서 생명의 바람이 중맥에서 머물고 있는 잠깐 동안에 임종자는 반드시 기회를 잡아서 육신을 이탈하는 청정한 빛을 깨달아야 한다. 그러면 생명의 바람은 문득 수직으로 상승해서 정수리의 범혈梵穴 : 브라흐마 구멍을 통과하여 해탈을 얻거나 아름다운 정토에 환생한다.

  가령 임종자가 이 중요한 시기를 포착하지 못하면, 생명의 바람은 역류하여 체내의 왼쪽 맥과 오른쪽 맥으로 달아나서 숨고, 이때 중음의 경지가 단박에 나타나서 죽음의 여정에 정식으로 진입한다.

  생명의 바람을 장악하는 일은 이처럼 중요하다. 이 때문에 염송하는 자는 반드시 시간을 장악해서 생명의 바람이 왼쪽 맥과 오른쪽 맥으로 숨어들기 **이전**에 즉각 독송을 진행해야 한다.

생명의 숨기운

생명의 두 가지 에너지

생명을 유지하기 위해서는 에너지가 필요하다. 에너지의 원천은 외적인 숨 몸 밖의 에너지과 내적인 숨 몸 안의 에너지 두 가지로 나뉜다. 외적인 숨과 내적인 숨은 서로 다른 형태의 유동적인 에너지를 대표한다. 그래서 두 종류의 기氣로도 비유할 수 있는데, 각각 외부에 있는 공기와 체내의 맥륜 속을 흐르는 기다.

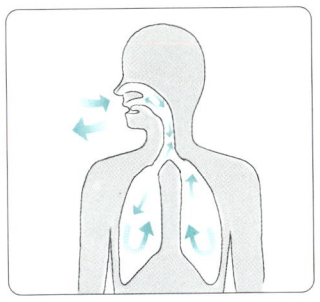

❶ 외적인 숨기운
호흡을 통해 얻은 몸 밖의 에너지

❷ 내적인 숨기운
기공 수련이나 좌선으로 숨을 고를 때의 몸 안의 에너지

생명의 바람

생명의 바람은 인체의 맥륜에 흐르는 에너지로서 바로 내적인 숨이다. 임종자가 호흡을 멈출 때 중맥은 체내에 있는 생명의 바람을 빨아들이고 축적해서 최후의 생명 활동을 진행한다. 이는 생명의 근본인 청정한 빛을 체험하기 위한 준비이다.

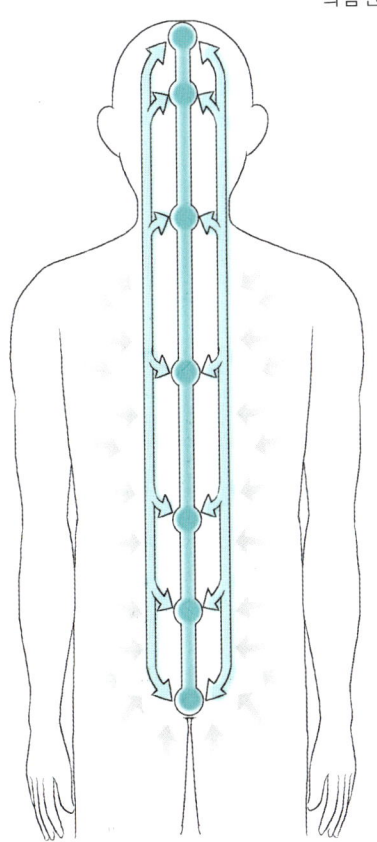

생명의 바람이 중맥에 모이는 것은 마치 도시의 차량들이 고속도로로 모이는 것과 같아요.

범문
프라나
=
생명의 바람
=
몸 안의 숨기운

임종 중음 65

| 임종 중음 8 | 임종자의 의식이 신체를 이탈하는 비밀 기법

사자가 누워 있는 자세

망자가 임종 중음에서 청정한 빛을 체험하도록 돕기 위해서는 반드시 목 동맥의 진동을 살펴야 한다. 동맥의 진동은 임종자를 수면 상태에 빠지게 할 수 있으니 주의한다.

임종자가 잠에 빠지는 것을 막는다

임종을 맞는 사람은 전체 죽음의 과정을 똑바로 의식해야 한다. 독송하는 사람은 반드시 임종자를 사자獅子가 누운 자세를 취하게 하고 목의 오른쪽과 왼쪽에 있는 동맥을 누른다. 이는 임종자가 잠에 빠져드는 것을 방지할 뿐만 아니라 **'생명의 바람'의 역류를 막을 수 있다.** 이렇게 하면 생명의 바람이 순조롭게 중맥에 보존되어서 범혈을 통하여 빠져나간다.

❶ **분명하고 정확하게 게송을 독송한다.**

　스승은 반드시 임종자의 호흡이 정지할 때까지 경문을 정확한 음성으로 반복해서 여러 번 읽는다. 앞에서 인용한 경문72쪽 참고을 임종자의 마음속에 깊이 각인시킨다.

❷ **임종자를 사자가 누워 있는 자세를 취하게 한다.**

　망자의 기운이 끊어지는 시각, 즉 호흡을 멈추는 결정적 시각에 망자를 **오른쪽으로 돌려** '사자가 누워 있는 자세'를 취하게 한다. 석가모니 붓다가 열반할 때 취한 자세이다.

❸ **임종자의 목 동맥을 누른다.**

　경험이 풍부한 스승이 망자의 목 양쪽의 동맥을 단단히 누르는데, 동맥의 진동이 정지할 때까지 누른다. 충분한 경험이 없는 사람이 하거나 처치를 잘못하면, 도리어 망자가 청정한 빛을 체험하는 데 장애가 될 수 있으니 특별히 주의해야 한다.

맥륜과 생명의 바람의 중요성을 명심한다

이 경전에는 맥륜과 생명의 바람에 대한 묘사가 여러 차례 있다. 네 가지 요점을 기억하라.

❶ 생명의 바람은 호흡을 멈춘 후의 체내 에너지로서 중맥지혜맥륜, 오른쪽 맥, 왼쪽 맥으로 흐를 수 있다.

❷ 생명의 바람이 중맥에 안주하도록 도와야 해탈을 얻을 수 있다. 일단 생명의 바람이 왼쪽 맥이나 오른쪽 맥으로 흐르면 바로 다음의 중음 경계에 들어간다.

❸ 생명의 바람이 중맥에서 흐르도록 망자 목의 양쪽 동맥을 누른다.

❹ 생명의 바람이 순조롭게 중맥에 남았다 범혈로 빠져나가면 해탈을 얻는다.

• **적절한 핵심 절차**

스승의 적절한 절차

생명의 바람이 중맥에 모일 때 스승이 해야 하는 절차에는 세 가지가 있다.

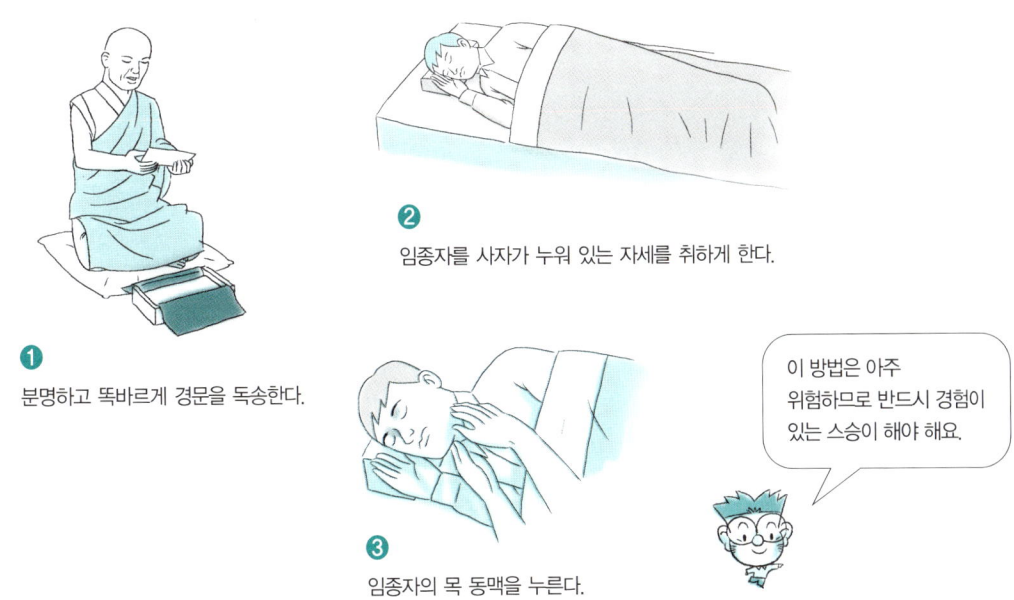

① 분명하고 똑바르게 경문을 독송한다.

② 임종자를 사자가 누워 있는 자세를 취하게 한다.

③ 임종자의 목 동맥을 누른다.

이 방법은 아주 위험하므로 반드시 경험이 있는 스승이 해야 해요.

두 가지 다른 결과

생명의 바람은 중맥에 모이거나 혹은 왼쪽 맥, 오른쪽 맥으로 돌아 흐르는데, 그 결과는 다르다.

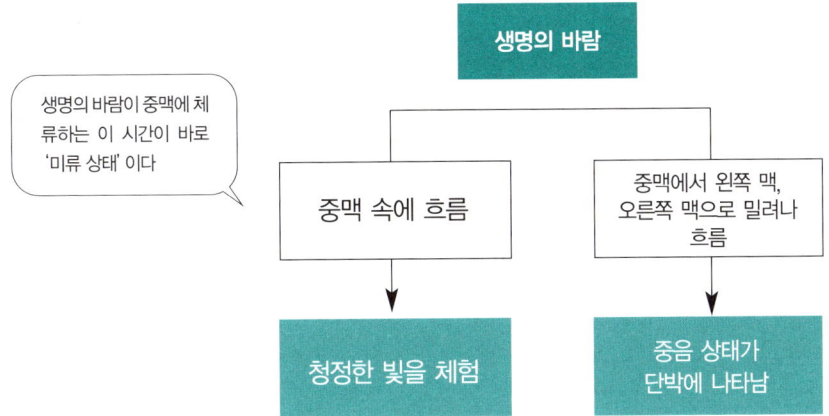

생명의 바람이 중맥에 체류하는 이 시간이 바로 '미류 상태'이다

생명의 바람
├─ 중맥 속에 흐름 → 청정한 빛을 체험
└─ 중맥에서 왼쪽 맥, 오른쪽 맥으로 밀려나 흐름 → 중음 상태가 단박에 나타남

임종 중음 67

| 임종 중음 9 | 정토로 의식을 이전하는 방법

천식법을 시작하다

임종할 때 5대의 분해가 먼저 시작되는데, 이때 임종자는 갖가지 죽음의 징후를 반드시 알아내서 '의식을 이전하는 법', 즉 천식법을 시작해야만 아름다운 정토로 갈 수 있다.

죽음의 징후를 진단하는 자발적 해탈

'죽음의 징후를 진단하는 자발적 해탈'의 가르침에 따르면, 타인의 도움을 받거나 혹은 스스로 죽음의 징후를 하나하나 확인할 수 있다. 이때 **천식법** 파와법 破瓦法, 티베트어 음역 **을 내는 과정을** '억념'할 수만 있다면, 바로 의식을 아름다운 정토로 이전하여 자발적인 해탈을 얻을 수 있다.

자발적 해탈 혹은 자행해탈이라 함은 각고의 노력이 필요 없는 해탈 방식이다. 이는 마치 생각할 필요도 없이 무심히 걸어가는 동작과 같다. 모든 사람의 걷는 행동이 이렇게 저절로 이루어지듯이, '죽음의 징후를 관찰한 자발적 해탈'도 여기에 가깝다. 하지만 선결 조건은 반드시 천식법의 과정을 먼저 억념하는 것이다.

스스로 진단하는 것과 남의 도움으로 진단하는 것

망자가 죽음의 징후를 자기 힘으로 판단할 수 있느냐 여부는 생전에 수행한 요가의 성과와 관계가 있다. 스스로 진단할 수 있는 사람은 경문에 따라 진행하라고 청한다. 그렇지 않은 사람은 타인의 협조를 받아 죽음의 징후를 진단할 수 있다. 이때는 스승이나 스승의 제자, 혹은 친밀히 사귀었던 사형이나 사저를 망자 곁에 청하여 죽음의 징후를 순서대로 큰 소리로 독송한다.

| 대상 | 모든사람

"지금 흙이 물에 녹아드는 징후가 이미 나타났다.
뒤이어 물은 불에 녹아들고, 불은 바람에 녹아들고, 바람은 공에 녹아들고……
존귀한 붓다의 후예여, 그대의 마음을 흐트러뜨리지 말아야 한다."

> **주의**
> 만일 임종자가 승려이면 '경애敬愛하는 법사님'이라고 말한다. "물은 불에 녹아들고, 불은 바람에 녹아들고, 바람은 공에 녹아들고"는 죽음이 나타나는 징후이다.

임종시 다섯 가지 천식법

『중음에서 해탈을 얻는 법』 전체를 통해 말하고자 하는 것은 바로 '망자의 의식을 어떻게 하면 아름다운 정토로 이전시켜 해탈을 얻게 하느냐'이다. 이 때문에 천식법의 운용이 필요하며 사람마다 다른 천식법을 사용할 수 있다.

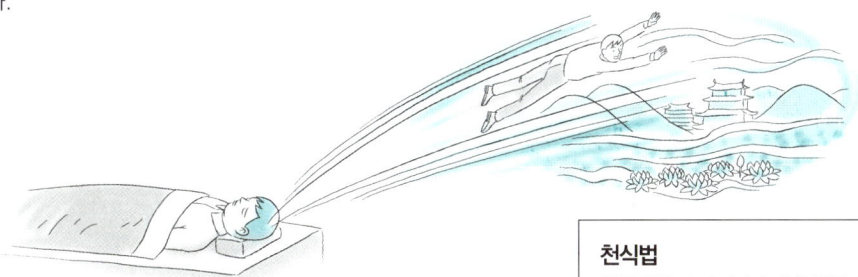

천식법
임종 중음의 결정적 순간에 임종자는 의식을 육신에서 정토로 단번에 이동시킬 수 있다.

다섯 가지 천식법

법신法身 천식법
자녀의 청정한 빛이 부모의 청정한 빛을 만난다.

→ 성공하면 →

- **외적인 모습**: 하늘이 티 한 점 없이 맑게 변한다.
- **내적인 모습**: 얼굴색은 맑고, 신체의 광택은 오랜 시간 변하지 않는다.
- **비밀의 모습**: 흰색 씨앗의 문자, 푸른색 씨앗의 문.

보신報身 천식법
스승이 보신의 형태로 나타나는 걸 관조한다. 금강총지金剛總持, 금강살타, 혹은 관세음보살

→ 성공하면 →

- **외적인 모습**: 하늘은 무지개와 빛으로 충만하다.
- **내적인 모습**: 범혈에 피가 나타나고 체액과 부종 현상이 나타난다.
- **비밀의 모습**: 다섯 가지 사리나 그 중 하나, 혹은 본존의 모습, 본존이 갖고 있는 물건이 나타난다.

화신化身 천식법
화신불化身佛이 현현하기를 기도한다. 석가모니, 약사불, 미륵보살, 파드마삼바바

→ 성공하면 →

- **외적인 모습**: 여의수如意樹와 채색 구름과 무지개가 우산처럼 하늘에 나타난다. 하늘에서 꽃비가 내린다.
- **내적인 모습**: 왼쪽 콧구멍에서 피, 림프, 명점이 흘러내린다.
- **비밀의 모습**: 화장한 후 작은 사리가 나온다. 머리가 완전하고 깨지지 않는다. 본존이 갖고 있는 법기法器.

강력 천식법
돌연사, 순간적인 천식.

→ 의식의 이탈처 →

- **범혈**상근기: 공행모정토空行母淨土
- **눈**상근기: 세상의 권세를 장악한 자
- **왼쪽 콧구멍**상근기: 순순하고 청정한 사람의 몸
- **오른쪽 콧구멍**중근기: 야차
- **두 귀**중근기: 색계의 신
- **배꼽**중근기: 욕계의 신
- **요도**하근기: 짐승
- **생식기**하근기: 아귀
- **항문**하근기: 지옥

일반 천식법
일반인이나 불법을 접하지 못한 자.

→ 성공하면 →

최소한 악도惡道를 면할 수 있다.

임종 중음 69

임종 중음	세 가지 의식 상태
10	# 누가 청정한 빛을 보는가?

임종자가 미류 상태에 들어가면 곧바로 일종의 '무의식 상태'에 빠진다. 예전에는 이를 '혼수상태'로 번역하였는데 그렇다면 이미 의식이 혼수상태에 빠졌는데 도대체 '누가' 청정한 빛을 보는가?

표층의식, 잠재의식 그리고 심층의식

일반적으로 의식을 간단히 세 종류로 나누는데 표층의식, 잠재의식 그리고 심층의식이다. 보통 사람은 깨어 있을 때는 대부분 보고 만질 수 있는 물질세계를 체험한다. 이때는 표층의식이 많이 활동하고 잠재의식은 가끔 활동한다. 표층의식은 **감각 기관의 의식**8식識 중 눈, 귀, 코, 혀, 몸과 **심리의식**을 포함한다. 그리고 잠재의식은 심리의 아래층에 잠재적으로 갈무리되어 있는, 명확하지도 않고 잘 나타나지 않는 의식이다. 예를 들면 우울감이나 질투심, 기시감이나 어디서 본 듯한 풍경, 나아가 전생의 기억 등이다. 이때 가장 깊은 심층의식은 깊은 숙면 상태에 있으며, 여기에 있는 '그'가 바로 청정한 빛을 보는 주체이다.

청정한 빛을 체험하는 의식

임종자가 임종 중음의 첫 번째 단계에 들어가면 갑자기 혼미해지면서 미류 상태에 들어간다. 표층의식과 잠재의식은 잠시 작용을 멈추고 심층의식이 깨어나기 시작하는데, 이때 비로소 청정한 빛을 보고 체험할 수 있다. **무의식 상태**가 바로 이 '**표층의식과 잠재의식이 작용을 멈춘**' 상태이다. 이 두 가지 의식이 작용을 멈출 때 가장 깊은 심층의식은 어떠한 방해도 받지 않은 상태에서 청정한 빛을 인식할 기회를 갖는다.

다음 임종 중음의 두 번째 단계로 들어간다. 심층의식은 지속적으로 깨어 있어서 여전히 청정한 빛을 본다. 하지만 표층의식과 잠재의식이 갑자기 다시 깨어난다. 임종자는 또다시 물질세계를 보기 시작하고, 곁을 지키고 있는 가족뿐만 아니라 심지어 자신도 볼 수 있다. 임종자는 심층의식으로 청정한 빛을 보는 동시에 표층의식으로 물질세계를 본다. 다만 **표층의식과 잠재의식의 작용이 가로막고 있기** 때문에 심층의식이 청정한 빛을 체험하는 강도가 예전의 첫 번째 단계보다 밝지 못하다. 이 두 단계에서 청정한 빛을 능히 체험하지 못하면, 실상 중음이 시작돼 업의 힘이 낳은 강렬한 환영이 형성되면서 더욱 크게 간섭한다. 망자는 더 큰 힘과 기를 소모해야만 우주의 진리가 발하는 빛을 인식할 수 있다.

의식 상태와 청정한 빛의 관계

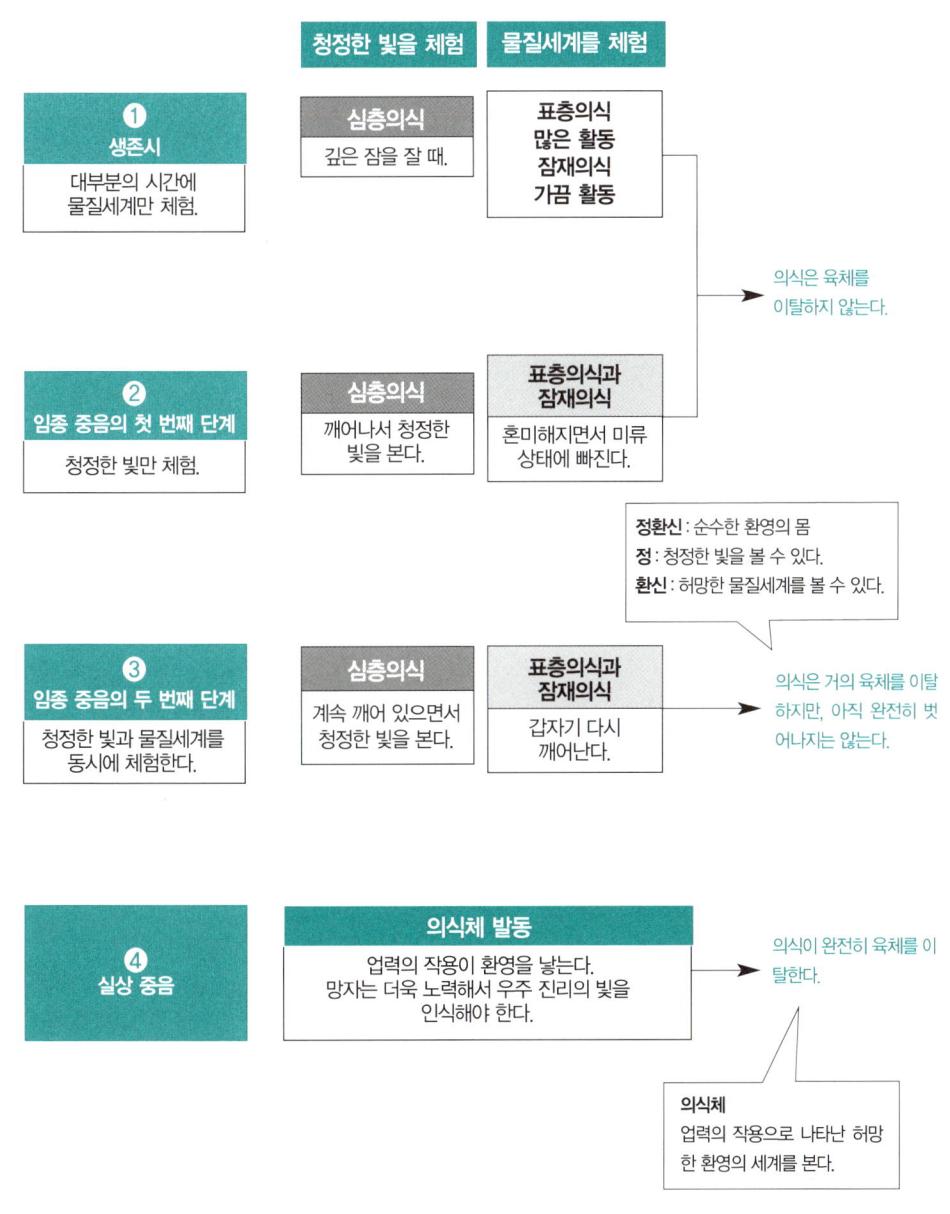

임종 중음

11 청정한 빛을 체험하는 방법 1
대수인의 깨달음을 체험한다

청정한 빛이 나타날 때 임종자는 이 빛이 법신과 같음을 인식해서 '대수인大手印'의 지고무상한 깨달음에 도달하려고 노력해야 한다.

임종자가 혼자 힘이나 혹은 타인의 도움으로 죽음의 온갖 징후를 진단하였다면 천식법을 발동하고, 스승은 아래의 경문을 읽어준다. 경문은 망자에게 네 가지 요점을 깨우쳐준다. 첫째 죽음의 과정을 통해 깨달음을 얻을 수 있다는 것, 둘째 청정한 빛은 법신 같음을 인식해야 한다는 것, 셋째 모든 행위는 중생의 이익을 위한 것, 넷째 대수인의 지고무상한 깨달음에 도달한다.

임종자에게 읽어줄 경문

"존귀한 붓다의 후예여, 이른바 죽음이란 것이 이미 그대에게 다가왔으니, 마음속으로 응당 이렇게 결정해야 하오. '이제 과보가 다하여 목숨이 끝날 때이니, 이 기회를 빌어 이렇게 결정하리라. 한량없는 세계의 모든 유정有情중생을 사랑하고 불쌍히 여기고 널리 이롭게 하기 위해 나태함 없이 정진해서 유일하면서도 원만한 불도佛道를 얻으리라.' 그리고 임종 직후에는 중음에서 청정한 빛의 법신이 중생을 두루 이롭게 함을 실증해야 하오. 또 마음속으로 이미 그렇게 사유해서 청정한 빛의 법신을 깨달아 증명했다면, 결정코 대수인大手印 경지의 더할 나위없는 은혜를 얻으려고 다음과 같이 결심해야 하오. '설사 내가 청정한 빛을 실증할 수 없다 해도 마음으로는 분명히 중음을 인식하고 아울러 중음의 실상을 뚜렷이 깨달으리라. 바라노니 앞으로는 갖가지 몸을 나타내서 세계의 갖가지 유정 중생을 이롭게 할 것이며, 유정 중생이 다하지 않으면 나의 염원도 다하지 않으리라.' 이 염원을 마음에 지닌 채 떼어놓지 말아야 하나니, 생전에 일상 속에서 닦은 수행 하나하나도 반드시 잊지 말고 기억해야 하오."

주의 만약 임종자가 사형, 혹은 사저라면 그 이름을 직접 불러야 한다.

대수인마하무드라이란 티베트 불교 겔룩파의 교의인데, 세상 만물은 모두 공空이고 연꽃의 중심도 '비었다'는 깨달음이다. 겔룩파의 수련 방법은 먼저 마음을 집중해서 선정의 경지에 도달하고, 그 다음 하나의 경계에 안주한 마음이 어디에 있는지를 스스로 관찰한다. **어디에서도 찾을 수 없을 때 바로 이 마음이 실제로 있지 않은 공임을 깨닫게 되고,** 그로부터 '공성空性'을 수행해서 성불한다.

대수인과 청정한 빛의 관계

대수인은 일종의 지고무상한 깨달음 상태로서 청정한 빛을 체험하는 것과 아주 중요한 관계가 있다. 생전에 대수인을 수련한 요가 수행자는 죽음이 다가올 때 청정한 빛과 합일할 수 있는 기회가 있다.

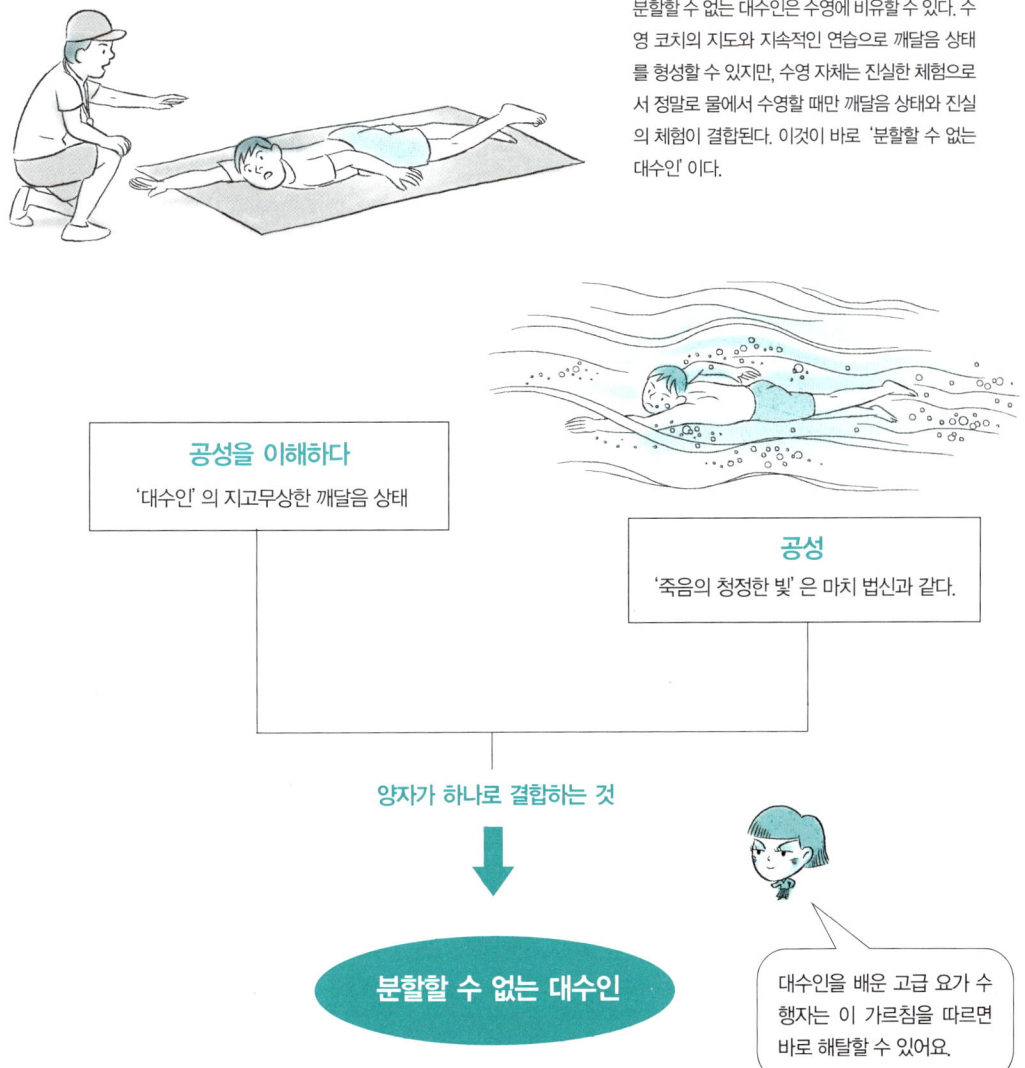

분할할 수 없는 대수인은 수영에 비유할 수 있다. 수영 코치의 지도와 지속적인 연습으로 깨달음 상태를 형성할 수 있지만, 수영 자체는 진실한 체험으로서 정말로 물에서 수영할 때만 깨달음 상태와 진실의 체험이 결합된다. 이것이 바로 '분할할 수 없는 대수인' 이다.

공성을 이해하다
'대수인' 의 지고무상한 깨달음 상태

공성
'죽음의 청정한 빛' 은 마치 법신과 같다.

양자가 하나로 결합하는 것
↓
분할할 수 없는 대수인

대수인을 배운 고급 요가 수행자는 이 가르침을 따르면 바로 해탈할 수 있어요.

임종 중음
12 보현 붓다아버지와 붓다어머니를 체험한다

청정한 빛을 체험하는 방법 2

보현여래왕普賢如來王 붓다아버지와 붓다어머니를 체험하는 것은 고급 요가 수행에 정진한 사람만이 청정한 빛을 체험할 수 있는 방법이기도 하다.

청정한 빛이 임종자 앞에 나타날 때 체득해 인식하기만 하면 바로 해탈할 수 있다. 이때가 윤회를 벗어나는 관건이 되는 시간이므로 임종자 곁에서 주의 사항을 일깨워주어야 한다. 임종자가 스승이거나 독송자보다 수행이 깊은 사람이라면 게송으로 일깨워주어야 한다.

"동문이신 대덕이여, 그대는 근본의 청정한 빛을 올바로 경험하고 있으니, 즉각 그 청정한 빛 속에 안주해야 합니다."

보통 사람에게는 염송의 문장이 이보다 길지만, 그 요점은 **실상**實相**이 곧 보현 붓다어머니이고, 심령이 곧 보현 붓다아버지임**을 체득하는 것이다.

염송문 1 실상은 '보현 붓다어머니'이고, 마음은 '보현 붓다아버지'

"존귀한 붓다의 후예여, 그리고 망자의 이름을 부른다 귀 기울여 들어라. 진실한 바탕인 청정한 빛이 찬란히 발산하면서 그대 앞에 나타났으니, 그대는 반드시 인식해야 한다.

붓다의 후예여, 그대에게 갖춰진 지혜는 실제로는 본래 공空이라서 형질形質인 듯 색色인 듯해도 똑같이 공환空幻에 속해서 털끝만큼의 체體도 갖추지 않았다. 이 지혜가 바로 청정한 빛의 실상인 보현普賢의 법계이다. 그대의 지혜가 비록 공空이라도 결코 체體 없는 공이라고 보지 말라. 실제로 이 지혜는 장애가 없어서 광채가 찬연한 활발발活潑潑한 경지로서 쾌적하고 안락하며, 청정식淸淨識과 보현의 불성은 매한가지라서 둘이 아니다."

염송문 2 '본성의 공'과 '생기와 빛으로 충만함'이 분리되지 않는 것이 법신이다

"그대에게 갖춰진 지혜는 공空하여 체상體相이 없지만 청정식을 여의지 않으니, 이 두 가지가 계합하면 곧 원만한 법신의 경계에 도달한다. 이처럼 청정식은 광명의 진공眞空으로서 빛의 체體를 여의지 않은 채 생기지도 않고 멸하지도 않으니, 바로 아미타불, 즉 무량광불無量光佛이다. 지금까지 충분히 증명했듯이, 그대 지혜의 진공이 불심佛心 아님이 없으며, 또한 바로 스스로 청정본식淸淨本識이 있는 것이니, 스스로 응당 불심에 영원히 안주해야 하리라."

하나가 되는 실상과 마음의 상태

고급 요가 수행자는 실상의 '심령 상태'와 '실상'이 결합해서 하나가 됨을 체득하는데, 이는 마치 보현여래왕의 붓다아버지와 붓다어머니가 서로 포옹하여 분리할 수 없는 것과 마찬가지다.

실상공성

심령 상태

보현 붓다어머니
사만타바드리

보현 붓다아버지
사만타바드라

양자가 하나로 합일한 상태
본초불本初佛 보현 붓다아버지와 붓다어머니

실상과 심령이 하나로 합일된 상태는 마치 빛의 집합체인 무량광불 즉 아미타불을 체험하는 것과 같아서 공空과 청정한 빛으로 충만하다.
임종 중음 단계에서는 보현 붓다아버지와 붓다어머니, 무량광불은 모두 상이 없는 형식으로 현현하고 있지만, 실상 중음 단계에서는 구체적인 형식으로 나타난다. 126쪽 참조

보현여래왕

티베트 불교는 보현여래왕을 '본초불本初佛, 산스크리트어로 아디붓'로 보고 있다. 본초불은 모든 붓다의 원형으로 자비와 지혜의 결합인 최고의 수행 경지를 대표한다. 보현 붓다아버지는 산스크리트어로 사만타바드라로서 보현여래왕, 혹은 여의금강如意金剛, 본초불보현, 법신보현 등으로도 부른다. 보현 붓다어머니는 산스크리트어로 사만타바드리이다.

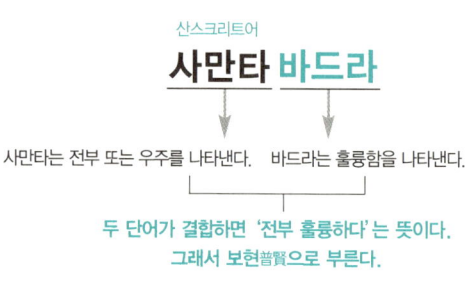 

특징

1. 나신裸身으로 포옹하다
푸른색의 붓다아버지가 나신의 몸으로 흰색의 붓다어머니를 포옹하고 있다. 아버지와 어머니의 포옹은 자비와 지혜의 결합을 상징한다. 나신은 텅 빈 공성을 상징한다.

2. 앉은 자세
붓다아버지는 선정 자세를 하고 있고 가부좌로 두 손은 다리 위에 놓는다, 붓다어머니는 연꽃 가부좌 자세이다두 다리로 붓다아버지의 허리를 감고서 아버지 몸 위에 걸터앉아 있다.

또 다른 보현보살이 있는데, 산스크리트어 명칭은 같아요. 그러나 본초불이 아니라 여덟 분의 보살 중 하나로 실상 중음의 셋째 날에 나타난답니다. 혼동하지 말기 바라요.

본초불

본초불은 모두 세 명으로서 바로 금강살타바즈라사트바, 금강총지바즈라다라와 보현여래왕이다. 손에 들고 있는 서로 다른 물건과 다른 몸짓의 언어를 통하여 티베트 불교 수행에서의 '자비와 지혜의 결합 방식'을 나타낸다. 동시에 깨달음의 경지로 가는 세 가지 상태를 나타낸다. 즉 금강살타 → 금강총지 → 보현여래왕이다.

금강살타

손에 들고 있는 금강방울金剛鈴, 금강저金剛杵는 지혜와 자비를 상징한다. 두 손을 교차하지 않은 것은 자비와 지혜의 본질이 아직 결합하지 않았음을 상징한다.

금강저　　금강방울

금강총지

두 손에 금강저와 금강방울을 쥐고 서로 교차하고 있는데, 이는 지혜와 자비가 이미 결합했음을 상징한다.

보현여래왕

나신의 붓다아버지와 나신의 붓다어머니의 친밀한 결합을 통해서 자비와 지혜가 이미 결합하여 공성의 경계에 도달했음을 나타낸다몸에 아무것도 걸치지 않은 나신의 붓다아버지와 붓다어머니는 공성을 상징한다. 바로 모자람과 상실이 없는 완벽한 상태의 붓다에 도달했다는 것이다.

임종 중음	의식이 거의 육체를 이탈하다
13	# 임종자는 정환신 상태에 들어서다

> 임종자가 청정한 빛을 깨달으면 바로 해탈을 얻지만 두려움 때문에 실패했다면 임종자의 의식은 육체를 이탈하여 '정환신'으로 변해서 다음 단계의 시험을 겪는다. 즉 두 번째 청정한 빛을 깨달아야 한다.

정환신은 자신의 죽음을 알지 못한다

앞에서 설명한 생명의 바람이 중맥에 모이는 그 중요한 순간을 기억하고 있는가? 임종자가 생명의 바람이 신체의 중맥에 모이는 결정적 시각에 청정한 빛을 체험할 수 있다면 곧바로 해탈할 수 있다. 그러나 최초의 그 빛을 깨닫지 못하면, 임종자의 좋은 업과 나쁜 업의 인연에 따라 생명의 바람은 왼쪽 맥이나 오른쪽 맥으로 흘러가다가 다시 몸의 혈六을 통해 빠져나간다. 이어서 바로 순수하고 깨끗한 마음의 경계가 잠깐 망자의 앞에 나타난다. 동시에 임종자의 의식은 거의 육체를 이탈하면서 '정환신'의 상태가 된다. 이때 임종자는 정환신의 상태에서 두 번째 청정한 빛을 볼 수 있다 청정한 빛이 두 번째 현현한 상태로서 '연속적으로 발한 청정한 빛'이라고도 한다. 그래서 이 단계를 '두 번째의 중음'이라고도 한다.

정환신은 맑은 의식을 갖고 있다

정환신은 육체를 갖지 않은 특수한 몸인데, 이때 의식은 갑자기 맑아지지만 자신이 죽었는지 여부는 알지 못한다. **정환신은 유체遺體 근처를 배회하면서 생전의 활동범위를 떠나지 않는다.** 임종자는 가족과 친족의 모습을 볼 수 있다. 보이는 모든 것이 생전과 다를 바 없고 그들의 울음소리까지 듣는다. 무서운 업력이 만드는 환영은 아직 나타나지 않고, 죽음의 신인 염마천의 공포스러운 그림자도 아직은 나타나지 않는다. 임종자는 이 기회를 잘 포착해서 두 번째 청정한 빛을 진실로 체험해야 한다. 특별히 주의할 점은 임종 중음의 의식 상태는 변화한다는 것이다. 호흡이 정지된 다음 청정한 빛이 나타나기를 기다리는 이 단계에서 임종자는 무의식의 상태에 있다. 뒤이어 한 식경쯤 지나면 임종자는 정환신 상태에 들어가 두 번째 청정한 빛이 나타나길 기다리는 과정에서 의식이 갑자기 맑아지고 자신의 유체와 가족들의 모습과 소리도 느낄 수 있다. 하지만 자신이 이미 죽었다는 사실은 모르고 있다. **보통 사람이 이 단계를 지나는 데 걸리는 시간은 대략 3일 반에서 4일이다.**

두 번째 청정한 빛을 볼 수 있는 정환신

정환신

정환신은 임종자의 의식이 육체를 거의 이탈한 상태로서 두 번째 청정한 빛을 볼 수 있다.

임종자는 자신의 유체와 생존한 친족들의 모습을 볼 수 있지만 자신이 이미 죽었다는 사실은 알지 못한다. 이 단계는 약 3일 반에서 4일 정도 지속된다.

두 번째 청정한 빛은 청정한 빛보다 약하다

죽음을 맞이하는 사람은 임종 단계에서 청정한 빛을 볼 수 있다. 앞 단계에서 본 것은 청정한 빛이고, 나중에 보는 것이 두 번째 청정한 빛이다. 양자의 차이는 땅에 던지는 고무공에 비유할 수 있다.

> 임종자가 보는 청정한 빛의 강도는 마치 땅에 던진 고무공 같다. 처음에는 높이 튀어오르지만 두 번째는 더 낮게 튀어오른다. 그후 공의 높이는 점점 낮아지다가 마지막에는 완전히 멈춘다. 임종자가 강도가 점점 미약해지는 청정한 빛을 볼 것이고, 최종적으로는 어둠이 될 것이다. 망자의 의식은 휴식을 끝내고 태문胎門 에 들어가 투생投生 준비를 해서 다시 인간 세상으로 돌아온다.

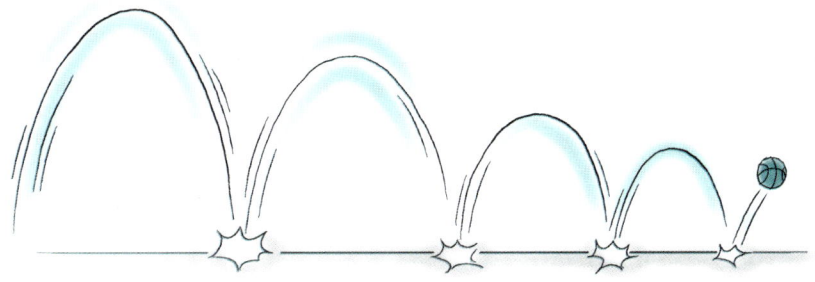

임종 중음	정환신의 시험

14 두 번째 청정한 빛을 보다

두 번째 청정한 빛이 나타날 때 두 가지 방법으로 임종자가 두 번째 청정한 빛을 볼 수 있도록 도울 수 있다. 이 방법은 '원만 단계'와 '생기 단계'로 나뉜다.

두 번째 청정한 빛이 현현하는 단계에서 광폭하고 혼란스러운 업력의 환영은 아직 발생하지 않았고, 죽음의 신에 대한 공포도 출현하지 않았다. 옆에서 돕는 독송자는 죽은 자의 수행 상황에 따라 두 가지 다른 방식을 선택해야 한다. 첫째는 **완성의** 원만 단계圓滿段階이고, 둘째는 **시작의** 생기 단계生起段階이다.다.

첫 번째 방식인 원만 단계는 망자의 이름을 세 번 부르고, 앞에서 말한 청정한 빛으로 인도하는 가르침을 반복해서 들려준다.

두 번째 방식인 생기 단계는 관상觀想을 위주로 한다.

❶ 본존수호신을 관상한다.

생기 단계의 방식에서, 망자에게 개인적인 수호신이 있다면 관상의 방식으로 불러내서 이렇게 읽어준다.

"고귀한 아무개여, 그대의 본존수호신을 관상하기 바란다. 그대의 신심을 미혹시키지 말고 정신을 집중해서 그대의 수호신을 진지하게 관상하라. 그대는 마음속으로 반드시 실체적 형상이 없는 본존수호신을 마치 물에 거꾸로 비친 달그림자처럼 구체적 형상이 없다고 상상하라."

❷ 관세음보살을 관상한다.

만일 망자에게 본존수호신이 없으면 관세음보살에게 기도해서 청한다.

본존수호신을 관상하거나 관세음보살에게 기도하는 방식은 이런 사람에게 적합하다. 중음의 경계에 대한 인식이 없는 사람이나 생전에 스승의 가르침을 받았지만 관상 기법이 순수하게 성숙되지 않아서 중음 상태에서 분명히 증득할 수 없는 사람, 관상 기법이 성숙되었어도 **심한 병**으로 임종시의 의식이 혼미해서 중음 상태에서는 기억할 수 없는 사람, 관상 기법이 정확하고 익숙하지만, 약속을 지키지 않았거나 '삼매야三昧耶,사마야' 수행이 변질, 퇴화해서 분명히 증득할 수 없는 사람.

원만 단계와 생기 단계

만약 망자가 생전에 요가 수행자였다면, 수행의 과정이 원만 단계에 도달하였든 아니면 아직 생기 단계에 있든 두 번째 청정한 빛이 나타날 때며 어떤 방법으로든 청정한 빛을 깨달아 생전에 해탈을 얻을 수 있다.

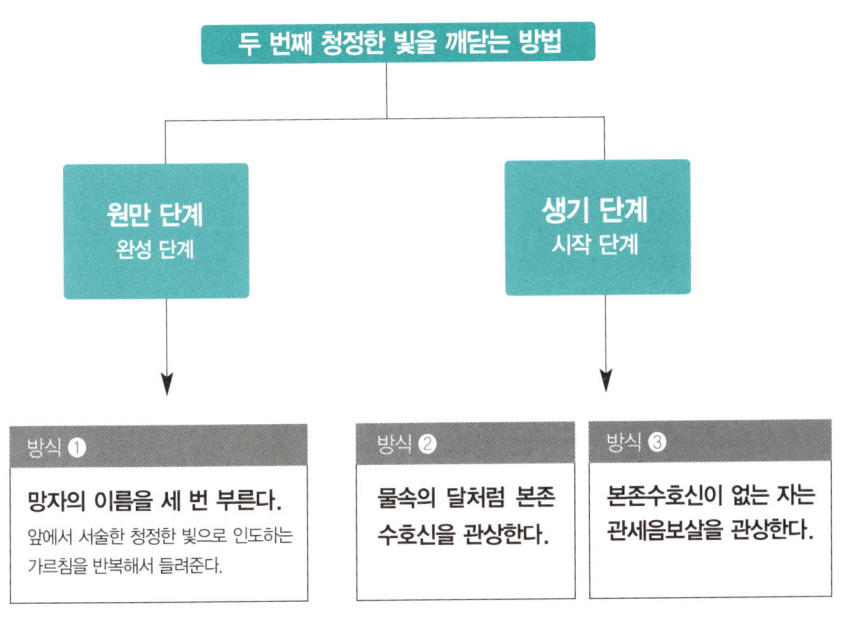

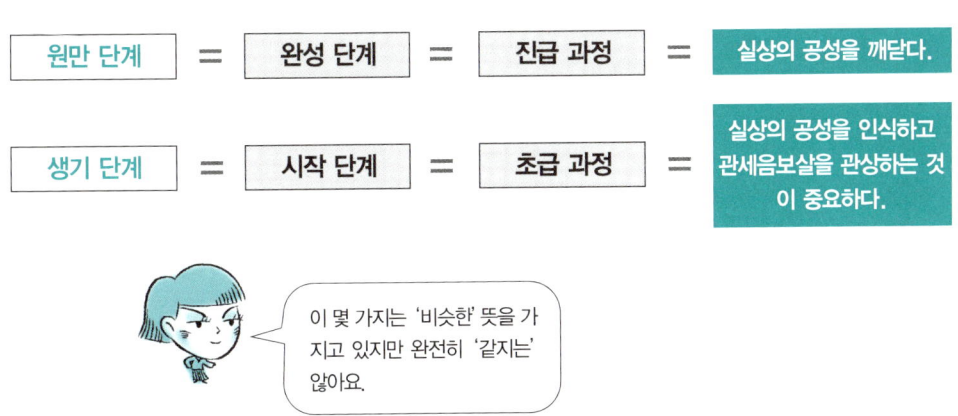

임종 중음	청정한 빛을 체험하는 방법 3
15	# 모자 실상의 만남을 체험한다

> 정환신의 상태에서 의식은 거의 육체를 이탈하였지만, 임종자는 자신의 죽음을 아직 모르고 무서운 업력의 환영들도 아직 나타나지 않았기 때문에 이 공백을 이용하여 재빨리 '모 실상'과 '자 실상'의 결합을 체득해서 해탈의 마지막 기회를 다시 잡는다.

모母 실상과 자子 실상의 만남

정환신 상태에 있는 임종자의 면전에 청정한 빛의 경계가 나타나는데, 만일 임종자가 이 순간에 생전의 모든 가르침을 깨달을 수 있다면 모 실상 어머니 다르마타과 자 실상 아들 다르마타이 자동으로 만나서 다시는 업력의 지배를 받지 않는다. 마치 **밝음이 어둠을 극복하는 것처럼 업력의 영향을 정복하여** 청정한 빛의 길로 나아가 해탈을 얻는다.

생전에는 자 실상을, 임종 때는 모 실상을 체험

'모자 실상의 만남'은 아주 특별한 두 가지 실상의 만남이다. 간단히 설명하면 자 실상은 생전에 수행한 선정의 아주 깊은 상태에서 체험할 수 있는 실상이고, 모 실상은 본래 있는 실상, 즉 근본 실상으로 죽음의 시각에서만 느낄 수 있다. 전자는 생전에 체험하고, 후자는 임종 단계에서 체험한다. 더 자세히 설명하면, 생전에 공성을 관상하는 심념心念을 자 실상이라고 하는데, 이는 수행 속에서 체험해 깨닫는 것이다.

심념 자체의 본연本然 실상이 바로 모 실상인데, 임종 중음의 단계에서 체험한다. 선정이 아주 깊은 사람은 양자의 융합 과정을 체험할 수 있는데, 이는 마치 오랜 시일 헤어져 있던 어머니와 자식의 만남과 같다. **어머니와 자식의 만남은 정환신의 단계에서 발생한다.** 하지만 여전히 해탈을 얻지 못하면 실상 중음이 즉각 나타날 것이다.

모자 실상의 만남과 융합

모자 실상의 만남

자 실상이란 생전에 공성을 명상하는 심념으로 세상에서 수행한 체험이다. 모 실상은 심념의 본연 실상으로 임종 중음 단계의 체험이다. 선정이 아주 깊은 사람은 두 실상의 융합 과정을 체험할 수 있는데, 이는 마치 오랫동안 헤어졌던 어머니와 자식의 만남과 같다.

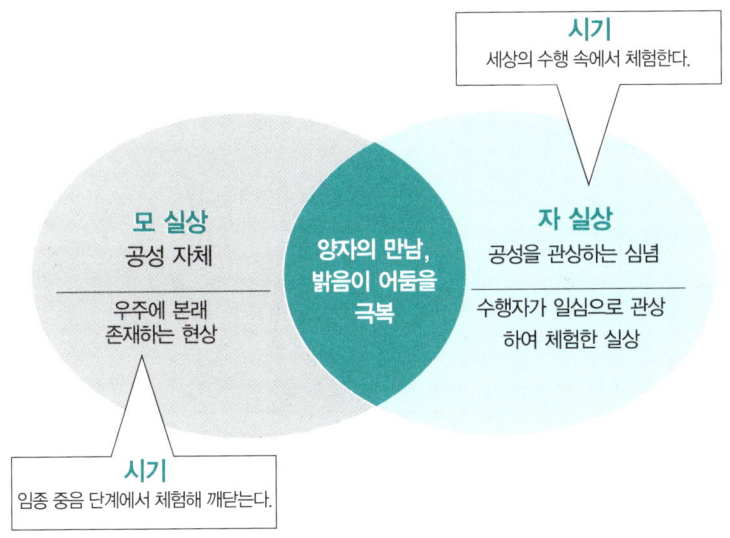

청정한 빛을 체험하는 세 가지 방법의 비교

	분할할 수 없는 대수인	보현 붓다아버지와 붓다어머니를 체험한다.	모자 실상의 만남
	시기: 청정한 빛이 현현하는 시기.	**시기**: 청정한 빛이 현현하는 시기.	**시기**: 두 번째 청정한 빛이 현현하는 시기.
공성의 깨달음 = 실상의 깨달음	대수인은 **지고무상한 깨달음의 상태**	**심령 상태가 바로 보현 붓다아버지** 생기와 빛으로 충만하다.	**자 실상은 공성을 관상하는 심념이다.** 수행자가 일심으로 관상하여 체험한 실상. 세간의 수행 속에서 체험
공성 = 실상	'죽음의 청정한 빛'은 **'법신'과 같다.**	**실상이 바로 보현 붓다어머니.** 본성은 텅 비어서 아무런 실체도 없다.	**모 실상이 바로 공성 자체이다.** 우주에 본래 존재하는 현상임종 중음의 단계에서 체험.

임종 중음	심념의 본성을 깨닫는 순간
16	# 홍색과 흰색 명점의 결합

요가의 최고 수행에는 하나의 특별한 용어인 '명점明點'이 있는데, 이는 육신과 비육신의 내재적 에너지를 상징한다. 임종 중음의 시기에서 '5대'가 전부 분해된 후 이마에서 나온 흰색의 명점과 배꼽에서 나온 홍색의 명점은 심륜心輪에서 만난다.

이마에 나타나는 백색의 명점은 하강한다

죽음의 징후가 나타날 때 5대가 전부 분해되면서 망자는 신체의 어느 부분도 움직일 수 없다. 먼저 외적인 기운이나 호흡이 멈출 것이고, 그 다음 하나의 흰색 명점이 **이마**에 나타나는데, 이는 '남성의 보리심菩提心'을 대표한다. 이 명점도 방편 법문의 상징이다. 흰색의 작은 명점이 하강할 때, 일체의 모든 법이 점차 흰색으로 변화하는 것을 보게 된다. 그러면 33가지의 온갖 분노가 한 찰나에 사라진다. 동시에 지혜를 얻은 기쁨을 체험할 것이고, 이 기쁨이 바로 '화신化身'의 본질이다. 이 기쁨을 체험해 깨달으면 바로 금강살타의 경계에 통달해서 중음 세계 속에서도 길을 잃지 않을 것이다.

배꼽에 나타나는 홍색의 명점은 상승한다

그 이후 홍색의 작은 명점이 **배꼽**에서 서서히 상승하는데, 이는 '여성의 보리심'을 대표한다. 붉은색의 명점이 상승할 때 주위의 모든 경물이 홍색으로 변한다. 그러면 40가지 탐욕이 소멸되어서 사람을 움직이는 남녀 신들은 보아도 탐욕이 생기지 않는다. 이때 더할 나위 없는 기쁨의 지혜를 체험할 것이고, 이 지혜가 바로 '보신報身'의 본질이다. 이 기쁨을 깨달을 수 있으면 바로 아미타불의 경계를 통달해서 중음 세계 속에서도 길을 잃지 않을 것이다.

홍색과 흰색의 명점이 서로 접근해서 남성 보리심과 여성 보리심이 만난다

여전히 해탈과 깨달음을 얻지 못하면, 두 명점이 마지막에는 마음속에서 합한다. 홍색과 흰색의 명점이 일단 만나면 **상현달이 뜬 밤과 같은** 어둠의 감각을 체험하는데, 일곱 가지 무명無明과 허망한 견해가 서서히 상승한다. 이때 기쁨을 초월하는 무상의 지혜를 체험함으로써 온갖 허망한 견해를 녹여버려 대일여래의 법신 경계에 도달한다.

선정 수행을 이룬 사람은 홍색과 흰색의 명점이 만나는 시각에 문득 심념의 진실한 본성을 체험해 깨달을 수 있다. 이는 일종의 자연스럽게 생기는 깨달음으로 '**공성의 심념을 관상함**'과 '**공성 자체**'가 완전히 같은 것이라서 첫눈에 서로를 알아본다.

홍색과 흰색의 명점이 만나는 과정

만남은 자연스럽게 발생한다

홍색과 흰색의 명점이 심륜에서 만나는 것은 임종 중음시에 자연스럽게 발생하는 현상이다.

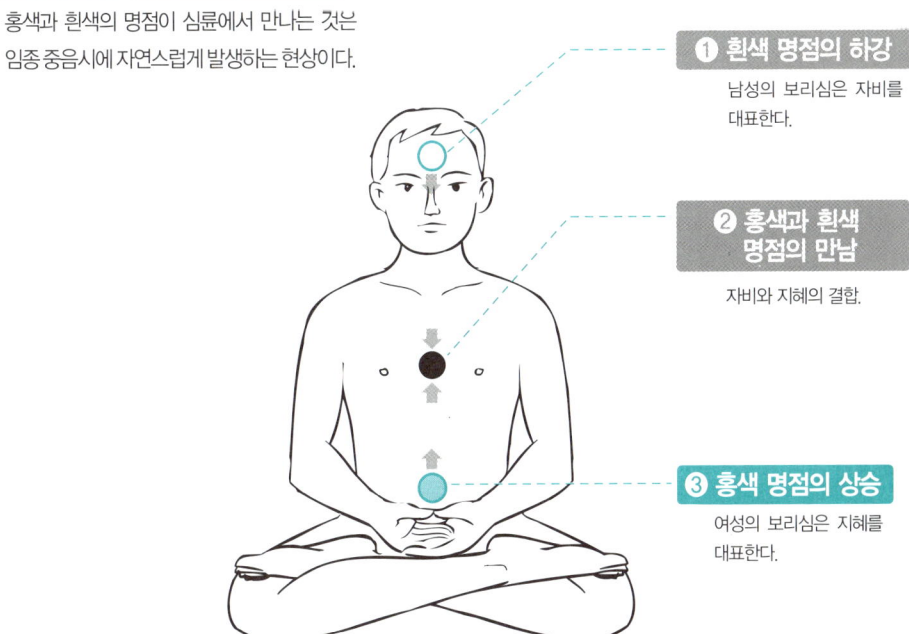

① 흰색 명점의 하강
남성의 보리심은 자비를 대표한다.

② 홍색과 흰색 명점의 만남
자비와 지혜의 결합.

③ 홍색 명점의 상승
여성의 보리심은 지혜를 대표한다.

세 가지 경계의 깨달음

홍색과 흰색의 명점이 만나는 과정을 통해서 세 가지 독을 제거하고 세 가지 훌륭한 본질을 깨닫는다.

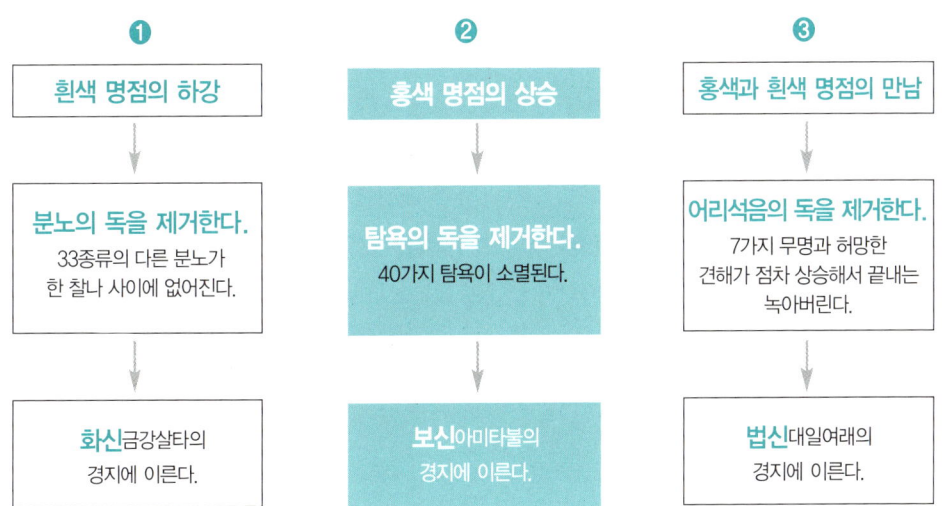

①
흰색 명점의 하강
↓
분노의 독을 제거한다.
33종류의 다른 분노가 한 찰나 사이에 없어진다.
↓
화신금강살타의 경지에 이른다.

②
홍색 명점의 상승
↓
탐욕의 독을 제거한다.
40가지 탐욕이 소멸된다.
↓
보신아미타불의 경지에 이른다.

③
홍색과 흰색 명점의 만남
↓
어리석음의 독을 제거한다.
7가지 무명과 허망한 견해가 점차 상승해서 끝내는 녹아버린다.
↓
법신대일여래의 경지에 이른다.

| 임종 중음 | 심념의 본성을 깨닫는 두 가지 선정 방법
17 유상 선정과 무상 선정

인간은 죽음의 과정 속에서 선정禪定을 통하여 깨달음을 얻을 수 있다. 선정은 그 방식에 따라 '유상 선정'과 '무상 선정'으로 나눈다.

유상有相 선정 │ 흰색 명점은 남성 본존으로, 홍색 명점은 여성 본존으로 나타난다

유상 선정이란 요가 수행자가 수행을 할 때, 형상을 갖춘 본존수호신을 관상하는 것이다. 개개인의 수호신은 생전에 스승이 가르친 수행에 따라 다르다. 유상 선정의 과정에서 흰색의 명점은 남성 본존수호신의 형상으로 나타나고, 홍색의 명점은 여성 본존수호신의 형상으로 나타난다. 생전에 유상 선정의 훈련을 받은 사람은 임종 단계에서 자신의 수호신을 정확히 알아볼 수 있는 기회가 있다. 가령 자신의 수호신이 승락금강勝樂金剛이라면, 임종시에 흰색 명점은 승락금강 붓다아버지의 형상으로 나타나고, 홍색 명점은 승락금강 붓다어머니인 금강요가의 여인으로 나타난다. 임종자는 이 순간에 반드시 마음을 편안히 하고 생각을 가라앉혀서 **자신의 의식을 본존의 마음속으로 녹아 들어가게 하여** 하나로 융합되면 즉각 깨달아 해탈을 얻을 수 있다.

무상無相 선정 │ 선정의 경지가 깊은 요가 수행자는 홍색과 흰색의 명점이 만나는 것을 직접 관상한다

최고의 근기를 가진 요가 수행자, 혹은 덕행이 아주 높은 라마는 무상 선정을 사용하는데, 선정의 과정에서 흰색 명점과 홍색 명점이 일단 만나면 자연히 해탈을 얻을 수 있다. 선정의 경지가 깊은 사람은 무상 선정의 수행으로 죽음과 삶이 모두 마음으로 말미암아 생겨난다는 걸 명백히 깨닫는다.

관정灌頂을 받지 않은 평범한 사람도 죽음의 과정에서 홍색과 흰색의 명점이 만나는 과정이 있지만, 만약 사람이나 축생 혹은 아귀로 환생한다면 흰색 명점은 미래의 아버지가 되고 홍색의 명점은 미래의 어머니가 된다. 간단히 말해서 선정 공부가 아주 깊은 요가 수행자는 홍색 명점과 흰색 명점이 만날 때 무상 선정의 수행을 통해 해탈을 얻는다. **일반 사람은 홍색 명점과 흰색 명점이 만날 때 자기가 미래의 육도에서 환생할 형태를 잠깐 엿볼 수 있다.**

유상 선정과 무상 선정의 비교

홍색 명점과 흰색 명점이 만날 때 생전에 선정 수행을 했느냐 하지 않았느냐에 따라서 임종자에 대해 설명하는 것이 다르다.

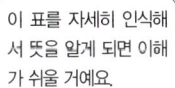
이 표를 자세히 인식해서 뜻을 알게 되면 이해가 쉬울 거예요.

대상	흰색 명점	홍색 명점	홍색 명점과 흰색 명점이 만날 때
무상 선정자	형상이 없다.	형상이 없다.	선정 공부가 아주 깊은 요가 수행자는 바로 해탈을 얻을 수 있다.
유상 선정자	남성 본존	여성 본존	의식을 본존의 마음속으로 녹아 들어가게 해서 하나로 융합시키면 해탈을 얻을 수 있다.
선정 수행을 하지 않은 자	미래의 아버지	미래의 어머니	임종자는 육도윤회에서 다음 생에 환생할 형체를 잠깐 본다.

임종 중음

18 임종 중음
즉신성불을 위한 가장 좋은 기회

최상의 근기를 가진 요가 수행자는 평소 끊임없이 체계적인 지도법을 수련하는데, 이런 노력은 오로지 해탈을 얻기 위한 것이다. 해탈을 얻는 세 가지 경지 중에서도 즉신성불이 가장 완벽하다. 그리고 임종 중음은 즉신성불을 위한 가장 좋은 기회이다.

금생의 육체로 완벽한 해탈의 경계에 도달하는 것이 바로 즉신성불이다

티베트 불교의 밀승密乘은 천계승天啓乘이라고도 한다. 즉 불법을 직접 '천하늘'의 '계계시'로부터 얻는다는 특징을 설명하고 대승 불교의 오묘하고 비밀스런 법을 대표하는데, 이는 일종의 주술을 포함하는 교법이다. 그 핵심은 불가항력적으로 즉각 실현되는 힘과 명확하고 분명한 수행의 기교이다. 최상의 근기를 가진 요가 수행자는 주문을 외우는 수행법으로 성불의 길을 가속화한다. 그중 많은 이들이 이미 생전에 깨달아서 대성취자의 경지에 도달하였다. 그들은 완벽한 불신佛身의 민감하고 예리한 신통력을 갖추었을 뿐만 아니라, 인간 세상에서도 자비의 마음으로 중생을 구원한다. 염송문에서는 이렇게 말한다. "죽음의 과정을 통하여 깨달음의 심령 상태를 추구한다. 아울러 친절과 자비의 태도로 우주처럼 무한한 완벽한 지혜를 얻는데, 이 모든 것은 유정 중생의 이익을 위한 것이다……." 이처럼 죽음의 시기에서 **금생의 육체로 완벽한 해탈의 경계에 도달하는 것이 바로 즉신성불이다.**

죽음의 그 한순간에 드러나는 '청정한 빛'이 즉신성불을 위한 절호의 기회이다

죽음의 순간에 드러나는 청정한 빛은 즉신성불即身成佛을 위한 절호의 기회이다. 하지만 소걀 린포체는 중요한 핵심을 제시하였다.

"어떤 상황에서 죽음이 이런 기회를 제공할 수 있는지 이해해야 한다. 현대의 일부 작가와 연구자들은 이 순간의 심오한 특성을 낮게 평가했다. 그들은 책을 읽고 해석했지만, **구전과 훈련**을 받지 못했기 때문에 그 신성한 뜻을 이해하지 못했다. 그 결과 이 과정을 너무 간단히 보았고 결론도 너무 성급했다. 우리는 천당을 가고 깨달음을 얻는 것으로 죽음을 좋아할 수 있다. 하지만 일방적인 희망을 제외하면 더 중요한 것이 있다. 즉 심성心性이나 본각本覺의 깨달음이 확실히 열렸을 때만 또 선정의 수행을 통해 안정된 심성을 갖고 이를 일상생활과 결합했을 때만, 죽음의 그 한순간에 해탈의 참된 기회가 제공된다는 것을 알아야 한다."

● **즉신성불이란?**

즉신성불

죽음이 임박했을 때 금생의 육체로 완벽한 해탈의 경지에 도달하는 것이 바로 즉신성불이다. 오직 죽음의 그 한순간이 다가왔을 때, 즉 임종 중음의 시기에만 가능하다.

이 장의 도해 圖解

실상 중음의 첫 체험 93 | 실상 중음에서 망자의 영은 의식체이다 97 | 신들은 망자의 영의 뇌, 목구멍, 가슴으로부터 발출된다 99 | 실상 중음의 천신지기 통계표 100 | 5온과 5대 103 | 첫째 날의 선택 105 | **우주 중앙의 붓다**-대일여래 107 | 대일여래와 금강허공 붓다어머니 108 | 둘째 날의 선택 111 | **우주 동방의 붓다**-금강살타 아촉여래 113 | 금강살타 아촉여래의 일족 115 | 셋째 날의 선택 117 | **우주 남방의 붓다**-보생여래 119 | 보생여래의 일족 121 | 넷째 날의 선택 123 | **우주 서방의 붓다**-아미타불 125 | 아미타불의 일족 127 | 다섯째 날의 선택 129 | **우주 북방의 붓다**-불공성취 붓다 131 | 불공성취 붓다의 일족 133 | 다섯 방위 붓다 일족의 대회합 135 | 다섯 방위 붓다 일족 중 8명의 남성 보살 137 | 다섯 방위 붓다 일족 중 8명의 여성 보살 139 | **육도불**-망자의 영을 수호하는 도사 141 | 다섯 방위 붓다의 부서 중 문을 지키는 4명의 남성 존자 142 | 다섯 방위 붓다의 부서 중 문을 지키는 4명의 여성 존자 143 | 지혜의 소유자 지명주존 145 | 지명주존의 법상 147 | 다섯 쌍의 지명주존 149 | 공행모 150 | **밀교의 용사**-용맹하고 건장한 남자, 용맹하고 건장한 여자, 남녀 호법 151 | 밀교 수행의 다섯 가지 영향 153 | 세 가지 해탈법 157 | **헤루카**-붓다의 분노한 화신 159 | 대영광 헤루카와 5부 헤루카의 관계도 160 | 대영광 헤루카 161 | 금강부 헤루카 163 | 보부 헤루카 165 | 연화부 헤루카 167 | 업부 헤루카 169 | 분노 존자들과 적정 존자들의 배치도 171 | 가우리 여신과 피사치 여신의 기원 173 | 가우리 여신 174 | 피사치 여신 175 | 동물 머리를 한 4명의 문지기 여신 177 | 28명의 요가 여인 178 | 마지막 날의 특별한 부탁 181 | 모든 사람에게 중음의 가르침이 필요하다 187

3

실상 중음

죽음의 경계에 나타나는 갖가지 험난함과 기이한 현상

지속 시간은? 호흡이 정지된 후 3일 반에서 4일이 지난 후부터 약 14일간.

육신의 상태는? 부패하기 시작한다.

의식 상태는? 맑은 상태이고 강렬한 감각기관의 지각이 있다(의식체).

업력의 작용은? 작동하기 시작한다.

중음의 환영은? 112명의 신들, 갖가지 빛, 색상, 소리

해탈의 길은? 중음의 교법을 전심전력으로 들으면 해탈에 도달할 수 있다.

| 실상 중음
| 1

실상 중음에 들어가다
진정한 죽음의 시각이 오다

임종 중음의 단계를 거치고도 청정한 빛을 깨닫지 못했다면, 임종자는 갑자기 혼미했다가 3일 반 후에 다시 깨어나서 '실상 중음'에 들어간다. 이때부터 시작하여 "임종자는 정말로 죽었다"고 일반적으로 말하는, 소위 '사후 49일'의 여정을 시작한다.

실상 중음은 '세 번째 중음초에니 바르도'이라고 한다. 실상 중음의 경우는 임종 중음보다 더 험난하다. 이 시기에 망자의 영은 음식물이 치워지고 옷이 벗겨지는 것을 보며, 자신의 잠자리도 모두 치워지고 바뀌는 것을 본다. 이때 망자는 가족과 벗, 친척들을 볼 수 있지만, 그들은 망자의 영을 볼 수 없다. 망자는 가족과 벗이 부르는 소리를 듣지만, 가족이나 벗들은 망자의 영이 부르는 소리를 듣지 못한다. 망자의 영은 심한 좌절감에 빠진 채 어쩔 수 없이 불만에 차서 떠나간다.

업력이 이끌어내는 환각이 망자의 영 면전에 나타난다

임종 중음의 단계에서 망자의 영은 청정한 빛을 체험하는 두 번의 기회를 가질 수 있다. 하지만 실상 중음에 들어가면 업력의 환영을 체험하게 된다. 망자의 영은 눈앞에 나타난 갖가지 색상과 밝고 어두운 빛을 볼 수 있을 뿐만 아니라, 형상을 갖춘 많은 존자와 신들도 본다. 아울러 복잡한 빛의 영상, 색상과 공포의 음향이 뒤따른다. 이 모든 것은 업력이 이끌어낸 환각으로서 망자의 마음과 의식을 미혹한다.

평화와 분노의 갖가지 모습을 한 붓다와 보살들의 환영

망자의 영 앞에 나타난 갖가지 환영이 바로 티베트 불교를 대표하는 우주의 축소도縮小圖인 만다라의 세계이다. 나타나는 모든 존자는 전부 망자의 환각으로 실상 중음의 죽음의 여정에서 하나하나 나타난다. 망자의 영이 자신이 죽었음을 알아차린 첫 주週에는 안정과 평화의 적정 존자寂靜尊者가 나타나는데, 이는 망자의 '마음'으로부터 투사하여 나타난다. 다음 둘째 주에는 안온하고 상서로운 얼굴과 대비되는 분노의 형상이 나타나는데, 이는 망자의 '뇌'로부터 투사하여 나타난다 99쪽의 그림 참조.

실상 중음의 첫 체험

망자의 영의 첫 경험

망자의 영이 실상 중음에 이르면 바로 진정한 사망이다. 망자의 영은 즐겁지 못한 일들을 아주 강렬하게 감지할 수 있다.

❶ 음식물은 치워지고 옷도 벗겨지며, 잠자리도 모두 치워지거나 바뀌는 것을 볼 수 있다.

❷ 망자의 영은 가족을 볼 수 있지만 가족은 망자의 영을 알아보지 못한다.

❸ 망자의 영은 가족의 소리를 듣지만, 가족은 망자의 소리를 듣지 못한다. 망자의 영은 좌절감에 싸인 채 어쩔 수 없이 불만에 차서 떠나간다.

사후 49일은 어떻게 계산하는가?

7 곱하기 7의 49일은 여기서부터 시작해요.

호흡 정지 — 첫째 날 — 첫째 주 — 둘째 주 — 셋째 주 — 넷째 주 — 다섯째 주 — 여섯째 주 — 일곱째 주

14일 / 21일 / 14일

임종 중음
호흡 정지 후 3일 반 혹은 4일

실상 중음
적정 존자들과 적분지명주존이 나타난다.

실상 중음
분노 존자들이 나타난다.

투생 중음
망자의 영은 갖가지 고난을 겪는다.

투생 중음
사람마다 다르다. 이 시기를 거치든 거치지 않든 간에 두 주 안에 환생한다.

주의
이때 비록 기운이 이미 끊어졌다 해도 7 곱하기 7의 49일이 시작한 것은 아니다.

중음에서 가르침을 듣는 것으로 해탈을 얻는 탕카—적정 존자

1 금강살타 아촉여래 붓다아버지, 붓다어머니

2 중앙의 대일여래와 금강허공 붓다어머니
  첫째 날, 여섯째 날

3 동방의 금강살타 아촉여래 일족
  둘째 날, 여섯째 날
  3a 금강살타 아촉여래와 불안 붓다어머니
  3b 지장보살　　3c 미륵보살
  3d 지경보살　　3e 지화보살

4 남방의 보생여래 일족 셋째 날, 여섯째 날
  4a 보생여래와 붓다어머니 마마기
  4b 허공장보살　4c 보현보살
  4d 염주보살　　4e 지향보살

5 서방의 아미타불 일족 넷째 날, 여섯째 날
  5a 아미타불과 백의의 붓다어머니
  5b 관음보살　　5c 문수보살

  5d 지등보살　　5e 지금보살

6 북방의 불공성취 붓다 일족 다섯째 날, 여섯째 날
  6a 불공성취 붓다와 정신도 붓다어머니
  6b 금강수보살
  6c 제개장보살
  6d 신향보살
  6e 지당보살

7 다섯 방위 불부佛部에서 네 개의 조組를 이루어 문을 지키는 성스러운 존자 여섯째 날
  7a 승리명왕과 갈고리를 든 여신 동방
  7b 염만덕가와 올가미를 든 여신 남방
  7c 마두명왕과 사슬을 든 여신 서방
  7d 감로명왕과 방울과 목탁을 든 여신 북방

8 육도의 붓다 여섯째 날
  8a 천도의 붓다 天道佛
  8b 아수라도의 붓다 阿修羅道佛
  8c 인도의 붓다 人道佛
  8d 축생도의 붓다 畜牲道佛
  8e 아귀도의 붓다 餓鬼道佛
  8f 지옥도의 붓다 地獄道佛

9 다섯 개 조의 지명주존 일곱째 날
  9a 연화무주존이 홍색공행모를 포옹하다 중앙
  9b 단계를 확립한 지명자가 백색공행모를 포옹하다 동방
  9c 수명을 담당한 지명자가 황색공행모를 포옹하다 남방
  9d 대수인 지명자가 홍색공행모를 포옹하다 서방
  9e 자발적으로 상승하는 지명자가 녹색공행모를 포옹하다 북방

중음에서 가르침을 듣는 것으로 해탈을 얻는 탕카─분노 존자

1 대헤루카 붓다아버지, 붓다어머니

2 불부 헤루카 붓다아버지, 붓다어머니
　여덟째 날에 나타나는 대영광 헤루카는 대헤루카와 불부 헤루카의 합체이다

3 금강부 헤루카 붓다아버지, 붓다어머니 아홉째 날

4 보부 헤루카 붓다아버지, 붓다어머니 열째 날

5 연화부 헤루카 붓다아버지, 붓다어머니 열하루째 날

6 업부 헤루카 붓다아버지, 붓다어머니 열둘째

7 8명의 가우리 여신 열셋째 날

8 8명의 피사치 여신 열셋째 날

9 4명의 문을 지키는 동물 머리의 여신들 열넷째 날
　9a 호랑이 머리의 여신 동방
　9b 돼지 머리의 여신 남방
　9c 사자 머리의 여신 서방
　9d 뱀 머리의 여신 북방

10 28명의 동물 머리를 한 요기니 열넷째 날
　10a 두견새 머리를 한 백색 금강 여신 동방
　10b 양 머리를 한 황색 금강 여신 남방
　10c 사자 머리를 한 홍색 금강 여신 서방
　10d 뱀 머리를 한 녹색 금강 여신 북방
　10e 6명의 동쪽 요가 여인
　10f 6명의 남쪽 요가 여인
　10g 6명의 서쪽 요가 여인
　10h 6명의 북쪽 요가 여인

11 밀교 용사勇士로서 용감하고 건강한 남녀
　일곱째 날에 지명지존과 함께 나타남

실상 중음 95

실상 중음	실상 중음에 들어가기 전의 간곡한 부탁

2 마음을 집중하여 중음의 가르침을 듣는다

망자는 임종 중음에서 청정한 빛을 체득해서 해탈에 이르지 못했으니 실상 중음에서는 각별히 조심해야 한다. 독송자는 조심스럽게 망자의 면전에서 『중음에서 해탈을 얻는 법』을 읽어주어야 하는데, 이는 큰 도움을 주는 강력한 힘을 가진 가르침이다.

망자가 실상 중음에 들어가기 전에 명심해야 할 네 가지 가르침

의식이 육체를 이탈하는 찰나에 우주의 진리는 맑고, 밝고, 순수한 청정한 빛으로 나타난다. 사실상 이는 자기 법신의 실상이므로 두려워할 필요가 없다. **동시에 우레와 같은 거대한 음향을 발하는데** 절대 두려움으로 헛갈리지 말고 다음의 네 가지 간곡한 당부를 명심한다.

❶ 정신을 집중하고 심식心識을 흐트러뜨리지 않은 채 스승이 독송하는 내용을 자세히 들으라. 또한 망자에게 여섯 가지 중음, 즉 살아 있는 곳의 중음, 꿈속의 중음, 선정의 중음, 임종 중음, 실상 중음, 투생 중음을 인식하라.

❷ 죽음의 과정에서는 임종 중음, 실상 중음, 투생 중음의 세 가지 과정을 거친다. 이미 임종 중음을 거쳤고, 뒤이어 실상 중음과 투생 중음을 체험할 것이므로 마음을 집중하여 『중음에서 해탈을 얻는 법』을 잘 듣고서 마음과 의식을 미혹시키지 말라.

❸ 자신이 이미 죽었고 이미 이 세상을 벗어났음을 인식하라. 누구나 결국 죽음을 맞이하게 마련이라서 자신만이 죽음을 당하는 유일한 사람이 아님을 알라. 어떠한 노력을 해도 망자의 영은 세상에 남을 수 없으므로 미련을 갖거나 나약해질 필요가 없으며, 고귀한 삼보三寶를 기억하라.

❹ 실상 중음에서 공포의 환영에 직면했을 때는 아래의 게송문을 상기하라.

"실상 중음이 지금 내 앞에 나타나고 있다. 나는 이미 공포의 환상이 모두 스스로의 식識이 반영되어 이루어진 것이고, 중음에서는 자연스런 현상이란 걸 깨달아 알았노라. 이제는 두려운 생각이 다 없어졌다. 따라서 성취를 기약하는 중요한 시기이니, 모든 스스로의 식이 변화하여 나타난 안락과 분노의 불보살 존자들에 대해 다시는 두려워하지 않겠다고 나는 결정했노라."

망자의 영에게 용감히 앞으로 나아가라고 한다. 그리고 명확하게 글을 읽어주고 아울러 그 속의 뜻을 기억하라고 당부한다. 이 결정적인 시각에 모든 공포스런 광경은 전부 자기 마음의 투사가 낳은 것임을 견고히 인식해야 한다.

실상 중음에서 망자의 영은 의식체이다

의식체

망자의 영이 실상 중음에 들어간 후에 의식은 완전히 육체를 이탈하여 '의식체'가 된다. 망자의 영은 다시는 육체를 소유할 수 없고, 어떠한 소리나 빛, 광경도 망자의 영을 해칠 수 없다.

실상 중음에서 나타나는 모든 환영은 자기 마음의 산물이므로 두려워하거나 놀랄 필요가 없다.

만약 망자의 영이 이 모든 것이 환각임을 간파하지 못하면 생사윤회 속에서 끊임없이 길을 잃고 헤맨답니다.

육신, 정환신, 의식체의 차이

죽음은 '육신'이 '정환신'을 거쳐 '의식체'로 가는 과정인데, 이들의 차이점을 비교한다.

죽음의 단계	망자의 상태	의식과 육체의 관계	볼 수 있는 사물
임종 중음의 첫 번째 **청정한 빛의 단계**	의식은 육체에 있다.	의식은 육체 내에 혼미 상태로 있고, 육체는 아직 작용할 수 있다.	청정한 빛을 볼 수 있지만, 물질세계는 볼 수 없다.
임종 중음의 두 번째 **청정한 빛의 단계**	정환신	의식은 거의 육체를 이탈했고, 육신은 아직 썩지 않았다.	청정한 빛과 물질세계를 동시에 볼 수 있다.
실상 중음과 투생 중음	의식체 혹은 의생신 意生身	의식은 육체를 완전히 이탈하고 육신은 이미 부패하고 있다.	업력의 환영을 본다.

실상 중음 97

| 실상 중음 **3** | 망자의 영이 볼 수 있는 신들
적정 존자, 적분 존자, 분노 존자

14일간 계속되는 실상 중음의 여행 과정에서 망자의 영 앞에 여러 존자와 신들이 지속적으로 나타난다. 이들은 모두 망자의 환각인데, 각각 적정 존자, 적분 존자, 분노 존자 등의 모습으로 출현한다.

가슴으로부터 온 적정 존자

실상 중음의 처음 6일간 나타나는 것은 평화로운 모습의 적정 존자로서 모두 망자의 영의 심장부에서 시작한다. 이들은 모두 42존자로 각각 10명의 다섯 방위의 붓다五方佛 붓다아버지와 붓다어머니, 16명의 수행보살, 8명의 문을 지키는 성스러운 존자, 육도불六道佛과 본초불本初佛의 쌍신雙身 모습이다.

뇌해로부터 온 분노 존자

하지만 여덟째 날부터 열넷째 날까지는 공포스러운 얼굴의 분노 존자가 등장하는데, 이들은 망자의 영의 뇌해부腦海部에서 나온다. 이들의 공통된 특징은 강렬하게 불타는 진한 눈썹, 분노로 찌푸린 이맛살, 세 개의 분노의 눈, 말린 혀와 드러난 이빨로서 그 모습이 아주 선명하고 독특하다. 모두 60존자로 10명의 헤루카 붓다, 8명의 가우리 여신, 8명의 피사치 여신, 4명의 문을 지키는 여신, 28명의 요기니, 그리고 대흑천과 염마천이다.

목구멍으로부터 온 적분 존자

그 중간인 일곱째 날에는 평화와 분노의 얼굴을 한 지명주존이 나타나는데, 이들은 가슴과 뇌 중간의 목구멍 부위에서 시작된다. 이들은 은근한 분노의 기색을 띠거나 기분 좋지 않은 표정을 하고 있으며, 그 속성도 적정 존자와 분노 존자의 중간 정도로서 모두 10명이다.

이 세 종류의 신들은 티베트 밀교에서 우주의 축소도를 표시한 만다라 세계로서 망자의 영 앞에 드러난다. 평화든 분노든 서로 다른 모습으로 나타나는 붓다와 보살들은 모두 환영이다.

신들은 망자의 영의 뇌, 목구멍, 가슴으로부터 발출된다

실상 중음에서 모두 112명의 신들이 나타나는데, 그들은 망자의 영의 가슴, 뇌, 목구멍에서 발출된다.

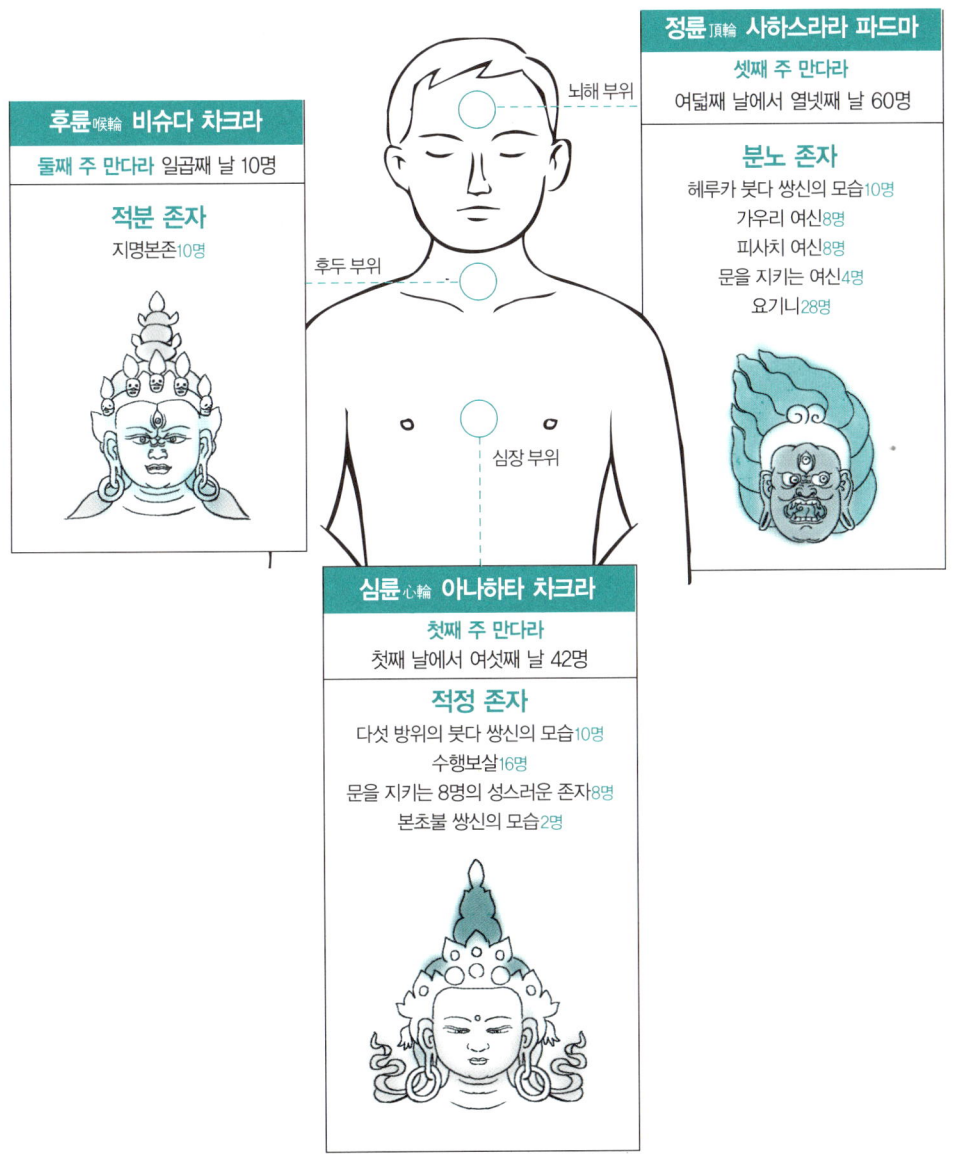

후륜喉輪 비슈다 차크라
둘째 주 만다라 일곱째 날 10명

적분 존자
지명본존 10명

정륜頂輪 사하스라라 파드마
셋째 주 만다라
여덟째 날에서 열넷째 날 60명

분노 존자
헤루카 붓다 쌍신의 모습 10명
가우리 여신 8명
피사치 여신 8명
문을 지키는 여신 4명
요기니 28명

뇌해 부위
후두 부위
심장 부위

심륜心輪 아나하타 차크라
첫째 주 만다라
첫째 날에서 여섯째 날 42명

적정 존자
다섯 방위의 붓다 쌍신의 모습 10명
수행보살 16명
문을 지키는 8명의 성스러운 존자 8명
본초불 쌍신의 모습 2명

실상 중음 99

실상 중음 단계의 14일 동안 망자의 영이 보게 되는 붓다 및 보살은 무려 112명이나 된다. 아래의 표는 매일 나타나는 신들 유형과 숫자를 통계로 낸 것이다.

		실상 중음에 나타나는 신들의 수					
		첫째 날	둘째 날	셋째 날	넷째 날	다섯째 날	여섯째 날
신들의 유형	01 다섯 방위의 붓다 붓다아버지	1	1	1	1	1	5
	02 다섯 방위의 붓다 붓다어머니	1	1	1	1	1	5
	03 남성 보살		2	2	2	2	8
	04 여성 보살		2	2	2	2	8
	05 본초불 붓다아버지						1
	06 본초불 붓다어머니						1
	07 육도불						6
	08 문을 지키는 남성 분노 존자						4
	09 문을 지키는 여성 분노 존자						4
	10 지명주존 붓다아버지						
	11 지명주존 붓다어머니						
	12 공행모						
	13 용감하고 건강한 남자						
	14 용감하고 건강한 여자						
	15 하늘의 병사, 하늘의 장수						
	16 호법신						
	17 헤루카 붓다아버지						
	18 헤루카 붓다어머니						
	19 사람 머리를 하고 시체를 먹는 가우리 여신 헤루카 부류에 속한다						
	20 동물 머리를 하고 시체를 먹는 피사치 여신 헤루카 부류에 속한다						
	21 동물 머리를 하고 문을 지키는 여신 헤루카 부류에 속한다						
	22 동물 머리를 한 28명의 요기니						
	그날그날 나타나는 신들의 숫자	2	6	6	6	6	42

실상 중음의 천신지기 통계표

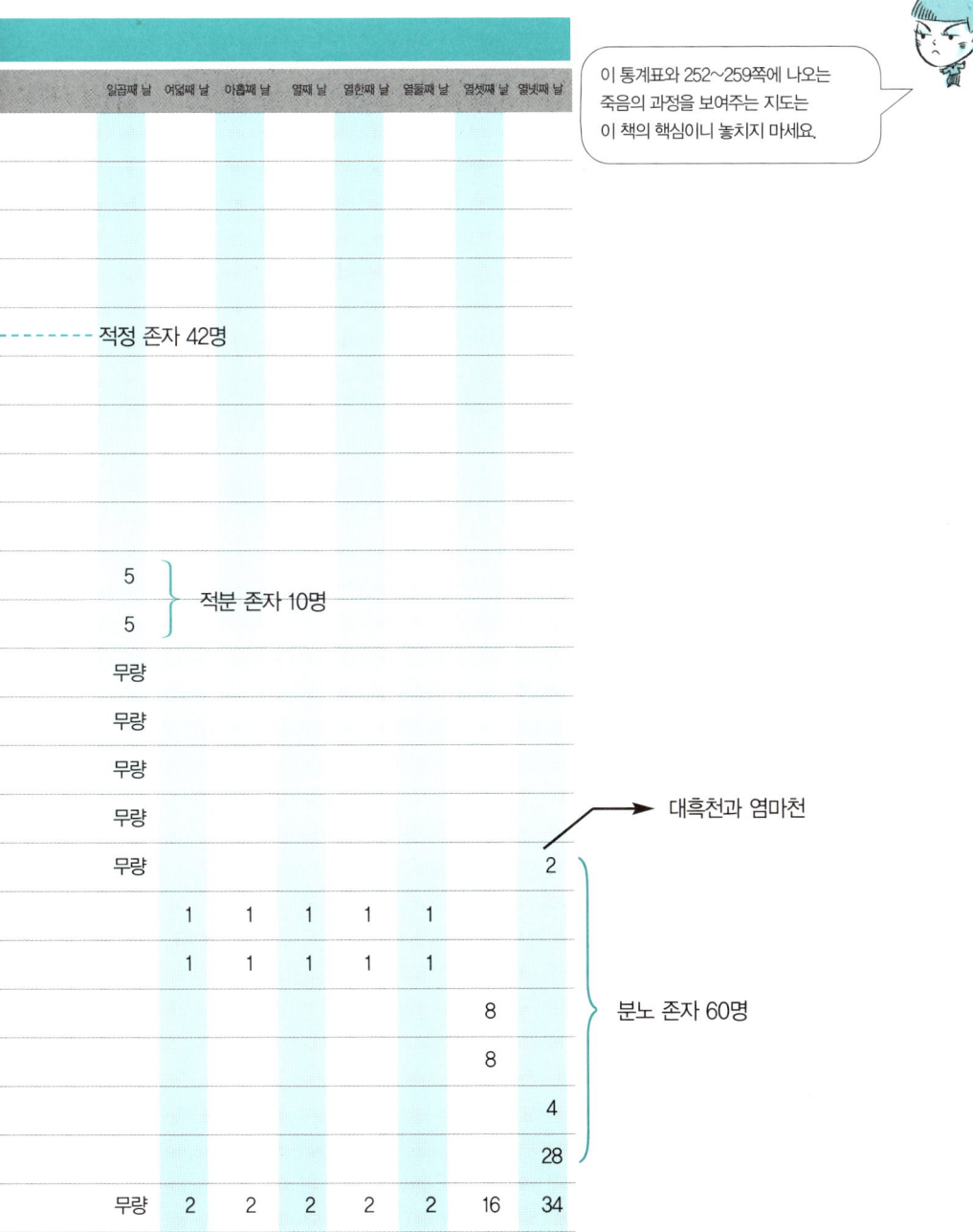

이 통계표와 252~259쪽에 나오는 죽음의 과정을 보여주는 지도는 이 책의 핵심이니 놓치지 마세요.

	일곱째 날	여덟째 날	아홉째 날	열째 날	열한째 날	열둘째 날	열셋째 날	열넷째 날
적정 존자 42명								
적분 존자 10명	5							
	5							
무량								
무량								
무량								
무량								대흑천과 염마천
무량							2	
		1	1	1	1	1		
		1	1	1	1	1		
분노 존자 60명						8		
						8		
							4	
							28	
무량	2	2	2	2	2	16	34	

| 실상 중음
| 4

생명 원소가 다시 한 번 출현
5온과 5대의 출현

사망 직후 임종 중음에 들어갈 그때 사람의 5대와 5온은 점차 해체되면서 죽음의 징후가 하나 하나 나타나는데, 이는 죽음의 필연적인 과정이다. 그리고 실상 중음에서 5온과 5대는 또다시 출현한다.

5온

불교에는 5온이란 게 있는데 온蘊은 '축적한다'는 뜻이다. 5온은 다섯 가지 축적으로서 사람의 몸과 마음을 구성하는 다섯 가지 요소를 가리키는데, 바로 색色, 수受, 상想, 행行, 식識이다. 첫째, '색'은 일반적으로 말하는 물질로서 지地, 수水, 화火, 풍風 4대四大의 조합으로 이루어진다. 둘째, '수'란 감수感受로서 고통, 즐거움, 차가움, 뜨거움이 포함된다. 셋째, '상'이란 지각知覺으로서 선과 악, 미움과 애착 등의 경계에서 갖가지 모습을 취하고 갖가지 지각을 한다. 넷째, '행'이란 행위를 말한다. 의지를 통한 행동이 만들어내는 선한 업과 악한 업이다. 다섯째, '식'은 의식을 말한다. 모든 대상의 경계를 의식으로 분별한다.

이상의 5온 중에서 **색온만 물질 차원에 속하고 나머지 네 가지는 정신 차원에 속한다**. 이들은 사람의 몸을 구성하는 다섯 종류의 요소이다.

『중음에서 해탈을 얻는 법』에서는 실상 중음의 첫째 날을 이렇게 묘사하고 있다.

"식온識蘊의 근본적인 순수 청정 속에서 푸른색의 빛이 쏟아져 나온다."

첫째 날에는 식온을 제시하고, 그 다음 날부터는 색온, 수온, 상온, 행온이 있다.

수많은 경전과 논서에서 5온을 색온, 수온, 상온, 행온, 식온의 순서로 서술하고 있다. 그러나 **원본에서 다섯 번째의 식온이『중음에서 해탈을 얻는 법』에서는 첫째 날에 출현한다**. 이 점을 반드시 주의해야 한다.

5대

5대는 지, 수, 화, 풍, 공이다. 몸 안과 몸 밖에 모두 5대가 존재하며, 이는 몸을 움직이는 다섯 가지 요소이기도 하다 68쪽 참조

5온과 5대

5온—몸과 마음을 구성하는 다섯 가지 원소

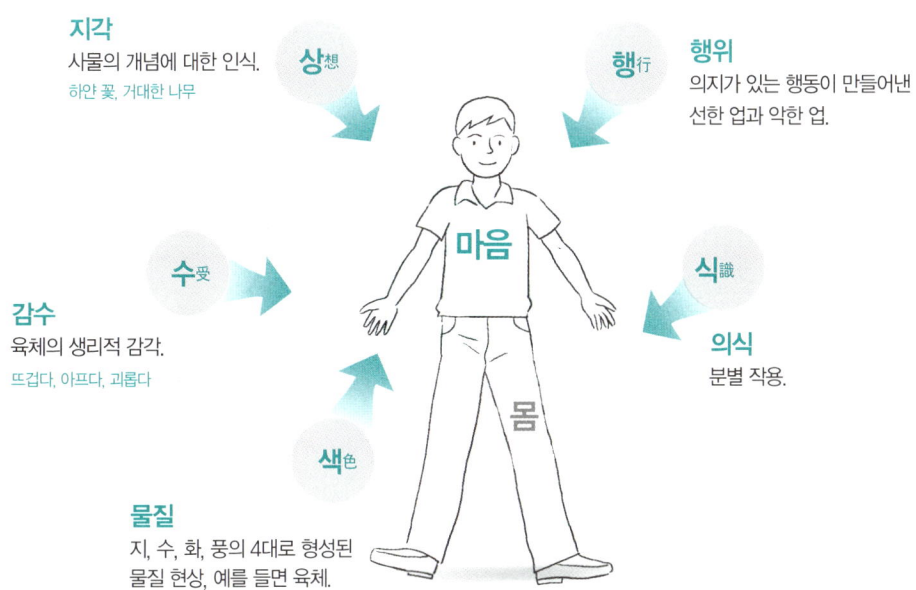

지각 상想
사물의 개념에 대한 인식.
하얀 꽃, 거대한 나무

행위 행行
의지가 있는 행동이 만들어낸 선한 업과 악한 업.

감수 수受
육체의 생리적 감각.
뜨겁다, 아프다, 괴롭다

의식 식識
분별 작용.

물질 색色
지, 수, 화, 풍의 4대로 형성된 물질 현상, 예를 들면 육체.

5온과 5대의 출현 순서

『중음에서 해탈을 얻는 법』에서 실상 중음의 5온이 출현하는 순서는 식온, 색온, 수온, 상온, 행온이다. 5대의 순서는 공空, 수水, 지地, 화火, 풍風이다.

5온	실상 중음	5대
식	첫째 날	공 (추측)
색	둘째 날	수
수	셋째 날	지
상	넷째 날	화
행	다섯째 날	풍

구역본에서는 자의적으로 고쳐서 첫째 날의 '식온'을 '색온'으로 오역하였다. 5온은 『중음에서 해탈을 얻는 법』에서 매우 중요하고 결정적인 뜻을 갖고 있으므로 혹시라도 잘못을 범하면 독자들이 전체적인 구조를 이해할 수 없다. 초감 트룽파 린포체의 번역판에서는 이미 올바르게 개정되었다.

실상 중음

실상 중음 5 | 첫째 날의 시험
대일여래 붓다아버지와 붓다어머니의 현현

경문에 따르면, 실상 중음의 첫째 날은 망자의 영이 자신이 이미 죽었음을 알고서 다시 인간 세상에 돌아오고 싶은 생각이 들 때다. 호흡이 정지한 후 3일 반에서 4일 후부터 계산한다.

실상 중음은 업력의 환영이 줄줄이 나타나는 과정이다. 이 업력의 환영은 일부 **인연**인과관계, **온계**蘊界 : 구성 원소, **물질 원소**광선, 색채를 포함한다. 이 조건들이 실상중음에서 매일 발생하는 환영의 구조를 구성한다. 그 환영의 구조는 현현하는 신, 5대와 5온, 빛의 현현, 망자의 선택이다.

실상 중음 첫째 날에 나타난 환영 구조

현현하는 신들	대일여래와 금강허공 붓다어머니
5대와 5온	5대 : 공대空大 5온 : 식온識蘊
현현하는 빛깔	첫 번째 빛지혜의 광선 : 푸른색, 밝고 눈부신 법계의 지혜 광명. 두 번째 빛악업의 광선 : 흰색, 미약하고 부드러운 천도天道의 빛.
망자의 선택	❶ 해탈을 얻어서 중앙의 밀엄불국토에 안주한다. ❷ 천계天界에 들어갔다가 다시 육도윤회에 빠진다. ❸ 둘째 날의 시험에 들어간다.

첫째 날에 나타나는 신들 – 대일여래와 금강허공 붓다어머니

『중음에서 해탈을 얻는 법』에서 묘사한 첫째 날의 광경이다.

"이때의 하늘은 짙은 쪽빛으로 맑고 밝다. 온몸이 흰색이고 사자좌獅子座에 오르신 대일여래大日如來께서 손으로는 법륜法輪 : 여덟 개의 살로 이루어짐을 잡고 천공불모天空佛母 : 초감 트룽파 린포체의 신역본에서는 금강허공불모로 번역함를 두 손으로 껴안고 있다. 중앙으로부터 나온 법계의 종토種土가 그대 앞에 나타날 것이다."

첫째 날에 나타나는 빛살 – 푸른색의 강한 빛과 흰색의 유연한 빛

첫째 날에 망자의 영은 두 개의 빛을 본다. 하나는 푸른색으로 찬란하고 맑으며, 명백한 '법계의 지혜의 빛法界智光'이고, 다른 하나는 천도에서 온 부드러운 흰색의 빛이다.

❶ **첫 번째 지혜의 빛살 : 법계의 지혜의 빛**

『중음에서 해탈을 얻는 법』에서 묘사한 첫째 날은 다음과 같다.

"이것이 바로 색온色蘊 : 초감 트룽파 린포체의 신역본은, 실상 중음 첫 번째 날에 출현한 오온을 이미 식온으로 바로 잡았다으로서

● **첫째 날의 선택**

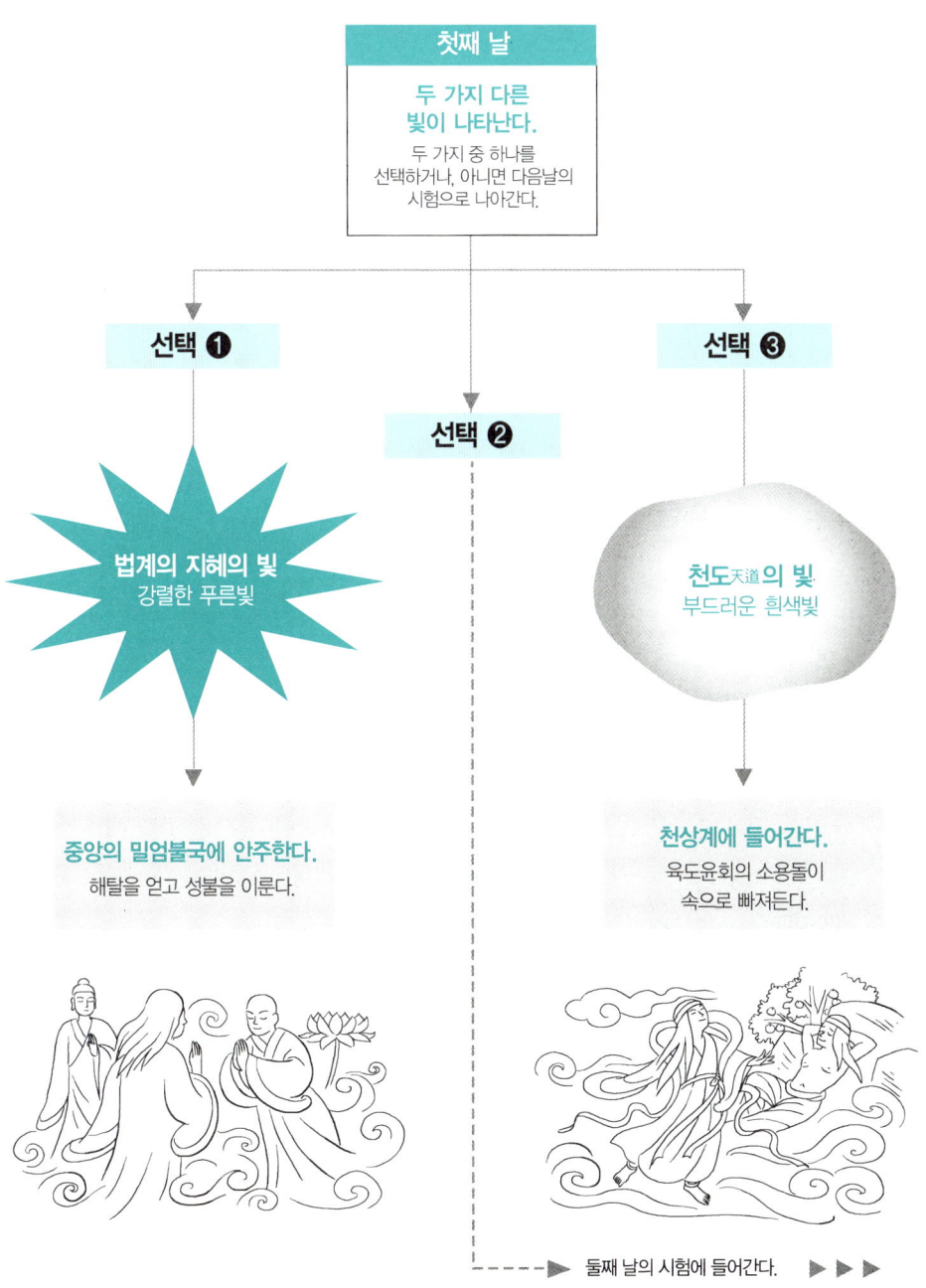

법 그대로 푸른빛藍色이다. 대일여래는 보신報身의 상像이 나타나서 가슴에서 법계의 지혜 광명을 쏘아내어 그대 몸을 두루 비추는데, 그 푸른빛은 눈이 부실 정도이다."

❷ 두 번째 악업의 빛 : 천도의 유연한 빛

『중음에서 해탈을 얻는 법』에서는 이렇게 묘사한다.

"동시에 천도天道의 어슴푸레한 흰빛이 역시 그대의 몸에 임할 것이다. 그러나 나쁜 업 때문에 눈으로 푸른빛의 법계 지혜 광명을 보는 순간 두려움과 공포가 생겨서 도피하고자 하며, 천도의 어슴푸레한 흰빛에 대해서는 오히려 기쁨을 일으킨다."

빛에 대응하는 방법

망자의 영은 결정적인 시각에 동시에 나타나는 두 가지 광선에 어떻게 대응할 것인가?

❶ 망자의 영에게 강렬한 지혜의 빛을 뜨겁게 사랑하라고 청한다.

찬란하고, 맑고, 명백하고, 밝은 지혜의 푸른빛을 두려워하지 말아야 한다. 이 빛은 붓다가 발하는데, 법계의 '지혜의 빛'이라 한다. 이 빛을 열렬히 사랑하고, 기원하고, 일심으로 관상해야 한다. 마음속으로 이렇게 생각해야 한다.

"이 빛은 성스러운 존자 대일여래로부터 온 자비의 광선이니, 나는 이 빛 아래서 보호받기를 기원하노라."

❷ 망자의 영에게 부드러운 악업의 빛에서 오는 유혹을 거절하라고 청한다.

천계에서 온 부드러운 흰색 빛을 좋아하지 말아야 하고, 그 빛의 유혹에 빠져 들어가지도 말고 기대하지도 말아야 한다. 그 빛을 향해가면, 미혹으로 인해 천계에 들어가면서 육도 윤회의 소용돌이 속에 빠질 것이다. 이것은 해탈을 가로막는 한줄기 장애이니 절대로 집착하지 말아야 한다.

❸ 게송문을 거듭 읽어준다. 정신을 집중하여 대일여래와 금강허공 붓다어머니의 마음속으로 녹아 들어간다.

"무명의 속박으로 생사에 유전하는데, 법계의 지혜 광명이 찬란히 비춰누나. 삼가 간구하노니, 여래께서는 앞에서 인도해 주시고 천공불모께서는 뒤에서 수호해 주소서. 중음의 함정을 안전하게 지나게 하시고 끝내는 궁극의 원만한 깨달음인 부처 경지에 들어가게 하소서."

망자의 영이 간절하게 기도하면, 무지갯빛의 둥근 테 속에서 대일여래와 금강허공 붓다어머니의 마음속으로 녹아 들어가 대일여래의 마음을 얻게 되고, 아울러 우주 중앙의 밀엄불국빽빽하게 장엄된 정토에 안주한다.

우주 중앙의 붓다 — 대일여래

첫째 날에 나타나는 대일여래는 현상現象을 대표해서 드러내 보이고 우주의 진리를 드러내 보인다. 대일여래는 우주 중앙에 위치하면서 금강허공 붓다어머니를 포옹하고 있으며, 4명의 선정불禪定佛이 사방을 둘러싼 채 하나하나 출현한다. 이 선정불은 4대를 대표한다. 즉 네 가지 구성 원소인 땅, 물, 불, 바람이 우주의 유일한 진리를 둘러싸고 있다.

대일여래

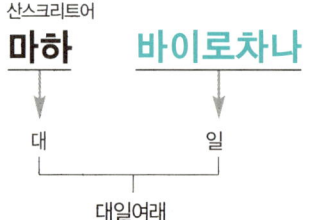

❶ 산스크리트어로 대일여래는 마하바이로차나, 혹은 바이로차나이다. 우리말로는 비로자나로 부른다.
❷ 다섯 수호불(다섯 방위의 붓다) 중 으뜸 : 다섯 수호불은 밀교에서 서로 다른 방위를 대표하는 우주의 붓다이다. 중앙부가 바로 대일여래로서 석가모니의 법신불로 여기기도 한다.
❸ 티베트 불교에서는 현교와 밀교를 모두 중시한다. 대일여래는 밀교의 교주로서 현교의 교주 석가모니와 똑같이 중요하다.
❹ 다섯 가지 지혜 중의 법계체성지法界體性智를 대표하고 있다. 지혜의 의인화이다.

특징

흰색 피부
흰색은 집착이 가져오는 어리석음의 독을 제거한다.

지니고 있는 사물
여덟 개의 꽃잎 같은 바퀴살을 가진 법륜은 우주의 진리(우주 실상)를 대표한다. 시간과 공간의 개념을 초월하는 동시에 대일여래가 모든 곳에 존재하는 무소부재의 본질을 비유한다.

수인手印

첫째는 법륜을 굴리는 인印으로서 법의 전파와 가르침으로 인도하는 수인을 대표한다.

둘째는 지권인智拳印으로 사유를 상징한다.

타는 동물
사자

수많은 밀교 경전에서 대일여래가 우주의 중앙에 거주하는 것을 묘사하고 있지만, 일부 특수한 상황, 예컨대 『무상유가無上瑜伽 탄트라』에서는 그 위치가 약간 변화해서 동방의 붓다인 아촉여래와 서로 바뀌어요.

대일여래와 금강허공 붓다어머니

금강허공 붓다어머니

① 산스크리트어로 아카샤 다투이슈바리, 구역본에서는 허공 붓다어머니라고 하였다.
② 붓다아버지가 붓다어머니를 친밀하게 포옹하고 있는 것은 밀교의 특수한 쌍신雙身의 모습이다. 자비 붓다아버지와 지혜 붓다어머니의 결합을 은밀히 내포한다.
③ 흰색 피부의 붓다어머니는 우주의 음성陰性법칙이고, 바이로차나 붓다아버지는 만물의 종자로 여겨진다.
④ 인도에서 이 붓다어머니는 원래 허공계의 자재여신 自在女神, 이슈바리이다.

쌍수雙修, 티베트어 : 얍윰

밀교에서는 남성과 여성의 몸이 친밀히 결합하는 쌍신상雙身相이 있다. 붓다아버지가 붓다어머니를 포옹하고 있는 특수한 형상은 밀교의 표현 방식 중에서 가장 심오하고 신비한 조상造像이다. 쌍신상은 지혜와 자비의 상호 결합을 의미하며, 붓다 최고의 정신 경계를 표현한다. 쌍신상의 붓다어머니는 탁월한 지혜를 대표하고, 붓다아버지는 중생에 대한 자비를 대표하는데 이는 지혜에 대한 자연스러운 체험이다.

대일여래의 정토

새로운 번역본에서 묘사한 대일여래는 '모든 곳에 두루 미치는 만다라'의 정토에서 왔으며, 구역본에서 묘사하는 대일여래는 '만법의 종자를 뿌리는' 정토에서 왔다. 이 두 가지 묘사의 의미를 살펴보면 모두 '법계'의 단어와 아주 가깝다. 법계는 산스크리트어 다르마다투로서 모든 붓다가 탄생한 곳을 가리킨다. 이 명사는 티베트어로서 하나의 공통된 용어 티글달와가 있는데, '만법의 종자를 뿌림' 이란 뜻이다.

일체 모든 곳에 두루 미치는 만다라의 정토
‖
밀엄불국
‖
만법의 종자를 뿌림 티베트어 : 티글달와
‖
법계 산스크리트어 : 다르마다투

실상 중음 109

실상 중음	둘째 날의 시험
6	# 금강살타 아촉여래 일족의 현현

> 망자의 영은 악업으로 생긴 습관이나 신경증으로 인해 자비의 빛이 불러도 두려움에 싸여서 도망친다. 그러다가 둘째 날에 금강살타 아촉여래 붓다들의 만다라인 성스러운 경계에 진입한다.

실상 중음 둘째 날의 환영 구조

현현하는 신들 모두 6명	**붓다아버지 붓다어머니** : 금강살타 아촉여래 붓다아버지와 불안佛眼 붓다어머니. **두 명의 남성 보살** : 지장보살과 미륵보살. **두 명의 여성 보살** : 지경보살과 지화보살.
5대와 5온	**5대** : 수대水大 **5온** : 색온色蘊
현현하는 빛깔	**첫 번째의 빛** 지혜의 광선 : 흰색의 밝고 눈부신 대원경지의 빛. **두 번째의 빛** 악업의 광선 : 유연하고 모호한 지옥도의 빛.
망자의 선택	❶ 해탈을 얻고, 동방의 묘락불국妙樂佛國에 안착한다. ❷ 지옥계로 떨어져서 육도윤회에 빠진다. ❸ 셋째 날의 시험에 들어가서 우주의 남방에 있는 보생여래를 보게 된다.

둘째 날에 나타나는 신들

『중음에서 해탈을 얻는 법』에서는 이렇게 묘사한다.

"둘째 날에는 물과 불 화대火大의 잘못이다의 청정한 모습이 흰빛을 발사할 것이다. 부동여래不動如來가 보신으로 나타난 상像인 금강살타가 온몸이 푸른빛인 채 금강저金剛杵를 들고 코끼리 자리에 올라서 푸른빛 옷의 불모佛母 : 신역본에서는 불안 붓다어머니로 바로잡았다를 양손으로 껴안고 있으며, 지장보살, 미륵보살이 기쁘게 춤추는 여신, 꽃을 든 여신과 함께 동방의 가장 뛰어난 낙토樂土로부터 나와서 그대 앞에 임할 것이다. 붓다아버지와 붓다어머니 및 네 명의 보살을 포함하여 모두 여섯 명이다."

망자의 영은 반드시 그들을 인식해야만 붓다의 몸을 얻어 해탈할 수 있다.

둘째 날에 나타나는 빛

첫 번째 빛은 '대원경지大圓鏡智의 빛'으로 눈부시게 찬란한 흰색이고, 두 번째 빛은 '지옥도의 빛'으로 부드럽고 모호하다.

❶ **첫 번째 지혜의 빛 : 대원경지의 빛**

『중음에서 해탈을 얻는 법』에서는 이렇게 묘사한다.

"붓다아버지이자 붓다어머니인 금강살타는 한 쌍의 몸을 나타내서 흰색의 '원만한 거울

● 둘째 날의 선택

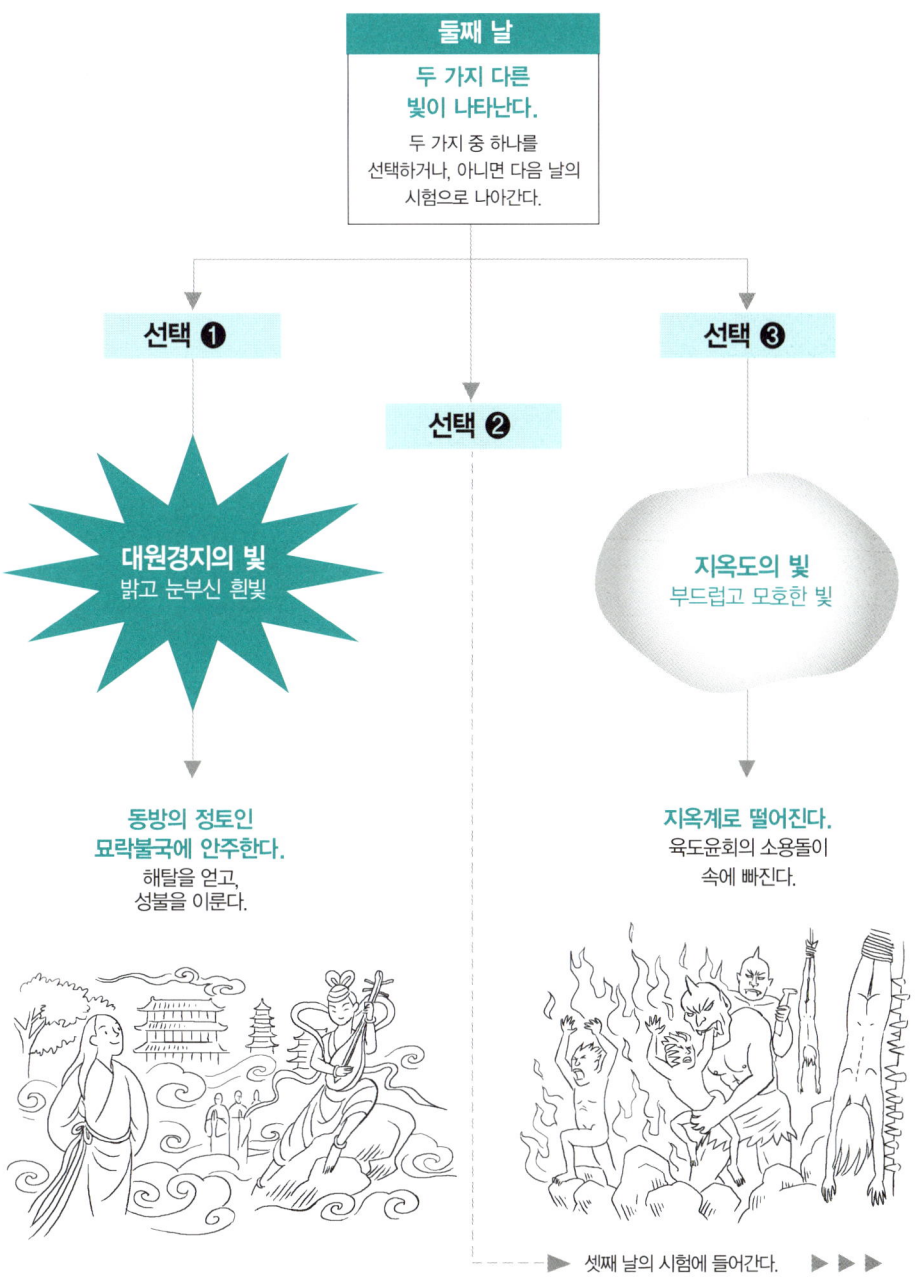

과 같은 지혜圓鏡智'의 빛을 가슴으로 발사한다. 투명하고 찬란하게 그대 몸을 두루 비추는 이 빛은 눈이 부실 정도이다. 이 빛이 바로 식온실상識蘊實相:신역본에서는 이를 색온色蘊으로 하고 있다인 대원경지이다. 동시에 지옥에서 어두운 회색의 빛을 발사하여 유혹하러 온다.

그리고 분노의 업 때문에 눈에 흰빛이 닿으면 그대는 두려워하면서 도피하려 하고, 반대로 지옥에서 오는 어두운 회색빛을 보면 오히려 기쁨을 일으킨다. 하지만 그대는 투명하게 빛나는 흰빛이 식온이곳은 응당 '색온' 이어야 한다의 대원경지란 걸 알아야 한다. 이는 금강살타가 은총의 빛으로 그대를 맞이해 이끄는 것이니 두려워하지 말라. 경건한 믿음으로 가호加護를 구하면서 예배하고 기도하라. 그대는 응당 금강살타의 흰색 붓다의 빛佛光이 다가와서 그대를 맞이해 이끈다는 걸 분명히 깨달아야 한다. 그 빛의 끝이 갈고리 같아서 그대를 중음의 함정에서 벗어나도록 끌어올리기 때문이다."

❷ **두 번째 악업의 빛 : 지옥 안개 속의 부드러운 빛**

『중음에서 해탈을 얻는 법』에서는 이렇게 묘사하고 있다.

"동시에 지옥에서 어두운 회색의 빛을 발사하여 유혹하러 온다. 그대는 분노의 업 때문에 눈에 강력하고 밝은 대원경지의 흰빛이 닿으면 두려워하면서 도피하려 하고, 반대로 지옥에서 오는 어두운 회색빛을 보면 오히려 기쁨을 느낀다."

빛에 대응하는 방법

❶ 망자의 영에게 강렬한 지혜의 빛을 뜨겁게 사랑하라고 청한다.

찬란하고 맑고 명백하고 밝은 지혜의 흰빛을 두려워하지 말고, 그 속의 지혜를 체득해야 한다. 그 빛에 대해 신심을 갖고, 기원하고 청하며, 일심으로 관상한다. "이는 성스러운 존자 금강살타로부터 나온 자비의 빛이니, 나는 그 빛 아래서 보호받기를 기원하노라."

❷ 망자의 영에게 부드러운 악업의 빛에서 오는 유혹을 거절하라고 청한다.

지옥계에서 온 안개처럼 부드러운 빛을 멀리 한다. 이 빛은 공포의 길로부터 오는 유혹으로서 이기지 못하면, 지옥계에 떨어져 영원히 벗어나지 못한다. 이 빛은 해탈을 막는 장애이니, 결코 그 빛을 보지 말고 여러 생生에 걸쳐 쌓은 습기習氣를 버리도록 힘써야 한다.

❸ 아래의 기원문으로 거듭 기도하면서 성스러운 존자 금강살타를 일관되게 주시하라.

생전에 분노한 업으로 생사에 유전하였는데, 대원경지가 머물 곳을 비추어주니, 여래의 보신인 금강살타가 앞에서 맞이해 이끌어주고, 푸른빛 옷의 불모佛母:이곳은 불안불모로 바로잡아야 한다가 뒤에서 수호해주어서 중음의 함정을 안전하게 건너게 하소서. 그리고 끝내는 궁극의 원만한 붓다의 경지에 들어가게 하소서.'

우주 동방의 붓다 — 금강살타 아촉여래

1 금강살타 아촉여래
2 미륵보살
3 지장보살
4 지경보살
5 지화보살

아촉여래는 우주의 동쪽에 거주하는 붓다로서 『중음에서 해탈을 얻는 법』에서는 보신인 금강살타의 모습으로 망자의 영 앞에 나타난다. 붓안 붓다어머니를 포옹하고 있고, 주변에는 네 명의 보살들이 있다. 그들은 지장보살, 미륵보살, 거울을 든 지경보살과 꽃을 든 지화보살이 있다.

실상 중음 113

금강살타 아촉여래

산스크리트어
바즈라사트바 아크쇼브야

- 금강
- 본질
- 아촉여래, 원래의 뜻은 '흔들림 없음'이다.

금강살타, 원래의 뜻은 '금강'처럼 파괴할 수 없는 '본질'이다. 산스크리트어에서 금강이란 우레와 번개 및 다이아몬드라는 의미인데, 하늘과 땅에서 가장 강력한 힘이다.

❶ 금강살타 아촉여래의 산스크리트어는 바즈라사트바아크쇼브야이다.
❷ 아촉여래는 다섯 방위의 붓다 중에서 우주의 동방에서 온 붓다이다.
❸ 『중음에서 해탈을 얻는 법』에서 아촉여래는 금강살타의 모습으로 망자 앞에 나타난다. 이는 아촉여래의 보신불이거나 장엄하고 적극적인 모습이 투사된 형상이다.
❹ 금강살타에게는 '금강총지 金剛摠持'와 '보현여래왕 普賢如來王' 같은 또 다른 변화된 몸의 형상도 있다. 이 세 분은 모두 아촉여래가 변화한 형체로서 밀교의 본초불이기도 하다.

특징

푸른색 피부

분노의 독을 제거하는 것을 대표한다.

수인 手印

촉지인 觸地印, 혹은 항마인 降魔印이라고 하는데, 석가모니가 깨달음을 얻을 때의 수인 手印이다.

지니고 있는 사물

오골금강저 五骷金剛杵

타는 동물

코끼리

불안 붓다어머니 – 여래의 눈眼의 화신

❶ 불안 붓다어머니는 산스크리트어로 붓다로카나이고, 로카나는 눈이다.
❷ 금강살타 아촉여래의 반려자인 불안 붓다어머니는 바로 '여래의 눈'의 힘을 형상화한 것이다. 그녀는 삼세의 붓다들을 탄생시키는 위대한 힘을 갖추고 있기 때문에 붓다어머니라고 한다.

구역본에서는 금강살타 아촉여래의 반려자를 붓다어머니 마마기라고 보았지만, 1992년 새로운 번역본에서는 불안 붓다어머니로 개정하였다. 붓다어머니 마마기는 다른 경전에서 보생여래와 아촉여래의 반려자에 속하지만, 이 경전에서는 셋째 날에 나타나는 보생여래의 반려자이다.

금강살타 아촉여래의 일족

네 분의 수행보살

● 지장보살 대지를 잉태한 곳간을 상징

산스크리트어에서 지장보살은 크시티가르바이다. 대지의 자궁, 혹은 대지의 모체라는 뜻으로서 지장地藏으로 번역한다. 불교의 여러 기록에 의하면, 석가모니 붓다가 열반에 들고난 후부터 미륵보살이 성도하기까지 사이의 붓다 없는 시대에 지장보살은 육도 중생을 다 구제하고 나서야 성불하겠다는 서원을 세웠다. "내가 지옥에 가지 않으면 누가 지옥에 가랴." 이 명언은 자비와 연민으로 가득 찬 지장보살의 크나큰 서원을 형용한 것이다.

● 미륵보살 자비와 사랑의 상징

산스크리트어에서 미륵보살은 마이트레이야로서 자애 慈愛라는 뜻이다. 그는 자비심으로 중생을 감화하는 미래의 붓다이며 도솔천의 아름다운 궁전에 거주하고 있다. 티베트의 그림에서는 보관寶冠 위의 사리탑과 왼쪽 어깨 보병寶瓶 위의 연꽃이 그를 식별하는 가장 중요한 물건이다. 전하는 바에 의하면, 미륵이 인간 세상에 강림하기 전에 석가모니 붓다로부터 불법 속의 보관 왕자로 지정되었는데, 이 때문에 미래불로 여겨진다.

● 지경보살 아름다움의 화신

산스크리트어에서 거울 든 보살은 라스야이고 미인 혹은 아름다움의 화신이다. 이는 일종의 아름다움에 대한 의인화이거나 형상화라고 설명할 수 있다. 마치 거울을 들고 있어서 바로 미녀라고 설명하는 것 같다. 이 거울 든 여성 보살은 아름다운 춤의 자태와 수인으로 사람들의 주목을 받는다. 인도 신화에서는 유혹의 여신으로 보고 있으며, 육체의 아름다움과 우아하고 장엄한 여성 법칙을 나타낸다.

● 지화보살 아름다움의 화신

산스크리트어에서 꽃을 든 보살은 푸스파이다. 손에 신선한 꽃을 들고 있는 여자를 가리키는데, 거울을 든 보살과 마찬가지로 아름다움의 의인화이다. 그녀는 '꽃과 대자연의 여신'의 화신이고, 동시에 시각으로 만물을 감지함을 상징하는 보살이다.

실상 중음 115

실상 중음

7 셋째 날의 시험
보생여래 일족의 현현

여러 생의 악한 업으로 쌓은 습기 때문에 오만과 착오로 판단이 흐려진 망자의 영은 자비의 빛이 불러도 두려움에 싸여 도망친다. 그러다가 망자는 셋째 날에 보생여래 만다라의 원만하고 둥근圓環 성스러운 경계에 도달한다.

실상 중음 셋째 날의 환상 구조

현현하는 신들 모두 6명	보생여래와 붓다어머니 마마기 **두 명의 남성 보살**: 허공장보살과 보현보살 **두 명의 여성 보살**: 염주보살과 지향보살
5대와 5온	5대五大: 지대地大, 구역본에서는 수대로 오역 5온五蘊: 수온受蘊
현현하는 빛깔	**첫 번째의 빛** 지혜의 광선: 밝고 눈부신 노란빛. 평등성지平等性智의 빛 **두 번째의 빛** 악업의 빛: 온유하고 모호한 인도人道의 푸른빛
망자의 선택	❶ 해탈을 얻고, 남방의 영요불국榮耀佛國에 안착한다. ❷ 인간계로 떨어져서 육도윤회에 빠진다. ❸ 넷째 날의 시험에 들어간다.

셋째 날에 나타나는 신들

『중음에서 해탈을 얻는 법』에는 이렇게 묘사한다.

"지대地大의 본질이 노란빛을 발할 것이다. 주변의 몸이 노란색인 보생여래께서 손에 보물을 들고 말의 자리에 올라서 혜안불모慧眼佛母:신역본에서는 이 용어를 불모마마기佛母瑪瑪基로 고쳤다를 양손으로 껴안고 있으며, 남방의 영광스런 불토佛土로부터 와서 그대 몸을 비출 것이다.

그리고 허공장虛空藏 보살과 보현普賢보살, 염주念珠를 든 여신과 향香을 든 여신을 합쳐 여섯 분이 함께 보리의 몸을 나타내서 무지갯빛에 둘러싸인 채 그대 앞에 나타나 임하리라."

셋째 날에 나타나는 빛

❶ **첫 번째 지혜의 빛 : 평등성지**平等性智**의 빛**

『중음에서 해탈을 얻는 법』에는 이렇게 묘사한다.

"이 노란빛은 광구光球를 갖추고 있으며, 이 광구의 둘레를 뭇 별들이 돌고 있는데, 사방으로 퍼져가는 빛살은 찬란하고 밝아서 눈이 부실 지경이다. 이 빛이 바로 수온受蘊의 본질인 평등성지이다. 옆에는 어둡고 푸르스름한 인도人道의 노란빛이 함께 발사되면서 그대의 마음에 닿으리라."

• 셋째 날의 선택

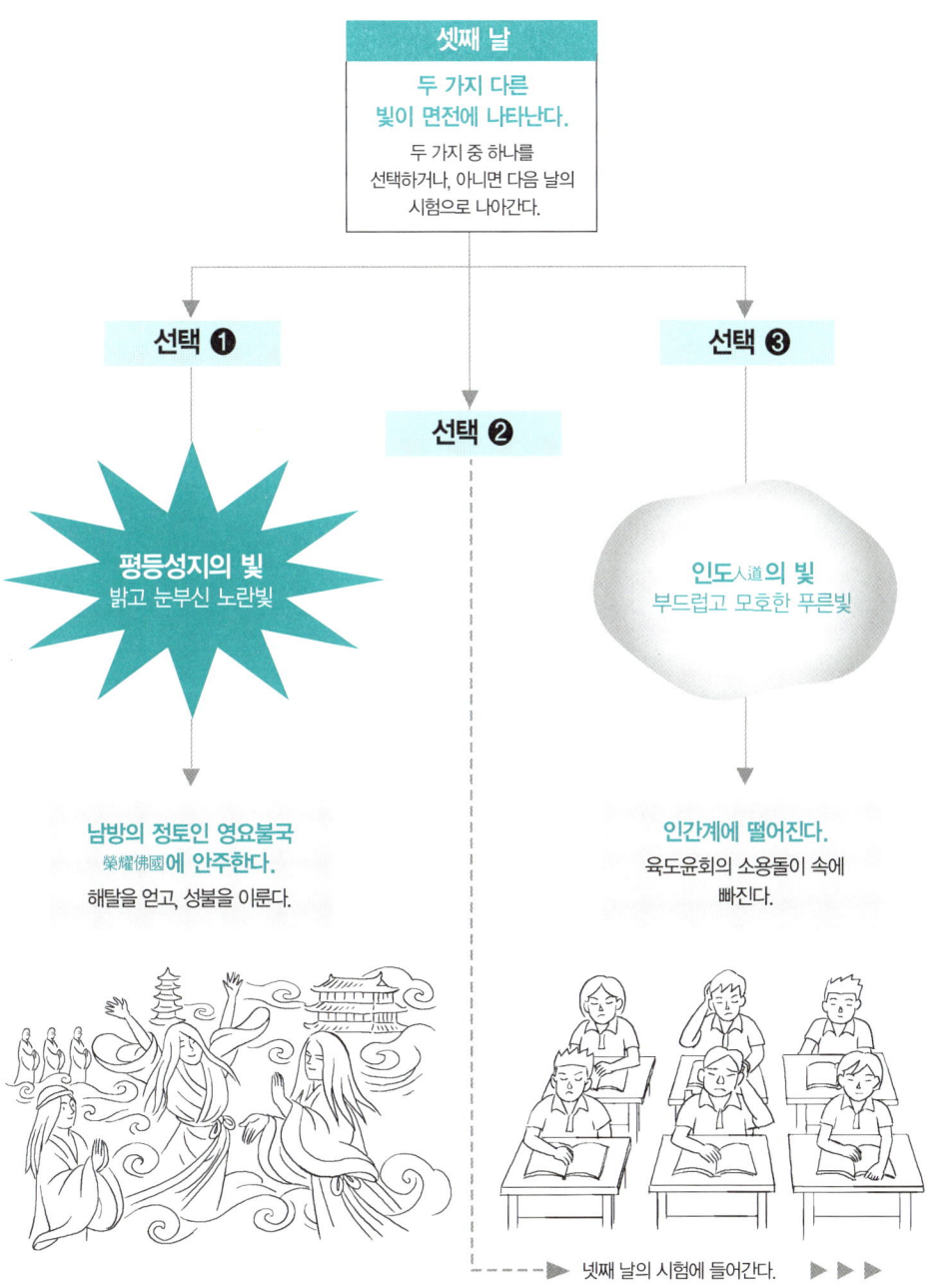

실상 중음 117

❷ **두 번째 악업의 빛 : 인도의 부드러운 빛**

『중음에서 해탈을 얻는 법』에서는 이렇게 묘사하고 있다.

"동시에 옆에서 어둡고 푸르스름한 인도人道의 노란빛이 함께 발사되면서 그대의 마음에 닿으리라. 그러나 아견我見이 깊기 때문에 그대는 강력하고 눈부신 이 빛을 보고도 그 찬란함에 현혹되어서 필경 두려움에 떨며 도피하려고 하고, 인도에서 발사된 어둡고 푸르스름한 노란빛에 이끌린다."

빛에 대응하는 방법

❶ 망자의 영에게 강렬한 지혜의 빛을 뜨겁게 사랑하라고 청한다.

찬란하고, 맑고, 명백하고, 밝은 지혜의 노란빛을 두려워하지 말고, 오히려 그 속에서 발해진 지혜를 체득해야 한다. 마음을 그 속에 안주시키고 무위無爲의 상태에서 기원한다. 오직 자신의 본질에서 발산된 광휘光輝임을 알면, 경건한 기도나 게송문의 독송 없이도 모든 형태의 빛이 분리되지 않고 함께 나타나니, 그대는 곧 깨달음의 경지에 도달할 것이다. 그때 마음속으로 이렇게 생각하라.

"이는 성스러운 존자 보생여래로부터 오는 자비의 빛이니 나는 이 빛 아래서 보호받기를 기원하노라."

이 빛은 보생여래가 중음의 위험한 여정에서 망자의 영을 보호하려고 온 것이고, 자비로 이끌어주니 더욱 간절하게 기원하기 바란다.

❷ 망자의 영에게 부드러운 악업의 빛에서 오는 유혹을 거절하라고 청한다.

인간계에서 오는 부드럽고 모호한 황색을 기뻐하지 말라. 이 빛은 공포의 험난한 길의 유혹으로 생전의 오만한 습성이 누적된 것이다. 만약 그 빛에 유혹되어 따라간다면, 그대는 인간계에 떨어져서 다시 생로병사의 고통을 겪으며 윤회의 늪에서 빠져나올 수 없다. 악한 업의 빛은 그대의 해탈을 가로막는 장애이므로 절대로 보지 말아야 하고, 오만이 쌓인 습성과 무명의 습성을 버려야 한다.

❸ 밝은 노란빛을 갈구하면서 게송문을 거듭 기원한다.

"아견我見의 업이 치성하여 생사에 유전하는데 평등한 지혜의 광명平等智光이 머물 곳을 비춰주니, 보생여래가 앞에서 맞이하여 이끌어주고 혜안불모앞에서 이미 '붓다어머니마마기'로 고쳤다가 뒤에서 수호하면서 중음의 함정을 안전하게 건너게 하고 끝내는 궁극의 원만한 붓다의 경지에 들어가게 하소서."

우주 남방의 붓다 — 보생여래

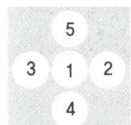

1 보생여래
2 허공장보살
3 보현보살
4 염주보살
5 지향보살

보생여래는 우주 남방에 거주하는 붓다로서 붓다어머니 마마기를 포옹하고 있다. 주위에는 허공장보살, 보현보살, 염주보살과 지향보살이 수행하고 있다.

보생여래

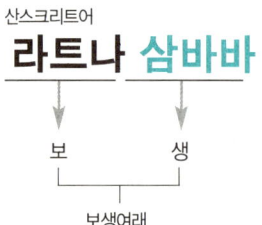

산스크리트어
라트나 삼바바
↓ ↓
보 생
└─┬─┘
보생여래

① 보생여래의 산스크리트어는 라트나삼바바이다.
② 보생여래는 5부五部 중의 보부寶部를 통솔한다. 세계의 장엄자로 불리고 있으며 우주의 남방에 거주하고 있다.
③ 다섯 가지 지혜 중 평등성지를 의인화한 표현이다. 이 지혜는 오만이 가져다주는 해독을 극복할 수 있다.
④ 불상이나 그림에서 보는 보생여래는 다섯 방위의 붓다 중에서 가장 화려한 옷을 입은 존자이다.

특징

황금색 피부
'오만의 독'에 대한 극복을 대표한다.

수인
여원인與願印이다. 손바닥을 밖으로 향해서 마치 '준다'는 뜻을 갖고 있다. 중생의 염원을 만족시킨다.

타는 동물
말

붓다어머니 마마기

① 붓다어머니 마마기의 산스크리트어는 마마키이다.
② 붓다어머니 마마기는 티베트의 전국적인 도모度母를 대표한다. 경전 『섭법攝法』에 따르면, 모두 네 명의 여신이 있고 그 중의 한 명이 마마기 여신이다.
③ 황색의 몸을 가졌고, 오대 중에서 지대地大에 대응한다.

보생여래의 일족

네 분의 수행보살

● **허공장보살** 우주를 잉태하는 곳간을 상징

허공장보살의 산스크리트어는 아카샤가르바이다. 우주의 자궁, 혹은 우주의 모체로서 우주에서 잉태하여 키우는 것이다. 그래서 허공장보살이라고 하는데, 일체의 공덕을 허공처럼 포용해서 갈무리한다. 경전 설명에 의하면, 이 보살은 통상 '향적香積 세계'라고 부르는 곳에 안주하고 있다. 그의 지혜는 우주처럼 깊고 광대하다.

● **보현보살** 실천을 상징

보현보살의 산스크리트어는 사만타바드라이며, 그 뜻은 '일체가 다 아름답다'이다. 보현보살은 의지력이 굳세고 강한 것으로 유명하다. 뜻을 세워 하겠다고 한 일은 모든 노력을 다해서 실행하므로 보살 중에서 가장 위대한 실천가이다. 하지만 많은 사람들이 대체로 보현보살을 보현여래왕으로 오인해서 똑같은 주존主尊으로 알고 있다. 이러한 착오는 수많은 한문 번역의 불교 경전에 흔히 나타난다.

● **염주보살** 보배 장식의 화신

염주를 든 보살의 산스크리트어는 말라이고, 원래의 뜻은 염주를 들고 있는 여성 보살이다. 상징하는 색깔은 황색으로서 대지나 땅의 색깔을 대표한다. 그녀 역시 보배 장식을 한 보살의 대표라서 몸에 목걸이와 화환을 걸고 있다.

● **지향보살** 향기의 화신

향을 든 보살의 산스크리트어는 두파이다. 원래의 뜻은 향을 지닌 여성 보살이다. 염주를 든 보살과 마찬가지로 상징하는 색깔은 황색이다. 향을 든 보살은 대기, 향기 및 냄새를 대표하는 여신으로 항상 몸에 향을 지니고서 사방에서 연소하여 향기를 발산한다.

실상 중음 121

실상 중음	넷째 날의 시험
8	# 아미타불과 그 일족의 현현

여러 생의 악한 업이 쌓은 습성 때문에 욕망과 옳지 못한 행위에 가려진 망자의 영은 자비의 빛이 불러도 두려움에 싸여 도망친다. 그러다 넷째 날에 아미타불의 만다라 정토에 들어간다.

실상 중음 넷째 날의 환상 구조

현현하는 신들 모두 6명	아미타불과 흰옷의 붓다어머니 **두 명의 남성 보살**: 관음보살, 문수보살 **두 명의 여성 보살**: 지금보살과 지등보살
5대와 5온	**5대**: 화대 火大 **5온**: 상온 想蘊
현현하는 빛깔	**첫 번째의 빛** 지혜의 빛 : 홍색의 밝고 눈부신 묘관찰지 妙觀察智 의 빛 **두 번째의 빛** 악업의 빛 : 온유하고 모호한 아귀도 餓鬼道 의 노란빛
망자의 선택	❶ 해탈을 서방의 정토인 극락세계에 안주한다. ❷ 아귀도에 떨어져 육도윤회의 소용돌이에 빠진다. ❸ 다섯째 날의 시험에 들어간다.

넷째 날에 나타나는 신들

『중음에서 해탈을 얻는 법』은 이렇게 묘사한다.

"화대 火大 의 본질이 붉은 빛을 발할 것이다. 손에는 연꽃을 들고 공작의 자리에 올라서 흰옷의 붓다어머니 白衣佛母 를 양손으로 껴안은 채 몸 주변에 홍색 紅色 을 띤 아미타여래와 정각의 몸을 나타내어 서방 극락세계로부터 온 관음보살, 문수보살, 가타 伽陀 여신, 등불을 든 여신이 무지갯빛 속에 싸인 채 그대의 몸을 비출 것이다."

넷째 날에 나타나는 빛

❶ **첫 번째 지혜의 빛 : 묘관찰지의 빛**

『중음에서 해탈을 얻는 법』에서는 넷째 날을 이렇게 묘사한다.

"아미타여래와 그 붓다어머니는 가슴에서 붉은 빛을 발하고, 그 광구 光球 는 사방을 두루 하면서 온갖 별이 돌고 있으며, 빛의 실체는 투명하고 찬란해서 눈이 부실 지경인데, 곧바로 그대의 마음에 들어가니 감히 다가가서 보지 말라. 그리고 이것이 바로 상온 想蘊 의 본질인 묘관찰지란걸 응당 알고서 두려워하지 말라. 이 빛은 아미타불여래의 마음속에서 발사되어 나온다."

• 넷째 날의 선택

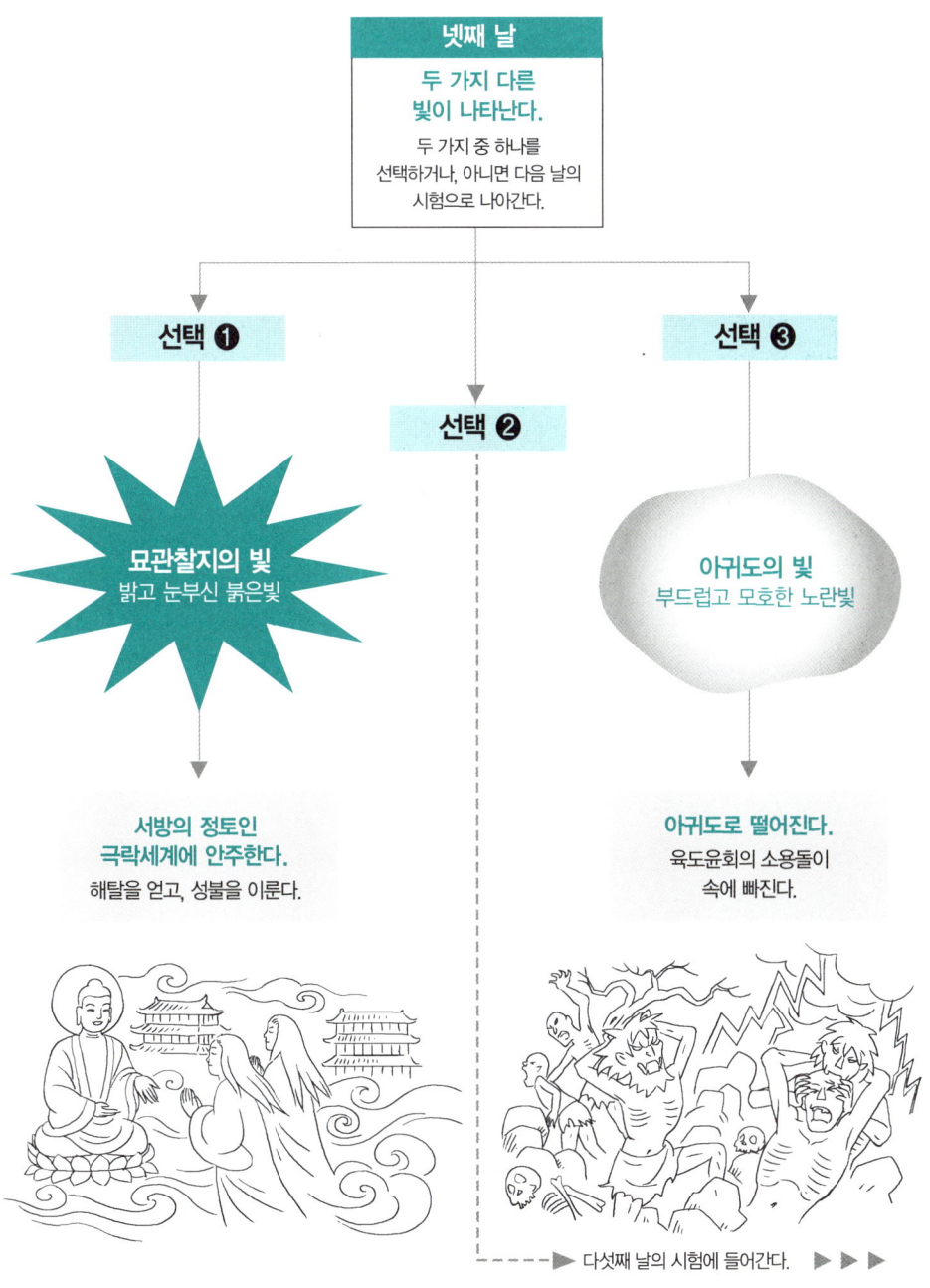

❷ 두 번째 악업의 빛 : 아귀도의 부드러운 빛

경전에는 이렇게 묘사하고 있다.

"동시에 암홍색暗紅色인 아귀도의 빛이 나란히 발사되겠지만, 결코 기뻐하는 마음을 내지 말고 탐내거나 애착하지 말라. 탐욕의 업이 무겁기 때문에 이 지혜 광명을 보면 마음이 겁을 내면서 도피하려고 하며, 반면에 암홍색인 아귀도의 빛을 보면 기뻐하는 마음을 낸다."

빛에 대응하는 방법

❶ 망자의 영에게 강렬한 지혜의 빛을 뜨겁게 사랑하라고 청한다.

찬란하고, 맑고, 명백하고, 밝은 지혜의 붉은빛을 두려워하지 말고, 오히려 그 속에서 발산하는 지혜를 체득해야 한다. 마음을 그 속에 안주시키고 무위의 상태에서 기원한다. 오직 자신의 본질에서 발산된 광휘임을 알면, 경건한 기도나 게송문의 독송 없이도 모든 형태의 빛이 분리되지 않고 함께 나타나니, 곧 깨달음의 경지에 도달할 것이다. 그때 마음속으로 이렇게 생각하라.

"이는 성스러운 존자 아미타불로부터 오는 자비의 빛이니, 나는 이 빛 아래서 보호받기를 기원하노라."

이 빛은 아미타불이 중음의 위험한 노정에서 망자의 영을 보호하려고 온 것이고, 아미타불의 자비로부터 나와서 이끌어가는 빛이니, 뜨겁고 간절하게 이 빛을 기원하고 달아나지 말아야 한다. 설사 그 빛으로부터 달아날지라도 그것은 분리되지 않고 따라올 것이다.

❷ 망자의 영에게 부드러운 악업의 빛에서 오는 유혹을 거절하라고 청한다.

두려워하지 않는다. 아귀계에서 나오는 부드러운 암홍색 빛에 끌리지 않는다. 공포의 경험에서 오는 유혹으로서 생전의 탐욕의 습성이 누적된 것이다. 만일 그 빛에 이끌려가면 아귀계로 떨어지면서 굶주림과 갈증의 고통을 겪을 것이다. 이 빛은 해탈을 가로막는 장애물이니, 절대로 그 빛에 집착하지 말고 탐욕의 습관과 무명의 습성을 버린다.

❸ 밝은 붉은색 빛을 갈망하고, 아래 게송문을 거듭 읽는다.

"탐욕의 업이 치성해서 생사에 유전하는데 무분별지無分別智의 빛이 머물 곳을 나타내나니, 아미타여래께서 앞에서 맞이해 이끌어주시고 흰옷 입은 붓다어머니께서 뒤에서 수호해주셔서 중음의 함정을 안전하게 건너게 하시고 끝내는 원만한 불도를 성취하게 하소서."

우주 서방의 붓다 — 아미타불

1 아미타불
2 관음보살
3 문수보살
4 지등보살
5 지금보살

아미타불은 우주의 서방에 거주하는 붓다이고 흰옷의 붓다어머니를 안고 있다. 주위에는 네 명의 보살, 즉 관음보살, 문수보살, 지금보살, 지등보살이 수행하고 있다.

아미타불 – 무한한 밝은 빛을 발산

산스크리트어
아미타브하
↓
무한량의 빛

❶ 아미타불은 산스크리트어로 아미타브하이다.
❷ 5부 중에서 연화부蓮花部의 통솔을 담당하고 있으며, 서방에 거주하면서 다섯 가지 지혜 중에서 묘관찰지를 상징한다. 이런 유형의 지혜는 탐욕이 가져다주는, 여러 생에 걸쳐 쌓인 습성을 극복할 수 있다.
❸ 무량수불無量壽佛은 아미타불의 다른 종류의 형식인데, 산스크리트어로는 아미타유스이고 한량 없는 수명을 뜻한다.
❹ 아미타불의 원뜻은 한량없는 빛이기 때문에 공간의 무한성을 대표한다. 그리고 무량수불은 시간의 무한성을 대표한다.

특징

붉은색의 피부	수인手印	지니는 물건	4. 타는 동물
탐욕의 극복을 대표한다.	선정인禪定印으로서 선의 사유와 깨달음의 도를 상징한다. 	병 입구의 사발. 아미타불 보병무량수불 	공작새

흰옷을 입은 붓다어머니

❶ 흰옷을 입은 붓다어머니의 산스크리트어는 판다라바시니이고, 그 뜻은 흰옷을 입은 판다라 붓다어머니이다.
❷ 경전에 의하면, 그녀는 흰색의 연꽃 속에 거주하고 있다.
❸ 그녀는 아미타불의 정신적 차원의 반려자이고, 관음보살과 함께 연화부 일족의 중요한 구성원이다.

아미타불의 일족

네 분의 수행보살

● 관음보살 자비의 상징

관음보살은 산스크리트어로 아발로키테스와라이며 자비의 신을 상징한다. 관음보살은 다양한 형태가 있는데, 중국의 관음보살은 대부분 여성이고 인도나 티베트의 관음보살은 남성이다. 어떤 성별이든 관음보살은 모두 자비의 얼굴을 한 신이다.

● 문수보살 지혜의 상징

문수보살의 산스크리트어 명칭은 만주스리이다. 그는 대일여래 大日如來의 화신이라서 피부는 흰색이다. 밀교에서는 문수보살을 '지혜의 신'의 대표로 보면서 자비를 상징하는 관음보살과 함께 논한다. 문수보살을 식별할 수 있는 중요한 물건은 어리석음을 단번에 자르는 지혜의 검과 연꽃 위에 놓여 있는 반야바라밀다심경이다.

● 지금보살 음악의 화신

지금보살은 산스크리트어로 기타이다. 그녀는 음악과 시가 詩歌의 화신으로 손에는 늘 금琴을 들고 있다. 노래를 부르고 시를 읊는 보살을 상징한다.

● 지등보살 광명의 화신

등불을 든 보살은 산스크리트어로 알로카이다. 그녀는 광명의 화신으로 늘 손에 하나의 등불 혹은 횃불을 들고 있으면서 한량없는 흰색 빛을 발산한다. 상징하는 색깔은 '화대火大'와 밀접한 관계가 있는 붉은색이다.

실상 중음

실상 중음 9	다섯째 날의 시험
	# 불공성취 붓다와 그 일족의 현현

앞에서 말한 가르침을 잘 따르면 망자는 반드시 해탈할 수 있다. 하지만 일부 중생은 여러 생에 걸쳐 축적된 습성으로 인한 의심과 질투의 악한 업 때문에 '자비의 빛'의 인도를 받지 못한다. 결국 미혹에 빠져 길을 잃고 헤매다가 중음상태의 다섯째 날에 이른다.

실상 중음 다섯째 날의 환상 구조

현현하는 신들 모두 6명	**붓다아버지와 붓다어머니** : 불공성취 붓다와 정신도貞信道 붓다어머니. **두 명의 남성 보살** : 금강수金剛手보살, 제개장際蓋障보살. **두 명의 여성 보살** : 산향보살과 지당보살.
5대와 5온	5대 : 풍대風大 5온 : 행온行蘊
현현하는 빛깔	**첫 번째의 빛** 지혜의 광선 : 녹색의 밝고 눈부신 성소작지成所作智의 빛. **두 번째의 빛** 악업의 빛 : 부드러운 아수라阿修羅의 붉은색 빛.
망자의 선택	❶ 해탈을 얻고 북방의 정토인 묘행성취불국妙行成就佛國에 안주한다. ❷ 아수라도에 떨어져서 육도윤회에 빠진다. ❸ 여섯째 날의 시험에 들어간다.

다섯째 날에 나타나는 신

『중음에서 해탈을 얻는 법』에서는 이렇게 묘사한다. "풍대風大의 본질이 녹색의 빛을 발해서 그대의 몸을 비출 것이다. 그리고 주변의 몸이 녹색인 불공여래께서 손으로는 한 쌍의 금강저金剛杵를 들고 금시조 자리에 올라서 '고통을 구원하는 도모救苦度母 : 신역본에서는 정신도 붓다어머니'를 양손으로 껴안고 있으며, 금강수金剛手 존자, 번뇌의 장애를 없애는 존자除蓋障尊, 향을 뿌리는 여신散香女神, 공양하는 여신供養女神을 포함한 여섯 분이 함께 보리의 몸을 나타내서 북방의 무상묘행無上妙行을 성취한 불토로부터 와서 무지갯빛에 싸인 채 그대 앞에 현현한다."

다섯째 날에 나타나는 빛

❶ 첫 번째 지혜의 빛 : 성소작지의 빛

다섯째 날에 대해서는 이렇게 묘사하고 있다. "불공여래와 그 붓다어머니는 가슴에서 녹색의 빛을 발하여 광구를 충분히 갖춘다. 사방의 주위에 온갖 별들이 돌고 있으며, 투명하고 찬란해서 눈이 부실 정도인데, 곧바로 그대의 마음에 발사하니 감히 다가가서 보지 말라. 이것이 바로 행온行蘊이 전변轉變한 성소작지成所作智임을 알아야 하나니, 역시 자신이 본

• 다섯째 날의 선택

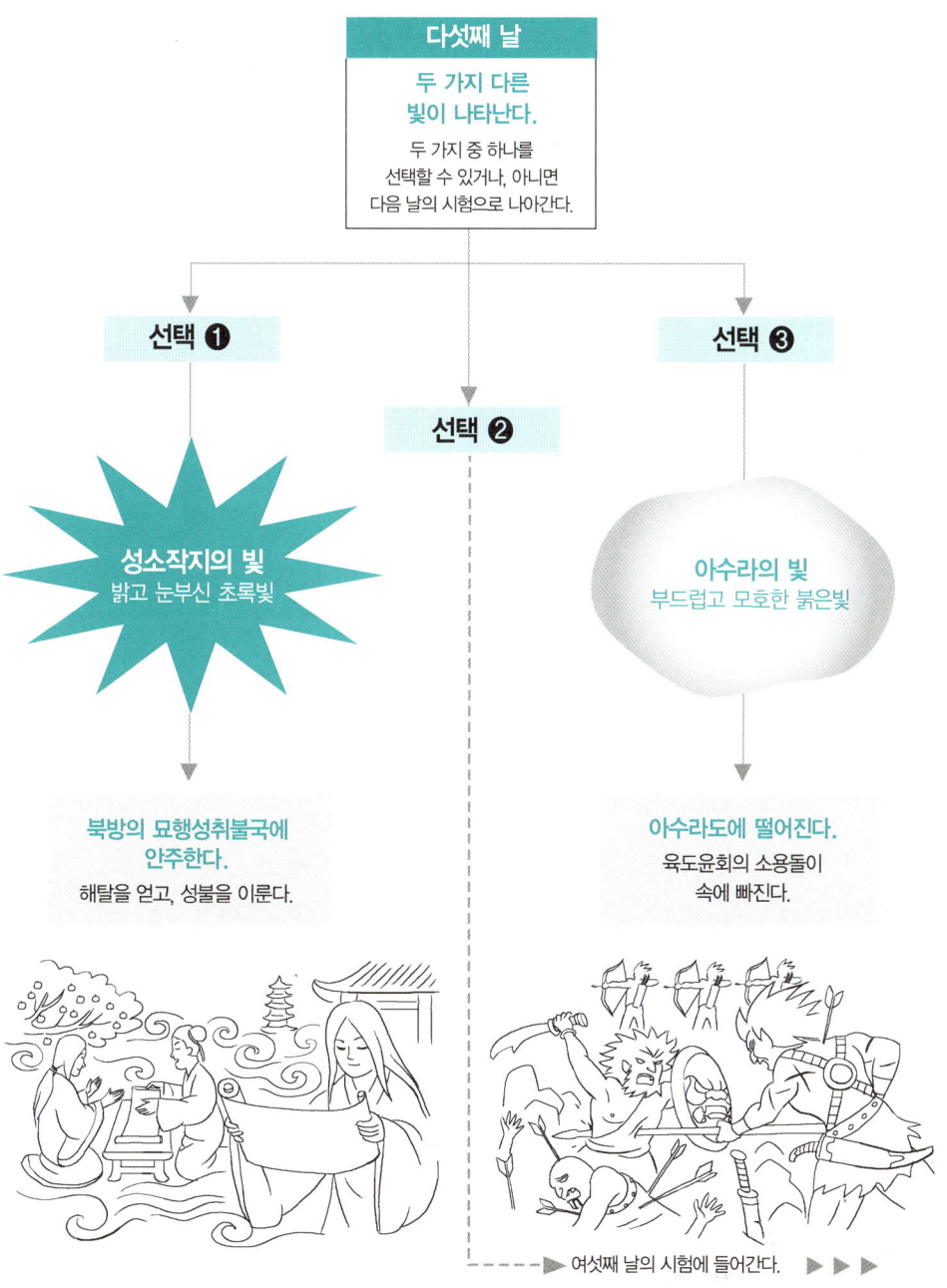

래 갖추고 있는 지혜이므로 두려워하는 마음을 내지 말고 그 속에 안주하라."

❷ **두 번째 악한 업의 빛 : 아수라도의 부드러운 빛**

『중음에서 해탈을 얻는 법』에서는 이렇게 묘사하고 있다. "동시에 아수라도에서도 어두운 녹색인 분노의 빛을 발사하니, 치우쳐 기대는 마음을 내지 말며 환영거나 거부하지도 말라. 슬기의 뿌리가 얕더라도 결코 탐내거나 애착하지 말라. 분노의 업이 무겁기 때문에 녹색의 빛을 목격하면 두려워 떠는 마음이 생기면서 도피하려고 한다. 반대로 어두운 녹색인 아수라도의 빛을 보면 기뻐서 애착하는 마음을 낸다."

빛에 대응하는 방법

❶ 망자의 영에게 강렬한 지혜의 빛을 두려워하지 말라고 청한다.

찬란하고, 맑고, 명백하고, 밝은 지혜의 녹색빛을 두려워하지 말고, 오히려 그 속에서 발산하는 지혜를 체득해야 한다. 그대의 심령을 그 속에 안주시키고, 무위의 상태에서 기원한다. 그리고 마음속으로 이렇게 생각하길 청하라.

"이 빛은 성스러운 존자 불공성취 붓다로부터 오는 자비의 빛이니, 나는 이 빛 아래서 보호받기를 기원하노라."

이 빛은 불공성취 붓다의 자비가 그대를 이끌어온 것으로 '성소작지成所作智의 빛'이라 부른다. 뜨겁고 간절하게 그 빛을 기원하고 도망가지 말아야 한다. 그대가 도망간다 해도 그대와 분리되지 않은 채 그대를 뒤따를 것이다.

❷ 망자의 영은 부드러운 악업의 빛에서 오는 유혹을 거절하라.

두려워하지 말라. 아수라계의 부드러운 붉은빛에 끌리지 말라. 붉은빛은 공포의 길에서 온 유혹으로 그대 생전의 질투와 습성이 쌓인 것이다. 그대가 이 빛에 이끌리면, 아수라의 세계로 떨어져서 수많은 싸움과 투쟁의 고난을 줄줄이 겪을 것이다. 이 빛은 그대의 해탈을 가로막는 장애이므로 절대로 빨려들어가지 말아야 한다. 그리고 질투가 누적된 습성과 무명의 습성을 버리도록 하라.

❸ 밝은 초록빛을 추구하고 아래의 게송문을 거듭 읽도록 한다. 그리고 정신을 집중하여 일심으로 불공성취여래에게 경주하라.

"분노의 업력이 무거워서 생사에 유전하는데 성소작지成所作智의 빛이 머물 곳을 나타내니, 불공여래께서는 앞에서 이끌어주시고 고통을 구원하는 도모정신도 붓다어머니나 녹도모이어야 한다는 뒤에서 수호하여 중음의 함정을 안전하게 건너게 하시고 끝내는 원만한 불도를 성취하게 하소서."

우주 북방의 붓다 — 불공성취 붓다

1 불공성취 붓다
2 금강수보살
3 제개장보살
4 산향보살
5 지당보살

불공성취 붓다는 우주 북방에 거주하는 붓다이며 정신도 붓다어머니를 포옹하고 있다. 주변에는 네 분의 보살, 즉 금강수보살, 제개장보살, 산향보살, 지당보살이 수행하고 있다.

불공성취 붓다

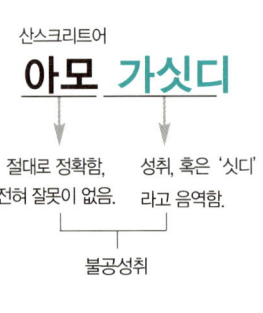

산스크리트어
아모 가싯디

절대로 정확함, 전혀 잘못이 없음. — 불공성취

성취, 혹은 '싯디'라고 음역함.

❶ 불공성취 붓다는 산스크리트어로 아모가싯디이다.
❷ 5부 중에서 업부業部, 카르마의 통솔을 담당하고 있다.

특징

피부색
녹색의 피부, '의혹의 독' 제거를 대표한다.

수인 手印
무외인 無畏印. 고난을 두려워하지 않고 중생을 널리 구제하려는 결심을 대표한다. 왼손은 다리 위에 놓고, 오른손은 무외인의 형태를 취하고 있다.

타는 동물
대붕금시조 大鵬金翅鳥

정신도 붓다어머니

정신도 붓다어머니는 산스크리트어로 사마야 타라이고 한역은 삼매야도모 三昧耶度母이다. 티베트어로는 될마이다. 신심으로 충만한 붓다어머니로 정신도 붓다어머니가 녹도모 綠度母라고 하는 학자도 있다.

불공성취 붓다의 일족

네 분의 수행보살

● 금강수보살 악을 굴복시키다

금강수는 산스크리트어로 바즈라파니이다. 적정보살의 모습과 분노 호법의 모습이 있다. 손에 금강저 들고 있어서 금강수 보살이라고도 한다. 밀교의 세계에서는 금강수보살, 관음보살, 문수보살을 가장 중요한 세 존자라 하며 '삼족성존三族姓尊'이라고도 한다. 악을 굴복시킴, 자비, 지혜의 세 가지 힘을 나타낸다.

● 제개장보살 장애를 제거하다

번뇌의 장애를 없앤 보살은 산스크리트어로 사르바니바라나-비스캄빈이다. 모든 번뇌의 장애를 제거하는 보살이다. 이 장애에 다섯 가지가 있으니, 탐욕, 성냄, 어리석음, 오만, 의심삼보에 대한 의심이다. 『팔대보살만다라경八大菩薩曼茶羅經』에서 묘사한 번뇌를 없앤 보살의 법상法相은 황금빛으로서 왼손에는 여의당如意幢을 들고 있고 오른손은 여원인輿願印을 만들어 보이고 있다.

● 산향보살 감지를 대표한다

향을 뿌리는 보살은 산스크리트어로 간다이다. 힌두교의 8대 모신母神 중의 한 명이다. 산스크리트어의 원뜻은 향을 뿌리는 여신을 가리킨다. 손에는 소라를 들고 있으며, 그 안에는 초본식물로 제조한 향수가 들어 있으니, 이는 감지感知의 여성 신을 대표한다.

● 지당보살 공양을 상징한다

당을 든 보살은 산스크리트어로 나이베드야이다. 그녀는 향을 뿌리는 보살과 함께 힌두교의 여신이다. 불교세계에서는 당을 든 보살에 대한 개념이 별로 없다. 공양의 여신으로 알려져 있으며, 사당에 올리는 공양물특히 식품을 가리킴을 의인화한 신이다. 당을 든 보살은 수행할 때 필요한 자양분의 제공을 담당하는데, 이는 숙련된 성취를 위한 필수품이다.

실상 중음

실상 중음	여섯째 날의 시험
10	# 적정 존자들이 일제히 나타나다

실상 중음의 여섯째 날에는 그 전에 망자의 눈앞에 나타났던 다섯 분의 붓다가 그들의 반려자 및 수행보살과 함께 다시 현현한다.

실상 중음의 여섯째 날의 환상 구조

현현하는 신들 모두 42명	**붓다아버지와 붓다어머니**: 10 명 남성 보살 8명, 여성 보살 8명, 본초 붓다아버지와 본초 붓다어머니 2명 육도불 6명, 문을 지키는 남성 분노 존자 4명, 문을 지키는 여성 분노 존자 4명
5대와 5온	없다.
현현하는 빛깔	**첫 번째 빛**지혜의 빛: 42명의 성스러운 존자가 함께 와서 빛을 방출한다. **두 번째 빛**악업의 빛: 육도의 허망한 환영의 빛
망자의 선택	❶ 해탈을 얻고 다섯 방위의 붓다의 정토에 안주한다. ❷ 윤회에 빠져 아래로 떨어진다. ❸ 일곱째 날의 시험에 들어간다.

여섯째 날에 나타나는 신들

찬란한 빛과 음악 속에서 다섯 명의 붓다와 붓다어머니, 보살들이 함께 망자의 영 앞에 나타나서 한 폭의 찬란하고 화려한 만다라를 형성한다. 이 방대한 모습을 보면, 모든 붓다가 온갖 방법으로 망자의 영을 해탈시키려는 것을 알 수 있다.

이 진용에 포함되는 신들은 다섯 방위의 붓다의 일족, 4명의 문을 지키는 남성 분노 존자, 4명의 문을 지키는 여성 분노 존자, 육도의 성스러운 존자, 본초불의 쌍신상雙身像이다. 도합 42명으로서 다섯 조로 나누어 연속적으로 현현한다.

다섯 방위 붓다 일족의 대회합

여섯째 날에는 다섯 방위의 붓다가 모두 망자의 영 앞에 나타나는데 이때 동시에 네 가지 지혜의 빛을 수반한다. 4대 땅, 물, 불, 바람의 청정원소가 이 순간 함께 네 가지 빛을 발산한다. 대일여래와 그의 반려자인 금강허공 붓다어머니가 중앙의 파종불국 播種佛國에 나타난다. 금강살타 아촉여래가 반려자 불안 붓다어머니, 수행보살과 함께 동방의 묘락불국에 나타난다. 보생여래가 반려자 붓다어머니 마마기, 수행보살과 함께 서방의 극락세계에 나타난다. 불공성취불이 반려자 정신도 붓다어머니, 수행보살과 함께 무지갯빛이 둥글게 에워싸고 있는 묘행성취불국에 나타난다.

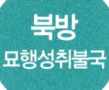

북방 묘행성취불국

불공성취 붓다
올바르게 성취하고 전혀 잘못이 없다.

정신도 붓다어머니
특징 : 신념으로 충만한 녹도모이다.

서방 정토인 극락세계

아미타불
무한한 빛

흰옷을 입은 붓다어머니
특징 : 흰색의 연꽃에서 탄생.

중앙 밀엄불국

대일여래
큰 태양의 광명처럼 모든 곳을 비춘다.

금강허공 붓다어머니
특징 : 우주로부터 온 자재 自在의 여신이다.

동방 묘락불국

금강살타 아촉여래
흔들림이 없다.

불안 붓다어머니
특징 : 여래 눈의 위대한 힘.

남방 영요불국

보생여래
다섯 방위의 붓다 중에서 가장 화려한 옷을 입고 있다.

붓다어머니 마마기
특징 : 티베트를 대표하는 도모.

42명의 성스러운 존자가 모두 마음속에서 나오다

경문에서는 이렇게 말하고 있다.

 "42명의 보신報身인 성스러운 존자는 모두 그대의 '마음' 속에서 망자의 영의 심장 부위에서 나와, 그대의 면전에 현현한다. 이 모습은 내면의 활동에서 자연스럽게 형성된 순수 청정의 형체이니, 이 사실을 더욱더 분명히 알아야 한다. 다섯 방위 붓다와 수호불들은 저마다 다른 장식물, 복장, 색상, 수인, 탈 것과 상징물이 있다. 다섯 방위 붓다는 한 쌍을 이루고 있으며, 그 밖은 5색의 청정한 빛이 함께 둘러싸서 만다라를 형성한다. 그들을 알아보아야 한다. 그들은 모두 그대의 수호신이다."

여섯째 날에 나타나는 빛

여섯째 날에는 두 계열의 빛이 나타난다. 첫째 계열의 빛은 지혜의 빛으로 네 가지 빛을 포함하는데, 이는 네 가지 지혜를 의미한다. 둘째 계열의 빛은 악업의 빛에서 오는 유혹이다.

❶ 첫째 계열의 빛지혜의 빛

이 빛은 다섯 붓다들의 마음속에서 나오며, 네 가지 지혜의 청정한 빛이 망자의 마음을 비춘다. 이 지혜의 빛은 정교하고 아름답고 청정해서 마치 태양의 빛처럼 반짝이며 빛난다.

· 네 가지 빛이 현현한다.

첫째, 법계에서 나오는 지혜의 빛은 흰색의 장막인데, 밝고 눈부셔서 두려움을 자아낸다. 이 빛은 대일여래의 마음에서 나와 망자의 마음을 비춘다. 흰색의 반짝이는 빛은 둥근 고리처럼 나타나며, 명백하고 밝은 것이 마치 거울과 같다. 그 사방에는 비슷한 다섯 개의 '둥근 고리 모양의 빛'이 둘러싸고 있다. 또 각각의 빛 주위에는 더 작은 빛이 둥글게 둘러싸고 있어서 중심도 없고 변두리도 없다.

 둘째, 금강살타의 마음으로부터 오는 빛은 '대원경지'가 현현한 푸른색의 장막이다. 마치 푸른 녹색의 둥근 그릇 같고, 사방에는 둥근 고리 모양을 한 빛의 접시와 더 작은 고리 모양의 접시가 둘러싸고 있다.

 셋째, 보생여래의 마음속으로부터 오는 빛은 '평등성지'가 현현한 황색빛의 장막이다. 마치 황금 그릇 같고, 그 사방은 둥근 고리 모양을 한 빛의 접시와 더 작은 둥근 고리 모양을 한 접시가 둥글게 둘러싸고 있다.

다섯 방위 붓다 일족 중 8명의 남성 보살

금강수보살 — 자비
제개장보살 — 번뇌의 제거

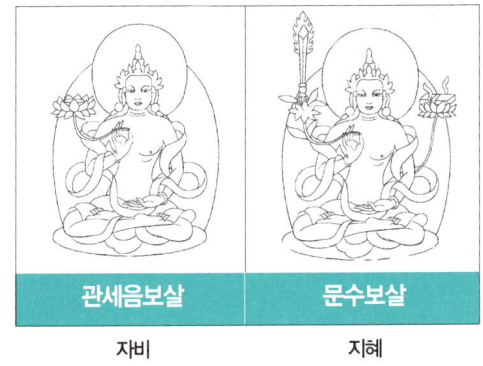

관세음보살 — 자비
문수보살 — 지혜

지장보살 — 대지의 잉태하는 공간
미륵보살 — 자비와 사랑

허공장보살 — 우주의 잉태하는 공간
보현보살 — 실천

넷째, 아미타불의 마음으로부터 오는 빛은 '묘관찰지'가 현현한 홍색빛의 장막이다. 맑고 밝은 것이 마치 아래로 향한 산호색의 둥근 그릇 같고, 그 사방에는 비슷한 다섯 개의 둥근 고리 모양을 한 빛의 접시가 둘러싸고 있다. 각각의 빛의 접시 둘레에도 더 작은 빛의 접시가 둘러싸고 있어서 중심도 없고 변두리도 없다.

다섯째, **'성소작지'의 녹색빛은 아직 나타나지 않았다.** 이는 망자의 지혜 에너지가 아직 완전히 성숙되지 않았기 때문이다.

· 네 가지 빛은 어디서 오는가?

망자의 면전에서 독송하는 스승은 이때 망자의 영에게 이 빛은 다른 곳이 아니라 자기 내면의 자발성의 활동으로부터 오는 것이니 집착이나 미혹, 두려움 없이 그 상태에 편안히 머물라고 알려준다. 이 상태에서 모든 모습과 빛의 장막이 융합하면 큰 기쁨을 얻게 된다. 네 가지 지혜가 합해져서 하나됨을 체험한다.

'네 가지 지혜와 만나는' 체험은 금강살타에 속하는 특별한 길이다. 네 가지 지혜는 법계체성지, 대원경지, 평등성지, 묘관찰지이며 성소작지는 포함되지 않는다.

❷ 둘째 계열의 빛 : 육도로부터 오는 허망한 환영의 빛

1) 천도에서 오는 부드러운 흰빛.
2) 질투로 충만한 아수라도에서 오는 부드러운 홍색빛.
3) 인도에서 오는 부드러운 푸른빛.
4) 축생도에서 오는 부드러운 녹색빛.
5) 아귀도에서 오는 부드러운 황색빛.
6) 지옥도에서 오는 부드러운 연기나 안개 같은 빛.

빛에 대응하는 방법

❶ 망자의 영에게 강렬한 지혜의 빛을 두려워하지 말라고 한다.
1) 이 빛은 '자발성'이고 마음속의 활동으로부터 발해진 것임을 분명히 인식하라.
2) 이 빛에 빨려들지도 말고 두려워하지도 말라. 그저 무념의 고요한 평정 속에 안주할 수 있어야 한다. 이 상태를 유지하면서 모든 영상과 빛이 하나로 합쳐지면 바로 해탈을 얻을 수 있다.

다섯 방위 붓다 일족 중 8명의 여성 보살

산향보살 — 향수가 든 소라를 들고 있다.

지당보살 — 공양물을 상징하고, 사탕을 들고 있다.

지금보살 — 음악과 시와 노래를 상징한다.

지등보살 — 광명의 화신.

지경보살 — 아름다움을 상징한다.

지화보살 — 아름다움을 상징한다.

지향보살 — 황색의 향을 들고 있다. 대지나 토양의 광택을 상징한다.

염주보살 — 황색의 염주를 들고 있다. 대지나 토양의 광택을 상징한다.

실상 중음

❷ 망자의 영에게 충만한 신심으로 네 가지 지혜와 합치라고 한다.

1) 구루의 생전 가르침을 상기하라고 한다.
2) 생전의 가르침을 상기하면 여기서는 생전에 스승이 임종자에게 가르치는 여러 가지 권고를 가리킨다, 네 가지 지혜와 부합하는 체험으로 신심이 충만할 것이다. 그대가 그 빛을 알아보는 것은 마치 '어머니와 자식의 상봉'이나 '옛 친구와의 재회'와 같다. 오로지 마음속의 의심을 잘라내기만 하면 바로 자기 내면의 투사란 걸 분명히 인식할 수 있어서 저절로 순수하고 청정함이 변함없는 '법계 다르마타'로 들어간다. 법계는 우주의 진리를 대표하는 세계이다.
3) 이러한 신심 마치 부모 자식 또는 친구 사이의 익숙함 같은 믿음을 통하여 지속적인 선정의 상태가 뒤따른다. 망자의 지혜 속으로 녹아들어가고, 이를 통해 붓다의 몸을 얻어 다시는 퇴보하여 타락하지 않는다.

❸ 망자의 영에게 악업의 부드러운 빛에서 오는 유혹을 거절하라고 한다.

1) 악업의 빛을 꽉 잡지 말라.
2) 그 빛에 빠져 들어가지 말라.
3) 무념의 고요한 평정 상태에 머물라.

❹ 아래의 게송문을 거듭 기도한다.

"다섯 가지 독의 묵은 힘으로 생사를 유전할 때 네 가지 지혜가 합친 빛이 찬란히 머물 곳을 비추어주시며, 승리의 다섯 존자께서 앞에서 맞이해 이끌어주시고 다섯 부部의 붓다어머니께서 뒤에서 수호하셔서 육도의 청정치 못한 환광幻光을 여의도록 건져주시고 중음의 함정을 안전하게 건너게 하시고 다섯 가지 청정한 불토에 가서 태어나길 원하나이다."

육도불 — 망자의 영을 수호하는 도사

문을 지키는 호법이 망자의 영을 가로막은 후에는 육도의 세계를 만나게 된다. 육도에는 지혜를 갖춘 성자가 있는데, 이들은 망자의 영을 수호하는 도사導師의 역할을 하고 있으므로 육도불이라고 존칭한다. 육도불의 모든 모습은 망자의 '심장' 중앙에서 쏘아져 나오는데, 정서, 감정, 욕망 등 세 가지 심리활동과 관련된다.

천도

최고의 힘을 가진 자 샤타크라투

흰 피부. 손에는 악기를 들고 있어서 '예술'과 '기예'를 상징한다. 동시에 천도불의 '조화롭고 즐거운' 생활을 말해준다.

아수라도

갑옷을 입은 자 베마치트라

녹색 피부. 손에는 칼을 들고 있어서 용맹하고 싸우기 좋아하는 습성을 상징한다.

인도

석가의 사자獅子 석가모니

황색 피부. 손에는 석장錫杖과 걸식하는 발우를 들고 있는데, 붓다의 세속 생활을 말해준다.

축생도

움직이지 않는 자 드루바시나

푸른색 피부. 손에는 책을 들고 있어서 '수사'와 '지혜'를 상징하는데, 이는 축생에게는 없는 것이다.

아귀도

화염의 입을 가진 자 즈발라무카

홍색 피부. 손에는 여의보를 들고 있어서 '아귀의 욕구'를 만족시킨다.

지옥도

법왕 다르마자라

어두운 피부. 손에는 물과 불을 들고 있어서 '재난의 소멸'과 '정화'를 상징한다.

실상 중음

다섯 방위 붓다의 부서 중 문을 지키는 4명의 남성 존자

다섯 방위 붓다 주위에는 분노의 모습으로 문을 지키는 성스러운 존자 여덟 명이 있는데, 4명의 남성과 4명의 여성으로 나뉜다. 문을 지키는 4명의 남성 존자는 아래와 같다.

감로명왕甘露明王
아므르타쿤달리

감로는 공성空性의 상징이다. 동시에 죽음을 굴복시켜 영생을 얻는 보약이다. 감로명왕은 일체를 변화시켜 감로를 이루고, 아울러 중생에게 죽음을 추구해도 해탈을 얻을 수 없음을 깨우쳐준다.

마두명왕馬頭明王
하야그리바

관세음보살의 분노한 모습이다. 중생의 타락을 참지 못하고 **축생도에 자신을 던져서** 모든 귀신의 악업을 소멸시킨다.

승리명왕勝利明王
비자야

모든 사악한 마귀를 이길 수 있고 지혜를 얻는다.

염만덕가閻曼德迦
야마타카

죽음의 종결자. 이는 죽음을 정복할 수 있어서 윤회에 종지부를 찍을 수 있다는 뜻이다.

다섯 방위 붓다 중 문을 지키는 4명의 여성 존자

다섯 방위 붓다 주위에는 분노의 형상으로 문을 지키는 4명의 여성 존자가 있다.

분노의 부르짖음을 제압한다.

방울을 든 여신 간타

망자의 영이 분노로 남을 위협하려고 하면, 손에 들고 있는 방울을 흔들어서 그 방울의 음향으로 분노의 미친 부르짖음을 제압한다. 북방에서 문을 지키는 감로명왕의 반려자이다.

날뛰는 욕념을 가둔다.

쇠사슬을 든 여신 슈링칼라

망자의 영은 욕념의 부추김 때문에 급히 달아나려고 한다. 그녀는 쇠사슬로 망자의 발을 묶어서 달아나지 못하게 한다. 서방에서 문을 지키는 마두명왕의 반려자이다.

갈고리로 업력의 작용을 낚아챈다.

갈고리를 든 여신 안쿠샤

그녀는 업력의 작용으로 달아나려고 하는 망자의 영을 낚아챈다. 동방에서 문을 지키는 승리명왕의 반려자이다.

북 / 서 / 동 / 남

오만한 기세를 올가미로 잡는다.

올가미를 든 여신 파샤

망자의 영의 오만한 기세가 드높을 때 그녀는 올가미로 머리부터 발끝까지 묶는다. 남방에서 문을 지키는 염만덕가의 반려자이다.

실상 중음

실상 중음 11 — 일곱째 날의 시험
지명주존이 나타나다

이 날은 평화의 환영이 나타나는 마지막 날이다. 주로 나타나는 성스러운 존자는 10명의 지명주존과 많은 공행모, 용맹하고 건장한 남녀, 남녀 호법이 함께 만다라를 형성한다. 지명의 '명'은 지혜나 지식의 뜻이고, 지명 존자는 바로 '지혜의 소유자'이다.

일곱째 날의 환상 구조

현현하는 신들 모두 42명	**10명의 지명주존** 카르마의 열매를 익게 하는 지명주존인 연화무주존 蓮花舞主尊과 반려자인 홍색 공행모 차제를 확립한 지명자 次弟確立持明者와 반려자인 백색 공행모 수명을 담당하는 지명자 司壽持明者와 반려자인 황색 공행모 대수인지명자 大手印持明者와 반려자인 홍색 공행모 스스로 상승하는 지명자 自發升起持明者와 반려자인 녹색 공행모 **다섯 공행모** 경문에는 정확한 수치가 나타나지 않는다. 8대 영탑을 지키는 공행모, 네 계급을 지키는 공행모, 삼계 三界를 지키는 공행모, 시방 十方을 지키는 공행모, 24군데 성지를 지키는 공행모. **무수한 숫자의 용맹하고 건장한 남자, 용맹하고 건장한 여자, 남녀 호법.**
현현하는 빛깔	**첫 번째 지혜의 빛**: 쌍_雙으로 수행하는 지명주존 10명이 함께 빛을 방출하고, 아울러 우주 진리의 실상인 거대한 소리를 수반한다. **두 번째 악업의 빛**: 축생도에서 오는 약하고 부드러운 녹색의 빛.
망자의 선택	❶ 해탈을 얻어서 지명주존의 도움으로 순수하고 청정한 허공정토로 간다. ❷ 윤회에 빠지면서 축생도로 타락한다. ❸ 여덟째 날의 시험에 들어간다.

일곱째 날에 나타나는 신들

일곱째 날에 나타나는 신은 붓다와 신의 사이에 있는 지명본존으로서 망자의 영 **후두부**로부터 투사하여 나온다. 그들은 노래하고 춤을 추면서 등장하는데, 가장 떠들썩하고 화려한 형상으로 나타난다. 아찔할 정도로 아름답고 요염한 신들이 눈앞에 나타나고, 지명주존은 만다라의 중간에서 금강도끼와 피가 담긴 두개골로 된 바리때를 손에 들고 있으며, 그 배후에는 휘황찬란한 무지개가 빛나고 있다. 또 많은 공행모가 옆에서 춤을 추고, 무수한 용맹하고 건장한 남성, 용맹하고 건장한 여성, 남녀 호법들이 악기를 연주해서 우주 전체가 진동하는데, 마치 극장에서 연출하는 찬란하고 호화로운 쇼와 같다.

지혜의 소유자 지명주존

일곱째 날에 나타나는 다섯 쌍의 지명주존은 적정 존자와 분노 존자의 사이에 있는 적분 존자이다. 이는 밀교의 스승이 현현한 신의 형태이고, 지혜의 소유자로서 비범한 힘을 갖고 있으며 중음의 험난한 경계에서 망자의 영을 보호할 수 있다.
중앙의 주존은 금강살타 아촉여래이고, 주위에 표시되어 있는 둥근 원은 다섯의 지명주존이다.

일곱째 날에 나타나는 빛깔과 거대한 음향

밝고 예리한 다섯 가지 색상의 빛이 **우주의 진리가 내는 소리**를 수반하는데, 마치 우레가 일제히 울리는 듯한 거대한 음향 속에서 **분노의 저주**가 꿰뚫고 온다. 실상 중음의 첫째 주에 처음으로 소리에 대하여 언급하고 있는데, 그 이전의 6일 동안 드러난 것이 색상과 빛살의 변화에 그친 것과는 다르다. 이는 일종의 다른 업력의 영향에 들어갔음을 암시한다.

❶ 지혜의 강한 빛과 심장을 뒤흔드는 실상의 거대한 음향

경문에서는 이렇게 말하고 있다.

"존귀하신 붓다의 후예여, 청정한 식識의 5색 빛살은 눈부실 정도로 찬란하다. 마치 5색의 광선처럼 찬란하고 투명하게 하늘가를 넘실거리면서 오히려 두려운 마음을 일으킨다. 이 빛이 장차 지명주존의 가슴 사이에서 방출하여 그대의 마음에 곧바로 닿을 터인데, 빛살이 너무나 예리해서 감히 똑바로 볼 수가 없다. 동시에 지혜의 빛 속에서 '법이실상法爾實相: 자연적이라서 조직할 필요가 없는 실상'이 전하는 소리가 우레의 천 배나 되는 굉음으로 울리는데, 마치 거대한 돌이 구르면서 나는 소리와 같다."

❷ 두 번째, 축생도의 온유한 빛

첫 번째 빛과 동시에 나타나는 것은 축생도에서 오는 온유한 녹색빛이다. 이때 허망한 업력의 작용으로 망자의 영은 두려움에 떨면서 다섯 가지의 강한 빛으로부터 달아나려고 하다가 축생도에서 나오는 온유한 빛에 빨려 들어간다. 초갬 트룽파 린포체는 이 빛이 무명無明을 상징하고 또한 망자의 영을 미혹한다고 하였다. 반드시 구루의 가르침에 의지해서 계발해야 하므로 **일곱째 날의 지명주존은 바로 스승이 신의 형식으로 변화한 것이다.**

빛과 거대한 음향에 대응하는 방법

❶ 망자의 영에게 강렬한 지혜의 빛과 실상의 거대한 음향을 두려워하지 말라고 청한다.

망자의 영은 밝고 강렬한 다섯 가지 색깔의 빛을 두려워하거나 겁내지 말고, 그 강렬한 빛이 원래 자기의 지혜에서 왔음을 체득해야 한다. 우주 진리가 우레와 같은 거대한 음향을 내는 동시에 그 속에는 분노의 비밀 주문만트라의 외침이 섞여 있다. 그러나 두려워하지도 말고 겁내지도 말라. 바로 망자의 영 내심內心으로부터 나온 것, 즉 그대 자신의 내면에서 투사한 광경임을 분명히 이해해야 한다.

비밀 주문은 우주의 진실한 언어이자 신성한 언어로서 밀교에서 중요한 위치를 차지한다. 이 진언은 고대 인도에서 왔고 『범서梵書』와 『야주르베다』에 가장 먼저 나타난다. 티베트에서 가장 유명한 비밀 주문은 여섯 글자의 진언, 혹은 밝은 주문 '옴마니밧메훔'이다.

지명주존의 법상

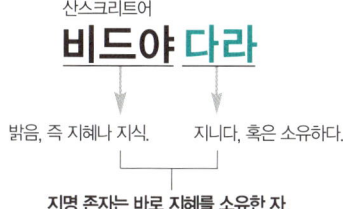

밝음, 즉 지혜나 지식. 지니다, 혹은 소유하다.

지명 존자는 바로 지혜를 소유한 자.

❶ 지명주존의 산스크리트어는 비드야다라이다.

❷ 지명주존은 밀교의 스승이 신의 형태로 현현해서 나온 존재이다. 우주의 신비한 힘을 갖추고 있으며, 비범한 법력을 가지고 있는데, 그 형상은 위엄이 있으면서도 단아하다.

❸ 지명주존의 얼굴 모습은 적정 존자와 분노 존자 사이의 모습이기 때문에 적분 존자라고 한다. 노기를 띠거나 찌푸린 표정이다.

❹ 적분 존자는 망자의 목 부위에서 발산되어 나온다.

❺ 지명주존이 중요하게 들고 있는 물건은 금강도끼와 피가 담긴 두개골 그릇이다.

금강도끼와 두개골 그릇

금강도끼

산스크리트어로 카르트리카. 한쪽 끝은 절반이 잘린 금강저이고, 다른 한쪽 끝은 약간 둥글게 굽은 도끼이다. 악업의 분별과 망념을 잘라내는 밀교의 법기法器로서 통상 또 다른 법기인 두개골 그릇과 함께 사용한다.

두개골 그릇

산스크리트어로 카팔라. 밀교의 중요한 법기 중 하나이다. 사람의 두개골로 만든 그릇인데, 그 쓰임새는 유형이나 무형의 장애를 일으키는 마魔를 없앤다. 호법이나 본존수호신이 지니고 있는 중요한 물건 중 하나이다. 그릇 속에 피를 담으면 생명을 버림을 상징하고, 감로를 담으면 지혜를 상징한다.

실상 중음 147

뜻은 '연꽃 속의 보배를 예경禮敬한다' 인데 바로 관음보살의 진언이다.

❷ 망자의 영에게 온유한 '축생도 빛'의 유혹을 거절하라고 청한다.

망자의 영은 온유한 녹색빛에 빨려 들어가지도 갈망하지도 말아야 한다. 망자의 영이 이 빛의 유혹을 받으면 무명의 축생도에 떨어진다. 그 결과 우매하고 말도 못하면서 노예로서의 지극한 고통을 겪을 뿐만 아니라 벗어날 길도 없다.

❸ 마음속으로 간절히 기도하라.

망자는 밝은 다섯 가지 빛을 기대하면서 한 마음, 한 뜻으로 신성한 지명본존을 주시해야 한다. 그들은 천상의 스승이니, 마음속으로 이렇게 기도하라.

"지명 존자들과 용맹한 영웅들과 공행모들은 성스러운 극락의 땅으로부터 나를 인도하기 위해 오셨다. 반드시 기도를 들어달라고 간절히 청해야 한다. 오늘까지 다섯 방위 붓다 일족과 삼세 붓다들께서 은혜와 자비의 빛을 냈는데도 구원을 받아 해탈하지 못했으니, 나는 얼마나 어리석은가! 지금 이 시점에서 오직 바라는 것은 지명 존자들께서 자비의 갈고리로 거두어들여서 다시는 추락하지 않고 성스러운 극락의 땅에 왕생할 수 있도록 인도하소서."

❹ 다음 게송의 기도문을 반복하여 읽어라.

"지명 존자들이여, 바라건대 자비로운 은혜에 의지해서 올바른 도에 들어갈 수 있도록 저의 기도를 들어주소서. 숙업宿業이 무거워서 생사에 유전하는데 함께 생겨난 지혜가 찬란히 비추어서 지명 존자와 용맹한 영웅들이 앞에서 이끌어주시고 공행모께서 뒤에서 수호해주시면서 중음의 함정에서 벗어나도록 저를 건져주시고 다시 성스러운 극락의 땅에 가서 태어나도록 하소서."

위의 기도문을 간절히 염송하기만 하면 지명주존의 가슴속에서 발사된 무지갯빛 속으로 녹아들어갈 수 있어서 순수 청정한 허공의 정토로 갈 것이다. 설사 악한 습성이 아주 깊은 사람이라도 역시 해탈을 얻을 수 있다.

망자의 영이 사망에 들어간 후 상서롭고 즐거운 실상 중음에 대한 체험은 여기서 한 단락을 짓고, 뒤이어 공포와 분노의 실상 중음 후반부로 들어간다.

다섯 쌍의 지명주존

다섯 쌍의 지명주존이 배치된 위치는 다음과 같다.

북방
자연스럽게 생겨나다.
스스로 상승하는 지명자.

자연적으로 일어난다.
녹색의 몸이고, 녹색의 공행모를 껴안고 함께 춤을 춘다.

서방
대수인.
대수인지명자.

대수인 마하무드라
홍색의 몸이고, 홍색 공행모를 껴안고 함께 춤을 춘다.

중앙
카르마의 열매를 익게한다.
연화무주존.

원만하게 성취하고 발전해서 초월할 수 없는 경계에 도달하였다.
주존主尊은 홍색 공행모를 껴안고 함께 춤을 춘다.

동방
수행을 완성하다.
차제를 확립한 지명자.

성취가 이미 완벽한 단계에 도달하였다.
흰색의 몸이고, 흰색 공행모를 껴안고 함께 춤을 춘다.

남방
생명을 관장한다.
수명을 담당한 지명자.

생명을 관장한다.
황색의 몸이고, 황색 공행모를 껴안고 함께 춤을 춘다.

공행모

산스크리트어

다키니

공중을 나는 여신

❶ 공행모의 산스크리트어 명칭은 다키니이다. 밀교의 공중을 나는 여성 신으로서 여성 요가 수행자가 될 수 있다.

❷ 그녀는 우주의 음성陰性 법칙의 지혜를 대표한다. 자비의 상징인 양성陽性 법칙과 결합함으로써 자비와 지혜가 합일한다.

다섯 종류의 공행모

일곱째 날에 나타나는 공행모는 지명주존의 바깥 테두리를 에워싸고 있지만, 그 숫자는 명확히 드러나지 않는다. 그들이 활동하는 세계를 다섯 개의 형태로 나눌 수 있다.

8대 영탑을 지키는 공행모	8대 영탑靈塔 : 붓다 일생의 중요한 사적을 기념하기 위하여 여덟 개의 신령스런 탑을 건립하였다. 각각 붓다의 출생지, 성불한 곳, 법륜을 굴린 곳, 신통을 나타낸 곳, 도리천에서 내려온 곳, 분별하는 승려를 교화한 곳, 수명의 양量을 생각한 곳, 열반에 든 곳이다구역본에서는 8대 무덤터라 하였다.
네 계급을 지키는 공행모	네 가지 계급 : 인도는 고대로부터 내려온 계급제도가 지금까지 이어지고 있다. 바로 브라만, 크샤트리아, 바이샤, 수드라이다.
삼계를 지키는 공행모	삼계 : 욕계欲界, 색계色界 와 무색계이다. 각각 욕망의 정신세계, 형체가 있는 물질세계, 형체가 없는 세계이다.
시방+方 공행모	시방 : 허공의 열 개 방위, 즉 동, 서, 남, 북, 북동, 남동, 북서, 남서, 상, 하이다.
24개 성지를 지키는 공행모	24개의 성지 : 밀교경전 『대원만大圓滿, 쪽첸』과 어머니 탄트라에서 언급한 24가지 요가 수행자가 선정에 드는 데 적당한 곳. 일부는 파키스탄의 우디야나, 히말라야산, 코살라국처럼 진짜 인도의 지명이고, 다른 일부는 수미산처럼 불교 경전에 실린 세계이다.

밀교의 용사 — 용맹하고 건장한 남자, 용맹하고 건장한 여자, 남녀 호법

'용맹하고 건장한 남녀'는 밀교의 남녀 용사인데, 무명의 마귀와 맹렬히 싸우는 영웅들로서 분노 존자의 형상이다. '호법'은 불법을 보호하는 신으로 대부분 분노의 모습을 하고 있다. 이들은 얼굴은 악하고 마음은 선한 두려움의 신들로서 그 용맹하고 악한 형상은 법력法力을 상징하고 어리석음과 무지와 싸워 이기는 것을 상징한다.

❶ 용맹하고 건장한 남자들, 용맹하고 건장한 여자들과 모든 남녀 호법은 여섯 종류의 뼈로 만든 장식물을 걸치고 있다. 또 허벅지 뼈로 만든 나팔, 사람 두개골로 만든 북, 사람 가죽으로 만든 깃발, 사람 가죽으로 만든 가리개, 사람 가죽으로 만든 띠, 사람 지방으로 만든 기름을 휴대하고 있다.

❷ 이들은 갖가지 악기를 연주하는데 그 소리는 우주 전체에 퍼진다. 몸을 흔들고 진동하는 소리는 머리가 아파서 터질 지경이다.

❸ 그들이 춤을 추는 것은 첫째, 계율이 청정한 수행자를 맞이하기 위해서이고, 둘째, 타락하는 악한 무리를 벌하기 위함이다.

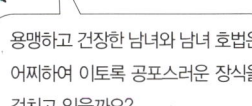

용맹하고 건장한 남녀와 남녀 호법은 어찌하여 이토록 공포스러운 장식을 걸치고 있을까요?

밀교 용사의 모습

밀교 용사는 생생하게 피를 흘리고 있는 사람 머리와 해골로 된 목걸이를 하고 있다. 모든 악기는 죽은 자의 사지나 시체의 뼈로 만든 것이다. 밀교 용사를 그린 그림은 죽음을 두려워하는 환영을 내면의 차이가 있는 지혜로 승화시키는 일종의 시험을 상징한다. 시험인 동시에 망자의 영을 도와서 죽음의 공포를 극복하는 방법이기도 하다. 따라서 생전에 선을 수행한 자는 무명의 어리석음에서 비롯된 장애를 통과할 수 있고, 일체의 세속적인 아집과 싸워서 이길 수 있다.

실상 중음

실상 중음	중음의 각 단계에서 영향을 미치는 요소

12 생전의 밀교 수행

일곱째 날에 평화롭고 성스러운 존자들의 시험 과정을 망자의 영이 통과하지 못했다면, 뒤이어 분노 존자들이 나타나는 공포스러운 광경이 닥치면서 더욱 어려운 처지에 놓인다. 하지만 생전에 밀교 수행을 한 성과가 이때 발휘될 것이다.

앞서 서술한 가르침에 근거해서 많은 사람들이 해탈을 얻겠지만, 악업이 아주 오랫동안 누적되었거나 죄를 많이 지은 자는 '어리석고 허망한 업의 바퀴'가 지치거나 마모되지도 않고 가속도도 붙지 않은 채 굴러간다. 정확한 가르침을 주었음에도 불구하고 여전히 많은 사람들이 예전처럼 이리저리 헤매면서 혼란에 빠진다.

밀교 수행을 했다면 중음의 과정에서 결정적인 영향을 발휘한다

앞서 7일 동안 망자의 영은 평화로운 얼굴의 존자들과 지명주존 및 공행모 등을 이미 보았다. 뒤이어 7일 동안은 치열한 불꽃에 둘러싸인 58명의 피를 마시는 분노 존자들이 나타날 것이다. 이들은 전부 평화 존자가 모습을 바꾼 것이지만, 공포스러운 형상 때문에 망자의 영은 극도의 두려움을 느껴 알아보기가 어렵다. **이런 공포 상태에서 망자는 심식**心識**을 분열시키지 않고 거꾸로 집중해야 한다.** 이는 해탈을 위한 최적의 상태가 될 수 있다. 『중음에서 해탈을 얻는 법』에서는 특별히 생전에 밀교를 믿거나 요가 수행을 닦은 자라면 중음의 과정에서 영향력을 발휘하여 다시 해탈을 얻을 기회가 있다고 강조한다. 경문에는 다음의 다섯 가지 상황을 설명하고 있다.

❶ **생전에 밀교의 명상 수련을 했다면 중음에서 분노 존자를 알아볼 수 있다.**

망자가 '중음의 가르침' 독송을 따라가지 못하면, 바다처럼 깊고 넓게 경전을 배운 자, 엄격히 계율을 지키는 자, 대철학자라 해도 분노 존자를 알아보지 못하니, 하물며 일반 평범한 사람들이야 더 말할 필요도 없다. 모든 사람이 그 존자들을 알아보지 못하고 생사윤회 속에 빠진다. 그러나 요가 수행자는 그 수행의 성취가 극히 낮더라도 피를 마시는 분노 존자들을 보는 순간 바로 자신의 수호신임을 알아차린다. 마치 옛 친구를 다시 만나는 것과 같아서 망자의 영은 망자는 신뢰하고, 그들과 하나로 융합해서 불도를 닦아 붓다의 경지에 이를 것이다. 망자는 세상에 있으면서 명상의 방식으로, 피를 마시는 분노 존자의 형상을 본 적이 있기 때문에 경건히 그들을 신봉한다. 생전에 단지 분노 존자의 평면적인 그림이나 입체적인 조각상을 보기만 했어도, 이 시각에 그들을 알아볼 수 있고 아울러 해탈을

밀교 수행의 다섯 가지 영향

| 첫 번째 영향 | 생전에 밀교의 명상 수련을 한 사람. | 중음에서 분노 존자를 알아볼 수 있다. | 해탈을 얻는다. |

세상에 있을 때 피를 마시는 분노 존자의 형상을 명상의 방식으로 관상하고, 아울러 간절히 그들을 신봉하였다.

| 두 번째 영향 | 생전에 밀교의 성스러운 존자를 알지 못한 사람. | 사후에 무지갯빛 사리가 없다. | 계속하여 윤회한다. |

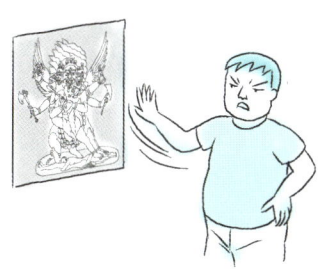

생전에 밀교의 가르침에 따르지 않았거나, 밀교를 멸시하거나 매도했기 때문에 밀교의 성스러운 존자가 현현할 때 그들을 알아보지 못한다.

| 세 번째 영향 | 생전에 비천하고 교양이 없었어도 진정한 신앙심이 있는 사람. | 사후에 무지갯빛이나 사리가 있다. | 해탈을 얻는다. |

이것이 바로 밀교의 신비하고 불가사의한 힘이니 정진할 가치가 있다.

실상 중음

얻을 수 있다.

❷ **생전에 밀교의 성스러운 존자를 인식하지 못했다면, 사후 무지갯빛의 상서로운 모습도 사리도 없다.**

『중음에서 해탈을 얻는 법』의 가르침에 따르면, 계율을 지킨 승려나 대사가 아무리 학문이 뛰어나고 설법을 잘한다 해도 죽을 때는 무지갯빛 상서로운 광명의 몸도 없고 화장 후에 사리도 없다. 생전에 밀교의 교의를 연구하지 않았거나 밀교를 무시하고 매도했기 때문에 밀교의 성스러운 존자가 나타날 때 그들을 알아보지 못한다. 생전에 만난 적이 없는데다가 사후에도 갑자기 낯선 형상들이 나타나자, 당황하고 놀란 나머지 성스러운 존자들을 적으로 여기면서 적대감을 드러낸다. 그들에게는 무지갯빛의 상서로운 광명의 몸도 없고 화장 후에 사리도 나타나지 않는다.

❸ **비천했고 교양이 없던 사람도 밀교의 신도라면, 사후에 무지갯빛 광명과 사리가 있다.**

밀교 추종자라도 하근기 중의 하근기라면, 생전에 비천하고 교양이 없어서 밀교의 중요한 뜻을 닦아 익힐 능력이 없다. 그러나 진심으로 밀교를 믿고 숭배했다면, 관건이 되는 시각에 역시 해탈을 얻을 수 있다. 『중음에서 해탈을 얻는 법』에서도 역시 "밀교를 공경하고 존중하는 자는 생전에 부당한 행위가 있어도 최소한 사후에 무지갯빛이나 사리와 같은 상서로운 모습이 나타난다"고 하였으니, 이것이 바로 밀교의 신비하고 불가사의한 힘이다.

❹ **중근기의 밀교 수행자는 맑디맑은 하늘에서 무지갯빛에 녹아 들어간다.**

중근기의 요가 수행자는 생기 단계와 원만 단계에서 진언을 염송하기 때문에 표류하거나 길을 잃다가 실상 중음의 단계까지 이르지 않는다. 호흡이 정지했을 때 지명주존과 용맹하고 건장한 남녀, 공행모가 즉각 맞이하러 와서 함께 허공정토로 간다. 이때 맑디맑은 하늘이 나타나고 망자의 영은 무지갯빛 속으로 녹아 들어가며, 아울러 펄펄 날리는 꽃비, 그 윽한 향기 및 천상의 신비한 음악 등의 아름다운 경치가 뒤따른다. 화장을 한 후에는 보배 같은 사리의 상서로운 징조가 나타난다.

❺ **대수인과 대원만의 교법을 완성하면 임종 중음에서 해탈할 수 있으므로 『중음에서 해탈을 얻는 법』을 읽어줄 필요가 없다.**

생전에 대수인의 가르침과 대원만의 가르침을 완성한 사람은 임종 중음의 과정에서 바로 청정한 빛을 체험해서 붓다의 몸을 얻는데, 이 때문에 『중음에서 해탈을 얻는 법』을 독송할 필요가 없다.

　세상을 떠난 사람이 임종 중음의 과정에서 청정한 빛을 체험해 인식하면 바로 '법신'을 얻을 수 있다. 그리고 실상 중음의 과정에서 적정과 분노의 존자들을 체험해 인식하면 바

밀교 수행의 다섯 가지 영향

| 네 번째 영향 | 중근기의 밀교 수행자. | 맑디맑은 하늘에서 무지개 빛에 녹아 들어간다. | 해탈을 얻는다. |

생기 단계와 원만 단계에서 진언을 외우면, 표류하거나 길을 잃지 않아 실상 중음의 단계까지 오지 않는다.

> ### 생기 단계와 원만 단계
> 밀교 요가 선정의 관법觀法 과 수행에는 상호 보완하는 두 가지 단계가 있는데, 바로 생기 단계웃파티크라마와 원만단계삼판크라마이다. 생기 단계는 '시작 단계'라는 뜻이고, 원만 단계는 '완성 단계'라는 뜻이다. 생기 단계에 요가 수행자는 여러 부처를 관상하면서 그들과 융합하여 하나를 이룬다. 원만 단계에서 모든 것은 공성과 무상에 균등하게 융합해 들어간다.

| 다섯 번째 영향 | 대수인과 대원만의 교법을 완성한 자. | 임종 중음에서 바로 청정한 빛을 체험해 인식하다. | 해탈을 얻는다. |

생전에 대수인 교법과 대원만 교법을 완성한 자는 임종 중음에서 청정한 빛을 체험해서 법신을 얻을 수 있다. 따라서 『중음에서 해탈을 얻는 법』을 독송할 필요는 없다.

로 '보신報身'을 얻을 수 있다. 또 투생 중음에 이르러서 깨달음을 얻으면, '화신化身'을 얻어서 더 좋은 환경에 태어나 계속 불법의 가르침을 받을 수 있다.

'듣는' 것은 중음에서 해탈을 얻는 열쇠이다

그러므로 앞에서 말한 계율을 지키는 사람, 현명한 철학자, 서약을 어긴 밀교 수행자, 그리고 평범한 사람이 생전에 밀교의 요가 수행을 하지 않았다면, 『중음에서 해탈을 얻는 법』외에는 다른 해탈 방법이 없다.

『중음에서 해탈을 얻는 법』은 죽음의 과정에서 '선정'의 방식이 아니라 '듣는' 방식으로 해탈을 얻는다. 간단히 말해서 타인의 독송을 듣는 것만으로도 해탈을 얻을 수 있는 일종의 비밀 교법으로서 죄가 크고 악업을 지은 사람들을 해탈로 이끄는 비밀의 길이다. 이 심오하고 본질적인 가르침은 찰나 사이에 즉각 무명을 단절하고 순식간에 원만의 지혜를 얻는다. 유정 중생은 이 법을 받아들일 기회만이라도 있다면 필경 비참한 악도에는 떨어지지 않을 것이다.

『중음에서 해탈을 얻는 법』외에도 또 한 권의『중음에서 몸에 붙여 해탈을 얻는 위대한 법中陰貼身救度大法』이란 책이 있다. 이 책은 티베트어로는 타돌 btagsgrol이고 퇴돌 tahodl이라고 읽는데,『중음에서 해탈을 얻는 법』의 부록으로 보인다. 이 책은 파드마삼바바의 다른 가르침으로서 여섯 가지 중음의 단문短文 지도법인데, 대부분의 내용은 진언의 비밀 주문이다. 경전의 제목에 내포된 뜻은 **진언의 비밀 주문을 통해 유체遺體에게 한 층의 호신부를 입힌다는 것이다.** 그래서 영문 번역도 '입음을 통한 해탈'이다.『중음에서 해탈을 얻는 법』과 『중음에서 몸에 붙여 해탈을 얻는 위대한 법』은 모두 큰 소리로 독송해야만 망자의 영이 똑바로 알아들을 수 있다. 양자의 결합은 마치 황금 같은 만다라에 아름다운 녹송석綠松石을 새겨 넣은 것과 같다.

세 가지 해탈법

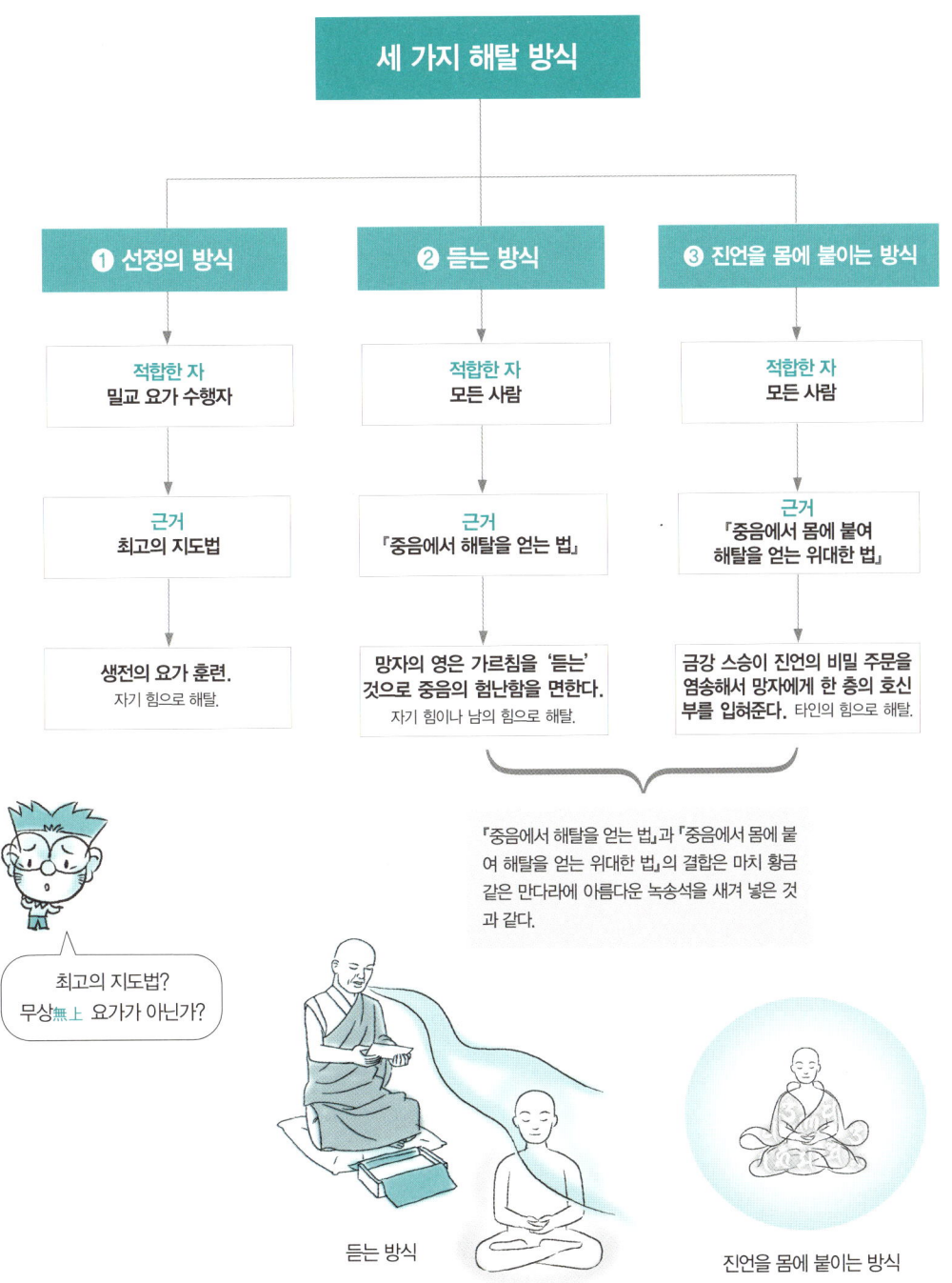

실상 중음 157

실상 중음	여덟째 날의 시험
13	# 대영광 헤루카 붓다아버지 붓다어머니의 현현

여덟째 날에 나타나는 두 명의 성스러운 존자는 대영광 헤루카와 대력분노 붓다어머니이다. 실상 중음의 이전 7일에 나타난 붓다들은 망자의 마음에서 떠오르는 것이고, 빛도 역시 마음속에서 발사하는 것이다. 하지만 여덟째 날부터 나타나기 시작한 붓다들은 두뇌를 통해 떠오르고 빛은 머리카락을 통해 발사한다.

여덟째 날의 환상 구조

현현하는 신들	대영광 헤루카 붓다아버지, 대력분노 大力忿怒 붓다어머니
망자의 영의 선택	❶ 대영광 헤루카의 본질을 체득하고 그와 하나가 되어서 성불을 이룬다. ❷ 신의 본질을 체득하질 못해서 아홉째 날의 시험에 들어간다.

여덟째 날에 나타나는 신들

헤루카 赫怒迦 는 『중음에서 해탈을 얻는 법』에서 붓다의 분노한 화신을 가리킨다. 헤루카는 일반적으로 분노한 모습을 관상하는 모든 존자들을 가리킨다. 헤루카의 외모적인 특징 때문에 '피를 마시는 자' 혹은 '피를 마시는 영웅'이라고 번역한다. 헤루카는 망자의 '두뇌'를 통해 떠오르는데, 명확하면서도 똑똑하게 망자 앞에 나타난다. 여덟째 날에 나타나는 것은 대영광 헤루카이다.

망자의 영이 대응하는 방법

❶ 망자의 영에게 마음을 집중해서 전심전력으로 생각하라고 청한다.

두려워하지 말고 겁내지도 말라. 그리고 미혹할 필요도 없다. 그들은 마음속에서 온 것임을 체험해 인식하라. 그들은 망자의 수호신이므로 두려워할 필요가 없다. 사실상 그들은 대일여래와 그의 반려자인 허공불모이니 두려워하지 말라. 그들을 알아보면 즉각 해탈을 얻으리라.

❷ 망자의 영이 이 글을 읽으면, 바로 그 대광영 헤루카 와 합일하면서 즉각 '붓다의 경지'를 얻는다.

❸ 만약 실패하면 해탈을 얻을 수 없다. 깊은 악업 때문에 두려워하면서 도망가면 신의 본질을 체험해 알 수 없다. 아홉째 날에는 금강부 金剛部 의 피를 마시는 분노의 붓다가 나타나서 망자를 인도한다.

헤루카 — 붓다의 분노한 화신

❶ 혁노가赫怒迦는 산스크리트어로 헤루카이다. 일반적으로 분노의 모습으로 관상하는 존자들을 가리킨다. 외모적인 특징 때문에 '피를 마시는 자' 혹은 '피를 마시는 영웅'이라고 번역한다.

❷ 『중음에서 해탈을 얻는 법』에서는 붓다의 분노한 화신을 가리킨다.

❸ 헤루카는 영혼의 '두뇌'를 통해 떠오르고 명확하고 똑똑하게 망자의 영 앞에 나타난다.

❹ 실상 중음의 여덟째 날에 나타나는 것은 대영광 헤루카이다. 머리가 셋이고 손이 여섯 개인데다 네 개의 다리로 떡 버티고 서서 붓다어머니를 껴안고 있다. 이는 적정 존자 대일여래 붓다아버지 붓다어머니의 쌍신상이 화해서 이루어진 것이다.

승락금강勝樂金剛이나 승락륜금강勝樂輪金剛 등 무상요가의 본존수호신은 밀교 발전의 후기에서는 헤루카로도 불린다. 그리고 적정寂靜의 얼굴을 한 다섯 방위 붓다 하나하나가 형상을 바꾸어서 다섯 명의 분노한 얼굴을 한 분노 존자가 되는데, 이 역시 헤루카로 본다.

실상 중음

대영광 헤루카와 5부 헤루카의 관계도

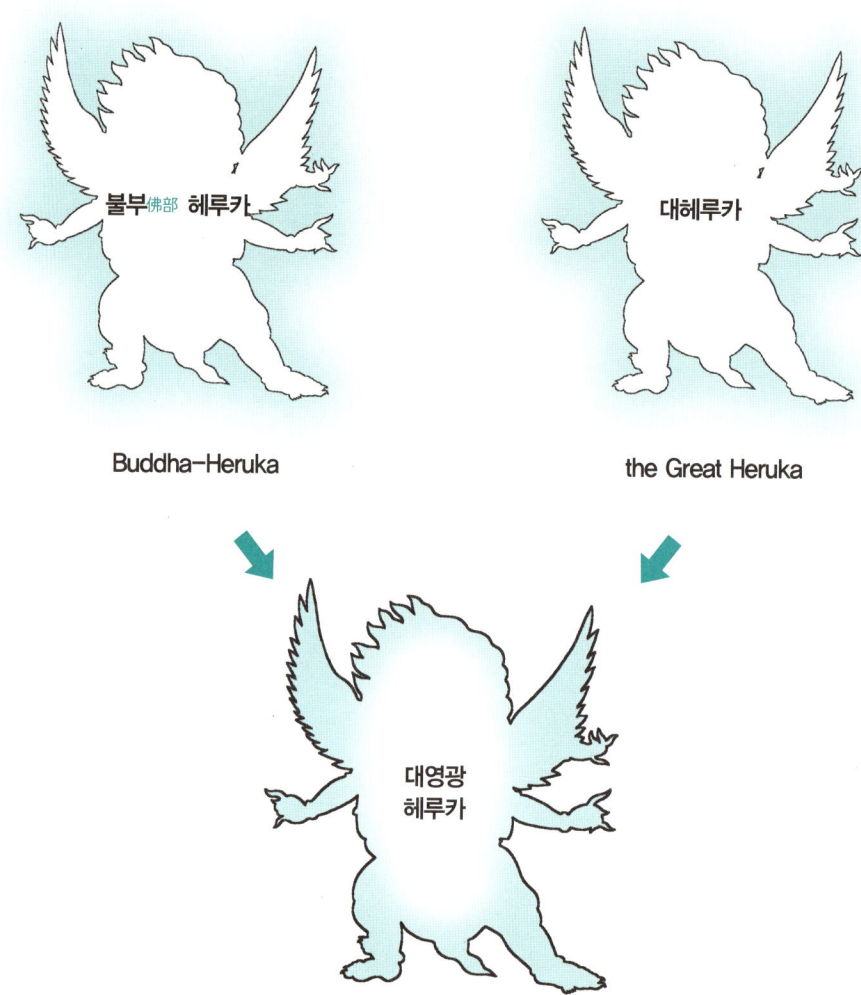

신역본에서는 대영광 헤루카를 불부의 헤루카와 대헤루카의 합체라고 설명하였다. 여기서 대헤루카는 모든 5부部 헤루카의 시작이다 불부佛部, 금강부金剛部, 보부寶部, 연화부蓮華部, 업부業部. 대헤루카의 위치는 '중음에서 가르침을 듣는 것으로 해탈을 얻는 분노 존자 탕카'의 중앙에 위치하고 있다. 그리고 불부 헤루카는 그 아래쪽에 있다. 이런 묘사에 따라, 탕카의 배치도에서 아직 대영광 헤루카는 그리지 않고 불부 헤루카와 대헤루카를 그렸음을 알 수 있다.

• **대영광 헤루카**

여덟째 날에 나타나는 대영광 헤루카의 쌍신상은 대일여래 붓다아버지와 붓다어머니가 화해서 이루어진 분노 존자이다. 일체가 망자의 영의 두뇌 중앙에서 투사되어 나온다.

산스크리트어
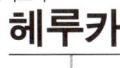

일반적으로 분노한 모습을 관상하는 존자들을 가리키는데, 음역해서 '혁노가赫怒迦'라고 한다.

특징

몸체
세 개의 머리와 여섯 개의 손, 네 개의 다리.

피부색
세 개의 얼굴은 각기 다른 피부색을 하고 있다. 오른쪽 얼굴은 흰색이고, 정면의 얼굴은 갈색이고, 왼쪽 얼굴은 붉은색이다. 티베트 불교의 여러 얼굴을 한 신들의 피부색은 일반적으로 정면의 얼굴색과 몸체의 주요 색깔과 같다. 헤루카를 예로 들면, 정면의 얼굴과 주요 몸체의 색상은 모두 갈색이다.

눈
붓다아버지는 강렬한 화염의 빛을 발산한다. 각 얼굴은 모두 3개의 눈을 갖고 있어, 전부 9개가 주시하고 있다.

눈썹과 치아
붓다아버지의 눈썹은 마치 우레처럼 반짝이고 치아는 칼날처럼 날카롭다.

소리
입으로는 우렁차게 "아라라"와 "하하" 하며 소리를 지르고 있고, 아울러 우렁차게 "쉬" 소리를 내고 있다.

머리카락
붓다아버지의 황금색과 붉은색이 합쳐진 머리카락은 모두 위로 휘날리고, 머리에는 마른 해골로 만든 관冠을 쓰고 있다. 관 위에는 해와 달의 무늬 장식이 있다. 몸에는 검은색의 꼬인 뱀으로 된 목걸이와 해골로 된 긴 목걸이를 하고 있다.

세 개의 오른쪽 팔
붓다아버지의 여섯 개 팔 중에서 첫 번째 손은 법륜을 들고 있고, 두 번째 손은 도끼를 들고 있고, 마지막 세 번째 손은 검을 들고 있다.

세 개의 왼쪽 팔
붓다아버지의 왼쪽 세 개의 손 중에서 첫 번째 손은 금강 방울을 들고 있고, 중간의 두 번째 손은 쟁기를 들고 있고, 마지막 세 번째 손은 두개골로 된 그릇을 들고 있다.

쌍수雙修의 형식
반려자인 붓다부의 대력분노 붓다어머니 붓다 크로디슈바리가 그를 껴안고 있다. 이는 밀교 특유의 쌍수 형식 중의 하나이다.

피를 마시는 동작
붓다어머니의 오른손은 붓다아버지의 목을 감고 있고, 왼손은 피를 담은 두개골 그릇을 받들어서 붓다아버지의 입으로 가져가고 있다. 붓다아버지는 천둥처럼 우렁찬 소리를 내고, 번개 같은 휘파람 소리를 내고 있다.

지혜의 청정한 빛을 발산
불꽃 같은 금강머리카락은 갑자기 불꽃 같은 지혜의 청정한 빛을 발산한다.

타고 있는 것
붓다아버지는 전투의 자세로 금시조金翅鳥, 가루다에 걸터앉아 있다.

실상 중음

실상 중음	아홉째 날의 시험
14	# 금강부 헤루카 붓다아버지 붓다어머니의 현현

실상 중음의 아홉째 날에 나타나는 주요 존자는 금강부金剛部 헤루카와 금강부 대력분노 붓다어머니이다.

아홉째 날의 환상 구조

현현하는 신들	금강부 헤루카 붓다아버지, 금강부 대력분노 붓다어머니.
망자의 영의 선택	❶ 금강 헤루카의 본질을 체득하고 그와 하나가 되어 성불을 이룬다. ❷ 신의 본질을 체험해 인식하지 못하면 열째 날의 시험에 들어간다.

아홉째 날에 나타나는 신들

아홉째 날에 망자의 영 앞에 나타나는 것은 금강부바즈라 계열의 피를 마시는 분노의 붓다로서 '금강부 헤루카바즈라 헤루카'라고 부른다. 이는 망자의 '두뇌' 동쪽에서 떠오르면서 망자의 영 앞에 나타난다. 신체의 주요 색깔은 어두운 푸른색이며, 세 개의 얼굴과 여섯 개의 팔을 하고 네 개의 다리를 벌리고 서 있다전투 자세라고 부르기도 한다. 세 개의 얼굴은 서로 다른 색인데, 오른쪽 얼굴은 흰색이고, 정면은 어두운 푸른색이며, 왼쪽 얼굴은 홍색이다.

망자의 영이 대응하는 방법

❶ 망자의 영에게 마음을 집중해서 전심전력으로 생각하라고 청한다.

두려워하지 말고 겁내지도 말라. 그리고 미혹할 필요도 없다. 그들은 마음속으로부터 온 것임을 체험해 인식하라. 그들은 그대의 본존수호신이므로 두려워할 필요가 없다. 사실상 그들은 성스러운 존자 금강살타와 그의 반려자인 불안 붓다어머니이니 두려워하지 말라. 그들을 알아보면 즉각 해탈을 얻으리라.

❷ 망자의 영이 위의 글을 읽으면, 바로 금강부 헤루카와 합일하면서 즉각 '보신'의 불과를 얻는다.

❸ 만약 실패하면 해탈을 얻을 수 없다. 깊은 악업 때문에 두려워하면서 도망가면 신의 본질을 체험해 알 수 없다. 열째 날에는 보부寶部의 피를 마시는 분노의 붓다가 나타나서 망자를 인도한다.

금강부 헤루카

아홉째 날에 나타나는 금강부 헤루카 쌍신상은 금강살타 아촉여래 붓다아버지 붓다어머니가 화해서 이루어진 분노 존자이다. 일체의 모든 것이 망자의 영의 두뇌 동쪽에서 투사되어 나온다.

특징

세 개의 오른쪽 팔
붓다아버지의 여섯 개 손 중에서 오른쪽 첫 번째 손은 금강저를 잡고 있고, 가운데 두 번째 손으로는 두개골 그릇을 들고, 마지막 세 번째 손에는 도끼를 들고 있다.

세 개의 왼쪽 팔
붓다아버지의 왼쪽 세 손 중에서 첫 번째 손은 금강 방울을 들고 있고, 가운데 두 번째 손은 두개골 그릇을 들고 있고, 마지막 세 번째 손은 쟁기를 들고 있다.

쌍수雙修의 형식
반려자인 금강부 대력분노 붓다어머니 바즈라 크로디슈바리가 그를 껴안고 있다.

피를 마시는 동작
붓다어머니의 오른손은 붓다아버지의 목을 휘어감고, 왼손은 피가 가득 담긴 두개골 그릇을 받들고서 붓다아버지의 입으로 가져가고 있다.

피를 마시다

헤루카는 밀교의 대역사大力士 라고 한다. 붓다는 헤루카의 형상으로 크나큰 분노의 행동을 나타내서 무명이나 무지를 꺾어버린다. 티베트에서는 그들을 '피를 마시는 금강'이라 하는데, 신선한 피는 생명의 윤회에 필수적인 에너지이며, 피를 마시는 것은 무명을 대표하는 생명의 신선한 피를 지혜로써 소모하는 것을 뜻한다.

실상 중음

15

열째 날의 시험

보부 헤루카 붓다아버지 붓다어머니의 현현

실상 중음의 열째 날에 나타나는 중요한 존자는 보부寶部 헤루카 붓다아버지와 보부 대력분노 붓다어머니이다.

열째 날의 환상 구조

현현하는 신들	보부 헤루카 붓다아버지, 보부 대력분노 붓다어머니.
망자의 영의 선택	❶ 보부 헤루카의 본질을 체득하고 그와 하나가 되어 성불을 이룬다. ❷ 신의 본질을 체험해 인식하지 못하면, 열하루째 날의 시험에 들어간다.

열째 날에 나타나는 신들

열째 날, 망자의 영 앞에 나타나는 것은 보부 라트나 계열의 피를 마시는 분노의 붓다로서 '보부 헤루카 라트나 헤루카'라고 부른다. 그는 망자의 '두뇌' 남쪽에서 떠올라 망자 앞에 나타난다. 주로 어두운 황색이며, 세 개의 얼굴과 여섯 개의 팔을 하고 네 개의 다리로 우뚝 서 있다. 세 개의 얼굴은 각기 다른 색을 갖고 있는데, 오른쪽 얼굴은 흰색이고, 가운데 정면의 얼굴은 선명하고 짙은 황색이고, 왼쪽 얼굴은 홍색이다.

망자의 영이 대응하는 방법

❶ 망자의 영에게 마음을 집중해서 전심전력으로 생각하라고 청한다.

두려워하지 말고 겁내지도 말라. 그리고 미혹할 필요도 없다. 그들은 마음속으로부터 온 것임을 체험해 인식하라. 그들은 그대의 본존수호신이므로 두려워할 필요가 없다. 사실상 그들은 성스러운 존자 보생여래와 그의 반려자인 붓다어머니 마마기이니 그들에게 기도하라. 그들을 알아보면 즉각 해탈을 얻으리라.

❷ 망자의 영이 위의 글을 읽으면, 보부 헤루카와 합일하면서 즉각 붓다의 경지를 얻는다.

❸ 만약 실패하면 해탈을 얻을 수 없다. 깊은 악업 때문에 두려워하면서 도망가면 신의 본질을 체험해 알 수 없다. 열하루째 날에는 연화부蓮華部의 피를 마시는 분노의 붓다가 나타나서 망자를 인도한다.

보부 헤루카

열째 날에 나타나는 보부 헤루카 쌍신상은 보생여래 붓다아버지 붓다어머니가 화해서 이루어진 분노 존자이다. 이 모든 것은 망자의 영 두뇌 남쪽에서 투사되어 나온다.

특징

세 개의 오른쪽 팔
붓다아버지의 여섯 개의 손에서 오른쪽의 첫 번째 손은 보배 구슬을 들고 있고 어떤 구슬인지 설명이 없으나 필경 마니주摩尼珠일 것이다, 가운데의 두 번째 손은 사람의 두개골이 달린 삼지창을 들고 있고, 마지막 세 번째 손은 몽둥이를 들고 있다.

세 개의 왼쪽 팔
붓다아버지의 왼쪽 세 개의 손 중에서 첫째 손은 금강 방울을 들고 있고, 가운데 두 번째 손은 두개골 그릇을 들고 있으며, 마지막 세 번째 손은 삼지창을 들고 있다.

쌍수의 형식
반려자인 보부 대력분노 붓다어머니 라트나 크로디슈바리가 그를 껴안고 있다.

피를 마시는 동작
붓다어머니의 오른손은 붓다아버지의 목을 휘어감고 있고, 왼손은 피가 가득 담긴 두개골 그릇을 받들고서 붓다아버지의 입으로 가져가고 있다.

두개골이 달린 삼지창

산스크리트어로는 카트방가이고, 음역하면 객장갈喀章嘎이다. 또한 금강고루장金剛骷髏杖이나 천장天杖 등으로도 불린다. 밀교의 중요한 법기이며, 특히 모부母部 탄트라 신들의 중요한 소지품이다. 꼭대기에는 세 개의 머리가 있는데, 그 중 하나는 해골이다. 세 개의 머리는 탐욕, 분노 및 무명을 상징한다. 가장 끝머리에는 어떤 경우엔 자비를 상징하는 금강저가 있으며, 어떤 경우에는 삼지창으로 요가의 신경계통인 중앙, 왼쪽, 오른쪽의 세 가지 맥을 상징하기도 한다.

실상 중음 165

실상 중음	열하루째 날의 시험

16 연화부 헤루카 붓다아버지 붓다어머니의 현현

실상 중음의 열하루째 날에 나타나는 성스러운 존자는 연화부 헤루카와 연화부 대력분노 붓다어머니이다. 망자의 영의 두뇌 서쪽에서 떠올라 나타난다.

열하루째 날의 환상 구조

현현하는 신들	연화부 헤루카 붓다아버지, 연화부 대력분노 붓다어머니.
망자의 영의 선택	❶ 연화부 헤루카의 본질을 체득하고 그와 하나가 되어 성불을 이룬다. ❷ 신의 본질을 인식하지 못하면 열둘째 날의 시험에 들어간다.

열하루째 날에 나타나는 신들

열하루째 날에 망자의 영 앞에 나타나는 것은 연화부 파드마계열의 피를 마시는 분노의 붓다로서 '연화부 헤루카 파드마헤루카'라고 부른다. 망자의 '두뇌' 서쪽에서 떠올라 망자의 영 앞에 나타난다. 주로 어두운 홍색이며, 세 개의 얼굴과 여섯 개의 팔을 하고 네 개의 다리로 우뚝 서 있다.

망자의 영이 대응하는 방법

❶ 망자의 영에게 마음을 집중해서 전심전력으로 생각하라고 청한다.

두려워하지 말고 겁내지도 말라. 그리고 미혹할 필요도 없다. 그들은 마음속으로부터 온 것임을 체험해 인식하라. 그들은 망자의 수호신이므로 두려워할 필요가 없다. 사실상 그들은 성스러운 존자 아미타불과 그의 반려자인 흰옷을 입은 붓다어머니이니, 그들에게 기도하라. 그대는 그들을 알아보면 즉각 해탈을 얻으리라.

❷ 망자의 영이 이 글을 읽으면, 연화부 헤루카가 자신의 수호신임을 인식하고, 바로 연화부 헤루카와 합일하면서 즉각 붓다의 경지를 얻는다.

❸ 만약 실패해서 해탈을 얻지 못하면 망자의 영은 열둘째 날에 들어갈 것이다. 그는 악업에 이끌리기 때문에 두려워하면서 도망간다. 그래서 그의 본질을 체험해 인식하지 못하면, 열둘째 날에는 업부 카르마계열의 피를 마시는 분노의 붓다가 나타날 것이고, 그 다음 열셋째 날에는 또한 추운 숲의 여신 가우리 高麗 여신, 시체를 먹는 여신 피사치 琵薩希 여신과 요가 여인이 와서 망자를 인도한다.

연화부 헤루카

열하루째 날에 나타나는 연화부 헤루카의 쌍신상은 아미타불과 그 반려자가 화해서 이루어진 분노 존자이다. 이 모든 것은 망자의 영 두뇌 서쪽에서 투사되어 나온다.

특징

세 개의 오른쪽 팔
붓다아버지의 여섯 개 손 중에서 오른쪽의 첫 번째 손은 연꽃을, 가운데의 두 번째 손은 세 개의 사람 머리를 꿴 삼지창을, 마지막 세 번째 손은 몽둥이를 들고 있다.

세 개의 왼쪽 팔
붓다아버지의 왼쪽 손 세 개 중에서 첫 번째 손은 금강 방울을 들고 있고, 가운데의 두 번째 손은 피가 가득 담긴 두개골 그릇을, 마지막 세 번째 손은 작은 북을 들고 있다.

쌍수의 형식
반려자인 연화부 대력분노 붓다어머니 파드마 크로다슈바리가 그를 껴안고 있다.

피를 마시는 동작
붓다어머니의 오른손은 붓다아버지의 목을 휘어감고 왼손은 피가 가득 담긴 두개골 그릇을 받들고서 붓다아버지의 입으로 가져가고 있다.

전투 자세

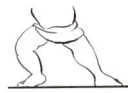

『중음에서 해탈을 얻는 법』에서는 산스크리트어의 전투 자세라는 용어를 사용하지 않았지만, 글에서 묘사한 동작은 응당 전투 자세이다. 어떤 경우엔 벌린 자세로 번역하기도 하였다. 두 다리로 서 있지만 한쪽 다리는 큰 발을 내디딘 자세로서 마치 싸움터로 가는 것 같기 때문에 전투 자세라고 하였다. 산스크리트어에서는 왼쪽으로 한 발 벌림 프라탈리다과 오른쪽으로 한 발 벌림 알리다이 다른 용어이지만, 두 자세 모두 강력한 전투의 기세가 있다.

실상 중음	열둘째 날의 시험

17 업부 헤루카 붓다아버지 붓다어머니의 현현

실상 중음의 열둘째 날에 나타나는 성스러운 존자는 업부業部 헤루카와 업부 대력분노 붓다어머니이다. 망자의 영 두뇌 북쪽에서 떠올라 나타난다.

열둘째 날의 환상 구조

현현하는 신들	업부 헤루카 붓다아버지, 업부 대력분노 붓다어머니.
망자의 영의 선택	❶ 업부 헤루카의 본질을 체득하고 그와 하나가 되어 성불을 이룬다. ❷ 신의 본질을 인식하지 못하면 열셋째 날의 시험에 들어간다.

열둘째 날에 나타나는 신들

열둘째 날에 망자의 영 앞에 나타나는 신은 업부카르마 계열의 피를 마시는 분노 존자로서 '업부 헤루카카르마 헤루카'라고 부른다. 망자의 '두뇌' 북쪽에서 떠올라 망자 앞에 나타난다. 어두운 녹색이며, 세 개의 머리와 여섯 개의 팔을 하고 네 개의 다리로 우뚝 서 있다. 세 개의 얼굴은 각기 피부색이 다른데, 오른쪽 얼굴은 흰색이고, 정면의 얼굴은 어두운 녹색이며, 왼쪽 얼굴은 홍색이다.

망자의 영이 대응하는 방법

❶ 망자의 영에게 마음을 집중해서 전심전력으로 생각하라고 청한다.

두려워하지 말고 겁내지도 말라. 그리고 미혹할 필요도 없다. 그들은 마음속으로부터 온 것임을 체험해 인식하라. 그들은 그대의 본존 수호신이므로 두려워할 필요가 없다. 사실상 그들은 성스러운 존자 불공성취불과 그의 반려자인 정신도 붓다어머니이니, 그대는 그들에게 기도하라. 그들을 알아보면 즉각 해탈을 얻으리라.

❷ 망자의 영이 위의 글을 읽으면, 업부 헤루카가 자신의 수호신임을 인식하고, 바로 그와 합일하면서 즉각 붓다의 경지를 얻는다.

❸ 만약 실패하면 해탈을 얻지 못한다. 그는 악업에 이끌리기 때문에 두려워하면서 도망간다. 그래서 그의 본질을 체험해 인식하지 못하면, 열셋째 날에는 분노 존자와 시체를 먹는 여신이 와서 망자를 인도한다.

업부 헤루카

열둘째 날에 나타난 업부 헤루카 쌍신상은 불공성취 붓다와 그 반려자가 화해서 이루어진 분노 존자이다. 이 모든 것은 망자의 두뇌 북쪽에서 투사되어 나온다.

특징

세 개의 오른쪽 팔
붓다아버지의 여섯 개 팔 중에서 오른쪽 첫 번째 손은 검을 잡고 있고, 중간의 두 번째 손은 사람의 두개골 세 개를 엮은 삼지창을, 마지막 세 번째 손은 몽둥이를 들고 있다.

세 개의 왼쪽 팔
붓다아버지의 세 개의 왼쪽 손 중에서 첫 번째 손은 금강 방울을, 중간의 두 번째 손은 사람의 두개골 그릇을, 마지막 세 번째 손은 쟁기를 들고 있다.

쌍수의 형식
반려자인 업부 대력분노 붓다어머니 카르마 크로디슈바리가 그를 껴안고 있다.

피를 마시는 동작
붓다어머니의 오른손은 붓다아버지의 목을 휘어감고 있고, 왼손은 피가 가득 담긴 두개골 그릇을 받들고서 붓다아버지의 입으로 가져가고 있다.

이들이 그대 자신의 환영임을 분명히 알라

스승의 가르침에 따라 망자의 영은 이들이 자신의 심지心智 활동이 투사해서 낳은 환영임을 명백히 깨닫는다. 이는 마치 박제된 사자의 표본을 보는 것과 같다. 만약 그것이 **표본에 불과하다는 사실**을 모르면 반드시 놀라게 되지만 누가 그 실상을 알려주면 더 이상 무서워하지 않는다. 마찬가지로 망자가 피를 마시는 신들의 거대한 몸집과 건장한 사지가 앞에 나타나는 것을 보고, 동시에 그 팔다리가 우주 전체를 차지하는 것을 보면 당연히 두려울 것이다.

하지만 이 모든 것이 단지 자신의 마음에서 투사되어서 나온 환영에 불과함을 알 수 있다면, 그리하여 그들이 자신의 수호신임을 인식한다면, 그 전에 '**관상을 통해서**' 생긴 청정한 빛과 '**함께 새로 생겨난**俱生 : 저절로 생겨난' 청정한 빛이 뒤따라 상승할 것이다. 마치 어머니와 자식의 상봉처럼, 마치 익숙한 사람과의 만남처럼 일종의 자기 해탈의 청정한 빛이 망자의 면전에 올라오고 그 순간 망자는 저절로 자기해탈을 얻는다.

분노 존자들과 적정 존자들의 배치도

티베트 불교에서 그리는 탕카에서 헤루카는 붓다의 분노 존자이다. 죽음의 여정 중 실상 중음에서 나타나는 헤루카는 다섯 방위 붓다부部의 분노한 화신이다. 여덟째 날부터 열둘째 날까지 나타나는 다섯 명의 헤루카는 바로 첫째 날부터 여섯째 날까지 나타나는 다섯 방위 붓다와 대응된다.

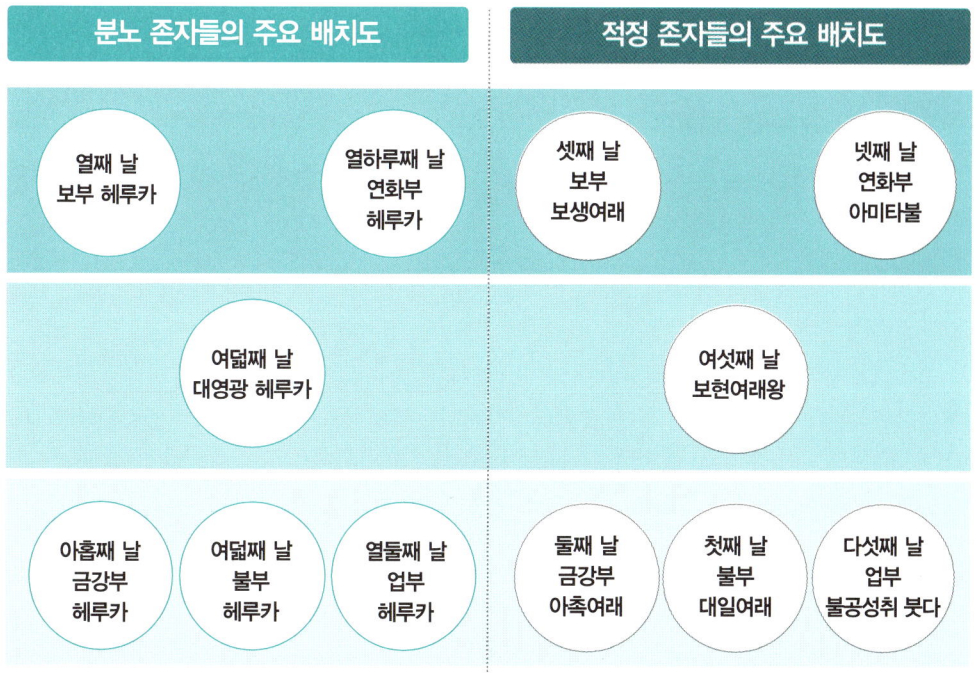

그림에서 대헤루카와 불부 헤루카의 합체는 바로 여덟째 날에 나타나는 대영광 헤루카이다. 상세한 설명은 앞의 160쪽을 참조하라.

그림의 중앙에 표시되어 있는 적정 존자의 여섯째 날 배치는 보현여래왕인데, 다른 수행법의 의궤儀軌에 따르면 금강살타를 배치할 수도 있다. 보현여래왕과 금강살타 두 분은 모두 본초불로서 자비와 지혜가 결합한 서로 다른 수행 상태를 대표한다. 상세한 설명은 76~77쪽을 참조하라.

실상 중음	열셋째 날의 시험
18	# 공포의 분노 여신을 만나다

앞서의 가르침에도 불구하고 진정으로 깨닫지 못했다면, 선량한 사람이라 해도 윤회의 길에서 계속 방황할 것이다. 다가오는 열셋째 날에는 여덟 명의 분노의 모습을 한 가우리 여신과 여덟 명의 피사치 여신들이 갖가지 형태의 머리 모양을 하고 망자의 두뇌로부터 나와 앞에 나타난다.

열셋째 날의 환상 구조

현현하는 신들	분노의 모습을 한 여덟 명의 가우리 여신과 여덟 명의 피사치 여신.
망자의 영의 선택	❶ 모두 망자의 의식활동에서 투사되어 나온 것임을 체험해 인식해야 한다. ❷ 신의 본질을 체험해 인식하지 못하면 열넷째 날의 시험에 들어간다.

열셋째 날에 나타나는 신들

여덟 명의 분노의 모습을 한 가우리 여신과 여덟 명의 피사치 여신은 망자의 두뇌로부터 발하여 망자의 면전에 나타난다.

　추운 숲의 여신 가우리 Gauri는 한역하면 고려高麗인데 흰색이라는 뜻이다. 본래는 힌두교 시바신濕婆神의 반려자로서 '물소 여인水牛女 : 시바가 타는 것이 물소이기 때문이다'이라고 부른다. 가우리 여신을 티베트에서는 케우리마 Keurima라고 부르는데, 중국어 구역본에서는 개마려凱瑪麗로 번역하였다. 가우리 여신은 추운 숲에서 거주하기 때문에 '추운 숲의 여신寒林女神'이라고 한다. 추운 숲은 공포스럽고 두려운 세계라서 죽음에 대한 관념이 충만하다. 시체를 먹는 여신 피사치는 한역하면 비살희琵薩希이다. 인도의 성전『베다』에서 나오는 악귀惡鬼로서 티베트에서는 프라멘마 Phramenma라고 한다. 이 두 명의 인도 고대 여신이 티베트에 와서는『중음에서 해탈을 얻는 법』에서 분노의 모습을 한 여신으로 등장한다.

망자의 영이 대응하는 방법

여덟 명의 가우리 여신은 여덟 개의 방향에서 오고 다섯 명의 피를 마시는 헤루카를 둘러싸고 있다. 이는 망자의 두뇌에서 망자 앞에 나타난다. 그러니 두려워하지 말라.

　이어서 여덟 명의 동물의 머리와 사람의 몸을 한 피사치 여신이 나타나는데, 그녀들은 성스럽고 순결한 신비의 공간으로부터 오고 다섯 명의 피를 마시는 헤루카를 둘러싸고 있다. 역시 망자의 두뇌에서 발하여 망자 앞에 나타난다. 그녀들이 모두 망자의 의식 활동에서 투사되어 나온 환영임을 명백히 알라.

가우리 여신과 피사치 여신의 기원

열셋째 날에 여덟 명의 분노의 모습을 한 가우리 여신과 여덟 명의 피사치 여신이 나타나는데, 망자의 두뇌에서 발나와 망자의 면전에 나타난다. 추운 숲의 여신인 가우리는 본래 시바신의 반려자이고, 시신을 먹는 피사치는 고대 인도의 경전인 『베다』에 나오는 악귀이다. 두 명의 인도 고대의 여성 신이 티베트에 오자 『중음에서 해탈을 얻는 법』에서 분노의 모습을 한 여신으로 변하였다.

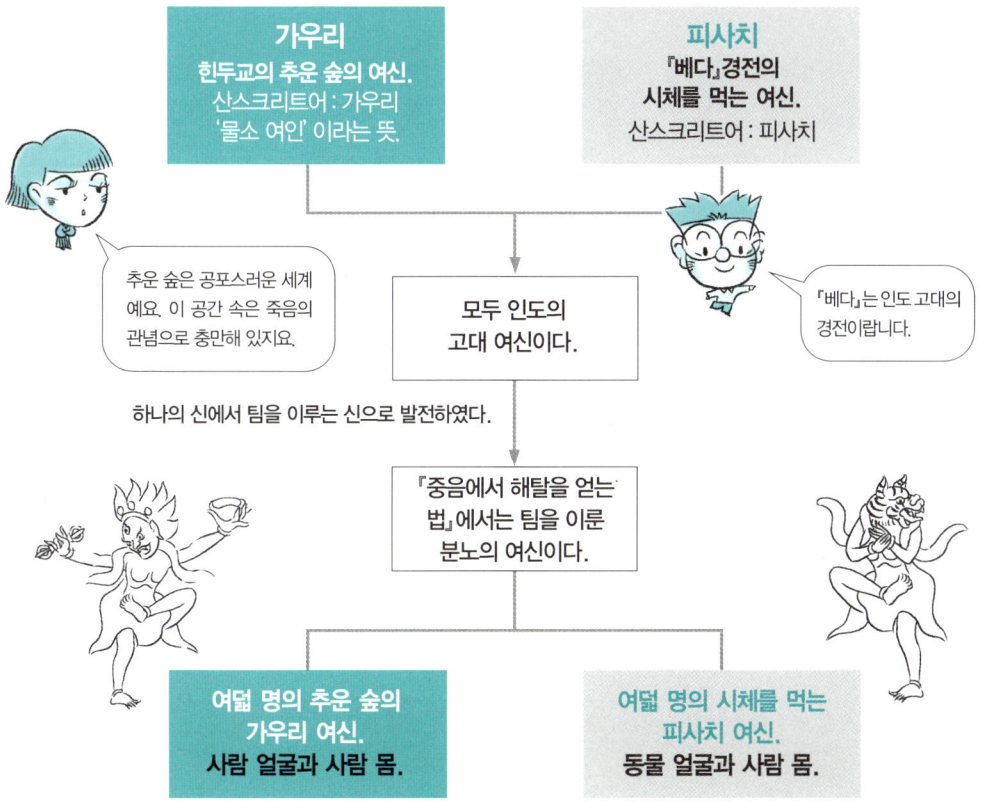

가우리 여신과 피사치 여신의 번역 명칭

가우리는 산스크리트어로 뜻은 흰색이다. 그녀는 힌두교의 파괴의 신 시바의 아내 중 하나로서 '물소 여인'이라 칭하기도 한다. 시바가 타는 것이 물소이다. 티베트에서는 케우리마로 부른다.

피사치 여신도 산스크리트어이다. 그녀는 원래 인도의 『베다』에 나오는 악귀로 티베트에서는 프라멘마라고 칭한다.

가우리 여신

여덟 명의 분노의 모습을 한 가우리 여신이 망자의 두뇌로부터 나와 그의 면전에 나타난다.

북서쪽

담황색의 찬달리 여신.

시체에서 머리를 떼어내서 오른손으로는 심장을 들고 있고 왼손으로는 시체를 입 속으로 가져가고 있다. 추운 숲의 여신이다.

북쪽

검은색의 베탈리 여신.

금강저와 사람의 두개골 그릇을 들고 있다. 귀녀鬼女이다.

북동쪽

검은색의 스마사니 여신.

시체에서 머리를 떼어내서 먹고 있다. 시체 숲의 여신이다.

서쪽

홍색의 프라모하 여신.

바다 괴물 코끼리 머리와 고래 몸을 한 기이한 동물. 미혹과 혼란의 여신이다.

대뇌에서 시작된다.

동쪽

흰색의 가우리 여신.

오른손으로는 시체를 몽둥이처럼 들고 있고, 왼손으로는 사람의 두개골 그릇을 들고 있다. 물소의 여신이다.

남서쪽

어두운 녹색의 가스마리 여신.

오른손은 금강저를 들고 휘젓고 있으며, 왼손은 피가 가득 담긴 두개골 그릇을 들고 있다. 많이 먹는 여신이다.

남쪽

황색의 가우리 여신.

활을 들고 화살을 쏜다. 도적의 여신이다.

남동쪽

주황색의 푸카시 여신.

오른손에 창자를 들고 있고, 왼손으로는 그것을 입으로 가져간다. 사냥꾼의 여신이다.

피사치 여신

여덟 명의 피사치 여신이 망자의 두뇌에서 나와 그 앞에 나타난다. 여덟 명 모두 동물의 머리와 사람의 몸을 갖고 있는데 피부색은 같지 않다. 그 중 네 명의 얼굴은 초원을 달리는 네 발 달린 맹수이고, 나머지 네 명은 하늘을 나는 조류이다.

북서쪽

검은색의 까마귀 머리 카카무카 여신.

왼손으로는 두개골 그릇을 들고 오른손으로는 칼을 잡은 채 심장과 폐를 먹고 있다.

북쪽

검푸른 색의 늑대 머리 슈바나무카 여신.

양손으로 시체의 머리를 잡고서 입으로 가져가고 있다. 두 눈은 앞을 뚫어지게 보고 있다.

북동쪽

검푸른 색의 부엉이 머리 우루무카 여신.

왼손으로는 검을 들고 오른손으로는 금강저를 든 채 음식을 먹고 있다.

서쪽

검은색의 여우 머리 슈갈라무카 여신.

오른손으로는 칼을 들고 왼손으로는 창자를 잡은 채 피를 핥으며 씹고 있다.

대뇌에서 시작된다.

동쪽

자홍색의 사자 머리 신하무카 여신.

입으로는 시체의 머리를 물고 끊임없이 갈기를 흔들고 있다.

남서쪽

검붉은 색의 대머리 송골매 머리 칸카무카 여신.

어깨에 시체의 가죽을 걸치고 있다.

남쪽

붉은색의 호랑이 머리 비야그리무카 여신.

팔짱을 끼고, 튀어나온 눈을 부라리고 있으며, 동시에 이를 드러내고 입을 일그러뜨리고 있다.

남동쪽

노란색의 대머리 독수리 머리 그드라무카 여신.

어깨에 거대한 인간 시체를 메고 있고, 손에는 해골을 들고 있다.

실상 중음

실상 중음	열넷째 날의 시험
19	# 동물 머리의 여신들이 그대를 싸고 둥글게 돈다

> 열넷째 날에는 네 명의 동물 머리를 한 문지기 여신과 28명의 요가 여인이 나타난다. 그녀들은 동물 머리와 사람 몸을 하고 피부색이 다른데다 저마다 다른 상징물을 지닌 요가 여인인데, 모두 망자의 의식 활동에서 투사되어 나온 형상이다.

열넷째 날의 환상 구조

현현하는 신들	네 명의 동물 머리와 사람 몸을 가진 문지기 여신, 28명의 동물 머리를 한 요가 여인.
망자의 선택	❶ 모두 망자의 의식 활동에서 투사되어 나온 환영임을 인식해야 한다. ❷ 신의 본질을 체험해 인식하지 못하면 열넷째 날의 시험에 들어간다.

열넷째 날에 나타나는 신들

· 네 명의 동물 머리와 사람 몸을 한 문지기 여신 네 명은 헤루카 일족에 속한다

먼저 네 명의 동물 머리와 사람 몸을 한 문지기 여신은 망자의 두뇌에서 나와 그대의 면전에 나타난다. 그러니 두려워하지 말라! 그들이 망자의 수호신임을 똑바로 알라.

· 28명의 요가 여인.

뒤이어 28명의 요가 여인이 순차적으로 망자 앞에 나타나는데, 그녀들도 역시 헤루카의 분노한 형상이다. 동물 머리와 사람 몸을 하고 피부색이 다른데다 저마다 들고 있는 상징물도 다른 한 무리의 요가 여인들이니, 두려워하지 말라. 그녀들이 망자의 의식 활동에서 투사되어 나온 환영임을 명백히 알라. 지금 결정적인 시각에 진입하려 하니, 스승의 가르침을 명심하라.

간곡한 부탁

방대하고 공포스러운 분노 존자가 잇달아 나타나는데 한 순간도 숨 돌릴 사이가 없다. 망자의 영은 거대한 공포 속에서 심식心識을 흐트러뜨리기 쉽다. 스승이 곁에서 간곡히 부탁하는 것은 망자의 영이 이 모든 것이 자신의 의식 활동에서 나온 환영임을 깨닫게 하기 위해서이다.

부탁 1 적정 존자, 분노 존자, 적분 존자를 명백히 알아보라.

이 28명의 요가 여인은 모두 망자의 영의 심지心智 활동에서 투사되어 나온 헤루카의 분노한 형상이므로 반드시 그녀들을 알아보아야 한다.

동물 머리를 한 4명의 문지기 여신

실상 중음의 마지막 날은 열넷째 날인데, 먼저 동물 머리를 한 네 명의 문지기 여신이 나타난다. 그녀들은 동물 머리와 사람 몸을 하고 다른 피부색을 갖고 있으면서 저마다 다른 상징물을 들고 있는 요가 여인이니, 망자의 영은 절대로 두려워하지 말라! 그녀들이 자신의 두뇌에서 투사되어 나온 형상임을 명백히 알아야 한다.

북쪽
뱀 머리의 간타 여신

녹색의 몸, 손에는 금강 방울을 들고 있다.

서쪽
사자 머리의 셰른칼라 여신

홍색의 몸, 손에는 쇠사슬을 들고 있다.

대뇌에서 시작한다.

동쪽
호랑이 머리의 안쿠사 여신

백색의 몸, 손에는 찌르는 곤봉과 피가 담긴 두개골.

남쪽
돼지 머리의 파사 여신

황색의 몸, 손에는 올가미를 들고 있다.

28명의 요가 여인

늑대 머리의 바유데비 여신
푸른색 몸, 깃발을 휘두르며 춤을 춘다.

물소 머리의 나리 여신
홍색의 몸, 뾰족한 막대를 들고 있다.

암퇘지 머리의 바라히 여신
흑색의 몸, 뾰족한 어금니를 꿰어서 만든 올가미를 들고 있다.

대머리독수리 머리의 바크샤시 여신
어두운 녹색의 몸, 몽둥이를 들고 있다.

열넷째 날 마지막에 나타나는 방대한 진용은 28명의 요가 여신이다. 동물의 머리에 사람의 몸이며 피부색도 다른데, 저마다 서로 다른 상징물을 들고 있다. 요가 여신은 대력大力 여신으로 칭하기도 한다. 대부분의 요가 여신은 원래 힌두교의 여신이지만, 나중에 불교에 흡수된다.

말 머리의 라티 여신
홍색의 몸, 커다란 시체 머리와 몸을 들고 있다.

금시조 머리의 마하발라 여신
백색의 몸, 몽둥이를 들고 있다.

개의 머리의 락샤시 여신
홍색의 몸, 금강 도끼를 들고 있다.

서쪽

사자 머리를 한 홍색의 금강바즈라 여신
손에는 쇠사슬을 들고 있다.
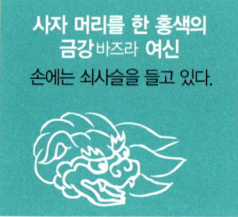

후투티 머리의 카마 여신
홍색의 몸, 활을 들고 화살을 쏘고 있다.

사슴 머리의 바수라크샤 여신
어두운 녹색의 몸, 꽃병을 들고 있다.

박쥐 머리의 바즈라 여신
황색의 몸, 면도칼을 잡고 있다.

바다동물 머리의 샨티 여신
홍색의 몸, 병을 들고 있다.

전갈 머리의 암리타 여신
홍색의 몸, 연꽃을 들고 있다.

까마귀 머리의 바즈라 여신
홍색의 몸, 어린이의 가죽을 들고 있다.

코끼리 머리의 마하하슈티니 여신
어두운 녹색의 몸, 시체 머리를 들고 있다.

뱀 머리의 바루나데비 여신
푸른색의 몸, 뱀으로 만든 올가미를 들고 있다.

음, 이건 정말 최초로 중음신 탕카의 의궤 儀軌로군요. 제작한 화가에게 감사를 드려야겠어요!

들소 머리의 락샤시 여신
자홍색의 몸, 금강저를 들고 있다.

북쪽
뱀 머리를 한 녹색의 바즈라 여신
손에는 금강 방울을 들고 있다.

보세요! 저는 당신들을 무서워하지 않아요. 왜냐하면 진작부터 당신들을 알기 때문이죠!

뱀 머리의 브라흐미 여신
주황색의 몸, 연꽃을 들고 있다.

표범 머리의 마하데비 여신
어두운 녹색의 몸, 삼지창을 들고 있다.

두견새의 머리를 한 백색 금강바즈라 여신
손에는 쇠갈고리를 들고 있다.

동쪽
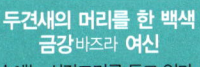
대뇌에서 나온다.

족제비 머리의 로바 여신
푸른색의 몸, 법륜을 들고 있다.

양 머리를 한 황색의 바즈라 여신
손에는 올가미를 들고 있다.

곰 머리의 쿠마리 여신
홍색 몸에 황색 머리, 짧은 창을 들고 있다.

남쪽

곰 머리의 인드라니 여신
백색 몸에 갈색 머리, 내장 內臟으로 만든 올가미를 들고 있다.

송골매 머리의 찬드라 여신
백색의 몸, 금강을 들고 있다.

여우 머리의 가다 여신
어두운 녹색의 몸, 몽둥이를 들고 있다.

호랑이 머리의 락샤시 여신
어두운 황색의 몸, 피가 담긴 두개골 그릇을 들고 있다.

"존귀한 아무개여, 법신은 적정 존자들의 모습으로 일부의 공성空性으로부터 나타난 것이니, 그들을 체험해 인식하라. 보신은 분노 존자들의 모습으로 일부의 청정한 빛으로부터 나타난 것이니 그들을 체험해 인식하라. 이 순간 58명의 피 마시는 존자들이 망자의 영의 두뇌를 통해 떠올라 망자의 면전에 나타난다. 그들은 모두 망자의 영 자신의 빛나는 의식으로부터 올라오는 것이니, 이 점을 명확히 알면 즉각 피 마시는 신들과 일체가 되어서 분할할 수 없는 불과佛果의 경계에 도달한다."

부탁 2 하늘에 방대한 몸이 꽉 차 있을 때 두려워하지 말라!

"존귀한 아무개여, 이때 그대가 알아보지 못하면, 그대는 두려움에 질려서 도망가려고 한다. 이 순간 그대가 알아보지 못하면, 그대는 피 마시는 존자들을 염라대왕으로 알고 도망가려고 한다. 그대는 두려움에 질리고 미혹에 빠지면서 나약해질 것이다. 그대 자신의 심령에서 투사되어 나온 영상이 사악한 마귀로 변하면서 방황하는 윤회의 길로 떨어질 것이다. 그러나 유혹을 당하지 않고 두려워하지 않으면, 그대는 방황하는 윤회의 길로 떨어지지 않을 것이다. 실상 중음의 세계에서 적정 존자의 모습과 분노 존자의 모습은 거대한 몸집을 갖추고 있는데, 가장 큰 몸은 허공 전체를 꽉 채우고, 중간 크기의 몸은 **수미산처럼 크고**, 작은 몸이라 해도 **보통 사람의 열여덟 배**이다. 두려워하지 말라! 모든 현상은 빛의 그림자와 형상의 방식으로 나타나는데, 일체가 자기 내면의 본성을 통해 발산된 광휘光輝임을 체험해 인식하라. 그대가 이를 명백히 알 수만 있다면, 자신의 광휘가 모든 빛의 그림자와 영상과 일체로 합일하여서 불과佛果를 증득하리라."

부탁 3 완벽한 찰나 사이의 원만한 깨달음

"존귀한 아무개여, 그대가 보는 광경이 아무리 공포스럽다 해도, 자신의 심지心智 활동이 투사해서 낳은 환영임을 분명히 알아야 한다. 이 빛이 자기 심령의 본질적 광휘임을 체험해 인식하라. 그대가 이 모든 것을 체험해 인식할 수만 있다면, 털끝만한 의심도 없이 즉각 불과를 증득할 수 있다. 이것이 바로 이른바 '찰나 사이의 원만한 깨달음perfect instantaneous enlightenment'이니 가슴속에 새겨두라."

부탁 4 대흑천과 염라법왕이 나타난다.

"존귀한 아무개여, 그대가 이 모든 것을 알아보지 못하는 동시에 공포에 질려 있다면, 모든 적정 존자들이 대흑천大黑天, Mahakala의 형상으로 나타나고, 모든 분노 존자들이 염라법

● 마지막 날의 특별한 부탁

부탁 1 **적정 존자, 분노 존자, 적분 존자를 명백히 알아보라.**

적정 존자

적분 존자

분노 존자

부탁 2 **거대한 몸을 보아도 두려워하지 말라.**

실상 중음의 세계에서 적정 존자와 분노 존자들은 그 형체가 아주 거대하다. 가장 큰 몸은 우주를 가득 채우고, 중간 크기의 몸은 수미산만 큼 크고, 작은 몸도 일반인의 몸보다 18배나 크다.

왕閻羅法王, Yama의 형상으로 나타난다. 그대가 윤회의 길에서 헤매고 있다면, 마음속으로부터 투사되어 나온 형상도 모두 마귀로 변한다."

부탁 5 하나의 비법이나 한마디 비결을 기억하라.

"존귀한 아무개여, 그대가 이 모든 것이 마음속으로부터 투사되어 나온 광경임을 깨닫지 못하면, 설사 불법에 대한 수련이 깊거나 모든 현교顯敎와 밀교 경전들을 숙달했다 해도 불과를 증득할 수는 없다. 하지만 그대가 그중 **하나의 비법**이나 **한마디의 비결**을 기억할 수 있어서 일체의 광경이 마음의 투사라고 생각한다면, 바로 불과를 증득할 수 있으리라."

부탁 6 염라법왕이 '업행기록부'를 들고 와서 괴롭힐 것이다.

"망자가 실상 중음을 거치면서도 모습相狀이 자기 식識의 환영으로 이루어진 것임을 깨닫지 못하면, 명부를 주재하는 염마閻魔의 옥졸들이 바로 앞에 나타날 것이다. 그들 중 가장 큰 자의 모습은 키가 하늘가에 이르고, 그 다음 모습은 수미산만 하고, 가장 작은 모습도 인체를 열여덟 개 포개놓은 높이와 같은데, 그 숫자는 우주에 충만하다. 그들이 올 때의 모습은 이를 갈고 입술을 뒤트는 데다 두 눈은 섬광처럼 번쩍이며, 배는 거대하고 허리는 가는 데다 머리칼을 묶어서 정수리에 동여매고 있다. 또 손으로는 선업과 악업을 기록한 장부를 들고서 스스로 입에서 '쳐라', '죽여라' 라는 소리를 낸다. 뇌수를 빨고 피를 마시며, 시체를 찢어버리면서 그 수급首級을 취하고 다시 그의 심장을 파내는데, 이들은 벌떼처럼 쇄도해서 공간을 꽉 채운다."

망자의 영이 대응하는 방법

❶ 망자의 영에게 나타나는 모든 존자들을 두려워하지 말고 그들이 그대의 본존수호신임을 체험해 인식하라고 청하라.

"존귀하신 붓다의 후예여, 이처럼 환영의 모습이 나올 때 겁내지도 말고 두려워하지도 말라. 그대가 지금 갖고 있는 몸은 숙업宿業에 감응된 '뜻으로 생긴 몸體'이기 때문에 설사 자르고 죽일지라도 멸하여 없앨 수 없다. 그대 몸體의 성품은 비어 있어서 두려워할 필요가 없다. 염마의 옥졸도 그대 자신의 식識이 변환變幻해서 이루어진 것이라서 **털끝 만한 실체도 없다. 비어 있음**空**이 비어 있음을 물리친다는 것은 있을 수 없다.** 그대 식識으로 이루어진 환영의 모습 말고는 안락 존자, 분노 존자, 피를 마시는 존자, 다른 종류의 머리를 한 신들, 무지갯빛의 테두리, 염마의 악한 모습은 다 실체가 없으니 의심할 필요가 없다. 이렇게 깨달으

• 마지막 날의 특별한 부탁

부탁 3 **완벽한 찰나 사이의 원만한 깨달음.**

아무리 공포스러운 광경을 만나도 모든 것은 망자의 의식 활동에서 나온 환영이다. 이 빛이 자신의 마음에서 온 본질적 광휘임을 인식하면, 이것이 바로 '찰나 사이의 깨달음'이다. 마음에 새겨둔다.

부탁 4 **대흑천과 염마법왕이 나타난다.**

모든 적정 존자들은 대흑천의 형상으로 나타나고 모든 분노 존자들은 염마법왕의 형상으로 나타난다.

모든 적정 존자 →

← 모든 분노 존자

대흑천
산스크리트어로는 마하칼라이다. 원래 고대 인도의 군신軍神이나 전신戰神으로서 시바의 화신 중 하나이다. 대흑천은 티베트에서는 아주 중요한 호법이다. 일설에는 문수보살과 관음보살이 손을 잡고 항복시킨 한 명의 신이라고 하지만, 관세음보살이 분노한 모습이라는 설도 있다.

염라법왕
산스크리트어로는 야마, 즉 염마천으로서 지옥계를 통치하고 있다. 전설에 의하면 티베트를 학대하였다고 하는데, 나중에 문수보살에게 항복하고 티베트의 호법이 되었다. 그 후에는 티베트 사람들의 생사와 육도윤회를 담당하였다.

실상 중음 183

면 두려움이 저절로 소멸될 것이고, 그들과 합체合體하면 불과를 저절로 증득할 것이다."

❷ **현현한 존자들에게 중음의 위험한 여정에서 그대를 맞이해 인도해달라고 일심으로 기도한다.**

망자의 영은 중음의 위험한 여정에서 자신을 맞이해 인도해달라고 존자들에게 일심으로 기도해야 한다. 그들의 보호하에서 삼보를 억념憶念하길 기원하고, 자기의 본존수호신을 억념하고 그의 명호名號를 부르면서 간절히 이렇게 기도한다.

"중음 사이에서 방황하는 저를 건져 벗어나게 하소서. 자비를 베풀어 나를 붙들어 주소서 진귀한 본존수호신이여!"

❸ **구루의 명호를 부르면서 정성껏 기도한다.**

뒤이어 구루의 명호를 부르면서 정성껏 다음과 같이 기도한다.

"무명無明의 어둠에 휩쓸려서 생사를 유전하는데 빛이 찬란하게 길을 비추어서 공포를 없애주네. 안락존자와 분노존자들이 앞에서 이끌어주고 분노의 불모들이 한꺼번에 쇄도해서 수호하여 중음의 함정을 안전하게 건너게 하고 끝내 원만한 깨달음의 불과를 성취케 하네. 가까운 이와 벗들을 저버리고 터덜터덜 홀로 걸을 때 오직 식識이 변한 텅 빈 성품空性의 외로운 몸을 오로지 바라노니 붓다들이여, 자비의 은혜로 가피하여서 이 중음에서 두려움이나 공포가 생기지 않도록 하시고 다섯 지혜의 빛이 찬란하게 비추고 있을 때 바라노니 능히 식별해서 두려움도 공포도 없게 하소서. 성스러운 안락존자와 분노존자가 앞에 나타났을 때 두려움 없는 확신으로 중음을 명료히 깨닫게 하시고 악업에 이끌려서 온갖 고통을 맛볼 때 수호 존자들이여, 그 길의 재앙과 고통을 소멸하소서. 실상의 근본 소리가 천 개의 우레처럼 우르릉거릴 때 바라노니 육자대명六字大明으로 바뀌게 하시고 숙업宿業을 따라 다니다가 믿을 데도 의지할 데도 없으니 앙모하는 성스러운 관자재觀自在 보살이여, 저를 수호하소서. 숙업에 감응된 고난을 감당키 어려우니 청정한 빛에 의지해 고통을 없애고 즐거움을 얻게 하시고 저 오대五大가 원수가 되지 않도록 생겨나지 않게 하시고 다섯 붓다의 존귀한 깨달음의 땅에 들어가게 하소서."

모든 정성을 다하여 이렇게 기도하면, 일체의 공포가 자연히 소멸되어서 의심할 바 없이 보신의 불도에 깨달아 들어가리라. 세 번에서 일곱 번까지 일심으로 염송하는 것이 지극히 중요하니 명심하고 절대로 잊지 말라.

마지막 날의 특별한 부탁

> 부탁 5 **비법이나 비결을 기억한다.**

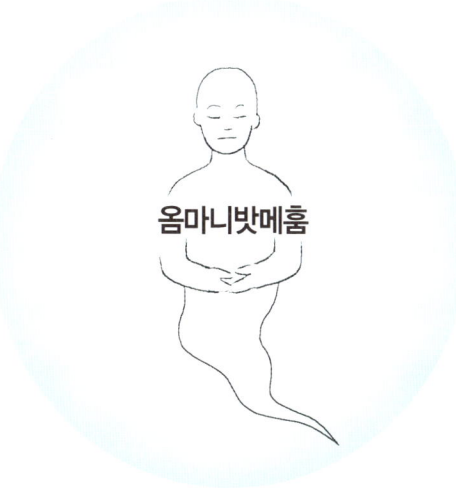

다만 망자의 영은 그중 하나의 비법이나 한마디 비결을 능히 명심할 수 있어야 한다. 그리하여 이 모든 광경이 마음의 투사임을 깨달으면 불과를 증득할 수 있다.

> 부탁 6 **염라법왕이 '업행기록부'를 들고 와서 괴롭힌다.**

거대한 형상의 염라법왕은 이빨을 드러내고 입술을 깨물고 있으며, 눈은 투명하게 맑고 머리는 위로 묶었으며, 뚱뚱한 배와 기다란 목을 하고 있다. 손에는 망자의 생전의 업을 기록한 '업행기록부'를 들고 있으며, "때려래!, 죽여래!"라고 울부짖으면서 시체에서 머리를 잘라내고 내장을 꺼내며 심장을 꺼집어내고 뇌를 핥는다. 이런 공포스런 형상이 우주 전체를 가득 채운다.

실상 중음	최후의 가르침
20	# 중음의 가르침의 강력한 힘을 믿어라

실상 중음의 마지막에 이르면, 『중음에서 해탈을 얻는 법』에서는 세 가지 가르침으로 끝을 맺는다.

가르침 1   생전에 선정의 관법觀法 수행을 한 사람은 『중음에서 해탈을 얻는 법』을 철저히 체험해서 인식할 필요가 있다.

❶ 생전에 선정의 관법을 수행한 사람

살아 있을 때 선정 관법을 수행한 사람은 숙련이 되었든 숙련되지 못했든 임종 중음의 단계에서는 모두 혼란을 느낀다. 이때 『중음에서 해탈을 얻는 법』 외에는 다른 방법이 없다.

❷ 선정이 아주 깊은 사람

선정이 깊은 사람은 반드시 자기의 의식을 철저히 깨달아야 임종 중음의 시기에 청정한 빛을 체험해서 해탈을 얻는다. 이 때문에 생전의 선정 수행은 아주 중요하다. 그렇지 않으면 의식이 육체를 이탈해서 실상 중음이 갑자기 현전할 때도 해탈에 이르지 못한다.

❸ 생전에 생기 단계와 원만 단계에 도달한 사람

생전에 밀교의 본존수호신을 관상해서 생기 단계와 원만 단계에 도달한 사람은 적정 존자와 분노 존자들이 앞에 나타날 때 강력한 에너지를 갖고 있다. 따라서 의식을 훈련해서 『중음에서 해탈을 얻는 법』의 중요성을 철저히 체득해야 하고, 적극적으로 수행해야 한다.

가르침 2   생전에 오무간죄五無間罪를 지었을지라도 자세히 듣기만 하면 해탈을 얻을 수 있다.

『중음에서 해탈을 얻는 법』의 힘은 아주 강력하다. 설사 생전에 오무간죄를 범한 사람이라도 자세히 듣기만 하면 해탈을 얻을 수 있으니, 반드시 사람들 앞에서 독송하여 널리 전파한다. **하루에 세 번 닦아 익히고**, 큰 소리로 독송하고, 철저히 기억해서 진정으로 깨닫고 이해해야 하며, 글자 하나하나의 뜻에 대해서도 이해한다. 중음에서 설사 수백 명의 살인자가 쫓아오는 상황이 더라도 글귀와 행간의 뜻을 잊어버리지 않는다.

가르침 3   중음의 세계 속에서 망자의 의식은 9배 이상 맑아진다.

중음의 세계에서 망자의 의식은 생전보다 9배 이상이나 영민해지고 맑아진다. 한 구절 한 구절을 정확히 기억해서 그 가르침에 따르면 스스로 중음의 힘난한 경계를 지나갈 수 있다. 그러므로 『중음에서 해탈을 얻는 법』을 대중에게 반드시 널리 알려야 한다. 죽음이 임박한 사람에게만 필요한 것이 아니다.

모든 사람에게는 중음의 가르침이 필요하다

생전에 어떠한 사람이었던 간에 이『중음에서 해탈을 얻는 법』의 가르침을 귀 기울여 듣는다면, 모두가 해탈을 얻어 아름다운 정토에 도달할 수 있다.

이 장의 도해 圖解

투생 중음의 몸 1 191 | 투생 중음의 몸 2 193 | 투생 중음의 신통력 195 | 신통력에 대한 대책 197 | 투생 중음의 일곱 가지 험난한 경계의 환영과 대응 방법 199 | 일곱 가지 험난한 경계의 환영에 대한 생생한 비유 201 | 망자의 영을 심판하는 광경 207 | 염라대왕의 심판에 대응하는 세 가지 방법 209 | 해탈과 윤회는 실오라기 하나 차이 211 | 심념이 이르는 곳마다 감응한다 213 | 마음을 잘 사용하면 좋은 곳에 투생한다 215 | 육도의 업력이 유혹할 때 대응하는 방법 217 | 망자의 영이 태에 뛰어드는 것을 막는 방법 219 | 절대 소홀할 수 없는 심념의 힘 221 | 남녀의 사랑의 행위는 태로 유인하는 함정이다 223 | 네 가지 탄생 225 | 네 가지 허망한 꿈 227 | 청정한 빛을 관조하는 정수 229 | 초월적이고 강력한 학습 능력 231 | 사대주 233 | 기이하고 혼란스러운 육도의 광경 235 | 목숨을 노리는 악귀가 핍박하는 광경 237 | 목숨을 노리는 악귀에 대항하는 다섯 가지 법문 239 | 천식으로 왕생하면 어느 정토로 갈 수 있는가? 241 | 어떤 사람이 반드시 태에 들어가 환생하는가? 243 | 상황을 역전시키는 최후의 법 245 | 중음 해탈의 여섯 단계 247 | '들음'의 효력 249 | 중생에게 이익을 주는 위대한 법 251

4

투생 중음

태胎에 들어갈 준비를 하고 미래의 생명을 선택한다.

지속시간은? 약 21일 동안 지속한다.
육체의 몸은? 육신의 존재에 대한 감각은 있다.
의식은? 맑게 깨어 있는 상태로서 강력한 신통력이 있다의식체.
업의 힘은? 작용이 매우 크다.
환영은? 육도六道의 광경
길은? 태胎의 문을 막아서 바로 해탈에 도달하거나, 아니면 비교적 좋은 곳에 투생해서 환생할 수 있다.

투생 중음

1 망자의 영의 상태
마치 형태가 있는 몸을 지닌 듯하다

공포의 실상 중음을 거친 망자의 영은 뒤이어 오는 닷새 반 동안 두려움으로 인한 현기증으로 까무러친다. 다시 깨어났을 때 망자는 자신이 하나의 형체가 있는 몸과 완벽한 감각 기관까지 갖추고 있음을 느낀다.

실상 중음의 열넷째 날은 마지막 날이기도 하다. 실상 중음에서 깨달음을 얻지 못한 망자에게도 독송자는 반드시 다음을 읽어주면서 투생 중음의 상태에 들어간다고 깨우쳐준다.

"존귀하신 붓다의 후예여, 일심으로 귀를 기울여서 잘 기억하고 잊지 말라. 사람이 죽은 후에는 지옥에 빠지거나 천도天道에 태어나거나, 나아가 중음의 몸으로 바뀌는데, 이와 같은 것을 이름하여 초상超常적인 탄생이라 한다. 그대는 실상 중음을 거치면서 안락 존자와 분노 존자들이 비추는 지혜의 빛을 스스로 명료히 깨닫지 못하고 두려워하다가 혼미에 빠졌는데, 그 시간이 대략 사망 후 3일 반 정도이다. 그대가 다시 깨어나게 되면, 그대의 지혜는 반드시 원상으로 회복된다. 동시에 빛을 발하는 몸, 즉 발광체發光體로 전환되는데, 이는 살아 있을 때의 몸과 닮아 있다."

탄트라에서는 이렇게 설명하고 있다.

투생 중음의 과정에서는 생전과 내생의 형체 있는 몸을 가질 것이다. 완벽한 감각 기능을 갖추고 있고 사방을 돌아다녀도 털끝만큼의 막힘이 없다 육근六根이 똑같이 온전하고 행동에 막힘이 없다. 이는 업력의 작용 때문에 불가사의한 힘을 갖추는 것이며, 동시에 본질이 똑같은 신들의 청정한 눈을 통해서만 보인다.

생전의 색신과 미래의 색신

이른바 '생전의 색신色身'이란 망자의 기억 속에 있는 피와 살을 갖춘 생전의 몸인데, 투생 중음 단계에서 밝고 눈부신 빛을 발산하므로 우수하다고 여긴다. 이런 의식체의 경험을 **'중음 체험의 의식체'** 라고 부른다. 이 단계에서 망자의 영은 천신天神으로 태어나서 천신의 활동 세계를 체험할 수도 있다. 그리고 아수라의 길, 인간의 길, 축생의 길, 아귀의 길, 지옥의 길에 태어날 수도 있어서 서로 다른 세계의 체험을 느낄 수 있다. 간단히 말해서 **'생전의 색신'** 은 나흘 반 전 망자의 기억 속에 있는 전생의 형태 있는 몸이고, **'미래의 색신'** 은 망자가 미래에 투생할 형체 있는 몸을 체험하는 것이다.

투생 중음의 몸 1

투생 중음의 기간에 망자의 영은 원래의 육체를 이탈하고, 그 떠돌아다니는 의식이 응집해서 '의식체'가 된다. 이 의식체는 '전생의 몸'과 '내생의 몸'에 낀 중간 형태로서 빛을 발산하고 세 가지 특색이 있다.

실질적인 몸이 아니다.

투생 중음의 몸은 실체가 있는 몸이 아니고 일종의 의식으로 형성된 몸이다.

감각 기관의 지각을 갖추고 있다.

의식체에는 감각 기관이 있어서 차가움, 뜨거움, 고통, 쾌락 등을 느낄 수 있다.

미래에 투생할 광경을 느낄 수 있다.

의식체는 장차 투생할 곳에 따라서 미래의 형체 있는 몸을 느낄 수 있다.

| 투생 중음 | 투생 중음에 들어가기 전
| --- |

2 세 가지 중요한 부탁

투생 중음은 환각으로 가득 차 있어 망자의 영은 별별 고통과 괴롭힘을 겪는다. 하지만 이 단계는 해탈을 얻을 수 있는 마지막 기회이니, 어떻게든 기회를 잡아야 한다. 『중음에서 해탈을 얻는 법』에서는 망자에게 세 가지 당부를 하였다.

부탁 1 눈앞의 환영을 따르지 말라.

이 단계에서는 눈앞에 어떤 환각의 광경이 나타나도 절대로 쫓아가지 말고, 그 광경에 유혹되지도 말며 기대하지도 말라. 만약 유혹에 이끌리면 이리저리 방황하다가 육도의 윤회에 떨어진다.

부탁 2 순수하고 청정한 심령에 안주하라.

실상 중음에서 나타난 환각을 알아보지 못했기 때문에 망자의 영은 아직도 길을 잃고 방황하고 있다. 만일 지금이라도 전심전력으로 관법을 닦아서 순수하고 청정하며 막힘없는 마음의 경지에 머물면, 바로 청정한 빛과 텅 빈 공성을 인식할 수 있다. 이는 스승이 이미 가르친 것이니, 핵심은 가볍고 자연스럽게 꽉 잡지도 않고 행동도 없는 상태를 유지하는 것이다. 이렇게 할 수만 있다면, 망자의 영은 해탈을 얻고 태胎의 문으로 들어가지 않는다.

부탁 3 정수리에서 자신의 본존이나 스승을 관상하라.

그러나 여전히 깨닫지 못하면, 자신의 정수리 위에서 본존이나 스승을 간절하고 경건하게 관상한다. 이 점은 너무나 중요하니 거듭 관상하면서 마음을 분열시키지 말아야 한다.

투생 중음의 몸 2

투생 중음에 들어가기 전에 세 가지 간절한 당부를 하는 목적은 망자의 영이 태의 문으로 들어가 환생하는 것을 막기 위해서이다.

부탁 ❶

눈앞의 환영을 따르지 말라.
기대하지도 말고 유혹되지도 말라.

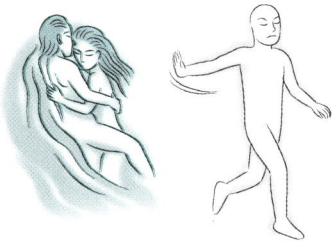

부탁 ❷

순수하고 청정한 심령에 안주하라.
꽉 잡지도 않고 행동도 없는 상태를 유지하라.

부탁 ❸

정수리에서 자신의 본존이나 스승을 관상하라.
거듭 거듭 관상하고 마음을 분열시키지 말라.

| 투생 중음 | 일상을 초월하는 감각 기관 |

3 신통력

망자의 영은 이미 몸을 이탈해서 의식체의 상태에 있다. 그래서 산악이든, 암석이든, 토지든, 건물이든, 나아가 수미산까지도 모두 막힘없이 드나들 수 있다.

감각 기관이 살아 있다

『중음에서 해탈을 얻는 법』에서는 이렇게 기록하고 있다.

"존귀하신 붓다의 후예여, 다시 삼가 귀를 기울여서 잘 들어라. '육근六根이 다 온전하고 행동에 막힘이 없다'란 그대가 생전에 눈이 멀고 귀가 들리지 않고 다니는 데 불편했다 해도 지금 중음에서는 스스로 볼 수 있고 귀로도 잘 듣고 육근도 손상이 없어서 결손 없이 민첩하다는 뜻이다. 그래서 중음의 몸은 '육근이 다 온전하다'고 말하는 것이다. 그대가 가령 육근이 결핍되지 않은 몸을 갖추었다면, 이는 그대가 이미 세상을 여의고 중음을 표류하고 있다는 증거이다. 이 이치를 분명히 깨달아서 기억하라."

비록 의식이 어느 곳이든 도달할 수 있다고 말하지만, 두 곳만은 망자의 영이 도달할 수 없다. 그곳은 바로 붓다가야菩提迦耶의 금강좌金剛座와 어머니의 자궁이다. 이 두 곳을 제외하면, 설사 신들이 거주하는 수미산이라도 망자의 영은 털끝만큼의 막힘도 없이 뚫고 오고 갈 수 있다. 망자의 이런 능력은 이미 투생 중음의 세계에서 길을 잃고 방황하고 있음을 보여주는 것이다.

붓다가야와 어머니의 자궁만은 갈 수 없다

세상에서는 신통력을 일상을 초월한 불가사의한 것으로 보지만, 사후의 4차원 세계에서는 아주 일반적인 능력이다. 보통 살아 있는 사람은 반드시 심오한 요가 수련을 거쳐야만 이러한 신통력을 개발하고 갖출 수 있다. 그렇지만 요가 수행자라 해도 맑은 의식 상태에서는 붓다가야와 어머니의 자궁으로 갈 수 없다. 이는 붓다가야가 위대한 힘의 중심이기 때문이고 또한 **붓다가 도를 깨달은 곳이기 때문이다. 또한 어머니의 자궁은 투생할 때 반드시 거쳐야 하는 곳이기 때문이다.** 이 두 곳은 사람을 헷갈리게 하는 빛을 발산하고 있다. 그래서 정신력이 평범한 사람은 자신이 마치 중음 세계의 갖가지 광선이 나타나는 상황에 놓인 것 같아서 극도의 공포를 느끼고 교란을 받기 때문에 도달할 수가 없다.

투생 중음의 신통력

완벽한 감각 기관

투생 중음에서의 신통력은 완벽한 감각기관의 의식을 갖추고 있다. 생전에 맹인이나 귀머거리, 혹은 절름발이라도 투생 중음에 오면 아주 맑을 뿐만 아니라 흠 없이 완벽한 감각 기관을 갖게 된다.

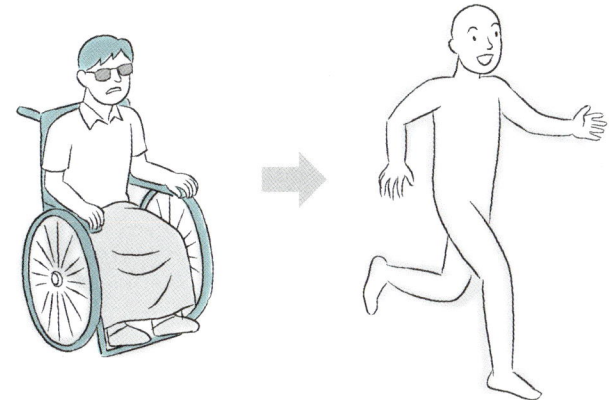

신통력을 얻는 두 가지 방법

세상 사람이 불가사의한 신통력을 갖추기 위해서는 심오한 요가 수련을 해야 한다. 하지만 중음 세계의 의식체는 요가 수련 없이도 이러한 신통력을 갖추고 있는데, 이는 업력의 작용으로 자연스럽게 생긴 것이다.

> 투생 중음
> **4**
>
> 경고와 대책
> # 신통력을 탐내거나 집착하지 말라
> 신통력을 갖는 것은 정말로 꿈에도 바라던 일이다. 지금부터는 가지 못할 곳도 없고 하지 못할 일도 없다. 하지만 『중음에서 해탈을 얻는 법』에서는 망자의 영에게 경고와 대책을 제시하였다.

대책 1 **갖가지 허망한 환영이 변형된 신통력에 대하여 절대로 탐내거나 집착하지 말라.**
업력의 작용 때문에 망자의 영이 기묘한 신통력을 갖추었지만, 그것은 **삼매**三昧, 사마디의 결과도 아니고 평상시의 수련이나 복덕을 성취한 결과도 아니다. 망자는 그 신통력이 **업력**의 작용임을 분명히 인식해야 한다. 신통력을 얻으면 순간적인 생각만으로 손 한 번 드는 시간에 바로 수미산과 4대륙을 두루 돌아다닐 수 있다. 그러나 이 허망한 환영의 신통에 대해서 절대로 탐내거나 집착하지 말라 특별히 주의할 것은 '순간적인 생각만으로'라는 말의 뜻인데, 생각만 하면 즉각 그곳에 도달한다고 한다.

대책 2 **신통력에 미련을 두고 탐낸다면 즉각 스승에게 자신을 보호해달라고 기도해야 한다.**
만일 망자의 영이 이런 신통력에 미련을 갖고 집착하면, 어떠한 장애도 없이 멋대로 그 힘을 펼쳐 보일 수 있고, 하고 싶은 일을 무엇이든 할 수 있다. 지금 망자의 영은 응당 이 점을 깨달아서 스승의 가호를 구하는 기도를 해야 한다.

대책 3 **청정한 눈이 똑같은 종류의 중생을 보게 되면, 반드시 관세음보살을 관상해야 한다.**
청정한 눈은 똑같은 종류의 중생을 볼 수 있다. 똑같은 종류의 중생은 본질이 서로 같아서 중음의 세계에서 피차의 형체를 알아볼 수 있기 때문이다. 이를테면 천신天神의 세계에 태어날 중생은 천신의 형태로 서로를 볼 수 있다. 마찬가지로 육도윤회 속에서 같은 곳으로 투생할 자들도 역시 서로를 볼 수 있다. 바로 이때 그들을 집착해 보지 말고 대자비의 관세음보살을 관상해야 한다.

신통력에 대한 대책

망자의 신통력에 대한 대책

- 갖가지 허망한 환영이 변형된 신통력에 대하여 절대로 탐내거나 집착하지 말라.
- 신통력에 미련을 두고 탐낸다면 즉각 스승에게 자신을 보호해달라고 기도해야 한다.
- 청정한 눈이 똑같은 종류의 중생을 보게 되면, 반드시 관세음보살을 관상해야 한다.

두 가지 청정한 눈

투생 중음 속 천상계의 신들은 청정한 눈을 갖고 있다. 하지만 이는 인간 세상에서 신통력을 갖춘 요가 수행자의 청정한 눈과 다른 것이다.

삼매

산스크리트어로 사마디이다. 현대 중국어에서는 '삼매정三昧定'이라고 번역한다. '함께 안치安置 함'과 '심령의 형성'이란 두 가지 뜻을 내포하고 있다. 간단히 말해서 삼매는 마음을 전일專一 시키는 명상을 가리킨다. 하나의 완벽한 명상과 응집된 사유疑思로 지극히 높은 단계의 선정 수행으로 볼 수 있다.

투생 중음

| 투생 중음 | 투생 중음의 시험

5 일곱 가지 험난한 경계의 환영

신통력을 갖고 있더라도 망자의 영은 투생 중음 단계에서 여전히 일곱 가지 험난 상황의 환영을 겪을 것이다. 점점 더 두렵고 고통스러우며 무력해진다.

광경 1   가족과 친구들의 우는 모습을 보지만 그들의 반응은 없다.

망자의 영은 신통력을 갖추고 있어서 친구와 가족을 쉽게 알아볼 수 있지만, 일체의 모든 일이 마치 꿈과 같다. 망자의 영이 그들에게 말을 걸려고 하지만 그들의 반응은 없다. 가족들이 우는 것을 보고서 '내가 죽었구나! 이제 어떻게 해야 하나?' 하고 생각한다. 이때 망자는 크게 초조해하는데, 마치 물을 떠난 물고기가 뜨거운 모래 속에서 뒹굴고 있는 것처럼 극심한 고통을 느낀다.

망자의 영이 대응하는 방법

이때의 고통은 아무런 소용이 없다. 만약 스승이 있다면 그에게 보호를 청하는 기도를 한다. 아니면 관세음보살에게 기도한다. 그러면 고통과 공포가 사라질 것이다.

광경 2   깃털처럼 업의 바람에 따라 표류한다.

망자의 영은 끝없이 불어대는 업 카르마의 바람에 휩쓸려 표류하는데, 의탁할 육체가 없는 의식은 마치 바람에 날리는 깃털처럼, 또는 미친 듯이 달리는 말처럼 사방으로 흩어진다. 망자의 영은 이곳저곳 표류하다가 울고 있는 가족들에게 이렇게 말한다.

"내가 여기 있으니 울지 마시오!"

하지만 그들은 망자의 목소리를 듣지 못한다. 그래서 망자의 영은 '내가 죽었구나!' 하고 생각한다. 그는 더욱 절망한다. 이 시기에 밤낮없이 나타나는 경치는 마치 가을의 새벽처럼 회색의 하늘이다. 망자는 이런 중음의 세계에서 일곱 주의 시간, 즉 49일을 방황한다. **일반적으로 투생 중음에서 고생하는 시간은 대략 21일이라고 한다. 하지만 업력의 영향에 따라 다르므로 정해진 날짜 수는 없다.**

망자의 영이 대응하는 방법

망자에게 고통스러워하지 말라고 깨우친다.

투생 중음의 일곱 가지 험난한 경계의 환영과 대응 방법

광경	대책
❶ 가족과 친구들의 우는 모습을 보지만 그들의 반응은 없다.	만일 스승이 있으면 스승의 보호를 청하는 기도를 한다. 없다면 관세음보살에게 청하는 기도를 한다.
❷ 깃털처럼 업의 바람에 따라 표류한다.	망자의 영에게 고통스러워하지 말라고 깨우쳐준다.
❸ 맹렬한 업의 바람이 불고 암흑의 부르짖음이 들려온다.	망자의 영에게 두려워하지 말라고 일깨운다.
❹ 나찰이 죽이려 쫓아오고 맹수가 쫓는다. 사나운 바람과 폭우, 군대에 쫓긴다. 산이 무너지고 땅이 갈라지는 소리, 호수가 범람하는 소리, 불꽃이 타오르는 소리, 맹렬한 바람소리가 들린다.	모든 것이 환영임을 인식한다. 깊은 심연이 탐욕, 성냄, 어리석음이 환화幻化한 광경임을 인식하라. 관세음보살의 보호를 청하는 기도를 한다. 관세음보살, 스승, 삼보三寶의 보호를 청하는 기도를 한다.
❺ 행복한 느낌과 즐거움도 없고 고통도 없는 느낌을 갖는다.	첫째, 즐거운 광경을 만나면 유혹을 받지도 않고 애착하는 마음도 내지 않기를 청하라. 둘째, 경건하게 기도하면서 모든 기쁨을 스승과 삼보에게 돌리고 공양하라. 셋째, 마음속의 모든 탐욕과 집착을 내려놓아라. 넷째, 고통이 없으면 즐거움도 없다. 마음을 수행도 없고 혼란도 없는 대수인마하무드라 상태로 유지한다.
❻ 표류하는 의식체는 한 순간도 쉴 수 없는 고통을 견뎌야 한다.	어떤 뜻이나 생각도 짓지 말고, 다만 의식을 편안한 상태에 안주케 한다.
❼ 하나의 몸을 찾으려고 한다.	육체를 가지려는 생각을 버리고 무위상태에 안주한다.

`광경 3` **맹렬한 업의 바람이 불고 암흑의 부르짖음이 들려온다.**

마치 사나운 폭풍처럼 두렵고 견디기 힘든 맹렬한 업의 바람이 불어와 망자를 핍박할 것이다. 그러나 두려워할 필요가 없으니, 모든 것은 망상_{妄想}이기 때문이다. 그 외에도 짙은 어둠이 망자 앞에 나타나고, 그 속에서 "때려라! 죽여라!" 하는 공포의 부르짖음이 들려온다.

망자의 영이 대응하는 방법
망자에게 두려움을 느낄 필요가 없다고 권고한다.

`광경 4` **나찰이 죽이려 쫓아오고 맹수가 쫓는다. 사나운 바람과 폭우, 군대에 쫓긴다. 산이 무너지고 땅이 갈라지는 소리, 호수가 범람하는 소리, 불꽃이 타오르는 소리, 맹렬한 바람소리가 들린다.**

악한 업을 크게 지은 사람은 고기를 먹는 나찰_{악귀}들이 각양각색의 무기를 들고 "때려라! 죽여라!" 하고 소리를 지르면서 벌떼처럼 쫓아오는 모습을 보게 된다. 망자의 영은 또 흉악한 맹수에게 쫓기는 환영과, 암흑의 어둠, 비바람, 폭풍과 폭설 속에서 유령 군대에게 쫓기는 갖가지 환영을 본다. 이 밖에도 산이 무너지고 땅이 갈라지는 소리, 호수가 범람하는 소리, 불꽃이 타오르는 소리, 맹렬한 강풍의 소리 등이 수시로 나타난다. 이런 공포의 소리가 들리면 망자의 영은 두려워하면서 사방으로 도망친다. 하지만 **흰색**_{어리석음}, **검은색**_{분노}, **붉은색**_{탐욕}의 세 가지 낭떠러지에 막히고 만다. 이 낭떠러지는 아주 가파르고 높아서 마치 추락할 것만 같으나 사실은 진짜 낭떠러지가 아니라 탐욕, 분노, 어리석음이 환화한 현상이다.

망자의 영이 대응하는 방법
첫째, 망자의 영은 이 모든 것이 투생 중음의 험난한 모습임을 반드시 알아야 한다. 광경들은 진짜 낭떠러지가 아니라 탐욕, 분노, 어리석음의 환상이다.
둘째, 대자비의 관세음보살에게 기도를 한다.
셋째, 경건하고 간절하게 이렇게 기도해야 한다. "대자비의 관세음보살이시여, 저의 스승과 고귀한 삼보이시여, (아무개를) 보호하여 악도에 떨어지지 않게 하옵소서."

`광경 5` **행복감이나 즐거움, 고통의 느낌이 없다.**

네 가지 광경은 모두 공포스럽고 아름답지 못하다. 하지만 생전에 착하고 경건하게 붓다

일곱 가지 험난한 환상에 대한 생생한 비유

광경 1 가족과 친구들이 우는 모습을 보지만 그들의 반응은 없다.

망자의 영은 아주 초조해서 마치 물을 떠난 물고기가 뜨거운 모래 속에서 뒹굴고 있는 것처럼 극심한 고통을 느낀다.

광경 2 업의 바람에 따라 사방으로 표류한다.

망자의 영은 끝없이 불어대는 업의 바람에 휩쓸려 표류하는데, 의탁할 육체가 없는 의식은 마치 바람에 날리는 깃털처럼, 또는 미친 듯이 달리는 말처럼 사방으로 흩어진다.

광경 3 맹렬한 업의 바람과 암흑의 부르짖음이 들려온다.

두렵고 견디기 힘든 맹렬한 업의 바람이 뒤에서 불어와 망자의 영을 핍박할 것이다. 또 짙은 어둠이 망자 앞에 나타나고, 그 속에서 "때려라! 죽여라!" 하는 공포의 부르짖음이 들려온다.

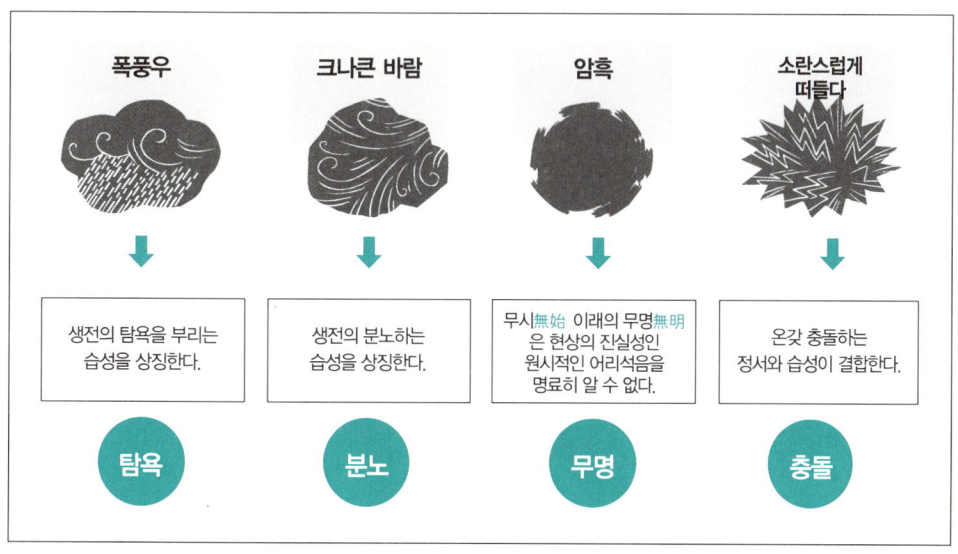

투생 중음

를 예배한 사람은 다른 체험을 한다. 그들은 투생 중음에서 원만한 즐거움과 행복을 체험한다. 생전에 착하지도 않고 악하지도 않은 사람은 즐거움도 없고 고통도 없는 무덤덤한 느낌을 갖는다.

망자의 영이 만일 생전에 공덕을 쌓고 경건하게 붓다를 예배했다면, 이런 갖가지 완벽한 즐거움이 마중할 것이며, 동시에 완벽한 즐거움과 행복을 체험할 것이다.

만일 생전의 쌓은 공덕도 없고 큰 죄의 악업도 없으면, 망자의 영은 즐거움도 없고 고통도 없어서 우매한 무지와 무덤덤한 감각을 낳는다. 이는 마치 전혀 색채가 없는 세계에 있는 것 같다.

망자의 영이 대응하는 방법

첫째, 어떤 광경이 나타나든, 어떤 즐거운 정경을 만나든 유혹에 이끌리지 말고 탐내는 마음을 갖지 않는다.

둘째, 경건하고 간절하게 기도하면서 일체의 기쁨을 스승과 삼보를 위해 공양한다.

셋째, 마음속의 모든 탐욕과 집착을 버린다.

넷째, 고통이 없으면 즐거움도 없어서 그저 무덤덤한 감각만 남는다. 그렇다면 응당 **수행도 없고 혼란도 없는 대수인**_{마하무드라} 상태를 유지하도록 해야 한다. 아주 중요하니 소홀히 생각하지 않는다.

광경 6 표류하는 의식체는 한순간도 쉴 수 없는 고통을 견뎌야 한다.

망자의 영은 다리 위에서, 사당 안에서, 또는 보탑_{寶塔} 등에서 잠시 휴식할 수는 있지만 오랫동안 머물지는 못한다. 왜냐하면 의식이 이미 육체를 이탈해서 영원히 안정할 수 없기 때문이다. 이때 망자의 영은 분노와 오한을 느끼고, 그의 의식은 허망하고 경박하게 변해서 이리저리 표류하면서 잠시도 가만 있지 못한다. 그래서 망자의 영은 어찌할 바를 모른다.

'아! 나는 죽었구나! 이제 어떻게 하지?'

이런 생각이 들면 망자의 내심은 더욱 공허해지면서 재처럼 차갑게 되고, 아울러 가없고 끝없는 극렬한 고통으로 가득 찰 것이다. 망자의 영은 어느 한 곳에서도 휴식할 수 없기 때문에 어쩔 수 없이 계속 다녀야 한다.

망자의 영이 대응하는 방법

망자의 영은 마음속으로 어떠한 뜻이나 생각도 하지 말고 오로지 의식을 변함없는 상태에

일곱 가지 험난한 환상에 대한 생생한 비유

광경 4 나찰이 죽이려 쫓아오고 맹수가 쫓는다. 사나운 바람과 폭우, 군대에 쫓긴다. 산이 무너지고 땅이 갈라지는 소리, 호수가 범람하는 소리, 불꽃이 타오르는 소리, 맹렬한 바람소리가 들린다.

악업을 지은 망자의 영은 고기를 먹는 벌떼 같은 나찰_{악귀}들과, 흉악한 맹수에게 쫓기고, 방대한 귀신 군대에게 쫓기는 등 갖가지 환영을 볼 것이다. 이 밖에도 대자연의 공포스런 광경들, 예컨대 산이 무너지고 땅이 갈라지는 소리, 호수가 범람하는 소리, 불꽃이 타오르는 소리, 맹렬한 강풍의 소리가 들려온다. 망자의 영은 두려워하면서 사방으로 도망치지만 길은 흰색, 검은색, 붉은색의 세 가지 낭떠러지에 막히고 만다. 그러나 사실은 진짜 낭떠러지가 아니라 탐욕, 분노, 어리석음의 세 가지 독이 변화한 현상이다.

나찰羅刹

나찰락사은 원래 인도 고대 민족을 가리켰지만, 나중에 인도에 침략한 아리안들을 깎아내리면서 '공포와 두려움'의 대명사가 되었다. 일반적으로 남성은 나찰이라 칭하고, 여성은 나찰서_{락샤시}라고 한다. 둘 모두 악귀의 총체적인 명칭으로서 포악과 두려움의 대명사이다. 전설에 따르면, 나찰의 남자 몸은 검붉은 색이고 두 눈으로는 녹색빛을 발하며, 나찰서는 절대적인 아름다움을 지닌 마녀魔女로 묘사되고 있다.

안주케 한다.

광경 7 하나의 몸을 찾으려 한다.

중음에서의 몸은 마지막에 일종의 특수한 상황을 만난다. 음식도 없고, 고정된 친구도 없고, 한곳에 오래 머물 수도 없다. **이때 망자의 영은 몸을 갖고 싶어하기 시작하면서** 사방으로 자신의 본래 몸을 찾아다닌다.

어떤 먹을 만한 음식도 없이 그저 장례식 공물로 쓰이는 음식만 있고, 친구도 없다. 이 모든 것이 의식체가 투생 중음에서 이곳저곳을 표류할 때 겪는 느낌이다. 이 시기에서 즐거움이나 고통의 느낌은 완전히 개인의 업력에 따라 정해진다. 망자의 영은 가족과 친구, 그리고 자신의 시신을 보면서 생각한다. '나는 이미 죽었구나! 이제 어떻게 하면 좋은가!'

뒤이어 의식체는 극렬한 고통을 느낀다. 망자의 영은 다시 생각한다. '지금 몸을 찾으러 가야 하지 않을까?'

이렇게 망자의 영은 사방을 다니면서 몸을 찾으려고 애쓴다. 설사 망자의 영이 유체遺體에 아홉 번 이상을 들어갔어도 아무런 소용이 없다. 왜냐하면 망자의 영은 실상 중음의 과정 속에서 이미 한 단계의 시간_{최소한 14일}을 보냈기 때문이다. 겨울이라면 시체는 얼어붙었을 것이고, 여름이라면 이미 부패했을 것이다. 아니면 가족들이 이미 화장을 했거나, 땅 속에 매장했거나, 또는 새나 짐승의 먹이로 내주었을 것이다_{티베트 특유의 천장天葬을 말한다}. **원래의 육체는 이미 사용할 수 없다.** 망자의 영은 적당한 몸을 찾을 수 없기 때문에 크게 절망한다. 이때는 바위나 돌멩이 틈새에서 짓눌리는 듯한 느낌을 받는다.

망자의 영이 대응하는 방법

망자의 영은 몸을 구하려는 생각을 버리고 무위의 상태에 안주해야 한다. 최대한 빨리 이 경계에 안주하라. 오로지 이렇게 관상하기만 하면, 바로 중음의 위험한 상황을 벗어나서 자유로운 해탈을 얻을 수 있다.

• 일곱 가지 험난한 환상에 대한 생생한 비유

> 광경 5 **행복감이나 즐거움, 고통의 느낌이 없다.**

생전에 착하고 경건하게 부처님을 예배한 망자의 영은 투생 중음에서 완벽한 즐거움과 행복을 체험한다. 생전에 착하지도 않고 악하지도 않은 망자의 영은 즐거움도 없고 고통도 없는 무덤덤한 느낌을 체험한다.

> 광경 6 **표류하는 의식체는 한순간도 쉴 수 없는 고통을 견뎌야 한다.**

망자의 의식은 허망하고 경박하게 변해서 이리저리 표류하면서 휩쓸리지만 휴식할 수도 없고 안정할 수도 없다. 망자의 영은 분노와 오한을 느끼고, 가없고 끝없는 극렬한 고통이 마음속에 가득 찰 것이다.

> 광경 7 **하나의 몸을 찾으려고 한다.**

망자의 영이 마지막으로 만나는 험난한 경지는 원래의 육체가 이미 부패해서 다시 사용할 수 없다는 사실이다. 망자의 영은 절망을 느끼면서 마치 바위나 돌멩이 틈새에서 짓눌리는 듯한 느낌을 받는다. 그리하여 몸을 찾고 싶다는 강렬한 생각을 일으킨다.

투생 중음   205

투생 중음	명계의 심판
6	# 선악의 대심판

앞서의 간곡한 가르침을 따르면, 망자의 영은 반드시 해탈을 얻을 수 있다. 하지만 악업의 힘이 너무 커서 여전히 인식할 수 없다면, 뒤이어 선업과 악업에 대한 심판이란 큰 관문을 지나가야 한다.

이때 곁에 있는 독송자는 반드시 다음과 같은 글을 읽어주어야 한다.

"존귀하신 붓다의 후예여, 일심으로 귀를 기울여라. 그대가 받는 고통은 업력의 감응이라서 순수하게 자신의 업과 관계되어 있지 남에게 속해 있지 않다. 그러므로 그대는 한마음의 지극 정성으로 삼보三寶의 수호와 가피를 기도해야 한다. 가령 기도하지도 못하고, 대수인법大手印法에 마음을 집중하지도 못하고, 수호 존자를 관상하지도 못한다면, 선업과 악업의 심판이 바로 시작된다."

광경 1 선을 담당하는 판관과 악을 담당하는 판관의 계산.

'선한 판관'은 흰 조약돌로 망자가 생전에 행한 선행들을 계산하고, 동시에 '악한 판관'은 검은 조약돌로 망자가 생전에 행한 악행들을 계산한다. 이런 상황이 닥치면 망자는 극도로 놀라고 당황해서 거짓말을 시도하면서, 결코 그런 일을 하지 않았다고 변명하려고 한다. 이때 염라대왕이 말한다.

"업의 거울을 보도록 하자!"

광경 2 염라대왕이 업의 거울을 들고 있다.

그래서 망자의 영이 생전에 행한 모든 악행과 선행은 즉각 선명하게 염라대왕의 업의 거울에 비친다. 따라서 거짓말을 해도 전혀 소용이 없다. 이때 염라대왕은 올가미를 망자의 목에 걸고서 그의 머리를 잘라내고, 그의 심장을 도려내고, 그의 창자를 끄집어내고, 그의 뇌수를 꺼내 핥아먹고, 그의 피를 다 마시고, 그의 살을 삼키고, 그의 뼈를 갉아먹게 만든다. 그러나 망자의 영은 죽고 싶어도 죽을 수가 없다. 몸이 조각조각 난도질을 당해도 **얼마 되지 않아 다시 살아난다**. 이렇게 거듭거듭 반복되는 난도질로 망자는 끊임없이 극렬한 고통과 고난을 받는다.

망자의 영을 심판하는 광경

투생 중음 속에서 망자의 영은 선한 판관과 악한 판관의 심판을 받는데, 생전에 선행을 많이 했는지, 악행을 많이 했는지를 본다.

심판의 방법

❶ 희고 검은 조약돌로 계산한다.
선행을 담당하는 판관은 흰 조약돌로 망자의 생전의 선행을 계산한다. 악행을 담당하는 판관은 검은 조약돌로 악행을 계산한다. 이런 상황이 닥치면 망자의 영은 극도로 놀라고 당황한다.

❷ 업의 거울에 비추면 나타난다.
염라대왕은 이렇게 말한다.
"업의 거울을 보도록 하자."
생전에 행한 모든 악행과 선행은 즉각 염라대왕의 업의 거울에 명백히 나타난다.

거짓말하는 사람이 받는 벌

거짓말은 소용이 없다. 염라대왕은 거짓말을 하는 자를 거듭거듭 난도질해 죽게 하고 씹어 먹히게 하는데, 이 과정은 끝이 없다.

투생 중음	심판의 대응 방법
7	# 일체는 모두 공성이다

심판관이 흰색과 검은색의 조약돌들을 계산할 때 망자의 영은 공포스럽고 두렵더라도 절대 거짓말은 하지 말라. 염라대왕을 만날 때도 긴장할 필요가 없고 다음 세 가지를 기억한다.

방법 1 공성은 상처받을 수 없음을 깨닫는다.

망자의 영은 의식이 응결된 몸이다. 설사 머리가 잘리고 사지가 떨어져 나가도 죽지 않는다. 이 몸은 그저 공성空性의 몸이자 습기習氣가 누적된 몸이니, 그 본질은 공空해서 근본적으로 두려워할 필요가 없다. 그러므로 염라대왕, 판관, 소 머리를 한 사마死魔도 단지 혼란스러운 환각에 불과하다. 텅 빈 공성은 상처를 입힐 수 없으며, 실체가 없는 것無相이 실체가 없는 것을 상처 줄 수 없다.

방법 2 대수인 삼매의 경지를 명상한다.

첫째, 망자의 영은 자신이 중음 세계에 있음을 반드시 알아야 한다. 이때 대수인 삼매의 경지를 명상한다. 명상하는 법을 모른다면, 자신이 느끼는 공포의 본질이 무엇인지 자세하게 관찰하라. 그것이 일종의 텅 빈 공성일 뿐이고, 공성은 본질이 없고, 이 공성이 바로 '법신'임을 발견할 것이다.

둘째, 공성의 공空은 어떤 것도 없는 공이 아니라, 사람을 경악하게 하는 위대한 깨달음覺知과 맑고 명철함을 갖춘 마음이다. 이것이 바로 '보신'의 마음이다.

셋째, 청정한 빛과 공성은 분리할 수 없는 두 가지이다. 공성의 본질은 청정한 빛이고, 청정한 빛의 본질은 공성이다. 공성과 청정한 빛은 분리할 수 없다. 막힘없는 마음이 껍질을 벗고 털끝만 한 가림도 없을 때 바로 조작 없는 상태에 안주하게 되니, 이것이 바로 '본초불'의 마음이다.

넷째, 본질의 힘은 어떠한 곳에서도 털끝만 한 장애도 없이 일어나는데, 이것이 자비와 배려로 충만한 '화신'이다.

염라대왕의 심판에 대응하는 세 가지 방법

망자는 절대로 거짓말을 하지 말고 다음 세 가지 일을 해야 한다.

방법 ❶
공성은 상처받을 수 없음을 깨닫는다.
실체가 없는 것은 실체가 없는 것을 해칠 수 없다.

> 왜냐하면 보이는 것은 모두 환영이기 때문이다!

방법 ❷
대수인 삼매의 경지를 명상한다.
명상하는 방법을 모르면 공포의 근원을 자세히 찾아내라.

> 하나에 집중한다.

방법 ❸
네 가지 몸을 체험해 인식한다.
법신, 보신, 본초불의 마음(자성신), 화신

> 네 개의 몸 중에서 하나만 인식하면, 바로 해탈을 얻을 수 있다.

네 가지 몸과 공성의 관계

법신
공성은 본질이 없다.

보신
공성은 위대한 깨달음과 맑고 명철한 마음이다.

본초불의 마음
공성의 본질은 청정한 빛이고, 청정한 빛의 본질은 공성이다. 공성과 청정한 빛은 분리할 수 없다.

화신
공성의 본질적인 힘은 어디서나 막힘 없이 일어나면서 자비와 배려로 충만하다.

삼매의 경계

삼매(사마디)는 가장 깊은 선정의 경계이다. 간단히 말해서 마음속의 모든 망상과 집착이 완전히 멈추면 마음의 힘은 문득 극도로 충만하고 집중한다. 바로 이 순간 평범한 사람을 초월하는 일체의 깨달음이 삼매의 경계 속에서 야기될 수 있다. 이는 마음의 굴림(轉)이 사물이 되게 함으로써 자기 소원에 따라 중생을 이롭게 하고 고통과 재난을 없애서 무수히 해탈한다. 이런 경계가 바로 삼매의 경계이다.

`방법 3` **네 가지 몸을 체험해 인식한다.**

망자의 영에게 마음을 분리하지 말고 자세히 들으라고 청한다. 다만 앞서 서술한 네 가지 몸을 깨닫기만 하면, 그중의 하나로부터 해탈을 얻을 수 있다. 절대로 마음을 흐트러뜨리지 않는다! 모든 붓다와 중생 사이의 차이는 바로 이 실오라기 하나가 가로막고 있다.『중음에서 해탈을 얻는 법』에서는 이렇게 쓰고 있다.

"찰나 사이에 그들은 나누어졌다 _{모든 붓다와 일반 중생을 가리킨다.}

찰나 사이에 완벽한 깨달음을 얻는다."

절대로 마음을 흐트러뜨리지 말라

망자의 영은 심식心識이 흐트러졌기 때문에 어제까지도 중음 경계에 나타난 모든 것을 깨닫지 못하였다. 망자는 이제 극심한 공포와 두려움을 느낀다. 만일 여전히 마음이 분열되고 흐트러진다면, 자비의 밧줄은 그로 인해 끊어지고 해탈을 얻을 수 없는 세계로 떨어지고 만다. 그러니 절대로 조심해야 한다.

곁에 있는 독송자는 이때 망자에게 간곡한 당부를 한다.

"존귀하신 붓다의 후예여, 그대가 어떤 선정에 대해서도 밝지 못하다면, 그대는 성스러운 관자재나 삼보를 상기憶念하면서 간절히 기도하고, 모든 공포의 모습을 자기의 수호 존자뿐만 아니라 성스러운 관자재로 보인다고 사유하라. 생전에 스승이 관정灌頂하면서 그대에게 내린 법명法名을 기억하고, 동시에 스승의 법명을 기억하라. 그리고 그 법명을 명부의 주재자와 판관, 옥졸에게 하나하나 알려주면서 가르침에 따라 행하라. 그러면 절벽에서 떨어져도 다치지 않고 스스로 떨쳐 일어나니 겁내지도 말고 두려워하지도 말라."

해탈과 윤회는 실오라기 하나 차이

투생 중음에서 망자의 영이 마음을 집중하기만 하면, 네 가지 몸 중의 하나를 체득해서 문득 해탈을 얻을 수 있다. 붓다와 중생의 차이는 바로 실 한 오라기의 간격이다. 바로 이 찰나 사이에 집중적으로 주시해서 깨달을 수 있는가?

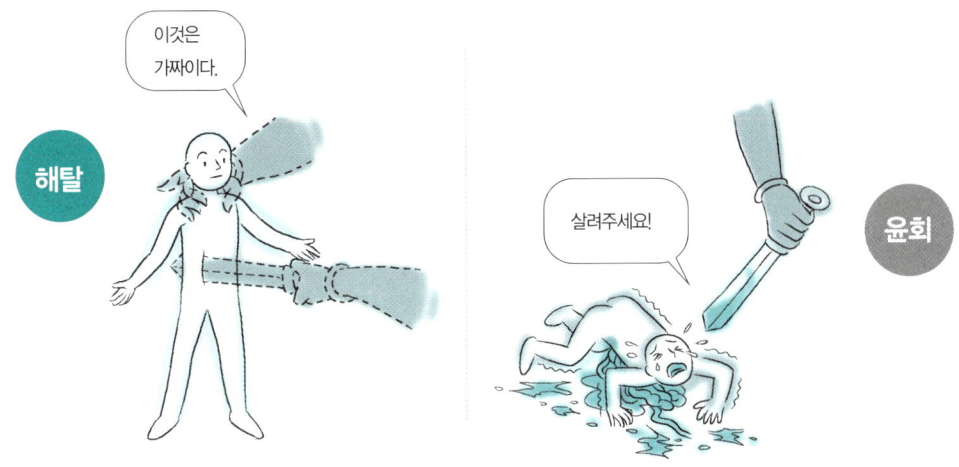

자비의 밧줄

망자의 심식이 흐트러지면서 중음 세계에서 갖가지 환영을 깨닫지 못하면 거의 윤회에 떨어진다. 마치 때에 따라 낭떠러지의 심연에 떨어지는 것 같지만, 그러나 자비의 밧줄은 망자의 영을 꼭 잡고 있다. 망자의 영이 여전히 방황하면서 마음이 흐트러지면 이 자비의 밧줄도 그로 인해 끊어질 것이다.

투생 중음	자신의 장례를 본다
8	# 심념이 이르는 곳마다 감응한다

뒤이어 오는 중음의 광경은 갑자기 즐겁기도 하고 슬프기도 하다. 마치 석노石弩의 투석기처럼 맹렬하게 즐거움과 슬픔의 두 가지 정서가 교대로 투사된다. 망자의 영은 절대로 탐욕이나 미움이나 분노의 생각을 일으키지 말아야 한다. 마음이 이르는 곳마다 감응하기 때문이다.

광경 1 　가족들이 동물을 제사용으로 바치는 것을 보면 미움과 분노의 마음이 생긴다.

투생 중음에서도 망자의 영은 더 좋은 세계에 환생할 기회를 갖는다. 하지만 가족들이 동물을 망자의 영에게 제사용으로 바치는 것을 볼 때 분노가 치민다. 분노와 미움의 생각이 일어나면, 망자의 영은 지옥에 떨어져서 더 좋은 세계에 환생할 기회를 상실한다.

대책　가족들이 어떤 악업을 짓더라도 존경과 사랑의 자비심을 가지고 미움과 분노의 마음을 갖지 말라고 망자의 영에게 깨우쳐준다.

광경 2 　자신의 유산을 나누는 것을 보면 미움과 분노의 마음이 생긴다.

만약 망자의 영이 유산에 대해 미련을 많이 갖고 있다면, 상속자들에 대한 미움이나 분노가 생긴다. 이렇게 미움이 일어나면 더 좋은 곳으로 환생할 수가 없고 도리어 지옥의 길이나 아귀의 길로 떨어진다. 망자의 영은 **유산에 대해 미련을 갖지 않도록** 결심해야 한다.

대책　망자의 영에게 일체의 소유를 스승과 삼보에 봉헌한 뒤 일종의 탐욕 없는 마음에 안주하라고 청한다.

광경 3 　독송하는 법도가 부당하다고 알아차리면 미움과 분노의 마음이 생긴다.

가족들이 망자를 위해 천도의식遷度儀式이나 악업을 없애려 할 때 망자의 영은 초월적인 감지 능력 때문에 법도에 맞지 않는 것을 알아볼 수 있다. 예를 들면 독송자가 정신을 집중하지 않거나, 소홀한 행동을 하거나, 삼매의 맹세를 어기는 행위를 하면 망자의 영은 믿음을 잃고서 신성한 신앙에 대해 의심하고 두려움을 느낀다. "아! 이들이 나를 속이고 있구나!"

대책　순수하고 올바른 생각을 갖는 것이 가장 중요하다. 의식이 규정에 맞지 않을지라도 이렇게 생각한다. "나의 마음이 깨끗하지 못해서 그런 거지, 붓다의 가르침이 어찌 순수하지 않겠는가? 내가 깨끗하지 못한 것이지 거울이 불결한 것은 아니다. 승가僧伽는 그들의 몸이고, 법은 그들의 성스러운 말이고 그들의 마음은 붓다의 본질이다. 그들의 보호를 받을 것이다." 이렇게 생각하면서 그들을 신뢰하고 성실한 존경심을 품는다.

심념이 이르는 곳마다 감응한다

투생 중음 속에서 망자의 영은 판관과 염라대왕의 심판을 받는데, 생전에 선행을 많이 했는지, 악행을 많이 했는지 본다.

심념은 마치 투석기 같다.

'심념이 이르는 곳마다 감응하지 않음이 없다' 의 특질은 마치 투석기 같다. 강력하고, 신속하고, 반복적이고, 갖가지 돌로 교체하면서 성을 공격하는 투석기처럼 나약하고 부서지기 쉬운 마음을 공격한다.

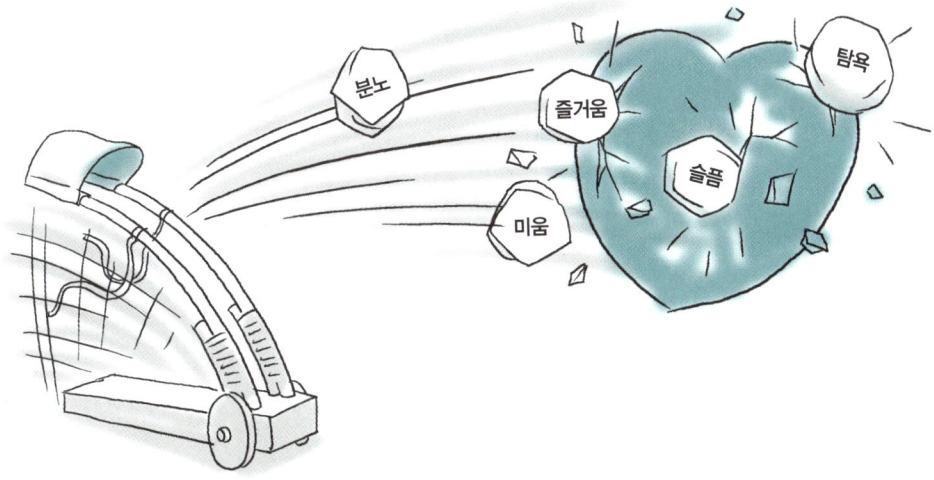

내 얼굴이 더러운가, 아니면 거울이 더러운가?

'심념이 이르는 곳마다 감응하지 않음이 없다' 는 마치 거울에 자신을 비추어 보는 것과 같다. 거울 속의 자기 얼굴이 더럽다면, 거울이 더러운 것이 아니라 얼굴이 더러운 것이다.

투생 중음	장례 의식을 행하는 태도
9	# 마음속에 기쁨과 착한 생각을 간직하라

앞에서 설명한 분노와 미움이 생기면, 망자의 영은 바로 지옥이나 아귀도에 떨어진다. 반대로 기쁨이나 착한 생각을 간직하면 어떻게 되겠는가?

귀 기울여라, 마음속에 기쁨과 착한 생각을 간직하면 더 좋은 곳에 환생한다

가령 망자의 영이 세 가지 악한 세계인간 세상보다 낮은 세 개의 세계 : 축생계, 아귀계, 지옥계에 투생投生해야 한다면, 가족은 망자의 영을 위해 올바른 의식을 진행하고, 독송하는 구루와 가르치는 스승은 마음과 몸을 경건하게 하여 법회를 집행한다. 그러면 망자의 영은 이 모습에 지극히 기뻐하면서 더 좋은 세상에 투생한다. 원래는 좋지 않은 세계에 태어나야 했지만 상황이 바뀐 것이니, 마음이 얼마나 중요한지 알 수 있다. 따라서 한 오라기의 불결한 생각이라도 순수하고 경건하게 정념正念을 품어야 한다.

대자비의 성스러운 존자나 본존수호신에게 기도하라

망자의 곁에 있는 독송자는 이렇게 깨우쳐준다.

"존귀하신 붓다의 후예여, 앞서의 내용을 종합해서 말하면, 그대의 식識은 현재 중음의 경계에서 의지할 바가 없고, 체體의 무게도 미약해서 쉬지 않고 유동流動한다. 그대가 생각念을 일으키면, 그 생각이 청정하든 청정하지 않든 지극히 쉽게 감응한다. 그러니 마음속에 청정치 못한 생각을 일으키지 말고, 다만 생전에 닦았던 어떤 수행이든 기억하라. 설사 수행을 하지 못했더라도 환희의 마음과 지극한 정성으로 귀의歸命하면서 성스러운 관자재와 수호 존자들에게 간절히 기도하라. 기도문은 다음과 같다."

"가까운 이들과 헤어져 쓸쓸히 홀로 다니는 오직 식識의 반영일 뿐인 텅 빈 성품의 외로운 몸이니, 오직 바라건대, 모든 부처님들이여, 자비와 가피를 베푸셔서 이 중음의 세계에서 두려움이 생기지 않도록 하시고, 악한 업에 이끌려서 온갖 고통을 가지가지 맛볼 때 수호 존자들이여, 재난을 소멸하고 고통을 없애주시고, 존재의 본래 소리인 천 개의 천둥이 우르릉거리면 바라노니, **육자대명**六字大明으로 바뀔 수 있도록 하시고, 생전의 업이 따라 다니면서 의지까지 없을 때 오직 우러를 뿐인 성스러운 관자재여, 나를 보호하시고, 속세의 업에 감응된 고난을 견디기 힘들 때 선정사마디의 힘에서 나온 청정한 빛이 즐거움을 얻도록 날 인도하소서."

• **마음을 잘 사용하면 좋은 곳에 투생한다**

좋은 생각을 일으키는 방법

본래 세 가지 악한 세계에 투생해야 하는 망자의 영이 만약 선한 생각을 가질 수 있으면 비교적 좋은 곳에 투생한다.

❶ 생전의 선정 수행을 기억하면서 기쁨과 선한 생각을 마음속에 간직한다.

❷ 관세음보살과 본존수호신에게 기도한다.

존재의 소리

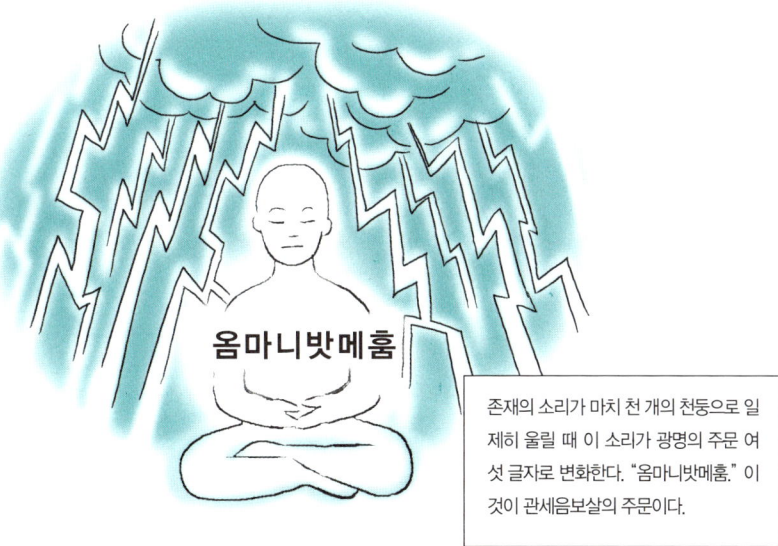

존재의 소리가 마치 천 개의 천둥으로 일제히 울릴 때 이 소리가 광명의 주문 여섯 글자로 변화한다. "옴마니밧메훔." 이것이 관세음보살의 주문이다.

투생 중음

투생 중음	내생의 몸이 명백히 드러나다
10	# 육도의 업력이 망자의 영의 투생을 유혹한다

망자의 영이 여기까지 와서도 여전히 깨닫지 못하면, 망자의 전생 몸은 점차 미약해지고 내생 몸이 명백히 드러난다. 그리고 윤회의 육도에서 발산하는 빛이 다가와 망자의 영을 유혹한다.

업력의 작용 때문에 투생할 곳의 빛이 가장 밝다

망자 곁의 독송자는 이렇게 깨우쳐 준다.

"존귀한 붓다의 후예여, 지금까지의 과정에서도 아직 깨닫지 못했다면, 지금부터는 전생의 몸은 점점 희미해지고 내생의 몸이 차츰 선명해지기 시작할 것이다."

이에 대해 망자는 이렇게 생각한다. '지금 이런 고통을 받을 바에는, 어떤 몸이든 일단 찾으러 가야겠다.' 이렇게 망자의 영은 사방을 분주히 오가며 생각할 수 있는 곳은 어디든 도달한다. 육도의 빛이 이 순간 빛을 발하는데, 장차 투생할 곳이 제일 밝다. 망자의 영은 육도의 빛이 어디에서 오는지 주의를 기울여야 한다. 온화한 흰빛은 천상에서 오고, 온화한 붉은 빛은 아수라도에서 오고, 푸른빛은 인간계에서 오고, 녹색빛은 축생도에서 오고, 노란빛은 아귀도에서 오고, 연기나 안개 모양의 빛은 지옥에서 온다. 업력의 이끌린 망자의 영의 몸은 장차 투생할 한 줄기 빛 속으로 녹아 들어간다.

망자의 영이 육도의 빛을 거절하는 비결

❶ 대자비의 성스러운 존자를 명상한다.

빛이 어디에서 오든 그곳이 바로 대자비의 관세음보살이라고 관상한다. 깊고 오묘한 정수를 담은 비결이라서 아주 중요하니, 이 방법으로 투생을 피할 수 있다.

❷ 순수하고 청정한 환영의 몸의 가르침에 집중한다.

본존수호신이 누구든 전력을 다해 그의 형상을 관상하고 실체 없는 '정환신'에 집중할 수 있어야 한다. 본존수호신이 **밖에서 안으로 점점 융화되어 완전히 보이지 않는 데 이른다.** 그다음 자신의 몸을 불가사의하고 밝은 '공'의 경지 속에 놓아둔다. 본존수호신을 관상하다가 다시 밝은 빛을 관상하는 식으로 반복해 진행한다. 그다음 마찬가지로 의식을 밖에서 안으로 점차 녹아들어가게 한다. 어디를 가든 거기에 심식이 있고 거기에 법신이 있다. 참되고 순수한 상태와 **무아**無我**의 법신** 속에 안주하라.

육도의 업력이 유혹할 때 대응하는 방법

방법 ❶
대자비의 관세음보살을 명상한다.

어떤 세계의 빛이 비추든,
그곳을 관세음보살이라고 관상한다.

일반 사람도 할 수 있어요.

단계 ❶
정환신을 관상한다.
실체 없는 본존, 즉 정환신을 관상한다.

단계 ❷
본존수호신을 융화시킨다.
본존수호신을 밖에서 안으로 점점 융화시켜서 완전히 사라져 보이지 않는 데 이르게 한다.

단계 ❸
밝은 공의 경계 속에 자신을 놓아둔다.
자신을 불가사의한 '밝음'과 '공'의 경지에 놓고서 그 속에 안주한다.

방법 ❷
정환신의 교법에 집중한다.

본존수호신을 관상하고, 실체 없는 '정환신'에 집중한다.

단계 ❹
다시 본존수호신을 관상한다.

단계 ❺
다시 청정한 빛을 관상한다.

이것은 생전에 무상요가 환신교법을 닦은 수행자라야 할 수 있어요.

단계 ❻
본존의 관상과 청정한 빛의 관상에 교대로 집중한다.
'본존을 관상하는' 것과 '청정한 빛을 관상하는' 것을 교대로 진행한다. 의식을 밖에서부터 안으로 점차 융화되게 한다.

단계 ❼
순수하고 참된 상태와 무아의 법신 속에 안주한다.
어디를 가든 거기에 심식이 있다. 심식이 어디에 있든 거기에 법신이 있다. 참되고 순수한 상태와 무아無我의 법신 속에 안주한다.

투생 중음	태胎에 들어가 환생하는 것을 어떻게 피할 것인가?
11	# 태의 문을 닫기

생전에 닦아 지님修持이 모자라고 선정 수행이 성숙하지 못한 망자의 영은 육도의 업력이 이끄는 유혹을 거절할 수 없어서 계속 방황하다가 자궁의 입구, 즉 태胎의 문이 있는 곳에 이른다. 따라서 태의 문을 닫는 것이야말로 이 순간에 가장 중요한 일이다.

환생할 나라의 광경들이 망자의 영 앞에 나타난다

이때 업력의 이끌림으로 인해 망자의 영이 갖는 감각은 자기가 위로 올라가지 않으면 아래로 내려가거나, 혹은 수평의 방향으로 움직이는 느낌을 갖는다. 이 순간 관세음보살을 관상해야 하니, 반드시 이 점을 기억하라. 망자의 영은 소용돌이 바람, 폭풍, 눈보라, 우박을 겪고, 그리고 어둠속에 포위되어 사람들에게 쫓기면서 끊임없이 도망을 간다. 공덕을 쌓지 못한 사람은 고통을 느끼는 곳으로 도망을 간다. 반대로 착한 업을 쌓은 사람은 기쁘고 즐거운 곳에 이른다. 뒤이어 환생할 나라의 광경이 하나하나 면전에 나타나니, 따라서 망자의 영에게 아래의 가르침을 자세히 듣고서 심식心識이 절대로 헤매지 말라고 청하라. 설사 앞서 서술한 **가르침을 깨닫지 못해서 여기까지 온 열심히 수행하지 않은 사람일지라도 이 참모습을 체험해 인식할 수 있다.**

태에 뛰어드는 것을 피하는 두 가지 중요한 법문

그러므로 자세히 귀 기울여 들으라. 망자의 영이 태에 뛰어 드는 것을 피하는 방법은 두 가지가 있다. 첫째, 망자의 영이 태의 문으로 달려가는 것을 막는 것이고, 둘째, 들어갈 수 있는 태의 문을 닫는 것이다.

망자의 영이 태의 문으로 달려가는 것을 막는 방법

자신의 본존수호신을 뚜렷하게 관상하면서 마음속에 그의 형상을 떠올린다. 그 형상은 마치 물속에 비친 달처럼, 허망한 환각의 형상처럼 실제적인 형체가 없다. 만약 개인적인 본존수호신이 없다면 관세음보살을 관상하라. 본존수호신을 관상한 형상이 '밖'에서 '안'으로 점점 공空으로 화하게 한다. 그리고 다시 어떠한 대상도 포함하지 않는 방식으로 청정한 빛과 텅 빈 공성을 관상하라 또 다른 번역에서는 '불가득不可得의 밝음-공을 관하여 닦으라'고 하였다. 이것은 더없이 심오한 법문이니, 법에 의거해 닦아 익히면 곧 태에 들어가는 것을 피할 수 있다.

망자의 영이 태에 뛰어드는 것을 막는 방법

 이 방법은 어떤 태문으로도 들어가지 말라는 것이에요!

 이 다섯 개의 문을 닫으면 들어갈 수 없어요.

방법 1
망자가 태문으로 달려가는 것을 막는다.

1. 망자의 영은 본존수호신의 형상을 마치 물에 비친 달처럼 똑똑하게 관상한다.

2. 본존수호신이 없으면 관세음보살을 관상한다.

3. 관상한 본존수호신의 형상이 '밖'에서 '안'으로 점점 공으로 변하게 한다.

4. 어떤 대상도 포함하지 않는 방식으로 청정한 빛과 공성을 관상한다.

방법 2
태의 문을 닫는다.

첫 번째	순수하고 청정한 착한 생각을 갖는다.
두 번째	사랑의 행위를 하는 남녀를 스승으로 본다.
세 번째	애욕과 미움의 정서를 버린다.
네 번째	실재가 아닌 환영으로 본다.
다섯 번째	청정한 빛을 명상한다.

본존수호신이 없을 때 왜 관세음보살을 관상해야 하는가?

본존수호신은 밀교의 특별한 신이다. 이 신은 요가 수행자가 태어나면서 대동하는 깨달음을 얻을 수 있는 본질을 대표한다. 일반적으로는 수행자의 스승이 선택해준다. 선택 기준은 개인의 특징과 관련된 수행법에 따른다. 관세음보살은 중생의 습성에 적합하기 때문에 특별한 본존수호신이 없을 때는 반드시 관세음보살을 본존수호신으로 삼아서 관상해야 한다.

투생 중음	첫 번째 태문을 막는 방법

12 순수하고 청정한 착한 생각을 견지하라

다섯 단락으로 나누어 '다섯 가지 태를 막는 방법'을 설명하여 망자의 영에게 어떻게 하면 태문을 막을 수 있는지 가르친다. 첫 번째 방법은 순수하고 청정한 착한 생각을 유지하는 것이다.

투생 중음의 새벽이 이내 닥쳐오면, 망자의 영이 물에 자기를 비추어도 수면에는 몸의 형태나 얼굴 모습이 비치지 않고, 빛이 있어도 몸의 그림자가 없다. 망자가 피와 살이 없는, 즉 구체적 물질의 몸이 없기 때문이다. 망자의 영은 그저 투생 중음을 배회하고 표류하는 하나의 의식체에 불과하다. 이때는 정신을 집중하고 마음을 흐트러뜨리지 않는 것이 가장 중요하다.

집중하고 마음을 흐트러뜨리지 말라

오직 하나에 전심전력하는 것이 가장 중요하니, 눈앞에 처한 상황은 마치 고삐가 달린 말을 조종하는 것과 같다. 이때는 마음먹은 대로 이루어진다. 그러니 절대로 사악한 생각을 하지 말고, **생전에 받아들인 진리**다르마**나 가르침, 또는 스승의 말을 기억해야 한다**. 이것이 바로 『중음에서 해탈을 얻는 법』의 가르침이다.

지금 망자는 높은 차원으로 올라가는가, 아니면 낮은 차원으로 떨어지는가의 경계에 있다. 만일 한순간이라도 머뭇거린다면 영원히 고통을 겪어야 하고, 반대로 오직 하나에 전심전력할 수 있다면 영원한 기쁨을 누릴 것이다. 이 순간에는 하나에 전심전력하는 것이 가장 중요하니, 심념을 집중하는 노력이 착한 업이 대동하는 과보를 최대한 연장한다.

망자의 영이 다음의 게송을 독송하면 바로 태의 문을 닫을 수 있다.

"태胎의 문을 막으려면 한 마음으로 태에 들어가는 걸 저항하리라.

이 순간 흔들림 없이 굳게 견디면서 순수하고 청정한 생각을 유지해야 하겠노라."

절대 소홀할 수 없는 심념의 힘

심념은 마치 말을 탄 기수와 같다. 심념의 힘과 속도는 말을 조정하는 고삐와 같다. 기수의 생각이나 동작이 아무리 미세하게 바뀌어도 순간적으로 고삐를 통해 말에게 전해지기 때문에, 말은 기수가 원하는 곳으로 즉각 달려간다. 따라서 마음은 생각에 매여 있고, 생각이 이르는 곳마다 바로 앞에 나타난다.

투생 중음	두 번째 태를 막는 방법
13	# 사랑의 행위를 하는 남녀를 스승으로 보아라

첫 번째 태를 막는 방법이 실패했다면, 남녀가 사랑을 하는 광경이 망자 앞에 나타난다. 이것은 환영이니, 망자는 절대로 그들 사이에 끼어들지 말라. 사랑의 행위를 하는 남녀를 자신의 구루와 그 반려자로 생각한다.

방법 1 구루와 그 반려자가 다가와서 이끌어주기를 경건하게 기도하라.

남녀가 결합하는 환영이 나타나면, 망자의 영은 스승과 그의 반려자가 다가와서 이끌어주기를 경건하게 기도하고, 겸허한 태도로 정성을 다해 그들에게 예배를 올려라. 그리고 정신을 집중하여 정성스런 기도로 공양을 바친다. 오로지 정성껏 기도할 수 있다면 즉각 태의 문을 막을 수 있다.

방법 2 쌍雙으로 수행하는 스승을 관상하거나, 혹은 쌍으로 수행하는 대자비의 성스러운 존자를 수호신으로 삼는다.

앞의 방법으로도 여전히 태의 문을 닫을 수 없으면, 재빨리 스승과 그의 반려자를 본존수호신으로 관상하거나, 혹은 관세음보살과 그의 반려자라고 생각한다. 아울러 경건한 기도로 공양을 드린다. 열심히 **정신적인 양식을 베풀어달라고** 기도하고 청하면, 태의 문을 막을 수 있다.

남녀의 사랑의 행위는 태로 유인하는 함정이다

사랑의 행위를 하는 남녀의 환영은 망자의 영이 태문에 들어가도록 유인하는 함정인데, 두 가지 해결 방법이 있다.

❶ 쌍으로 수행하는 스승을 관상하라.

❷ 쌍으로 수행하는 관세음보살을 관상하라.
정신을 집중해서 경건한 기도로 공양을 올린다.

투생 중음	세 번째 태를 막는 방법
14	# 애욕과 미움의 정서를 버려라

여전히 태의 문을 막을 수 없으면, 망자의 영은 바로 태에 뛰어들어가 환생할 것이다. 이때 애욕과 미움을 버리는 세 번째 방법을 가르쳐준다.

남녀가 결합하는 환영이 망자 앞에 나타날 때, 애욕과 미움의 감정이 생겨서 태에 들어가게 되면, 인간 세상이나 축생의 세계에 태어난다.

남자로 태어나면 아버지를 미워하고, 여자로 태어나면 어머니를 미워한다

만일 남자로 태어나게 되면, 망자는 남성의 감정을 체험하면서 어머니를 사랑하고 아버지를 질투하고 미워한다. 만일 여자로 태어난다면, 여성의 감정을 체험하면서 아버지를 사랑하고 어머니를 강렬하게 질투한다. 이처럼 애욕과 증오가 생기면 망자는 더 빨리 태의 문으로 다가간다. 정자와 난자가 결합하는 순간 망자의 영은 **'자기 존재의 희열'**을 느끼면서 의식을 잃어버린다. 이렇게 배아가 성장해 몸체가 형성되면 다시 자궁을 통해 탄생한다. 개집, 돼지 우리, 개미굴, 벌레 구멍 등에 태어날 수도, 혹은 소나 양으로 태어날 수도 있다. **일단 태어나면 되돌릴 수 없고, 이 크나큰 어리석음과 무지의 상태를 받아들여야 한다.**

망자는 반드시 애욕과 미움을 버리는 법문을 통해서 태의 문을 막아야 한다

망자는 다음의 기도문을 염송하면서, 애욕과 미움에 따라 행동하지 않겠다고 다짐한다. "태胎의 문을 막으려면 한마음으로 단호히 거부하고 들어가지 말라. 그래서 정성껏 공경하고 사랑하는 것이 지금 필요하니, 저 질투 따위는 남김없이 없애버리고 한마음으로 쌍신雙身의 스승을 관상하리라."

악업이 깊고 무거운 망자는 권고와 가르침을 반드시 명심하고 애착과 미움의 마음을 버려야 한다. 애착과 미움이야말로 스스로를 육도의 윤회에 빠지게 한다는 걸 명심한다. 만일 애착과 미움의 마음이 다시 생기면 이렇게 관상을 한다.

"악업의 치성함이 이 지경에 이르렀다. 애증의 집착 때문에 생사윤회에 빠졌으니, 스스로 뽑아내지 못하고 집착한다면, 생사에 빠진 채 고통의 바다에서 쉬지 못하고 오랜 겁 동안 빠져나오지 못할 것이다. 나는 오늘부터 애증의 망념을 영원히 일으키지 않겠다."

마음은 견고히 한다. 탄트라密敎에서는 이런 의지를 갖는 것만으로도 태문이 막힌다고 가르친다. 부디 마음을 흐트러뜨리지 말고 한 마음으로 결정하고 의지를 바꾸지 않는다.

네 가지 탄생

윤회 속에서 돌고 도는 중생이 누구이든 모두 네 가지 투생 방식을 통하여 탄생한다. 난생卵生, 태생胎生, 화생化生, 습생濕生이며, 이 중 난생과 태생의 성질은 아주 비슷하다.

① 난생 → 닭이나 오리 등 알에서 태어난다.

② 태생 → 사람이나 소, 양 등 태胎에서 태어난다.

③ 습생 → 부유浮游 생물, 미생물 등 습기에 의해 태어난다.

④ 화생 → 자발적으로 태어나거나, 혹은 자기를 통해 자기를 낳는다. 가령 전설 속의 파드마삼바바 대사는 연꽃에서 화생하였다.

화생

산스크리트어로 화생은 우파파두카로서 '어떤 실체에 의거하지 않고 태어난다' 란 뜻이다. 간단히 말해서 자발적으로 태어나거나, 혹은 자기를 통해 자기를 낳는 것이다. 화생은 인류처럼 열 달의 임신과정이 없다. 이런 탄생은 투생 중음 단계의 특수한 현상에서 발생한다. 정령이나 천신天神, 그리고 지옥 마귀들의 '돌발적으로' 태어나는 방식이다.

| 투생 중음
| 15 | 네 번째 태의 문을 막는 방법
실체 없는 환영으로 본다

앞의 세 가지 방법으로도 태의 문을 막지 못하면, 이때는 '실체 없는 환영으로 보는 가르침'을 가동해야 한다. 즉 모든 사물의 본질을 비실재나 환영으로 보는 것이다.

경험하는 모든 광경은 허망하고 진실이 아니다

네 번째 태를 막는 방법은, 사랑의 행위를 하는 아버지와 어머니^{쌍신상}, 큰 폭풍, 회오리바람, 거대한 천둥 소리, 공포의 광경 등 모든 현상은 진실이 아닌 환상임을 깨닫게 하는 것이다. 모든 광경이 너무나 생생해서 진실 같지만 사실 피상적일 뿐 그 본질은 가짜이다. 일체가 사막의 신기루처럼 허망해서 영원히 불변하는 것이 아니다.

지금까지 망자의 영은 근본적으로 '존재하지 않는' 사물을 '존재' 한다고 보았다. 사실상 모든 것은 자기 마음이 비롯되어 나온 환영일 뿐이다. 설마 그것들이 외부에서 생겨난 것이겠는가? 이 이치를 명확히 이해하지 못해 존재하지 않는 사물을 존재한다고 여겼고 **진실이 아닌 것을 진실하다고 보고 환영을 실체가 있는 사물로 본다. 이 때문에 망자의 영은 지금까지 방황한 것이다.**

일체가 마치 꿈의 세계 같고, 환상의 광경 같고, 골짜기의 메아리 같고, 건달바성과 같고, 사막의 신기루 같고, 거울 속 영상 같고, 물에 비친 달과 같아서 한순간도 진실이 아니다. 모든 것이 다 허망하고 이 모든 허망이 마음속으로부터 왔음을 명료히 깨달으면 태의 문은 반드시 막을 수 있다.

• 네 가지 허망한 꿈

망자의 영이 겪은 모든 환영은 자기 마음의 투사이니, 다음 네 가지의 허망한 사물과 같다.

❶ 빈 골짜기의 메아리

❷ 건달바성 신기루

❸ 거울 속의 영상

❹ 물에 비친 달

건달바성 乾達婆城

건달바성은 산스크리트어로 간다르바스이다. 원래의 뜻은 향기를 찾는 성城, 신기루로서 눈에는 보이지만 사실상 존재하지 않는 건물을 말한다. 불경에서 말하는 건달바성은 통상 사물의 실답지 않은 허망함을 비유할 때 쓰인다.

| 투생 중음 | 다섯 번째 태의 문을 막는 방법 |

16 청정한 빛을 관조하는 법

태의 문을 막는 다섯 번째 방법은 청정한 빛을 명상하는 법이다. 이 방법에서는 세상 만물이 마음에서 비롯됨을 깨닫는 것이 선결조건이다. 그리고 이 마음은 텅 비어서 생겨남도 없고 막힘도 없다. 마치 물에 물을 붓는 것과 같다. 이렇게 반복적으로 관상하면 태의 문을 성공적으로 막을 수 있다.

청정한 빛을 관조한다는 것은 일체 만물이 개인의 마음속으로부터 왔음을 깨닫는 것이다. 그리고 이 마음도 텅 비어서 생겨남도 없고 막힘도 없다. 전심전력으로 명상하고 자기 마음을 일종의 자연 상태, 순진무구한 상태로 유지한 스스로 주체이고 독립적인, 그리하여 자연스럽게 움직이는 마음에 안주하라. 마치 물에 물을 붓는 것과 같아서 속박이 없고 개방적이다.

지금까지 태의 문을 막는 다섯 가지 방법에 대해 설명하였다. 진실하고 심오한 가르침으로 『중음에서 해탈을 얻는 법』에서는 이 방법만 따르면 **상근기의 사람이든 중근기의 사람이든 아니면 하근기의 사람이든 반드시 해탈을 얻을 수 있다고 한다.**

청정한 빛을 관조하는 정수

청정한 빛을 관조하기 위해서는 먼저 일체 만물이 자기 마음으로부터 온다는 것을 명료히 깨달아야 한다. 그러면 마음의 상태는 무엇인가?

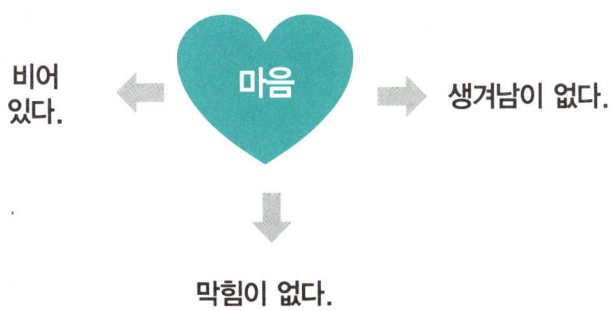

마치 물에 물을 붓는 것과 같다.

| 투생 중음

17 망자의 영의 심식은 생전의 9배이다
음양의 세계를 소통하는 열쇠

어떤 사람들은 이렇게 의심을 할 것이다. 명계冥界에서 망자는 정말로 인간인 독송자의 지시를 들을 수 있는가?

다섯 가지 해석

다른 두 세계 사이의 소통에 대하여 경문에는 다섯 가지 해석을 하였다.

해석 1 중음 세계에서 의식체는 비범한 감지 능력이 있어서 물질 세계의 모든 정보를 받아들일 수 있다. 그래서 곁에 있는 구루나 독송자의 가르침을 들을 수 있다.

해석 2 망자의 영이 생전에 맹인이나 귀머거리라도 중음 세계에서 감각기관은 완전하다. 그래서 독송자의 가르침을 또렷하게 들을 수 있다.

해석 3 지속적인 공포의 엄습과 위협을 받기 때문에 망자의 영은 어떻게 할 것인가에 대한 사고 능력이 없다. 이 때문에 상대적으로 심식心識은 헤매지 않고 독송자의 가르침을 집중하여 들을 수 있다.

해석 4 중음 세계에서 의식체는 육신도 없고 어떤 지지물도 없다. 이 때문에 의식의 변화는 직접적이고, 그에 따라 집중력도 직접적이라서 망자의 영을 가르치기가 더 쉽다.

해석 5 망자의 심식은 생전보다 훨씬 더 맑아서 아홉 배 이상이다. 설사 원래 망자의 자질이 어리석다 해도 업력이 몰고 가기 때문에 심식의 변화는 명석하고 영민하다. 이 순간 망자의 영은 어떤 가르침을 꿰뚫어 닦을 수 있다. 간단히 말해서 **업력의 작용 때문에 망자의 영이 학습하는 능력은 비범하고 신속하다**. 그러므로 『중음에서 해탈을 얻는 법』을 49일간 독송하는 것이 무엇보다도 중요하다.

초월적이고 강력한 학습 능력

설사 망자의 자질이 생전에 어리석다 해도 투생 중음에 와서는 심식의 변화가 명석하고 영민하게 변해 독송자의 가르침을 듣고 깨우칠 수 있다. 다른 두 세계 사이의 소통에 대하여 『중음에서 해탈을 얻는 법』에는 다섯 가지 해석이 있다.

해석 ❶
망자의 영은 **비범한 감각 능력**을 갖고 있다.
망자의 영은 물질세계의 모든 정보를 받아들일 수 있다.

해석 ❷
망자의 영은 **완벽한 감각기관**을 갖추고 있기 때문에 독송자의 가르침을 또렷하게 들을 수 있다.

해석 ❸
공포의 엄습과 위협을 받아서 **심식은 헤매지 않고** 마음을 집중하여 가르침을 들을 수 있다.

해석 ❹
망자의 **심식의 변화는 직접적이고, 그에 따라 집중력도 직접적이라서** 망자의 영을 인도하기가 더 쉽다.

해석 ❺
망자의 영의 심식은 생전보다 더 맑아서 아홉 배 이상이다.

투생 중음	태에 뛰어드는 것을 막을 수 없다면
18	# 뛰어들어 갈 태의 문을 어떻게 선택하는가?

망자의 영이 태로 달려가는 것을 막기 위해서 갖가지 막는 방법을 제공했지만, 악업의 힘에 이끌렸기 때문에 여전히 해탈을 얻을 수가 없었다. 이미 태에 뛰어드는 것을 막지 못하였다면, 이제는 태문을 신중히 선택하는 방법을 가르쳐야 한다.

태의 문을 선택하기 위한 사전 준비

먼저 붓다와 보살들을 부르면서 보호를 청하고 기도해야 한다. 뒤이어 망자의 이름을 세 번 부르면서 아래의 문장을 읽어준다.

"존귀하신 붓다의 후예여, 일심으로 귀를 기울여라. 지금까지 그대를 위해 교법을 상세히 설했지만, 그대는 여전히 깨닫지 못해서 태의 문이 막히지 않았다. 그래서 이제는 생生을 받을 때가 되었다. 다시 아주 깊고 묘한 법을 가르쳐주나니, 이 교법에 의거해서 태의 문을 선택하라. 주의해서 자세히 들어라. 그러고는 믿고 받아들이면서 잊어버리지 말라. 존귀하신 붓다의 후예여, 온갖 태어나는 곳들에는 저마다 특징이 있다. 앞으로 그 광경이 현전하면 즉각 명료히 깨달아야 하고, 어느 주洲:대륙가 비교적 뛰어난지 스스로 잘 감별해야 한다."

태어날 사대주를 인식하라

태의 문을 막는 방법이 모두 실패하면 태어날 곳의 모습이 망자의 영 앞에 나타난다. 곁에 있던 독송자는 이 순간 망자에게 네 가지 처소, 즉 '**사대주**四大洲'를 가르치기 시작한다.

사대주는 '네 개의 대륙'이란 뜻으로서 수미산 주변에 있다. 동쪽은 동승신주東勝身洲라 부르고, 남쪽은 남섬부주南贍部洲:지금 우리가 살고 있는 곳, 서쪽은 서우화주西牛貨洲, 북쪽은 북구로주北俱盧洲라 부른다. 이 사대주의 광경은 호숫가에 백조가 있고 화려한 건축물과 풍부하고 아름다운 꽃과 과일, 그리고 암수 말 한 쌍이 있고 축생의 무리가 숲에 있기도 하다.

독송자는 망자의 영에게 화려한 건물과 풍부하고 아름다운 꽃과 과일이 있는 남섬부주로 가라고 일깨워준다. 다른 세 개의 대륙은 기쁨과 즐거움, 재물이 충만하거나 장수할 수 있지만, 그러나 불법佛法이 흥성하지 않으니 가지 말라고 한다.

● 사대주

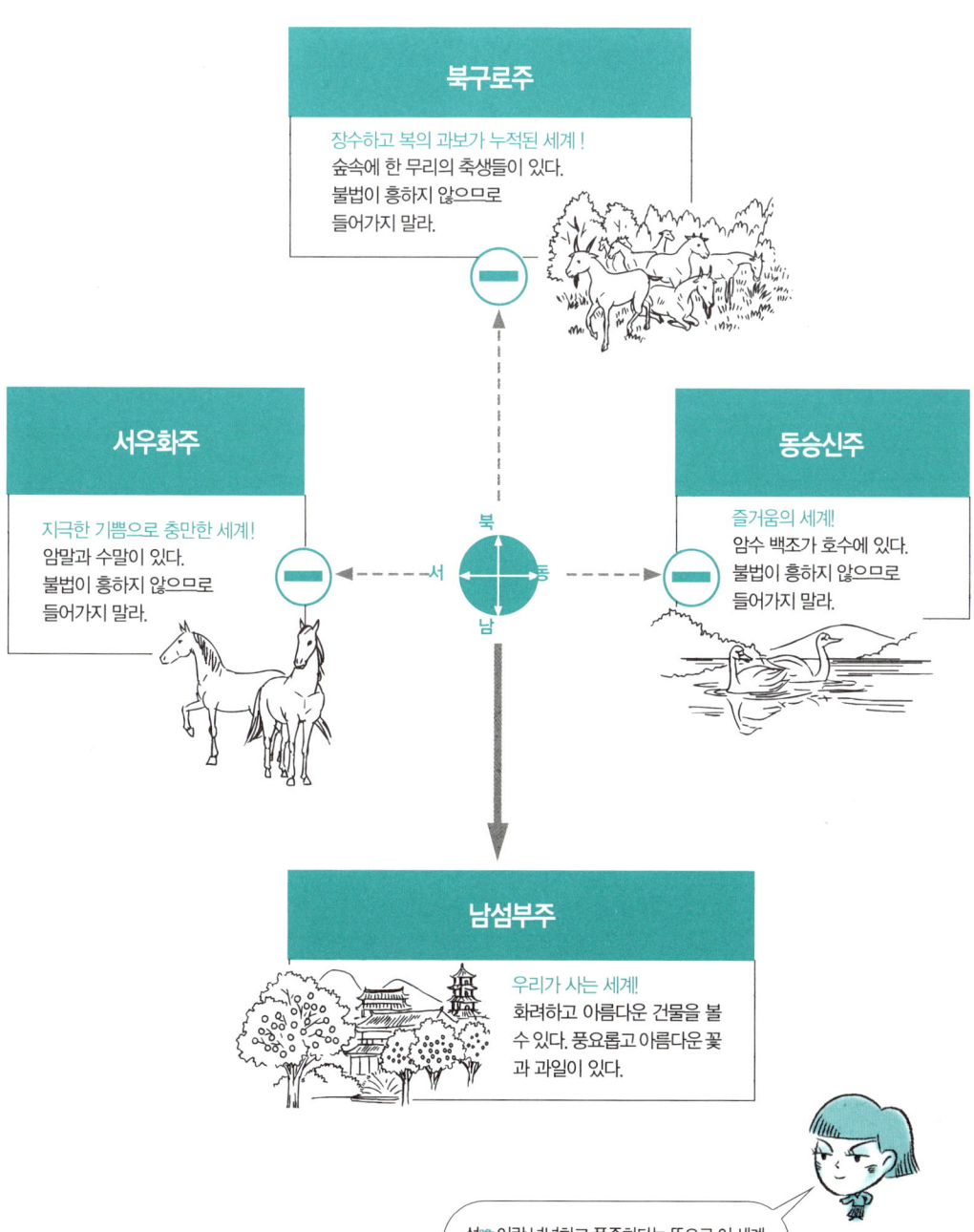

섬贍이란 넉넉하고 풍족하다는 뜻으로 이 세계의 광경을 설명해요. 이곳에서 풍요롭고 아름다운 꽃과 과일이 달린 섬부수贍部樹를 보는데, 우리가 사는 세계가 바로 이 대륙이지요.

투생 중음	윤회의 세계
19	# 육도의 광경

투생할 시간이 되면, 독송자는 망자에게 장차 태어날 육도의 광경에 대하여 상세히 알려준다. 망자에게 익숙한 인간 세계 외에도 낯선 천도, 아수라도, 축생도, 아귀도, 지옥도, 인도 이렇게 모두 육도가 있다.

육도六道

❶ 천도天道

그대가 천도에 태어나서 천신이 될 것이면, 보석으로 치장된 여러 층의 신전을 볼 것이다. 이곳에 갈 수 있다면 잠시도 망설이지 말고 가서 태어나라.

❷ 아수라도阿修羅道

아수라도에 투생해서 아수라가 될 것이면, 아름다운 숲이 보이거나 회전하는 둥근 불바퀴를 볼 것이다. 이곳은 혐오스런 곳이니, 어찌됐든 이곳으로 가는 건 단호히 거절해야 함을 명심하라.

❸ 축생도畜生道

축생도에 투생해서 축생이 될 것이라면, 안개가 자욱한 암석 동굴과 짚으로 덮은 초가가 보이니, 그곳으로 가지 말라.

❹ 아귀도餓鬼道

아귀도에 투생해서 굶은 귀신이 될 것이면, 가지만 남은 나무가 넘어져 있고, 검은 그림자가 수직으로 솟아 있고, 낮은 동굴과 검은 가리가 보인다. 명심하라! 이곳은 혐오스러운 곳이니, 멀리 벗어나서 이유 여하를 막론하고 절대로 가지 말라. 만일 이곳에 태어나면, 차마 견디기 힘든 굶주림과 갈증의 고통을 겪을 것이다.

❺ 지옥도地獄道

지옥도에 투생하게 되면, 악업으로 온갖 형벌을 당하는 사람들의 신음소리를 듣는다. 혹은 어떤 도움도 받지 못하고 방황만 하는 느낌이 드는 곳으로 달려 들어간다. 검은 대지가 보이는데, 이곳에는 흰색과 붉은색 집들이 있고, 검은 동굴과 검은 길이 보이기도 한다. 그 속으로 투생하면 지옥에 들어가서 가혹한 추위와 가혹한 뜨거움의 참을 수 없는 고통을 영원히 겪게 된다. 그러므로 절대로 그곳으로는 가지 말고 전력을 다해 피하라.

기이하고 혼란스러운 육도의 광경

천도
보석으로 지은 여러 층의 신전을 본다.
망설이지 말고 들어가서 태어나라.

아수라도
아름다운 숲이나 회전하는 둥근 불바퀴를 본다.
혐오스러운 곳이다.
들어가서는 안 된다.

인도
경전에는 특별한 설명이 없다.

인도에 태어나면 해탈할 수 있는 기회가 생겨요!

이 투생에서는 견디기 어려운 기아와 고통을 받게 됩니다.

지옥도에서는 영원히 끝나지 않은 혹독한 추위와 혹독한 열기를 겪어요.

축생도
안개가 자욱한 암석 동굴과 짚으로 덮은 초가를 본다.
가지 말아야 한다.

아귀도
가지만 남은 나무가 넘어져 있고, 검은 형태가 수직으로 솟아 있고, 낮은 동굴과 검은 가리가 보인다.
혐오스러운 곳이니 멀리 벗어나서 가지 말아야 한다.

지옥도
고통의 노랫소리가 들린다.
어떤 도움도 받지 못하고 방황만 하는 곳으로 달려 들어가거나, 혹은 검은 대지가 보이는데, 그곳에는 흰색과 붉은색 집들이 있고, 검은 동굴과 검은 길이 보이기도 한다.
전력을 다해 피하라.

축생도, 아귀도 및 지옥도를
삼악도三惡道 : 세 가지 나쁜 길이라고 한다.

투생 중음	가장 위험한 상황
20	# 목숨을 노리는 악귀가 와서 복수한다

기이하고 혼란스러운 육도의 광경이 눈앞에 나타나도, 망자의 영은 스스로 경계해야 한다. 앞으로 갈 수도 없고 뒤로 후퇴할 수도 없지만 가장 위험한 상황은 지금부터이다. 목숨을 노리는 악귀가 온갖 방법으로 공격하면서 태에 들어가라고 핍박한다.

끝없이 도망친다

이때 망자의 영은 아주 고통스럽다. 피할 수도 없는 험난한 상황에서 이리저리 떠돌아다니며 굶주림과 추위를 견뎌야 한다. 망자의 영 곁에 있는 독송자는 이때 다음과 같이 깨우쳐야 한다.

"존귀하신 붓다의 후예여, 업력의 감응으로 목숨을 쫓는 악귀追命惡鬼가 뒤에서 숨 가쁘게 쫓아온다. 몸을 주체하지 못해서 저절로 앞으로 나아가는데, 비록 원하는 바는 아니지만 정말로 어쩔 수가 없다. 그대 앞에도 목숨을 쫓는 악귀가 있으니, 마치 망나니가 형장으로 인도하는 것 같다. 동시에 눈을 어지럽히는 검은 안개가 홀연히 일어나고, 업의 감응으로 회오리바람이 일고, 비와 눈이 오락가락하고, 돌 같은 우박이 미친 듯이 떨어지고, 얼음 칼이 돌면서 춤을 추는데, 마음은 놀랍고 두려워하며 생각은 도망치려고만 한다."

안전지대를 찾아서 피신하라

이때 망자의 영은 끝없이 도망치면서 보호를 갈구한다. 바로 이때 앞에서 말한 거대한 저택과 바위 동굴, 땅굴, 숲, 연꽃의 둥근 동굴 내부 등의 광경이 망자의 생각에 따라 눈앞에 나타난다. 망자의 영은 그 속에 들어가 몸을 숨기는 동시에 이렇게 생각한다.

'지금 나갈 수 없다.'

망자의 영은 다시 중음 세계의 공포스런 상황에 처할까 봐 두려워한다. 그래서 그 속에 숨어 있다가 육신을 하나 선택하려고 하는데, 그 육신이 어떤지는 상관하지 않는다. 만일 이렇게 하면, 망자의 영은 그때부터 갖가지 고통을 받는다. 이는 악마와 사악한 힘이 방해한다는 징후이다. 바로 이때 한 단락의 심오한 가르침을 자세히 듣고서 절대로 마음을 흐트러뜨리지 말라.

목숨을 노리는 악귀가 핍박하는 광경

어쩔 수 없이 앞으로 달려간다! 멈출 수 없다!

생전의 업이 복수자가 되어 뒤에서 쫓아오고, 원수와 살수殺手가 앞에서 끌어당긴다. 또한 암흑, 회오리바람, 폭풍, 시끄러운 소리, 눈과 비, 맹렬한 우박 및 폭풍우가 망자의 영을 겹겹이 에워싸고 있다.

피난처를 찾는다.

거대한 저택, 바위 동굴, 땅굴, 숲, 연꽃의 둥근 동굴 내부 등의 광경은 모두 망자의 영이 갈망하는 피난처이다.

연꽃의 둥근 동굴 내부란 무엇일까요?

쉬밍인 선생은 티베트어에서 '연꽃의 둥근 꽃잎 속'이라고 번역을 했어요. 연꽃의 둥근 접시 모양의 구조 하나하나가 작고 둥근 동굴이 아니겠어요? 유일하게 확인할 수 있는 것은 연꽃이 순결을 상징하고 중생을 보호하는 관세음보살과 밀접한 관계가 있다는 점이죠.

투생 중음

| 투생 중음
| 21 | 목숨을 노리는 악귀에게 대응하는 방법
다섯 가지 필승 법문

목숨을 노리는 악귀의 핍박에 직면한 망자의 영에게 다섯 가지 필승 법문이 있다.

첫 번째 법문 **관상 법문** 무상 헤루카 성존聖尊, 말머리 명왕, 금강수보살이나 자신의 본존 수호신을 관상하라. 그들이 거대한 몸체와 엄청난 팔을 보여주면서 **공포스러운 분노의 모습**으로 모든 사악한 힘을 분쇄하고 **자비와 기복**祈福으로 모든 복수자를 피한다고 관상하라. 이렇게 하면 망자의 영은 태의 문을 선택할 수 있는 에너지를 얻게 된다. 이 법문은 진실하고 심오하고 신비하고 불가사의하다. 그러므로 이 법문을 명료히 깨달으라.

두 번째 법문 **대수인**大手印 **법문** 이는 삼매의 힘으로 의식체가 응집한 부정적인 에너지에 대항하는 것이다. 관상으로 인해 나타난 신들은 모두 삼매의 힘을 통해 태어난다. 중음 세계에서 사악한 정령精靈, 예컨대 아귀들은 마음대로 모습을 바꿀 수 있다. 그들은 의식체로부터 오는 다양한 변환으로 아귀나 사악한 마귀 등 갖가지 다른 환영으로 나타날 수 있다. 깊은 바닷속에서 사는 아귀와 허공을 날아다니는 아귀들, 그리고 팔만 가지 부정적인 힘은 망자의 의식체를 통해서 그들의 모습을 바꿀 수 있다. 이때 가장 좋은 대응 법문은 '공성대수인空性大手印'을 관해서 닦는 것이다.

세 번째 법문 **실체 없는 환영 같음**如幻不實**을 관해서 닦는 법** 앞서의 방법으로 되지 않으면, '실체 없는 환영 같음'을 관해서 닦아라. 일체의 만물이 환영이라고 보는 것이다.

네 번째 법문 **관세음보살이나 자신의 본존수호신을 관상하라** 앞서의 두 가지 방법도 행할 수 없으면, 어떠한 물건이든 미련을 두지 말고 다만 자신의 본존수호신이나 관세음보살을 관상하라. 그러면 보신의 불과를 증득할 수 있다.

다섯 번째 법문 **말머리 명왕을 관해서 닦는 법** 망자의 영이 투생할 때 먼저 다섯 가지 태의 문을 막는 방법을 제시하면서 어떤 태의 문으로도 들어가지 말라고 간절히 권고한다. 만일 복수자가 쫓아와서 어쩔 수 없이 태에 들어갈 수밖에 없다면, 말머리 명왕을 관상하라. 이 순간까지 온 망자의 영은 전에 없던 불가사의한 초자연적 감지 능력을 갖추게 되면서 투생할 곳 하나하나를 명료히 알 수 있다. 이때 망자의 영은 반드시 하나를 선택해야 한다.

목숨을 노리는 악귀에 대항하는 다섯 가지 법문

첫 번째 법문 — 무상 헤루카, 성존, 말머리 명왕, 금강수보살이나 자신의 본존수호신을 관상한다.

두 번째 법문 — 대수인 법문, 삼매의 힘으로 의식체가 응집한 부정적인 에너지에 대항한다.

세 번째 법문 — '실체 없는 환영 같음'을 관해서 명상한다. 혹은 본존수호신이나 관세음보살을 명상한다.

네 번째 법문 — 관세음보살이나 자신의 본존수호신을 관상한다.

다섯 번째 법문 — 말머리 명왕을 관상한다.

주의! 「중음에서 해탈을 얻는 법」의 마지막 부분에 왔어요. 최후에는 말머리 명왕이 등장하네요.

> 투생 중음
> **마두명왕을 관상한다**
22 천식으로 정토에 태어난다
> 태에 뛰어들 수밖에 없을 때 먼저 마두명왕을 관상하고 다시 선택한다. 의식을 옮겨 청정한 붓다의 세계로 가서 태어날 것인가? 아니면 청정하지 못한 윤회의 태문을 선택할 것인가?

망자가 정토에 태어나겠다고 결정했다면, 독송자가 가르치는 '천식왕생법 遷識往生法 : 의식을 옮겨서 왕생하는 법'을 자세히 듣고서 전심전력을 다해 정토로 가서 태어나라.

서방의 극락세계로 가서 한 송이 연꽃으로 태어나다
망자의 영은 독송자를 따라 읽는다

"나는 얼마나 고난을 겪었던가! 비롯 없는 겁 이래로 오늘에 이르기까지 생사의 고해 苦海에 빠져 윤회하였으니, 난 얼마나 고통스러운가! 아직도 여전히 식識과 내가 둘이 아님을 깨닫지 못해서 능히 해탈하여 불도를 성취하지 못한다. 이제 윤회를 너무 싫어해서 두렵고 염증나는 시기가 이르렀으니 시급히 버리고 여의어야 한다. 이후로는 맹세코 용감하게 앞으로 곧장 가서 서방의 극락세계에 태어나길 희구하리니, 아미타여래에게 경건히 기도해서 부처님 능력의 가피로 연꽃 속에 화생化生하리라."

이렇게 관상하면서 저 땅에 가서 태어나겠다는 그대의 염원을 굳게 지녀라.

마음을 모으면 어떠한 정토도 갈 수 있다
마음을 가다듬어서 절대로 흐트러뜨리지 않으면, 어떤 기쁘고 사랑스런 나라에라도 갈 수 있다. 예컨대 청정불토 청정한붓다의 나라, 묘락불국 묘한 즐거움의 붓다의 나라, 밀엄불국 밀밀하게 장엄한 붓다의 나라, 유엽세계 버들잎 세계, 종려수산 종려나무 산 우르겐에 있는 연꽃 궁전이다. 오직 하나의 심념에 집중하기만 하면 즉각 이 중 한 곳에 태어날 수 있다. 미륵보살의 거처인, 기쁨으로 충만한 도솔천에 도달하고 싶다면, 마음속으로 이렇게 원한다.

'지금 중음 세계에 처한 것은 바로 법왕 **미륵보살의 기쁨의 세계**로 가는 때이니, 나는 그곳으로 가기를 원한다!'

이런 염원이 있으면 바로 미륵보살 세계에서 한 송이 연꽃으로 태어날 수 있다.

천식으로 왕생하면 어느 정토로 갈 수 있는가?

선택 ❶ 서방 극락정토

아미타불의 주변에 한 송이 활짝 핀 연꽃으로 화하여 태어나요.

선택 ❷ 기쁨의 불국

❶ 청정 붓다 나라

❷ 묘한 즐거움의 불국 ➡ 동방 아촉불의 정토

❸ 밀밀하게 장엄한 불국 ➡ 색계色界 18천에서 최상층에 있는 보신불報身佛의 정토

❹ 버들잎 세계 ➡ 금강수보살과 비사문천毘沙門天의 정토

❺ 종려나무 산 ➡ 관세음보살의 정토인 보타락산普陀洛山

❻ 우르겐에 있는 연꽃이 밝은 궁전 ➡ 파드마삼바바의 정토, 다른 설명은 인도 서방 공행모의 거처이다.

선택 ❸ 미륵의 천궁天宮

미륵보살의 정토에서 연꽃 속에서 태어난대요.

투생 중음	마지막에는 태에 뛰어들 수밖에 없다
23	# 태의 문을 신중히 선택하라
	천식으로 정토에 가는 방법이 실패했거나, 태에 들어가 인간 세상에 환생하기로 결정했거나, 혹은 업력의 관계 때문에 반드시 태에 들어가야 한다면, 신중하게 태의 문을 선택해야 한다.

망자의 영은 청정하지 못한 윤회전생에 감으로써 다음의 가르침에 주의하라.

사대주에서 불법이 흥성한 곳을 살펴서 그중 하나를 선택하여 태에 들어가라

목전에 갖춘 초자연적인 신통력으로 사대주를 면밀히 살펴보고서 불법이 흥성한 곳을 선택하여 태에 들어가라. 하지만 조심하라. 배설물처럼 더러운 곳에 태어날 것 같으면, 더러운 냄새를 달콤한 향기로 볼 수 있어서 유혹에 이끌린다. 그러므로 어떠한 사물이 나타나도 경솔히 믿지 말아야 한다. 자신의 욕망과 미움의 정서를 가장 마지막에 놓고 다시 자세히 하나의 태문을 선택하라. 232쪽 참조

중생의 이익을 위해 환생한다

만일 중생의 이익을 위해 환생해서 우주의 왕이 되거나, 혹은 사라수 왕 같은 브라만 종족으로 태어나거나, 혹은 위대한 성취자의 자식으로 환생하거나, 혹은 순수하고 청정한 법맥法脈을 이은 가문에 태어나거나, 혹은 부모가 바른 믿음이 있는 가족에 태어난다면, 이는 중생의 이익을 위해 우수한 몸을 선택하는 것이다. 이럴 경우 오직 하나만을 전적으로 주시하면 즉각 원하는 태의 문으로 들어갈 수 있다. 그리고 그대가 들어가는 태문이 천신天神이 거주하는 궁전과 같기를 기원하고, 아울러 모든 붓다와 시방의 보살들이 앞으로 오기를 기도하고, 본존수호신, 특히 관세음보살에게 태에 들어가 환생하기를 간절히 기도하라.

태의 문을 잘못 선택하지 않는 비밀의 법문

태문을 선택할 때 좋은 태를 나쁜 태로 보거나, 나쁜 태를 좋은 태로 오인하는 것은 모두 업력의 영향 때문이다. 여기서 다시 한번 깨우쳐주리니, 태문이 아름다운 형상으로 나타나도 쉽게 믿지 말라. 반대로 태문이 좋지 못한 형상을 나타내도 쉽게 혐오하지 말라. 진실하고, 심오하고, 신비하고, 불가사의한 비밀의 법문을 알려주겠다. 즉 일종의 지고至高의 평형平衡 상태에 들어가라. 이 상태에서는 좋고 나쁨이 없고, 받아들임과 거부도 없고, 애욕과 미움도 없다.

어떤 사람이 반드시 태에 들어가 환생하는가?

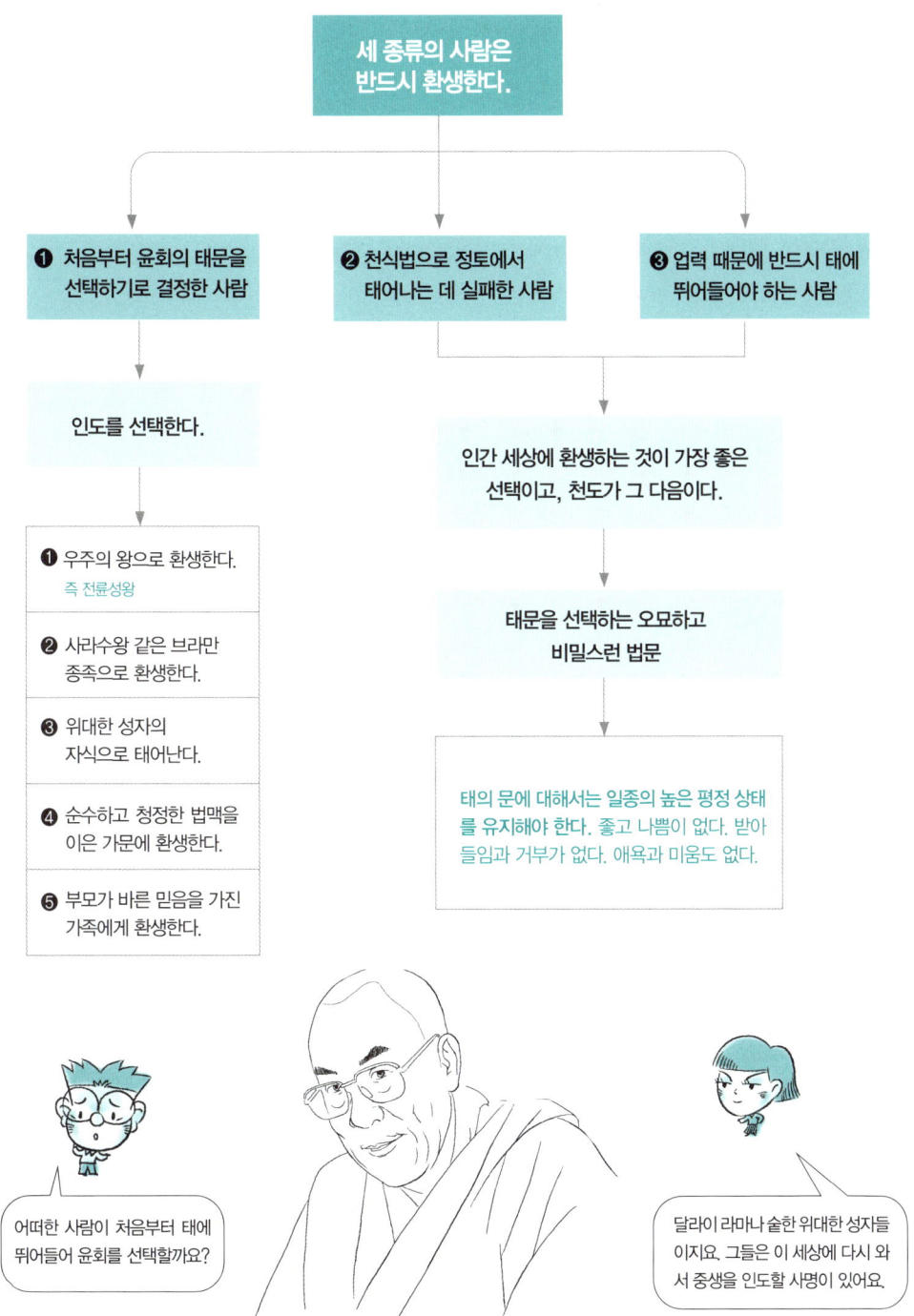

투생 중음

| 투생 중음
| 24 | 마지막 순간의 반전
축생도에서 인도로 환생할 기회가 있다

앞에서 태의 문을 선택하는 비밀 법문을 제시했다. 하지만 이 법문은 수행을 잘해서 망념을 일으키지 않는 소수의 사람들만 체험할 수 있다. 일반 중생은 업력과 나쁜 습성이 쌓인 탓에 사랑과 미움, 좋고 나쁨의 분별을 없애기가 쉽지 않다. 이제 태문에 들어갈 긴박한 순간이라 기다릴 수 없다면 어떻게 할 것인가?

가령 망자가 애증을 끊어내지 못해서 선함이 모자라고 악업이 무거우면, 당연히 가장 낮은 등급의 축생도에 떨어진다. 설사 사람으로 환생해도 심성은 짐승과 같다. 독송자는 반드시 망자의 이름을 부르면서 마지막 기회와 마지막 가르침에 각별히 주의하라고 전한다. 망자에게 사람으로 환생하면 순수하고 선량한 심성으로 해탈을 길을 가라고 한다.

최후의 가르침 삼보를 부르고 관세음보살에게 기도한다

독송자는 사자의 곁에서 간곡히 권고한다.

"존귀하신 붓다의 후예여, 그대가 아직 애착과 미움을 버리지 못했거나, 혹은 그대가 태를 선택하는 묘법을 깨닫지 못했다면, 어떤 경물이 그대 앞에 나타나든 간에 삼보에 축원을 고하여 경건히 귀의한 뒤 정성껏 성스러운 관자재에게 기도하면서 머리를 들고 앞으로 가라. 자신이 이미 중음에 떨어졌다는 걸 명료히 알라. 뒤에 남겨진 자녀를 비롯한 권속도 이미 소유所有가 아니니, 미련이나 탐심을 즉각 버려 없애라. 하얀 빛의 길이 나 있는 천도에 진입하거나, 아니면 노란빛으로 달려가서 다시 인도에 태어나라. 저 장엄한 궁전을 보고, 저 동산 숲을 보면서 마음은 감상鑑賞하고 눈은 기뻐하라. 그 길로 들어가고 돌아보지 말라."

이상의 간곡한 권고를 일곱 번 반복해서 읽어준다 이 지침은 하근기에 대한 권고이다. 이어서 네 개의 게송을 읽어준다. 모든 붓다와 보살들에게 가피加被를 기원하는 게송, 중음 세계의 위협으로부터의 보호를 청하는 착한 염원의 게송, 여섯 가지 중음 경지의 근본적인 경책 게송, 중음의 공포를 피하도록 보호를 청하는 착한 염원의 게송 303쪽 참조. 그리고 마찬가지로 일곱 번 반복해서 읽어준다.

마지막으로 『중음에서 몸을 붙여서 해탈을 얻는 위대한 법 : 5온의 자발적인 해탈』과 『일상의 수행 : 무의식의 습성에 의한 자발적 해탈』도 읽어준다.

상황을 역전시키는 최후의 법

『중음에서 해탈을 얻는 법』에서는 사랑과 미움, 탐욕과 분노를 끊어내지 못해서 원래 축생도에 태어날 중생에게 마지막으로 반전할 기회와 깨우침을 주어서 악한 세계를 벗어나도록 한다.

❶ 성심껏 '붓다, 법, 승가의 삼보'에게 보호해달라고 기원한다.

❷ 관세음보살에게 기도하면서 가슴을 펴고 머리를 들고 간다.

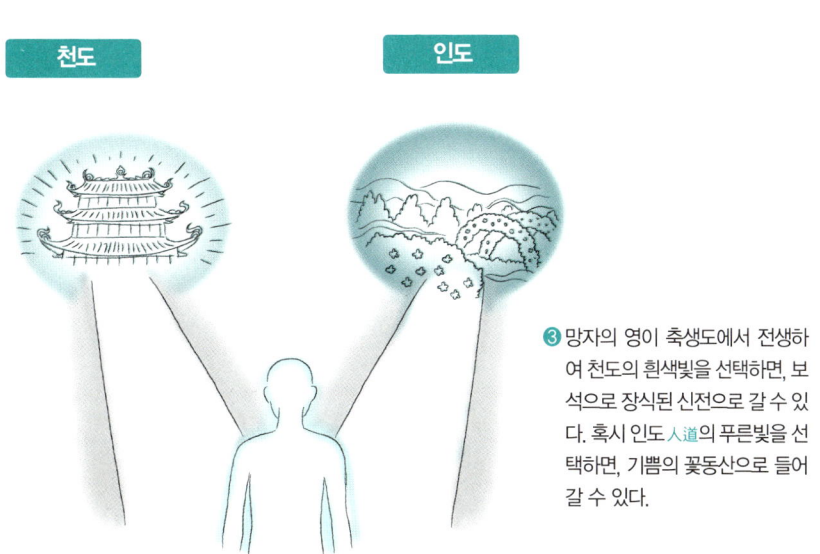

천도 / 인도

❸ 망자의 영이 축생도에서 전생하여 천도의 흰색빛을 선택하면, 보석으로 장식된 신전으로 갈 수 있다. 혹시 인도 人道의 푸른빛을 선택하면, 기쁨의 꽃동산으로 들어갈 수 있다.

투생 중음

맺음말 1. 근기마다 다른 해탈 법문이 있다

근기가 다른 자는 운용하는 해탈 방법도 다른데, 여섯 등급으로 나눌 수 있다.

최상의 근기를 가진 요가 수행자는 임종 중음의 단계에서 천식법遷識法;破瓦法을 통해 바로 해탈을 얻으므로 중음 세계에서 헤매거나 표류할 필요가 없다. 다시 말해서 그들은 중음의 위험한 경계를 완전히 벗어난 것이다.

두 번째 등급으로 여전히 소수의 청정한 빛을 체험한 자가 있다. 그들도 임종 단계에서 붓다의 경계에 도달하므로 역시 중음의 험난한 경지를 벗어난 것이다.

세 번째 등급의 망자에게는 업력의 작용에 따라 적정 존자들과 분노 존자들이 나타나고, 연이어 몇 주일씩 환영이 나타난다. 결국 실상 중음의 단계에서 적당한 기회를 잡아 해탈한다.

네 번째 등급은 착한 업이 적고 악한 업이 많은 자이다. 수많은 착오에 속았기 때문에 이들은 투생 중음에서도 방황하고 표류한다. 하지만 『중음에서 해탈을 얻는 법』은 여전히 많은 가르침을 제공하고, 곁에서 그들이 깨달을 수 있도록 도와준다. 설사 한 번 실패해도 다시 한번 기회를 주어서 해탈할 때까지 지속된다.

다섯 번째 등급의 사람은 복의 과보가 차이나는 탓에 깨닫지를 못하고 끝내 공포에 압도된다. 하지만 이런 사람에게도 『중음에서 해탈을 얻는 법』에서는 여전히 태문을 선택하는 가르침을 주고, 순차적으로 다른 가르침도 한량없는 공덕의 최고 경계에 도달할 때까지 하나씩 하나씩 제시한다.

여섯 번째 등급은 축생과 같은 자이다. 삼보에 기도한 공덕으로 악한 세계로부터 방향을 돌이켜 사람 몸을 선택할 수 있고, 자유와 향상의 기회를 얻을 수 있다. 다음 생에서도 존귀하고 성스러운 구루나 정신적인 벗을 만나서 그들의 인도로 해탈에 이를 수 있다.

중음 해탈의 여섯 단계

『중음에서 해탈을 얻는 법』의 마지막에서는 망자의 근기 차이에 따라 여섯 가지 해탈의 등급을 제시하고 있다. 이는 임종 중음, 실상 중음, 투생 중음에서 해탈을 얻는 것으로 나뉜다.

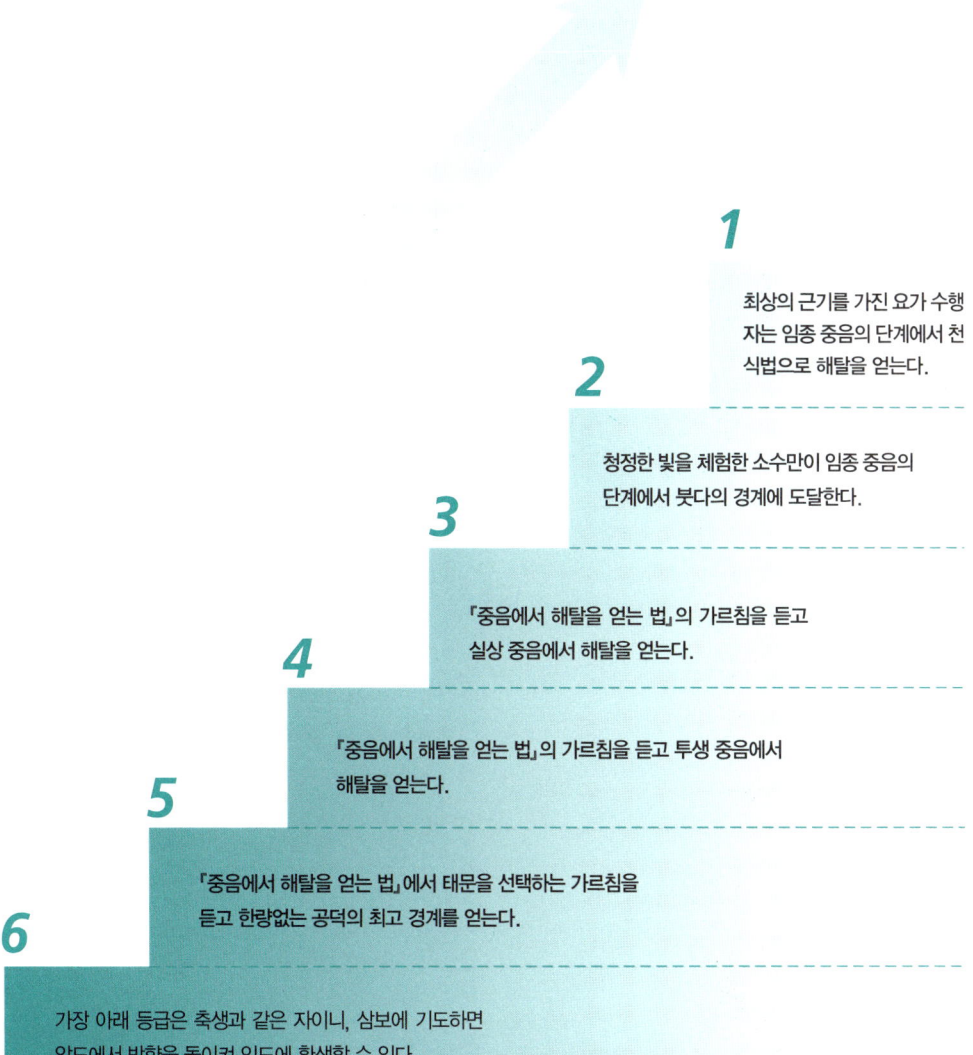

1. 최상의 근기를 가진 요가 수행자는 임종 중음의 단계에서 천식법으로 해탈을 얻는다.

2. 청정한 빛을 체험한 소수만이 임종 중음의 단계에서 붓다의 경계에 도달한다.

3. 『중음에서 해탈을 얻는 법』의 가르침을 듣고 실상 중음에서 해탈을 얻는다.

4. 『중음에서 해탈을 얻는 법』의 가르침을 듣고 투생 중음에서 해탈을 얻는다.

5. 『중음에서 해탈을 얻는 법』에서 태문을 선택하는 가르침을 듣고 한량없는 공덕의 최고 경계를 얻는다.

6. 가장 아래 등급은 축생과 같은 자이니, 삼보에 기도하면 악도에서 방향을 돌이켜 인도에 환생할 수 있다.

맺음말 2

'들음'은 신기한 힘의 열쇠이다

투생 중음 단계에서 망자가 가르침을 얻을 수 있다면 착한 업의 힘을 연장할 수 있으니, 이는 마치 끊어진 수로水路에 파이프를 이어놓는 것과 같다. 그리고 망자의 영이 가르침을 얻는 열쇠는 바로 '듣는' 것이다.

극악한 큰 죄를 지은 사람이라도 『중음에서 해탈을 얻는 법』을 듣기만 해도 해탈을 얻는다. 이는 중음의 세계에서 적정 존자들, 분노 존자들이 일체의 자비심으로 망자의 영을 맞이하여 인도하기 때문인데, 이와 동시에 분노와 부정적인 에너지도 나타난다.

이때 망자의 영은 가르침을 자세히 듣기만 하면 바로 원래의 부정적인 태도를 전환해서 해탈을 얻을 수 있다. 중음 세계에서 이 영향력은 특별히 쉽게 도달하는데, 망자의 영이 피와 살을 지닌 육체가 없는 의식체이기 때문이다. 그래서 중음 세계에서는 아무리 먼 곳을 헤매고 있더라도, 업력의 영향 때문에 망자의 영은 불가사의한 신통력과 초자연적인 감지 능력으로 귓가에 도달한 가르침을 들을 수 있다.

따라서 이 위대한 법을 읽어주면 망자의 영을 순식간에 깨닫게 할 수 있고, 아울러 그의 심식에도 즉각 영향을 미친다.

이 신기한 힘은 마치 고삐를 잡고 말을 모는 것과 같으며, 투석기로 큰 돌을 가볍게 던질 수 있는 것과 같다. 또한 움직이기 힘든 거대한 통나무를 물 위에 띄우기만 해도 물길 따라 어느 곳이든 짧은 시간에 운송할 수 있는 것과 같다.

들음의 효력

'들음'의 비유

『중음에서 해탈을 얻는 법』에서 처음부터 마지막까지 거듭 강조하는 것은 이렇다. '듣는' 것은 천지를 바꾸는 신기한 힘을 갖추고 있으니, 이는 중음 세계에서 해탈을 얻는 열쇠이다. 가르침을 듣는 것으로 착한 업의 힘을 연장하는데, 이는 마치 끊어진 수로에 파이프를 이어주는 것과 같다.

끊어진 수로에 파이프를 이어주다.

'들음'의 효력

『중음에서 해탈을 얻는 법』에서는 듣기만 해도 부정적인 태도를 긍정적인 태도로 바꾸어 해탈을 얻을 수 있다고 말한다. '듣는' 것의 신기한 힘을 다음 세 가지로 비유한다.

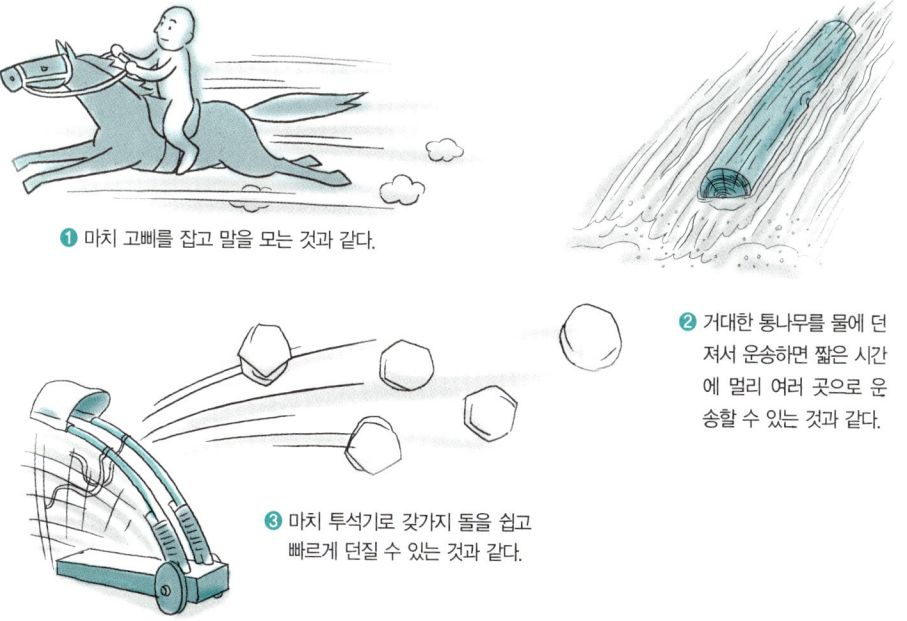

❶ 마치 고삐를 잡고 말을 모는 것과 같다.

❷ 거대한 통나무를 물에 던져서 운송하면 짧은 시간에 멀리 여러 곳으로 운송할 수 있는 것과 같다.

❸ 마치 투석기로 갖가지 돌을 쉽고 빠르게 던질 수 있는 것과 같다.

맺음말 3 | 망자의 가족과 독송자에게 주는 마지막 부탁

『중음에서 해탈을 얻는 법』의 마지막에서는 망자의 가족과 독송자에게 중요한 점을 일깨워준다. 그들은 중음의 과정에서 진정으로 망자의 영을 도와주는 사람이다.

망자의 가족에게 주는 부탁

유체遺體 옆에 친구를 앉히고 세상을 떠난 사람에게 '인도하는 글'을 자세히 한 번 또 한 번 피와 농액이 콧구멍으로 흘러나올 때까지 들려주어야 한다.

유체를 만지지 말아야 한다.

법문을 읽어주는 의식에서 동물을 제사용으로 쓰지 말아야 한다. 또한 망자의 영 곁에서 가족과 친구들은 소리 내어 울지 말아야 하고, 애도의 소리도 내지 말아야 한다. 최대한 망자를 위해 선행을 해야 한다.

독송자에게 하는 권고

❶ 『중음에서 가르침을 듣는 것으로 해탈을 얻는 위대한 법』은 아주 좋은 가르침이다. 동시에 마지막 부분에서 다른 가르침과 결합하면 효과를 높일 수 있다.

❷ 독송자는 이 위대한 법을 평소에도 늘 읽어야 하고, **내면의 마음에서는 글자의 행간에 있는 뜻에도 익숙해야 한다.**

❸ 죽음의 시기가 확정되고 죽음의 징후들이 분명히 나타났을 때, 상황이 허락한다면, 임종자 스스로 큰 소리로 독송하고 관조하는 것이 최상이다. 그러나 스스로 독송할 수 없다면, 사형이나 사저에 부탁해서 독송해도 필경 해탈을 얻을 수 있다.

❹ 이 가르침은 어떤 특별한 훈련도 필요하지 않다. 이 심오하고 비밀스런 위대한 법은 **보거나, 듣거나, 읽기만 해도 모두 해탈을 얻을 수 있다.** 이 가르침은 크나큰 죄를 지은 자라도 비밀 통로를 향해 가도록 인도할 수 있다.

❺ 문자나 글귀에 함축된 뜻을 잊지 않기만 해도 일곱 마리의 악한 개들이 쫓아올지라도 임종중음에서 해탈을 얻을 수 있다. 설사 과거, 현재, 미래의 붓다들이라도 이보다 훌륭한 가르침을 찾지는 못하리라.

중생에게 이익을 주는 위대한 법

중음의 가르침은 중생을 해탈시킨다. 그 불가사의하고 가장 깊은 곳의 정수는 '가르침을 듣는 것으로 해탈하는 위대한 법'이다. 이 보물은 카르마 링파가 감포다르 산에서 발굴한 것이니, 불법과 중생에게 유익하기를 기원하노라.

죽음의 과정을 보여주는 지도

태어남이 있으면 자연히 죽음도 있으니, 생사윤회는 마치 자동차의 바퀴가 굴러가는 것과 같아서 잠시도 쉬지 않는다. 8세기의 옛 경전인 『중음에서 해탈을 얻는 법』은 죽음의 과정에서 만나는 갖가지 광경을 상세히 기록하고 있으며, 아울러 끊임없이 망자에게 윤회를 벗어나 해탈을 얻는 방법을 제시하고 있는데, 그 과정이 복잡하고 묘사는 은밀하다. 여섯 쪽에 달하는 지도를 보면, 죽음의 과정이 갖는 구조를 명백히 파악할 수 있다. 죽음의 과정은 세 단계로 나뉘는데, 임종 중음, 실상 중음 그리고 투생 중음이다.

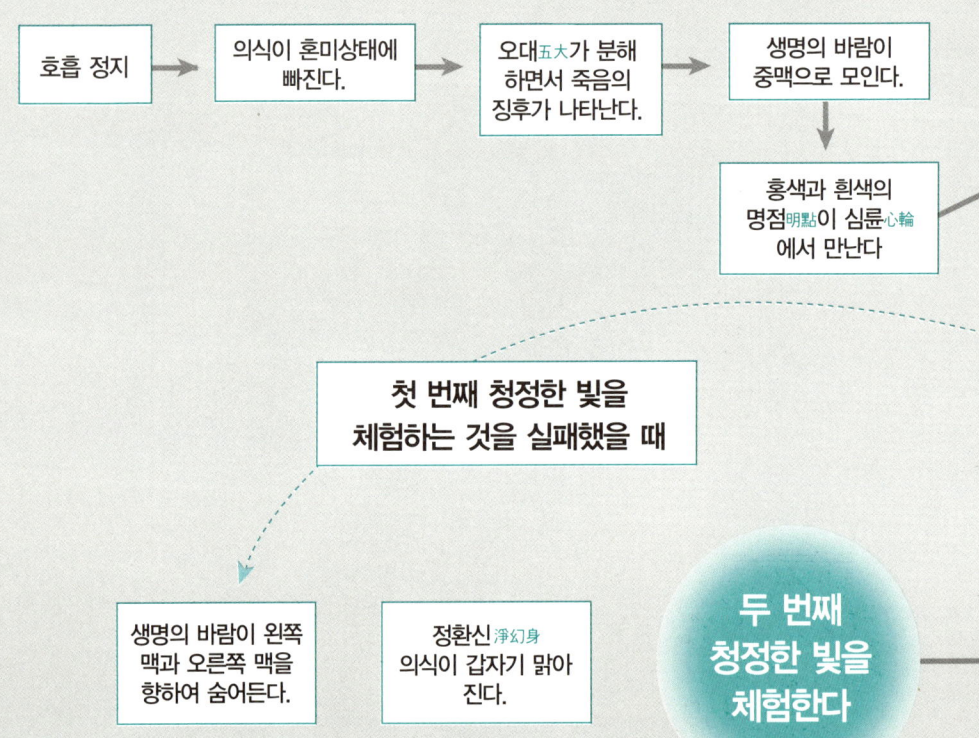

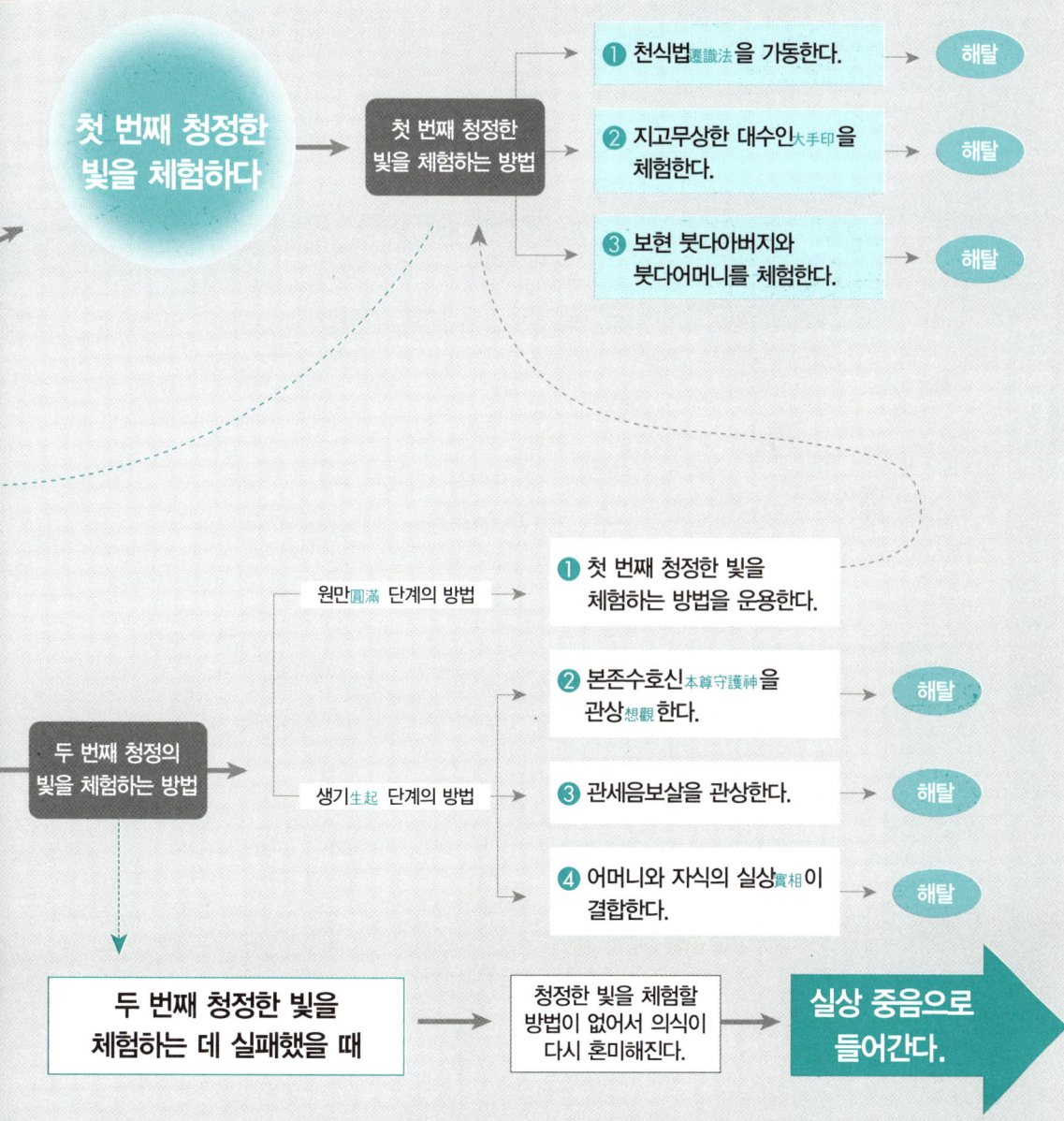

실상 중음

죽음의 과정 생 → 임종 중음 → 실상 중음 → 투생 중음 → 생

실상 중음의 해석은 이 책 '제3편 실상 중음'을 보라. 92쪽에서 186쪽까지

적분寂忿 존자의 환영

분노忿怒 존자의 환영

일곱째 날의 환영	여덟째 날의 환영	아홉째 날의 환영	열째 날의 환영	열하루째 날의 환영	열둘째 날의 환영	열셋째 날의 환영	열넷째 날의 환영
적분 존자 10분, 지명주존 持明主尊	분노 존자 2분, 대영광 헤루카	분노 존자 2분, 금강부 헤루카	분노 존자 2분, 보부 헤루카	분노 존자 2분, 연화부 헤루카	분노 존자 2분, 업부 헤루카	분노 존자 16분, 가우리 여신, 피사치 여신	분노 존자 34분, 4명의 문을 지키는 호법護法, 28명의 요가 여인, 대흑천, 염마법왕

지명주존이 발하는 지혜의 빛, 부드럽고 온화한 축생도의 초록빛

- 지명주존의 정토에 도달한다
- **축생도에 투생한다**
- 보신불報身佛의 과보를 증득할 수 있다
- **아홉째 날의 시험**
- 보신불의 과보를 증득할 수 있다
- **열째 날의 시험**
- 보신불의 과보를 증득할 수 있다
- **열하루째 날의 시험**
- 보신불의 과보를 증득할 수 있다
- **열둘째 날의 시험**
- 보신불의 과보를 증득할 수 있다
- **열셋째 날의 시험**
- 신들이 모두 의식활동의 투사임을 체득한다
- **열넷째 날의 시험**
- 중앙의 정토에 도달한다

투생 중음으로 들어간다 →

투생 중음

의식체가 다시 혼미해지면서 5일 후에 깨어난다

↓

몸과 완벽한 감각기관의 의식을 갖고 있다

일곱 가지 체험

❶ 신통력이 생겨서 어느 곳이든 갈 수 있다.
- **대책 ❶** 신통력을 탐내거나 집착하지 말라.
- **대책 ❷** 스승에게 보호를 기도하라.

▼

❷ 일곱 가지 험난한 경지의 환상을 체험한다.
- ❶ 가족과 친구들이 우는 것을 보지만, 그들의 반응은 없다.
- ❷ 깃털처럼 업의 바람에 따라 표류한다.

▼

❸ 명계冥界의 심판.
- ❶ 선을 맡은 신과 악을 맡은 신의 심판.
- ❷ 염라대왕이 업의 거울을 갖고서 심판한다.

▼

❹ 자신의 장례식을 보면 분노와 원망의 마음이 생긴다.
- ❶ 동물을 제사용품으로 쓰는 모습을 보다.
- ❷ 유산이 분배되는 것을 바라본다.

▼

❺ 육도의 업력業力이 다가와서 망자의 영이 태胎에 뛰어들어 환생할 것을 유혹한다.
- 육도의 빛이 태에 뛰어들기를 유혹한다.
- 태문胎門으로 달려가는 것을 막는다.

▼

❻ 목숨을 노리는 악귀가 와서 복수한다.
- **대책 ❶** 여러 존자들을 관상하라.
- **대책 ❷** 대수인법

▼

❼ 천식遷識으로 왕생하거나 태에 들어가 인도人道에 태어난다.
- 천식이 성공하면 세 가지 종류의 정토에 갈 수 있다.
- 천식이 실패하면 태에 들어가 인도에 태어날 길 선택할 수 있다.

죽음의 과정 생 → 임종 중음 → 실상 중음 → **투생 중음** → 생

투생 중음의 해석은 이 책 '제4편 투생 중음'을 보라. 190쪽에서 244쪽까지

대책 ❸
관세음보살을 관상하라.

❸ 맹렬한 업의 바람과 암흑의 부르짖음이 들려온다.

❹ 나찰이나 맹수에 쫓기는 환상을 겪는다.

❺ 행복한 느낌과 즐거움도 없고 고통도 없는 느낌.

❻ 표류하는 의식체는 한순간도 쉴 수 없는 고통을 견뎌야 한다.

❼ 하나의 몸을 찾으려 한다.

❷ 독송하는 법도가 부당함을 살펴서 깨닫는다.

다섯 가지 태를 막는 법.

태문을 닫는 데 실패하면 환생할 곳의 광경이 앞에 나타난다.

정확한 태문을 선택하는 방법.

대책 ❸
일체가 실체가 없는 환영 같다고 관해서 닦는다.

대책 ❹
관세음보살이나 본존 수호신을 관상하라.

대책 ❺
마두명왕을 관하여 닦아라.

인도에 뛰어들어가 태어나는 방법.

주요 영역본 소개

연도	책명	역자
1927년	『The Tibetan Book of the Dead』	라마 카지 다와삼둡
1975년	『The Tibetan Book of the Dead』	초감 트룽파 린포체
1982년	『Bardo Teachings The Way of Death and Rebirth』	라마 로드뢰
1992년	『The Tibetan Book of Living and Dying』	소갈 린포체
1997년	『The Profound Dharma of Natural the Peaceful and the Wrathful Liberation through Contemplating』	갸트룰 린포체

편집자	소개
에번스 웬츠	1. 최초로 신비한 티베트 경전을 서양에 소개하였다. 2. 서양의 생사관에 거대한 영향을 미쳤다. 3. 정확하지 못한 번역과 임의로 경문을 고쳐 쓴 곳이 많다. 4. 편집자가 장편의 서문과 상세한 주석을 달았다.
프란체스카 프레맨틀	1. 탄탄하고 믿을 만한 번역으로 유창한 현대 용어를 사용하였다. 믿을 만한 영문 번역서. 2. 어렵고 이해하기 힘든 '불교 용어'를 심리학의 '읽을 수 있는 문체'로 전환하였다.
	1. 요약본으로 읽는 시간이 짧고 가볍게 읽을 수 있다.
패트릭 가프니 앤드류 하베이	1. 죽음에 대한 '티베트 불교'와 '현대의학'의 이해와 실천을 성공적으로 연결하였다. 2. 소설 문체로 묘사하여 독자가 쉽게 읽을 수 있고 자연스럽게 어려운 종교 사상을 접한다.
	1. 영문판본 가운데 가장 잘 번역된 책이다.

주요 영역본과 적합한 독자

세상에는 생사 문제에 관한 티베트의 서적들이 상당히 많아서 최소한 30종 이상의 판본이 있다. 이 책을 집필하면서 몇몇 대표적인 판본을 선택해서 자료를 정리하고 서류를 작성하였다. 그리고 자료를 비교 분석해서 최종적으로 다섯 가지 판본을 선택해 독자들에게 보충 도서로 추천한다. 이 다섯 가지 판본은 서로 다른 필요성을 가진 독자들을 위해 제시하는 것이므로 아래의 글에서는 각각의 책에 적합한 독자와 추천 이유를 설명한다.

1. 처음으로 티베트에서 말하는 삶과 죽음의 문제를 접한 독자에게

『The Profound Dharma of Natural Liberation through Contemplating the Peaceful and the Wrathful』
갸트룰 린포체, 1997년

추천 이유: 완벽한 삶과 죽음의 개념을 제공한다. 불교의 어렵고 난삽한 옛 번역의 문제를 피하고 현대인이 읽기 적합한 스타일을 구사하고 있다.

2. 영어 문장에 익숙한 독자에게

『The Tibetan Book of Living and Dying』
소걀 린포체, 1992년

추천 이유: 소설식 문체를 구사해서 생동감 있고 활발하다. 아울러 서양의 생활 어휘가 녹아들어 있기 때문에 영문을 읽을 수 있는 사람은 직접 원문이 담긴 판본을 읽어보길 권한다. 상당히 큰 수확을 거두어서 인식이 넓어질 것이다.

3. 삶과 죽음의 문제에 깊이 연구해 들어가고 싶지만, 구역舊譯 판본의 오류에 곤혹감을 느낀 독자에게

『The Tibetan Book of the Dead』
초감 트룽파 린포체, 1975년

추천 이유: 티베트 원문에서 영문으로 번역하였다. 문체가 유려할 뿐만 아니라 구역의 오류도 해결했기 때문에 정확하고 믿을 수 있는 영문 번역판이다.

4. 시간이 한정된 독자에게

『Bardo Teachings _ The Way of Death and Rebirth』
라마 로드뢰, 1982년

추천 이유: 핵심을 농축하고 있고 논리가 정연해서 바쁜 현대인에게 적합하다.

5. 처음 읽는 독자에게. 다만 본문의 오역에 유의해야 한다.

『The Tibetan Book of the Dead』
라마 카지 다와삼둡 역, 에번스 웬츠 편집, 1927년

추천 이유: 비록 오류가 적지 않지만, 에번스 웬츠의 장문에 걸친 '이끄는 말'과 상세한 주석이 있어서 읽을 만한 가치가 높다.

주요 영역본 깊이 알기

『중음에서 가침을 듣는 것으로 해탈을 얻는 위대한 법』은 1927년 최초로 서양에 영문 번역된 이래로 지금까지 약 80년 동안 30여 종의 판본이 출판되었다. 이렇게 많은 판본 중에서 특별히 설명할 것은 다음의 다섯 가지 중요한 판본이다.

1. 1927년 발행한 『The Tibetan Book of the Dead』

먼저 논의해야 할 책은 1927년에 발행한 『The Tibetan Book of the Dead』이다. 이 책은 티베트 학자 **라마 카지 다와삼둡**이 티베트어에서 영문으로 번역하였다. 그리고 그와 협력한 **미국인 영문 편집자 에번스 웬츠** Dr. W.Y. Evans Wentz 박사는 이 신비의 티베트 경전을 서양에 소개하는 데 성공하였다(한국에는 『티베트 사자의 서』로 소개되었다. - 옮긴이).

이 책은 유럽과 미국에서 출판되자마자 놀라운 판매량을 기록하였고, 그 후에도 지속적으로 재발간되었다. 영문 판본만 해도 적어도 50만 부 유럽 언어, 일본어, 중국어 판본은 제외가 인쇄되었다. 이 책은 서양의 생사관에 엄청난 영향을 미쳤으며 이 책을 읽은 서양 사람이 티베트 사람보다 더 많다.

여러 판본을 분석하는 과정에서 이 책의 가장 큰 장점은 편집자의 노력이다. 에번스 웬츠 박사는 자신의 관점을 억제하면서 본인이 더 많이 알고 있더라도 편집자가 지켜야 하는 본분을 엄격히 지켰다. 라마 카지 다와삼둡의 번역에 있는 많은 의문점 실제로 번역이 근본적으로 틀렸다에 대해서도 편집자는 멋대로 고치지 않고 장문의 서론 및 상세한 주석으로 보충하였다. 이 상세한 주석은 티베트 사상에 익숙하지 않은 서양 독자들이 순조롭게 이해할 수 있도록 성공적인 도움을 제공하였다. 솔직히 그 가치는 다와삼둡의 원문 번역을 능가한다.

에번스 웬츠는 세계적으로 유명한 학자들에게 이 책을 위한 장문의 서론을 부탁했는데 예를 들면 힌두교 학자 존 우드로프를 초청해서 '죽음의 과학'에 대해 인도 고대부터 내려온 유사한 비밀교법을 서술하게 하였다. 에번스 웬츠는 또 세계적인 석학이자 독일계의 라마 아나가리카 고빈다 Lama Angarika Govinda의 글도 받았다. 고빈다 라마의 역사적 위치는 아주 중요하다. 그는 20세기 "불교계의 가장 위대한 해설자, 사상가, 선사禪師 대사 중 한 분"으로 인정받고 있다. 그리고 스위스의 심리학자 칼 융 Carl Gustav Jung, 1875~1961의 추천과 찬양은 이 책의 보급에 결정적인 영향을 미쳤다. 융은 이 책에 심리학적인 해설과 논평식 서문을 썼다. 이 책에 대한 융의 최종적 결론은 자신의 분석 모형模型을 결합한 것이다. 그는 "실상 중음의 붓다와 보살들의 세계는 사실상 자아 내부의 집단무의식"이라고 하였다.

그러나 이 책에도 많은 문제점들이 있었다. 당시 다와삼둡은 원문의 내용을 여러 차례 보태거나 잘라냈다. 정확하지 않은 번역과 멋대로 고친 곳이 여러 곳에 나타나 있었다. 특히 오대와 오온의 순서, 방위 및 색상의 대응과 여러 신의 명칭은 많은 논쟁을 남겼다. 실제로 편집자 에번스 웬츠 박사는 당시 이런 문제점을 발견했지만 역자의 문장을 그냥 둔 채 주해의 방식으로 편집자의 시각을 보여주었다. 유감스럽게도 지금까지 많은 번역서가 이 구역본에 의존했기 때문에 다와삼둡이 범한 착오를 거듭하였다.

2. 1975년에 발행한 『The Tibetan Book of the Dead』

　48년이 지난 후 구역본의 착오를 수정한 새로운 번역본이 세상에 나왔다. 이 번역본의 역자는 **초감 트룽파 린포체**Chogyam Trungpa, Rinpoche이다. 그는 젊은 시절 티베트에서 기초 학문을 닦은 뒤 인도로 망명하였으며, 1963년에 영국 옥스퍼드 대학에서 공부하였다. 그리고 1967년부터 유럽과 미주 지역에서 불법을 전파하고 샴발라 출판사를 운영하였다. 이 새로운 판본의 『티베트 사자의 서』 편집자는 **프란체스카 프레맨틀**Francesca Fremantle이다. 이 책은 실속 있고 믿을 만한 영문 번역본이지만, 아직 한국어 번역본은 없다. 주목할 점은 어렵고 이해하기 힘든 '불교 용어'를 심리학적인 '읽을 수 있는 문체'로 전환하였다는 것이다. 예를 들면 육도윤회를 '본능의 여섯 가지 형식different types of instinct'으로 묘사하고, 차가운 지옥계는 '의사소통을 완전히 거절한 침습the aggression which refuses to communicate at all'으로 묘사하며, 축생계의 특징은 '유머감각의 결여characterized by the absence of humor'로 번역하였다. 하지만 정확성이 아주 높은 새로운 번역본도 그 판매량은 옛 번역본보다 못해서 세인들의 이목을 끌지 못했다.

3. 1992년에 발행한 『The Tibetan Book of Living and Dying』

다음으로 출판한 책은 1992년 서양에서 출판한 『The Tibetan Book of Living and Dying』이다. 이 책은 서양에 거대한 영향력을 발휘하였고 한국에도 번역되었다. 이 책의 저자는 서양 문화에 익숙한 티베트 사람 **소걀 린포체**Sogyal Rinpoche이다. 본문의 서술에서도 알 수 있듯이, 이 책은 티베트인이 아니라 서양 독자들의 입장에서 출발하였다. 이 책의 가장 뛰어난 점은 서양 의료계에서 성행하고 있는 '임종의 보살핌'의 시각에서 『티베트 사자의 서』를 '인류 공동의 삶과 죽음에 관한 서적'으로 자리매김한 것이다.

이 책의 가장 큰 공헌은 죽음에 대한 '티베트 불교'와 '현대의학'의 이해와 실천을 성공적으로 연결시킨 점이다. 저자는 독자가 부지불식간에 어려운 종교 사상을 이해할 수 있도록 '소설적 문체'로 서술하여 쉽게 읽을 수 있게 하였다. 그는 서로 관계가 없어 보이는 용어로 '티베트 고대문화'와 '서양의 현대생활'을 교묘하게 융합하였다. 예를 들면 '천계天界'에 대하여 언급할 때는 캘리포니아 주의 푸른 하늘과 바다의 수상스키활동, 요가의 운율로 독자들의 상상을 이끌어갔다. 싸우기 좋아하고 용감한 '아수라계'는 월가의 금융 경쟁에 비유하고 있고 백악관 사무실의 재빠른 발걸음 소리에 비유하기도 했다. 그 외에도 방대한 대기업의 탐욕을 '아귀도'에 비유하여 설명하였다. 이러한 서술은 서양 독자들의 가슴에 와닿았고 아주 뛰어난 책으로 평가받았다.

중음에서 가르침을 듣는 것으로
해탈을 얻는 위대한 법

🏵 제1권 임종 중음과 실상 중음

공경의 예禮
법신法身이신, 불가사의한 한량없는 빛의 붓다에게 큰절합니다.
보신報身이신, 연꽃 존자, 안락 존자, 분노 존자에게 큰절합니다.
응신應身이신, 모든 생명을 보호하는 청정하고 거룩하신 파드마삼바바에게 큰절합니다.
우리 종교의 삼신三身과 구루에게 큰절합니다.

인도하는 말
여기서는 『중음에서 가르침을 듣는 것으로 해탈을 얻는 비밀의 법』을 펼쳐 보이고 있다.
평범한 청신사淸信士:구도자들이 중음에 있을 때 이 법을 들으면 단박에 마음의 자유를 얻는다. 이 비밀의 법은 세 가지로 나누어져 있으니, 수행의 차제次第:단계와 제목과 같은 가르침과 마지막 결론이다. 수행의 단계는 모든 생명 있는 것들의 해탈을 위한 근본이니, 먼저 순서에 따라 실제로 단련해서 능숙하게 익혀야 한다.

천식법遷識法
뛰어난 지혜를 가진 청신사가 수행의 차제를 배우고 익히면 반드시 생사의 속박을 벗어날 수 있다. 만약 속박을 벗어나지 못했다면, 임종 중음에 있을 때 생전에 천식遷識을 닦아 익힌 걸 기억하는 것만으로도 법대로 행해져서 자연히 해탈한다.
평범한 청신사는 이 보리도菩提道를 닦는 것으로도 능히 생사의 속박을 벗어날 수 있다. 만약 벗어나지 못했다면, 응당 실상 중음에 있는 동안 이 『중음에서 가르침을 듣는 것으로 해탈을 얻는 비밀의 법』을 변함없는 마음으로 받아들여야 한다. 따라서 망자는 우선 『죽을 때 나타나는 특징들을 낱낱이 관찰해서 스스로를 구원하는 교법』에 의거하여 죽어가는 몸을 주도면밀하게 관찰해서 죽음의 특징을 점점 발견해나가야 한다. 관찰이 끝나면 반드시 천식을 실시해야 한다. 이 교법을 기억하는 것으로도 속박에서 벗어날 수 있다.

염송念誦[1] 하는 법을 알아야 한다
신식神識[2]의 옮겨감이 효율적으로 이루어졌다면, 이 비밀의 법을 염송할 필요가 없다. 그러나 효과가 없었다면, 망자의 유체遺體 곁에서 이 비밀의 법을 염송해주어야 한다. 읽어줄 때는 정확하고 분명하도록 힘써야 한다. 만약 유체가 없다면, 염송하는 스승은 응당 망자가 생전에 쓰던 탁자나 의자를 차지한 채 그 속에서 진실한 법력法力을 천명해주어야 한다. 그다음엔 망자의 영혼을 불러서 그가 마치 곁에서 듣고 있는 것처럼 상상하면서 염송한다. 이때 친족이나 벗은 통곡하거나 흐느끼지 말아야 한다. 사자의 영혼에 불리하기 때문이다. 유체가 그대로 있다면 응당 망자의 호흡이 끊어졌을 때 라마喇

---

[1] 일심으로 염念 하면서 외우는 일
[2] 신령한 식識. 흔히 사후에 영혼이 천국이나 지옥으로 간다고 말하는데, 불교에서는 사후에 어느 곳을 가든 식識이 변천하는 것이라고 본다. 이 식이 신령스럽기 때문에 '신식'이라고 한다.

朕나, 망자 생전의 스승, 망자가 믿던 도반法侶, 망자 생전의 가까운 친구 등이 귀에 닿지 않도록 대고서 염송한다.

염송법의 실시

능력이 된다면 광대한 공양을 아주 정성껏 마련해서 삼보三寶에 공경히 바치고, 그럴 수 없다면 어떤 물건이든 일심一心으로 사유할 만한 것을 준비해서 광대하고 무한한 공양을 바치며 공경히 절을 해야 한다. 그다음에는 '모든 붓다와 보살들의 도움으로 이루어지길 간절히 기원하는 주문'을 일곱 번이나 스물한 번을 염송한다. 그다음에는 '중음에 있을 때 두려워하지 않도록 도움을 청하는 주문'과 '망자가 업에 의해 타락하지 않도록 중음에서 건져내주길 청하는 주문', 동시에 '여섯 가지 중음의 경책하는 말'을 분명하면서도 정확한 억양으로 염송해야 한다. 마지막으로 이『중음에서 가르침을 듣는 것으로 해탈을 얻는 비밀의 법』을 때와 장소에 따라서 일곱 번이나 스물한 번 염송해야 한다. 이 경전은 첫째, 망자가 죽음의 순간에 일어나는 죽음의 특징들에 직면하도록 인도하고, 둘째, 중음에서 망자로 하여금 실상實相을 직접 증명하고 체험하도록 인도하고, 셋째, 망자가 중음 상태에서 다시 태어날 곳을 찾고 있을 때 태胎의 문門을 막게 하는 방법으로 이루어져 있다.

● 제1장 생명을 마칠 때 변화의 상태

임종 중음에서 최초의 청정한 빛이 나타난다

임종 중음에서 직면하는 청정한 빛으로 인도하는 방법을 서술한다.

법法 : 진리을 듣기는 했지만 아직 깨닫지 못한 자들이나, 이미 깨달았지만 성숙하지 못한 자들이 있을 것이다. 그러나 살아 있을 때 수행의 차제를 배우고 다시 근본법을 들었다면, 단박에 근본의 청정한 빛을 직면할 것이다. 그리고 어떤 중음도 거치지 않고 이 위대한 수직으로 오르는 길을 통해서 즉각 무생無生의 법신法身[3]을 증득하리라.

망자가 살았을 때 관정灌頂[4]을 한 구루가 직접 염송한다면 가장 좋다. 그렇지 않으면 같은 수행을 하는 도반道伴이나 같은 종교의 가르침을 배운 뛰어난 대덕大德 : 고승이 염송하고, 이마저 불가능하다면 분명하면서도 정확하게 염송할 수 있는 자가 몇 번이나 반복해서 읽어야 한다. 이렇게 하면 망자는 예전에 들었던 가르침을 기억해서 단박에 근본의 청정한 빛에 깨달아 들어가는 동시에 생사의 속박에서 해탈한다.

망자가 내쉬는 숨이 멎었을 때 몸의 영열靈熱 : 생명의 기운은 반드시 지혜가 머무는 중맥中脈 : 중추신경 속으로 가라앉는다육단심肉團心. 그때 능지能知 : 능히 아는 지혜의 식識은 즉각 본래 갖추어져 있는 청정한 빛을 증험한다. 이때 이미 가라앉은 영열이 필연적으로 오른쪽과 왼쪽의 맥脈으로 흘러들어가자마자 중음의 상태가 곧 현전한다.

이 가르침은 영열이 배꼽의 중맥을 지나 왼쪽의 맥으로 돌입하기 전에 시행되어야 한다. 영열이 유

---

[3] 법신은 쉽게 말해서 진리의 몸이다. 이 법신은 생겨난 적도 없고 소멸한 적도 없이 항상 그대로다.
[4] 물을 정수리에 붓는 의식

동하는 시간은 망자의 들숨이 잠시 머물러 있는 동안이며 일반적으로는 밥 한 끼 먹는 시간이다.

숨이 막 멎으려 할 때 신식神識이 옮겨가는 게 가장 좋다. 그러나 그렇게 하지 못했다면 망자를 향해 다음과 같이 훈시해야 한다.

"존귀한 붓다의 후예여, 망자의 이름을 부른다 이제 그대가 진실의 대도大道를 찾을 때가 왔다. 그대의 숨이 멎으려 하고 있으며, 구루는 그대에게 청정한 빛을 대면시키려고 한다. 중음 세계에서 그대가 직접 청정한 빛의 실상다르마타을 체험하도록 하는 것이다. 일체의 모든 것은 완전히 허공虛空이니, 만리에 구름 한 점 없는 푸른 하늘과 같다. 티 하나 없고 아무것도 걸치지 않은 그대의 신식神識은 마치 진짜 허공 같아서 전체가 투명하여 중심도 없고 변두리도 없다. 이 순간 그대는 청정한 빛을 인식해서 그 속에 머물러야 한다. 나도 동시에 그대를 도와 인도하리라."

망자가 내쉬는 숨이 아직 멎지 않았을 때 그의 귀에다 대고 몇 번이나 반복해서 염송한다. 망자의 마음에 깊이 새기기 위한 것이다.

내쉬는 숨이 멎으려 할 때는 임종하는 자를 오른쪽으로 눕게 한다. 이 자세를 '사자가 누워서 잠자는 모습'이라고 한다. 그리고 목구멍 오른쪽과 왼쪽 동맥의 맥동脈動을 눌러서 뛰지 않게 한다. 혹시 임종하는 자가 잠에 빠지려 하거나 깊은 수면 상태에 들어가려 하면 이를 막아야 한다. 그리고 목구멍 부위의 동맥은 가볍지만 확실하게 눌러준다. 이렇게 함으로써 영열은 다시는 아래로 가라앉지 않고 중맥에 머물러 있다가 반드시 브라흐마의 구멍梵穴1을 통해 나간다. 청정한 빛을 대면하는 것도 이때부터 시작된다. 이때 유정有情 중생은 법신法身의 무구無垢한 실상實相, 본성인 청정한 빛의 최초 섬광을 중음에서 본다. 내쉬는 숨은 이미 끊어졌지만 들이쉬는 숨은 아직 끊어지지 않은 이 시간이 일반 사람에게는 식심識心이 이미 멸한 것으로 여겨지지만 실제로는 영열이 중맥에 머무는 시간이다. 머무는 시간이 오래갈지 잠시일지는 확실하지 않다. 그것은 망자가 선한가 악한가, 맥과 영열이 강한가 약한가에 달려 있다. 망자가 생전에 선정의 상태를 조금이라도 익혔다면, 강한 맥을 갖추고 영열도 머물러서 시간이 오래갈 것이다.

청정한 빛을 대면하기 시작할 때 앞서 말한 훈시를 계속해서 염송해야 한다. 망자 몸의 각 구멍에서 누르스름한 액체가 흘러나와 멈출 때까지 계속해야 한다. 생전에 악한 짓을 한 사람은 강한 맥이 없고, 영열이 머물러 있는 시간은 손가락 한 번 튕길 사이일 때도 있고 밥 한 끼 먹는 시간일 때도 있다. 밀교의 수행법에서 보편적으로 서술하는 바에 의하면, 이 머물러 있는 시간은 3일 반이고, 다른 밀법密法에서는 대체로 4일 동안이라고 서술하고 있다. 그리고 이 기간 내내 청정한 빛의 인도는 중단되지 않아야 한다.

임종하는 자가 죽음의 징후를 스스로 살필 수 있을 때는 다른 사람의 도움 없이도 청정한 빛에 깨달아 들어갈 수 있다. 그러나 임종하는 자가 그렇게 할 수 없을 때는 구루나 동문의 도반이 곁에 앉아서 장차 나타나는 죽음의 현상들을 차례로 상세히 말해주어야 한다. 망자의 식識에 활발히 각인시키기 위해서는 먼저 다음과 같은 비밀의 말을 거듭 당부해야 한다.

---

1 죽은 자의 의식이 몸을 빠져 나올 때 아홉 구멍으로 나오는데, 그중에서 최상의 구멍이다. 여기로 빠져나온 의식은 무색계에 태어나거나, 천식법에 의해 법신을 성취하거나 정토에 태어난다.

"지금 흙이 물로 변하는 징후가 이미 나타났다." [2]

그리고 사망의 징후가 끝나갈 무렵 그의 귀에 대고 미세하고 은밀한 목소리로 망자가 한마음으로 결정하도록 촉구해야 한다.

"존귀한 붓다의 후예여_{승려일 경우는 대덕大德이라 칭한다}, 그대 마음을 흐트러뜨리지 말아야 한다."

망자가 동문의 신도이거나 혹은 일반 사람인 경우에는 그의 이름을 부르면서 다음과 같이 은밀히 말한다.

"존귀한 붓다의 후예여, 이른바 죽음이란 것이 이미 그대에게 다가왔으니, 마음속으로 응당 이렇게 결정해야 한다.

'이제 과보가 다하여 목숨이 끝날 때이니, 나는 이 기회를 빌어 이렇게 결정해야 하리라.-한량없는 세계의 모든 유정_{有情} 중생을 사랑하고 불쌍히 여기고 널리 이롭게 하기 위해 나태함 없이 정진해서 기필코 유일하면서도 원만한 불도_{佛道}를 얻으리라.'

그리고 임종 직후에는 중음에서 청정한 빛의 법신이 중생을 두루 이롭게 함을 실증해야 한다. 또 마음속으로 이미 그렇게 사유해서 청정한 빛의 법신을 깨달아 증명했다면, 결정코 대수인_{大手印} 경지의 더할 나위없는 은혜를 얻으려고 다음과 같이 결심해야 한다.

'설사 내가 청정한 빛을 실증할 수 없다 해도 마음으로는 분명히 중음을 인식하고 아울러 중음의 실상을 뚜렷이 깨달으리라. 바라노니 앞으로는 갖가지 몸을 나타내서 세계의 갖가지 유정 중생을 이롭게 할 것이며, 유정 중생이 다하지 않으면 나의 염원도 다하지 않으리라.'

이 염원을 마음에 지닌 채 떼어놓지 말아야 하나니, 생전에 일상 속에서 닦아 지닌 예불 수행 하나하나도 반드시 잊지 말고 기억해야 한다."

이 경문을 염송할 때는 망자의 귀에 가까이 대고 분명하면서도 정확하게 하나하나 깊이 망자의 식_識에 새김으로서 한 찰나도 염원을 여의지 않도록 해야 한다.

내쉬는 숨이 끊어진 뒤에는 망자의 수면의 맥_脈을 단단히 눌러주어야 한다. 그리고 망자가 교리를

---

[2] 죽음의 징후는 주로 세 가지이다. '흙이 물로 변한다'는 무거운 압력으로 누르는 몸의 느낌이다. '물이 불로 변한다'는 차갑고 축축한 느낌이 마치 물속으로 빠지는 것 같지만, 그러다가 갑자기 차갑고 축축함은 점차 소실되면서 뜨거운 열의 느낌으로 변하는 것이다. '불이 바람으로 변한다'는 몸의 느낌이 마치 바람에 불려서 티끌이 되어버리는 것 같다. 매번 변화의 징후는 몸의 외부에도 똑같이 나타난다. 예컨대 안면의 피부 근육이 풀어진다거나, 귀가 들리지 않는다거나, 눈이 보이지 않는다거나, 숨을 늘 헐떡거린다거나, 지각을 잃는 것이다. 그래서 법을 염송하는 라마는 실제의 상황을 숙지하여 중음신에서 신체의 껍질을 이탈하면서 나타난 현상 하나하나를 스스로 능히 인식하여 착오가 없게 한다.

깊이 연구해서 그 경지가 비교적 높은 밀교의 고승이라면 다음과 같이 고해야 한다.

"동문이신 대덕이여, 그대는 근본의 청정한 빛을 올바로 경험하고 있으니, 즉각 그 청정한 빛 속에 안주해야 합니다."

망자가 동문의 도반이 아니면 이렇게 은밀히 말해야 한다.

"존귀한 붓다의 후예여, 그리고 망자의 이름을 부른다 귀 기울여 들어라. 진실한 바탕인 청정한 빛이 찬란히 발산하면서 그대 앞에 나타났으니, 그대는 반드시 인식해야 한다. 붓다의 후예여, 그대에게 갖춰진 지혜는 실제로는 본래 공空이라서 형질形質인 듯 색色인 듯해도 똑같이 공환空幻에 속해서 털끝만큼의 체體도 갖추지 않았다. 이 지혜가 바로 청정한 빛의 실상인 보현普賢의 법계이다. 그대의 지혜가 비록 공空이라도 결코 체體 없는 공이라고 보지 말라. 실제로 이 지혜는 장애가 없어서 광채가 찬연한 활발발活潑潑1한 경지로서 쾌적하고 안락하며, 청정식淸淨識2과 보현의 불성은 매한가지라서 둘이 아니다. 그대에게 갖춰진 지혜는 공空하여 체상體相이 없지만 청정식을 여의지 않으니, 이 두 가지가 계합하면 곧 원만한 법신의 경계에 도달한다. 이처럼 청정식은 광명의 진공眞空으로서 빛의 체體를 여의지 않은 채 생기지도 않고 멸하지도 않으니, 바로 아미타불, 즉 무량광불無量光佛이다. 지금까지 충분히 증명했듯이, 그대 지혜의 진공이 불심佛心 아님이 없으며, 또한 바로 스스로 청정본식淸淨本識이 있는 것이니, 스스로 응당 불심에 영원히 안주해야 하리라."

이 경문을 정확히 세 번에서 일곱 번까지 염송해서 망자로 하여금 생전에 스승이 비밀리에 전해준 깊고 깊은 불법을 상기할 수 있게 해야 한다. 그다음 청정한 본래의 빛깔이 곧 청정한 빛임을 알게 해서 식識과 빛이 융화한 법신을 망자가 영원히 계합하면, 생사의 속박에서 반드시 해탈할 수 있으리라.

임종 중음의 제2단계에 나타나는 청정한 빛

지금까지의 염송念誦을 다 끝내고 나면 청정한 빛의 현현을 인식할 수 있어서 생사의 속박에서 해탈할 수 있다. 설사 망자가 막막해서 변별해 인식하지 못할지라도, 아직은 제2단계 청정한 빛에 깨달아 들어갈 수 있다. 이 빛이 출현할 때는 망자의 숨이 끊어지고 나서 밥 한 끼 먹을 시간이 지나서이다.

사람의 업력이 선한가 악한가에 따라서 영열靈熱은 아래로 흐르면서 오른쪽 맥을 거치기도 하고 왼쪽 맥을 거치기도 하며, 스스로 범혈梵穴로 나가기도 하고 다른 구멍으로 나가기도 하면서 신체를 이탈한다. 그리고 나면 심지心地가 확연히 밝아진다.3

식체가 몸을 이탈하자마자 망자는 스스로 묻는다.

"지금 죽었는가, 아니면 아직 죽지 않았는가?"

하지만 너무나 크게 미혹해서 알지를 못한다. 동시에 가족이나 벗들을 살아 있을 때와 마찬가지로 볼 수 있고, 통곡하고 애도하는 소리도 들을 수 있다. 이때는 자신의 업력이 환영으로 빚어내는 두려

---

1 생기가 활발하게 일어나는 모습을 형용하는 말.
2 최초의 청정한 빛은 바로 실상으로서 환하게 밝은 법신이다. 만약 업력 때문에 변별해 인식하지 못하면 빛의 색깔이 어둡게 변하지만 그래도 의지할 수 있다.

운 현상이 아직 나타나지 않았고, 지부地府의 주재자에게 속한 귀신, 도깨비들의 공포스러운 경계도 아직 생기지 않고 있다. 바로 이 시기에 잘 인도해야 한다.

경건하고 성실한 망자는 이미 성취했고, 아직 성취하지 못한 자는 겨우 상像을 관찰할 수 있다. 전자에 속한 사람에겐 그 이름을 세 번 부른 뒤 청정한 빛을 깨닫게 하는 앞서 말한 가르침을 반복해서 은밀히 염송한다. 후자에 속한 사람에겐 생전에 받들고 수호하는 존자를 관상觀想하는 의궤儀軌를 크게 읽어주면서 다음과 같이 고해야 한다.

"고귀한 아무개여, 그대의 본존수호신 이담을 관상하기 바란다. 그대의 신심을 미혹시키지 말고 정신을 집중해서 그대의 수호신을 진지하게 관상하라. 그대는 마음속으로 반드시 실체적 형상이 없는 본존수호신을 마치 물에 거꾸로 비친 달그림자처럼 구체적 형상이 없다고 상상하라."

이렇게 망자의 마음에 깊이깊이 새겨준다. 만약 일반 사람이라면 관자재觀自在보살의 상을 관상하게 하라. 이렇게 염송하면 설사 망자로 하여금 중음을 증험시키지는 못해도 결정코 인식해서 털끝만큼의 의심도 없다. 망자가 생전에 가르침을 들은 적이 있어서 청정한 빛을 대면했어도 아직 익숙하지 못하기 때문에 자기 힘으로는 중음을 변별해 인식할 수 없다. 그렇다면 응당 스승이나 동문同門의 법다운 비밀의 말을 마음에 활발하게 새겨서 들어가도록 해야 한다.

어떤 망자는 업이 익숙하더라도 병으로 인한 갑작스런 죽음으로 심령心靈이 환영에 항거할 수 없기 때문에 이러한 훈계의 말이 지극히 필요하다. 또 생전에 익숙했을지라도 숙원宿願을 갖지 못하고 받은 은혜를 보답하지 못한 망자는 불쌍한 경계에 떨어지는데, 이들에게도 앞서 말한 훈계가 적잖이 필요하다. 첫 번째 경지의 중음에서 시의에 맞게 깨달아 증명하는 것이 가장 상승上乘이다. 그러나 깨달아 마치지 못할 경우 반드시 두 번째 경지의 중음 기간 내에 명석한 염송에 의지할 수 있으면, 망자는 근본 지혜를 회복하여 속박에서 해탈한다. 두 번째 경지의 중음에서 망자의 몸은 순수한 환체幻體이다. 자신이 죽었는지 살았는지 알지 못하는데, 심지心地:마음 바탕는 이미 확연히 밝아진다. 앞서 말한 훈계의 말을 염송하여 효과가 있으면 자식의 실상과 어머니의 실상이 즉시 화합해서 더 이상 업력의 지배를 받지 않는다. 청정한 빛이 현현하자 업력이 흩어져 소멸하는데, 비유컨대 태양이 떠오르면 어둠이 단박에 없어지는 것과 같다.[4]

---

3 영열의 식체識體가 몸을 이탈할 때 망자는 즉시 혼침昏沈 상태에 들어간다. 이때는 이미 본 청정한 빛이 혼침으로 대충 소멸해서 그 청정한 빛의 색깔이 어둡게 변한다. 예컨대 공을 땅바닥에 쳐서 튀어 오르게 하면, 처음엔 아주 높이 튀어오르지만 두 번째, 세 번째에는 점점 낮게 튀다가 마지막엔 땅에 붙어서 다시는 튀어 오르지 않는데, 식체識體가 몸을 이탈하는 것도 이와 마찬가지이다. 처음 이탈했을 땐 상승했다가 점점 아래로 가라앉으며, 마지막엔 업력 때문에 태胎에 의탁해 거듭 태어난다.
4 선정禪定의 증명은 자식의 실상이고, 중음이 증명한 평형상태는 바로 어머니의 실상이다. 첫 번째 경지와 두 번째 경지의 중음에서 망자의 몸은 '의식으로 능히 아는 지혜' 아님이 없지만, 그 미치고 있는 활동에는 오히려 범위가 있다. 이때 염송하여 효과가 있다면 소기의 목적에 도달할 수 있는데, 그 이유는 아직 업력의 환영이 현전하지 않아서 망자가 각성覺性을 여읜 채 이리저리 표류하지 않기 때문이다.

● 제2장 실상 중음, 업력의 환영이 나타나다

첫 번째 경지의 청정한 빛에 깨달아 들어가지 못했어도 두 번째 경지의 청정한 빛을 능히 변별할 수 있으면, 생사의 속박에서 이내 해탈할 수 있다. 만약 또 다시 이해하지 못하면 실상 중음이 즉각 현현한다.

실상 중음에서는 업력의 환상이 비로소 현전한다. 그러면 즉각 필요한 가르침을 염송해야 하는데 그 효과가 아주 커서 망자를 이롭고 즐겁게 하기 때문이다. 이때 망자는 마련된 제사 음식과 업이 없어졌음을 스스로 목도한다. 그래서 자신을 돌이켜보니 옷을 걸치지 않은 나체인데다가 생전에 눕던 방이 청소되어 있다는 것을 인지한다. 동시에 친척이나 벗들이 곡을 하면서 애도하는 소리를 듣고, 벗들이 자신의 이름을 부르는 걸 듣는다. 그들을 불러보지만 전혀 듣지 못해 마음이 괴롭고 실망스러워 떠나간다.

이때 접촉하는 소리와 색깔과 빛이 공포심을 불러일으키고 몸을 지치게 만든다. 따라서 반드시 망자를 세 번째 경지인 중음의 실상에 깨달아 들게 해야 하는데 먼저 그 이름을 부른 후에 명석하고 정확하게 다음과 같이 염송해야 한다.

"존귀하신 붓다의 후예여, 주의 깊게 삼가 들으면서 마음을 흐트러뜨리지 말라. 중음의 경계는 여섯 가지로 구별할 수 있다. 첫째는 태胎에 처함을 칭하는 것이고, 둘째는 꿈의 경계가 되고, 셋째는 선정 상태이고, 넷째는 임종의 상태이고, 다섯째는 실상의 상태이고, 여섯째는 투생投生에 접하는 것이다.

존귀하신 붓다의 후예여, 그대는 반드시 임종 중음과 실상 중음과 투생 중음을 거쳐야 한다. 오늘 이전에 그대는 이미 임종 중음을 경험했다. 청정한 빛이 나타났지만, 막막해하다가 알아차리지 못했다. 그래서 그대의 마음은 안정되지 못하고 유동하고 있다. 이제 실상 중음에 직면할 것이고, 아울러 투생 중음도 거칠 것이다. 마음을 흐트러뜨리지 말고 염송에 귀를 기울이면서 적시에 깨달아 증명하라.

존귀하신 붓다의 후예여, 이른바 죽음이 지금 그대에게 닥쳐왔다. 그대의 몸은 이미 사바 세계를 여의었다. 하지만 세상의 중생들은 죽음을 피하기 어려우니, 이는 그대도 마찬가지이다. 결코 탐욕을 부리거나 애착하지 말지니, 의지가 굳세지 못하면 생존에 집착한다. 설사 생존할 수 있게 되더라도 오래 살 수는 없으며, 생사에 유전流轉하면서 터럭만큼도 얻을 바가 없다. 따라서 티끌 세상에 미련을 두지 말고 의지를 굳건히 해서 삼보를 공경해 지녀야 한다.

존귀하신 붓다의 후예여, 실상 중음에서 어떤 공포의 경계가 나타나더라도 다음에 말하는 게송을 영원히 잊지 말아야 한다. 마음으로 그 뜻을 이해해서 결코 두려워하거나 위축되지 말고 중음을 인식하라. 근본의 비결이 바로 여기에 있다.

'실상 중음이 지금 내 앞에 나타나고 있다. 나는 이미 공포의 환상이 모두 스스로의 식識이 반영되어 이루어진 것이고, 또한 중음에서는 자연스런 현상이란 걸 깨달아 알았노라. 이제는 두려운 생각이 다 없어졌다. 따라서 성취를 기약하는 중요한 시기이니, 모든 스스로의 식識

이 변화하여 나타난 안락과 분노의 불보살 존자들에 대해 다시는 두려워하지 않겠다고 나는 결정했노라.'

존귀하신 붓다의 후예여, 그대는 반드시 게송의 문장을 명석하게 외우고, 마음으로 그 뜻을 이해하고, 용감하게 나아갈 뿐 물러서지 말아야 한다. 어떤 공포가 나타나든 결단코 중음의 실상을 인식할 수 있어야 한다. 이 비밀의 법을 기억하고 잊지 말아야 한다.

존귀하신 붓다의 후예여, 몸과 마음이 분리하면 그대는 진실의 서광曙光을 접촉한 것이다. 미묘하고 미세한 빛살이 눈에 부셔서 마음이 두근거리는데, 흡사 봄날의 끝없는 경치景色에서 신기루가 그 속을 섬광처럼 흘러가는 것과 같다. 그러나 놀라거나 두려워하는 마음을 갖지 말고 진정할지니, 응당 그 빛이 자기 마음의 발광發光임을 알아야 한다. 이때 실상이 본래 갖추고 있는 소리가 광명으로부터 짧게 나오는데, 마치 천만 개의 뇌성벽력이 일제히 울리는 것과 같다. 이 역시 자신이 발한 소리이니 절대로 놀라거나 두려워하지 말아야 한다. 그대가 현재 갖추고 있는 몸은 순수하게 습기習氣와 뜻에서 생겨난 신체이다. 이제는 피와 살로 이루어진 몸이 없어서 소리와 색깔과 빛이 다시는 그대를 해치지 못한다. 이와 같은 현상은 스스로의 식識이 이룬 것이니, 그대는 응당 이것이 바로 중음임을 인식해야 한다.

존귀하신 붓다의 후예여, 그대가 스스로의 식識에서 나온 환상임을 밝히지 못한다면, 그리고 생전에 선정을 익히고 예불 수행을 했더라도 이 대목의 염송한 법을 아직 듣지 못했다면, 현 시점에서 만나는 소리와 색깔과 빛이 두려움을 낳을 것이다. 만약에 본법의 요결要訣을 분명히 밝히지 못한다면, 소리와 색깔과 빛이 원래의 실상임을 인식하지 못해서 결정코 생사의 바다 속을 유전하며 빠져나올 수 없으리라."

첫 주에는 안락 존자들에게 깨달아 들어간다

가령 망자가 번갈아 가면서 본법의 인도를 받아도 일반적인 사람은 업의 속박을 받아서 중음 세계의 49일을 다 거친다. 첫 주 안에는 안락의 존자들이 차례로 현전해서 날마다 보이는데, 고난과 위기를 극복해야 함은 아래에서 서술한 것과 같다. 경문에 의거해 살펴보면, 최초의 첫째 날은 대략 죽은 후 3일 반 혹은 4일 이후부터 계산하는데, 이 기간 내에 망자는 이미 몸이 죽고 세상을 여읜 걸 깨닫고서 거듭 태어나길 추구한다.

첫째 날의 염송법

"존귀하신 붓다의 후예여, 그대는 혼침昏沈에 빠진 지 3일 반이나 되었다. 식별의 지각을 회복하면 그대는 이렇게 생각할 것이다.

'내가 어디에 있는 거지?'

그대는 이미 중음에 들어왔으니 응당 안정해야 한다. 이때는 삶과 죽음이 유전流轉하는 시기인데, 보이는 현상은 빛의 불꽃 아님이 없고 붓다의 상像 아님이 없다. 이때의 하늘은 짙은 쪽빛으로 맑고 밝다. 온 몸이 흰색이고 사자좌獅子座에 오르신 대일여래大日如來께서 손으로는 법륜을 잡고 천공붓다어머니天空佛母: 초감 트룽파 린포체의 신역본에서는 금강허공 붓다어머니로 번역를 두 손으로 껴안고 있다. 중앙으로부터 나온 법계의 종토種土가 그대 앞에 나타나 임할 것이다. 이것이 바로 색온色蘊: 초감 트룽파 린포체의 신역본은, 실상 중음 첫 번째 날에 출현한 오온을 이미 식온으로 바로 잡았다으로서 법 그대로 푸른빛藍色이다. 대일여래는 보신報身의 상像을 나타내면서 가슴에서 법계의 지혜 광명을 쏘아내어 그대 몸을 두루 비추는데, 그 푸른빛은 눈이 부실 정도이다. 동시에 천도의 어슴푸레한 흰빛이 역시 그대의 몸에 임할 것이다. 그러나 나쁜 업 때문에 눈으로 푸른빛의 법계 지혜 광명을 보는 순간 두려움과 공포가 생겨서 도피하고자 하며, 천도의 어슴푸레한 흰빛에 대해서는 오히려 기쁨을 일으킨다.

그대는 눈부시게 빛나고 밝디밝은 푸른빛의 부처 광명에 대해 놀라지 말아야 하며, 그 빛이 바로 법계의 지혜 광명임을 반드시 알아야 한다. 견고하고 확고한 신앙으로 그 빛을 기도하여 구하라. 마음속으로는 이 빛이 그대를 중음의 위험에서 빠져나올 수 있도록 대일여래의 가슴에서 쏘아져 나온 것이라 생각할지니, 이 빛이야말로 여래의 은혜로운 빛이라 할 수 있다.

천도의 흰빛에 대해서는 삼가면서 탐내거나 애착하지 말라. 만약 탐내거나 미련을 둔다면, 그대는 즉각 몸이 천궁天宮에서 노닐다가 끝내는 육도의 윤회 속에 빠질 것이다. 속박을 푸는 길은 탐심이나 애착을 즉시 그치는 것이다. 따라서 그대는 굳센 신심을 갖고서 푸른빛의 광명을 마치 대일여래를 보는 것처럼 관상해야 한다. 그리고 함께 염송하는 자를 따라 경건하고 성실하게 기도해야 한다.

'무명의 속박으로 생사에 유전하는데,
법계의 지혜 광명이 찬란히 비추누나.
삼가 간구하노니, 여래께서는 앞에서 인도해주시고
천공 붓다어머니께서는 뒤에서 수호해주소서.
중음의 함정을 안전하게 지나게 하시고
끝내는 궁극의 원만한 깨달음인 부처 경지에 들어가게 하소서.'

경건하고 성실하게 머리 숙여서 이렇게 기도하라. 그대의 몸은 장차 무지갯빛의 바퀴 속에 융합해서 여래의 가슴 속으로 흘러 들어가리라. 그러면 즉각 보신의 불도를 획득하여 중앙의 퇴전退轉하지 않는 땅에 들어가 안주하리라."

둘째 날의 염송법

첫째 날에 인도했더라도 망자는 어떤 경우 분노의 업력 때문에 붓다의 광명이 두려워 도피하려 하고, 그 결과 환영의 모습에 미혹되어서 기도의 효과를 상실한다. 그렇게 되면 둘째 날에 금강살타金剛薩埵가 일체의 수행보살들을 거느린 채 현현하여 이끌어줄 것이다. 그리고 지옥에 떨어져 마땅한 생전의 모든 악업이 때에 맞춰 나타나는데, 이때는 응당 망자의 이름을 부르면서 다음과 같이 염송해야 한다.

"존귀하신 붓다의 후예여, 마음을 흐트러뜨리지 말고 일심으로 귀를 기울여라. 둘째 날에는 물과 불의 청정한 모습이곳의 '물과 불'은 응당 '화대火大'의 오기이다이 흰빛을 발사할 것이다. 부동여래不動如來가 보신으로 나타난 상인 금강살타가 온몸이 푸른빛인 채 금강저金剛杵를 들고 코끼리 자리에 올라서 푸른빛 옷의 붓다어머니佛母 : 초감 트룽파 린포체의 신역본에서는 불안 붓다어머니佛眼佛母로 바로잡았다를 양손으로 껴안고 있으며, 지장보살, 미륵보살이 기쁘게 춤추는 여신, 꽃을 든 여신과 함께 앞뒤로 옹호하면서 동방의 가장 뛰어난 낙토樂土로부터 나와서 그대 앞에 임할 것이다.

금강살타는 한 쌍의 몸을 나타내서 흰색의 '원만한 거울과 같은 지혜圓鏡智'의 빛을 가슴으로 발사한다. 투명하고 찬란하게 그대 몸을 두루 비추는 이 빛은 눈이 부실 정도이다. 이 빛이 바로 식온실상識蘊實相:초감 트룽파 린포체의 신역본에서는 이를 색온色蘊으로 하고 있다인 대원경지大圓鏡智이다. 동시에 지옥에서 어두운 회색의 빛을 발사하여 빨아들이러 온다. 그리고 분노의 업 때문에 눈에 흰빛이 닿으면 그대는 두려워하면서 도피하려 하고, 반대로 지옥에서 오는 어두운 회색빛을 보면 오히려 기쁨을 일으킨다.

하지만 그대는 투명하게 빛나는 흰빛이 식온이곳은 응당 '색온'이어야 한다의 대원경지란 걸 알아야 한다. 이는 금강살타가 은총의 빛으로 그대를 맞이해 이끄는 것이니 두려워하지 말라. 경건한 믿음으로 가호加護를 구하면서 예배하고 기도하라. 그대는 응당 금강살타의 흰색 붓다의 빛佛光이 다가와서 그대를 맞이해 이끈다는 걸 분명히 깨달아야 한다. 그 빛의 끝이 갈고리 같아서 그대를 중음의 함정에서 벗어나도록 끌어올리기 때문이다.

침침한 지옥의 회색빛에 대해서는 탐내거나 애착하지 말라. 이는 그대 생전에 쌓은 분노의 악업이 힘이 되어서 지옥을 빨아들인 것이다. 만약 그 빛에 미혹되면 반드시 지옥에 떨어져서 온갖 고난을 받으며 영원히 빠져나올 수 없다. 그렇게 되면 속박을 벗어나는 길이 끝내 차단될 터이니, 그대는 마음의 의지를 굳건히 해서 회색의 빛을 피해야 하며 분노를 일으키지 말아야 한다.[1]

흰빛에 대해서는 반드시 신심을 내어야 하며, 금강살타를 본 것처럼 관상하면서 다음과 같이 기도하라.

'생전에 분노한 업으로 생사에 유전하였는데,
대원경지가 머물 곳을 비추어주니,
여래의 보신인 금강살타가 앞에서 맞이해 이끌어주고,
푸른빛 옷의 붓다어머니가 뒤에서 수호해주어서
중음의 함정을 안전하게 건너게 하소서.
그리고 끝내는 궁극의 원만한 붓다의 경지에 들어가게 하소서.'

경건하고 성실하게 머리를 숙이면서 이렇게 기도하면, 그대의 몸은 무지갯빛의 바퀴 속에서 여래의 가슴 속으로 융합해 흘러들어 가리라. 그리하여 즉각 보신의 불도를 성취해서 동방의 가장 뛰어난 낙토에 들어가 머물리라."

셋째 날의 염송법

어떤 경우엔 망자가 지은 악업의 장애가 무겁고 아만我慢으로 덮였기 때문에 염송법을 듣더라도 빛의 갈고리를 목격하면 두려움에 떨면서 도피한다. 그렇게 되면 셋째 날에 보생여래寶生如來가 수행보살들과 함께 앞에서 맞이하여 인도할 것이고, 아울러 인도人道:인간계에서 발한 빛이 동시에 비출 터이니,

---

[1] 친족이나 후계자가 유물遺物을 빼앗으려고 다투거나, 혹은 승려가 경문을 외우고서 보수를 다투는 걸 보면, 망자는 반드시 분노를 일으킨다. 글 속에서 경계하는 것은 바로 이것을 가리킨다.

이때는 그 이름을 다시 부르면서 다음과 같이 염송해야 한다.

"존귀하신 붓다의 후예여, 일심으로 귀를 기울여라. 셋째 날이 되면 지대地大의 본질이 노란빛을 발할 것이다. 주변의 몸이 노란색인 보생여래께서 손에 보물을 들고 말의 자리에 올라서 혜안 붓다어머니慧眼佛母:신역본에서는 이 용어를 붓다어머니 마마기佛母瑪瑪基로 고쳤다를 양손으로 껴안고 있으며, 남방의 영광스런 불토佛土로부터 와서 그대 몸을 비출 것이다.

그리고 허공장虛空藏보살과 보현普賢보살, 염주念珠를 든 여신과 향香을 든 여신을 합쳐 여섯 분이 함께 보리의 몸을 나타내서 무지갯빛에 둘러싸인 채 그대 앞에 나타나 임하리라. 이 노란빛은 광구光球[1]를 갖추고 있으며, 이 광구의 둘레를 뭇 별들이 돌고 있는데, 사방으로 퍼져가는 빛살은 찬란하고 밝아서 눈이 부실 지경이다. 이 빛이 바로 수온受蘊의 본질인 평등성지平等性智이다. 옆에는 어둡고 푸르스름한 인도人道의 노란빛이 함께 발사되면서 그대의 마음에 닿으리라.

그러나 아견我見이 깊기 때문에 찬란하고 눈부신 평등성지의 노란빛을 보고도 그 찬란함에 현혹되어서 필경 두려움에 떨며 도피하려고 한다. 그대가 아직 경건한 믿음의 기도를 발하지 못했을지라도, 이 빛이 바로 자신의 본식本識[2]에서 발사된 것임을 알아야 하나니, 그렇게 되면 붓다의 체와 광명이 그대의 체에 흘러 들어가서 분리될 수 없으리라. 이로부터 그대는 불도를 얻을 수 있는데, 설사 자기 식의 빛을 식별하지 못할지라도 응당 믿음을 갖고 이렇게 사유해야 한다.

'보생여래께서 발한 은총의 빛이니, 응당 기도해서 그 가호를 구하리라.'

이 보생여래가 주는 은총의 빛의 갈고리는 자주 믿음에 감응한다는 걸 반드시 알아야 한다.

인도人道에서 발사된 어둡고 푸르스름한 노란빛을 탐내거나 애착하지 말라. 이것은 아견我見이 강력히 쌓였기 때문인데, 만약 빨려 들어가서 다시 인도에 태어나면 생로병사生老病死의 속박이 마냥 존재해서 영원히 더럽고 혼탁한 티끌세상을 벗어나지 못하고 속박에서 해탈하는 길도 곧 끝나고 만다. 그러니 절대로 그 빛을 주시하지 말라. 또 아견을 없애고 습기習氣를 끊어서 유혹에 빠지지 말 것이며, 동시에 눈부신 노란빛을 신뢰해야 한다. 둘도 없는 한마음으로 보생여래를 보듯이 관상하면서 다음과 같이 기도하라.

'아견我見의 업이 치성하여 생사에 유전하는데
평등한 지혜의 광명平等智光이 머물 곳을 비춰주니,
보생여래가 앞에서 맞이하여 이끌어주고
혜안 붓다어머니앞에서 이미 '붓다어머니 마마기'로 고쳤다가 뒤에서 수호하면서
중음의 함정을 안전하게 건너게 하고
끝내는 궁극의 원만한 붓다의 경지에 들어가게 하소서.'

경건하고 성실하게 머리를 숙이면서 이렇게 기도하면, 그대의 몸이 무지갯빛의 바퀴 속에 있다

---

[1] 공 모양의 빛 덩어리.
[2] 일체법의 근본인 제8식을 말한다.

가 여래의 가슴속으로 융합해 흘러들어가리라. 그리고 남방의 영광스런 불토에서 보신의 불도를 성취하리라."

넷째 날의 염송법

설사 망자의 지력智力이 박약하더라도 앞서의 염송법이 반드시 해탈을 얻게 함은 터럭만큼도 의심의 여지가 없다. 그러나 망자가 법을 이미 들었더라도 생전의 죄업이 깊고 무겁기 때문에 큰 서원을 발하지 못했거나, 혹은 혜안慧眼이 없어서 깨달을 수 없거나, 탐욕과 어리석음의 무거운 업이 쇳소리나 공포스런 뜨거운 빛의 환각을 이룬다면, 망자는 겁내고 두려워하면서 반드시 도피하려고 한다. 이런 상황일 때 아미타阿彌陀여래께서 넷째 날에 수행보살들과 함께 현전해서 그대를 맞이해 이끌 것이다. 동시에 탐욕과 인색함이 변한 아귀도餓鬼道의 빛이 그대의 몸을 비출 것이다. 이때 다시 망자의 이름을 부르면서 다음과 같이 염송해야 한다.

"존귀하신 붓다의 후예여, 일심으로 귀를 기울여라. 지금 넷째 날에는 화대火大의 본질이 붉은 빛을 발할 것이다. 손에는 연꽃을 들고 공작의 자리에 올라서 백의 붓다어머니白衣佛母를 양손으로 껴안은 채 몸 주변에 홍색紅色을 띤 아미타여래와 정각의 몸을 나타내어 서방 극락세계로부터 온 관음보살, 문수보살, 가타伽陀여신, 등불을 든 여신이 무지갯빛 속에 싸인 채 그대의 몸을 비출 것이다. 아미타여래와 그 붓다어머니는 가슴에서 붉은빛을 발하고, 그 광구光球는 사방을 두루하면서 온갖 별이 돌고 있으며, 빛의 실체는 투명하고 찬란해서 눈이 부실 지경인데, 곧바로 그대의 마음에 들어가니 감히 다가가서 보지 말라. 그리고 이것이 바로 상온想蘊의 본질인 묘관찰지妙觀察智란 걸 응당 알고서 두려워하지 말라. 동시에 암홍색暗紅色인 아귀도의 빛이 나란히 발사되겠지만, 결코 기뻐하는 마음을 내지 말고 탐내거나 애착하지 말라. 탐욕의 업이 무겁기 때문에 이 지혜 광명을 보면 마음이 겁을 내면서 도피하려고 하며, 오히려 암홍색인 아귀도의 빛을 보면 기뻐하는 마음을 낸다.

붉은빛이 투명하고 찬란해서 눈이 부실 지경인데, 이것이 바로 무분별지無分別智란 걸 알아야 하나니, 결코 두려워하는 마음을 내지 말고 감응하는 즉시 식별해서 경건히 믿고 받아들여라. 그러면 그대의 몸과 빛이 하나로 융합해서 원만한 불도를 즉각 성취할 것이다. 만약에 이를 깨닫지 못하면 응당 이렇게 사유하라.

'아미타불의 은총의 빛이니, 나는 응당 귀의하리라.'

그리고 그 빛에 머리 숙여 절하고 기도하라. 이것이 아미타여래께서 주신 은총의 빛의 갈고리란 걸 알고서 믿고 받아들여라. 도망치지 말라. 설사 그대가 도피하더라도 빛의 갈고리가 따라가서 그대의 몸과 분리되지 않을 테니 결코 두려워하지 말라. 암홍색인 아귀도의 빛에 유혹되지 말지니, 이것은 자신의 탐욕과 집착이 쌓은 업이 도리어 그대 몸을 비춘 것이다. 만약 다시 집착한다면 그대는 아귀도 속으로 떨어져서 굶주림과 목마름의 참을 수 없는 고통에서 벗어날 기약이 없으리라. 그러면 속박에서 해탈하는 길도 이로부터 종지부를 찍을 것이다. 그러므로 암홍색의 빛에 대해서는 탐내거나 연모하지 말라. 일체의 쌓아놓은 습기를 쓸어버리고, 눈부신 붉은빛을 결정코 믿고 받아들여라. 아미타여래와 그 붓다어머니를 일심으로 우러러 공경하면서 다음과 같이 기도하라.

'탐욕의 업이 치성해서 생사에 유전하는데
무분별지無分別智의 빛이 머물 곳을 나타내나니,
아미타여래께서 앞에서 맞이해 이끌어주시고
흰옷 입은 붓다어머니께서 뒤에서 수호해주셔서
중음의 함정을 안전하게 건너게 하시고
끝내는 원만한 불도를 성취하게 하소서.'

이렇게 경건하고 성실하게 머리 숙여 절하면서 기도하면, 그대의 몸은 무지갯빛의 바퀴 속에서 아미타여래와 붓다어머니의 가슴 속으로 융합해 흘러 들어가리라. 그리하여 서방 극락세계에서 보신의 불도를 성취하리라."

다섯째 날의 염송법

앞서의 염송법을 망자가 들으면 반드시 속박에서 벗어난다. 그러나 어떤 유정 중생은 세간에 누적된 습기를 능히 없애지 못하기 때문에, 혹은 악업 때문에, 혹은 질투 때문에 법을 들은 후에도 강한 빛을 목격하거나 쇳소리를 들으면 반드시 두려워 떨게 된다. 그리고 은총의 빛의 갈고리도 따라가지 못해서 4일 밤낮 후에는 미망으로 추락한다. 이때 불공여래不空如來께서 수행보살들과 함께 은총의 빛을 발하면서 앞으로 다가와 이끌 것이다. 동시에 분노의 업에 감응된 아수라阿修羅의 도道에서도 빛을 발하면서 빨아들이러 온다. 이때는 반드시 다시 그의 이름을 부르면서 다음과 같이 염송해야 한다.

"존귀하신 붓다의 후예여, 일심으로 귀를 기울여라.
다섯째 날이 되면 풍대風大의 본질이 녹색의 빛을 발해서 그대의 몸을 비출 것이다. 그리고 주변의 몸이 녹색인 불공여래께서 손으로는 한 쌍의 금강저를 들고 금시조 자리에 올라서 '고통을 구원하는 도모救苦度母:신역본에서는 정신도 붓다어머니貞信度佛母'를 양손으로 껴안고 있으며, 금강수金剛手 존자, 번뇌의 장애를 없애는 존자除蓋障尊, 향을 뿌리는 여신散香女神, 공양하는 여신供養女神을 포함한 여섯 분이 함께 보리의 몸을 나타내서 북방의 무상묘행無上妙行을 성취한 불토로부터 와서 무지갯빛에 싸인 채 그대 앞에 현현한다. 불공여래와 그 붓다어머니는 가슴에서 녹색의 빛을 발하여 광구光球를 충분히 갖춘다. 사방의 주위에 온갖 별들이 돌고 있으며, 투명하고 찬란해서 눈이 부실 정도인데, 곧바로 그대의 마음에 발사하니 감히 다가가서 보지 말라. 이것이 바로 행온行蘊이 전변轉變한 성소작지成所作智임을 알아야 하나니, 역시 자신이 본래 갖추고 있는 지혜이므로 두려워하는 마음을 내지 말고 그 속에 안주하라. 동시에 아수라도에서도 어두운 녹색인 분노의 빛을 발사하니, 치우쳐 기대는 마음을 내지 말 것이며 환영하지도 말고 거부하지도 말라. 슬기의 뿌리가 얕더라도 결코 탐내거나 애착하지 말라.

분노의 업이 무겁기 때문에 녹색의 빛을 목격하면 두려워 떠는 마음이 생기면서 도피하려고 한다. 반대로 어두운 녹색인 아수라도의 빛을 보면 기뻐서 애착하는 마음을 낸다. 녹색의 지혜 광명은 눈이 부시게 투명하니, 재빨리 인정해서 그 속에 안주해야지 두려워하는 마음은 내지 말라. 아니면 마음속으로 이렇게 사유하라.

'이 빛은 바로 불공여래께서 주신 은총의 빛의 갈고리이다.'

따라서 즉각 믿고 받아들여야지 겁내거나 두려워하지 말라. 설사 그대가 도피한다 해도 빛 역시 따라가서 그대의 몸과 분리되지 않을 테니 결코 두려워하지 말라. 어두운 녹색인 아수라도의 빛에 대해서는 기뻐하거나 애착하는 마음을 내지 말아야 하니, 까닭인즉 바로 질투라는 깊고 깊은 업력이 빛을 발해서 반조返照하는 것이기 때문이다. 만약 그 빛에 빨려 들어가면 영원히 아수라도에 추락해서 전쟁이 그치지 않고 고통을 견딜 수 없을 것이며, 속박에서 해탈하는 길도 이로부터 종지부를 찍을 것이다. 따라서 어두운 녹색의 빛에 대해서는 탐내거나 연모하지 말고, 누적된 습기를 없애서 눈부신 녹색의 빛을 결정적으로 믿고, 일심의 선정禪定으로 여래와 그 붓다어머니를 우러르면서 기도하라. 그 기도는 다음과 같이 하라.

'분노의 업력이 무거워서 생사에 유전하는데
성소작지成所作智의 빛이 머물 곳을 나타내니,
불공여래께서는 앞에서 이끌어주시고 고통을
구원하는 도모度母 : 정신도 붓다어머니貞信度佛母나 녹도모綠度母이어야 한다는 뒤에서 수호하여
중음의 함정을 안전하게 건너게 하시고
끝내는 원만한 불도를 성취하게 하소서.'

이처럼 경건하고 성실하게 머리 숙여서 기도하면, 그대는 무지갯빛의 바퀴 속에서 불공여래와 도모의 가슴 속으로 융합해 흘러들어가리라. 그러면 즉각 보신의 불도를 이루어 북방의 무상묘행을 성취한 불토에서 거주하리라."

여섯째 날의 염송법

앞에서 닷새 동안 날마다 인도하였으니, 설사 경미한 업력에 이끌렸더라도 반드시 어느 한 존자를 깨달아 들어가서 피안에 올라설 수 있었으리라. 하지만 어떤 중생은 잇달아 염송법을 들었어도 끝내 강력하고 치성한 집착의 습기 때문에 평소 올바른 지혜를 별로 숙달하지 못했거나 사랑과 즐거움이 결핍되어서 자신의 악습에 가로 막혀 겁내거나 위축된다. 그래서 염송법으로 인도를 받아도 일일이 돌볼 겨를이 없고, 은총의 빛의 갈고리도 미치질 못한다. 반대로 녹색의 빛에 대해서는 놀라거나 두려워하면서 기로岐路를 헤매다가 다시 아래로 추락한다.

이때 다섯 방위에서 오신 선정의 붓다들이 쌍신雙身 : 한 쌍의 몸의 상을 나타내어서 저마다 수행 대보살들과 함께 이내 빛을 놓아 가피加被를 협력하며, 동시에 육도를 윤회하는 업의 빛도 다시 발사된다. 이때는 다시 그의 이름을 부르면서 다음과 같이 인도를 시작해야 한다.

"존귀하신 붓다의 후예여, 어제까지 다섯 방위의 불존佛尊이 한결같이 빛을 놓아서 그대의 몸에

가피했노라. 그러나 그대의 숙업宿業 때문에 법을 들어도 깨닫지 못하고 빛을 보아도 두려워하면서 이리저리 헤매다가 지금에 이르렀다. 만약 그대가 다섯 붓다의 지혜의 빛을 깨달아 마쳤다면, 스스로의 식이 유출해서 이미 다섯 방위의 선정에 잠긴 붓다 중 어느 한 존자의 무지개빛 바퀴 속으로 융합해 들어가 단박에 보신의 불도를 증득했을 것이다. 이제 그대는 응당 일심으로 주의해서 보아야 한다. 즉 다섯 붓다와 네 가지 지혜가 합치된 빛이 앞으로 다가와 그대를 맞이해 이끌 터이니, 그대는 응당 잘 변별해 깨달아야 한다.

존귀하신 붓다의 후예여, 이제 여섯째 날에는 땅, 물, 불, 바람인 사대四大의 본질이 일제히 빛을 놓을 것이며, 대일여래와 그 붓다어머니佛母가 수행보살들을 데리고 중앙의 법계종토法界種土로부터 와서 빛을 발하여 비추고, 금강살타와 그 붓다어머니가 수행보살들을 데리고 동방의 최승낙토最勝樂土로부터 와서 빛을 발하여 비추고, 보생여래와 그 붓다어머니가 수행보살들을 데리고 남방의 광영불토光榮佛土로부터 와서 빛을 발하여 비추고, 아미타여래와 그 붓다어머니가 수행보살들을 데리고 서방의 극락세계로부터 와서 빛을 발하여 비추고, 불공여래와 그 붓다어머니가 수행보살들을 데리고 북방의 무상묘행無上妙行의 성취불토成就佛土로부터 와서 무지개빛의 바퀴 속에서 빛을 발하여 비춘다.

존귀하신 붓다의 후예여, 크게 둥근 빛大圓光 속에는 다섯 분의 선정에 잠긴 붓다와 그 붓다어머니가 있고, 크게 둥근 빛 밖에는 네 분의 분노 존자가 네 개의 문을 수호하고 있으니, 바로 승리명왕勝利明王, 대위덕존大威德尊, 마두명왕馬頭明王, 감로명왕甘露明王이다. 각자에게는 명비明妃가 있는데, 갈고리를 들고 있고, 밧줄을 들고 있고, 쇠사슬을 들고 있고, 방울을 들고 있다. 천도의 붓다는 무상無上의 권위가 있고, 아수라도의 붓다는 견고한 갑옷을 입은 불존佛尊이고, 인도의 붓다는 영웅사자獅子이신 석가모니 붓다이고, 축생도의 붓다는 움직이지 않는 사자이고, 아귀도의 붓다는 그 명칭을 '화염火焰의 입'이라 하고, 지옥도의 붓다는 그 명호를 법왕法王이라 한다. 이렇게 해서 문을 지키는 한 쌍의 몸인 여덟 존자와 육도六道의 도사導師, 그리고 일체 승리의 존자들이 동시에 빛을 발하면서 그대의 몸을 비출 것이다. 또 붓다의 어버이인 보현普賢과 그 붓다어머니는 시방의 모든 붓다들이 나오게 된 원천이다. 그 두 존자 역시 와서 빛을 발하여 비출 것이다. 이와 같은 영광과 권위를 갖춘 42분의 존자는 모두 그대 마음의 청정한 보리菩提의 성품으로부터 나왔으니, 빛을 발해서 거두러 오면 스스로 잘 변별하여 인식하라.

존귀하신 붓다의 후예여, 이 모든 훌륭한 경계는 몸 밖에 있는 것이 아니라 그대 마음으로부터 나온 것이다. 마음의 네 모퉁이와 중앙이 다섯 방위를 형성하는데, 거기서 빛을 놓아 그대 몸을 비추는 것이다. 그리고 그 존자들 역시 밖에서 온 것이 아니라 법대로法爾 자기 식체識體 안에 갈무리되어 있다. 따라서 그대는 이 사실을 반드시 깨달아 마쳐야 한다.

존귀하신 붓다의 후예여, 모든 존자들의 체는 크지도 않고 작지도 않으며 감응에 따라 나타나는데, 저마다 장엄莊嚴이 있고, 저마다 빛의 색깔을 펼치고, 저마다 앉는 자세를 갖추고, 저마다 보배 좌석에 오르고, 저마다 다른 표방하는 기치旗幟를 들고 있다. 이 존자들은 다섯 덩어리로 나누어 이루어졌는데, 매 덩어리마다 다섯 분의 존자가 각자 한 쌍의 몸을 나타내고 있다. 다섯 덩어리 둘레의 권역圈域에는 다섯 가지 빛의 권역이 있고, 남자 몸의 보살은 붓다아버지와 똑같은 형상이고, 여자 몸의 보살은 붓다어머니와 똑같은 형상이다. 이러한 다섯 덩어리의 불보살佛菩薩 덩어리가 모여서 전체의 대만다라大曼陀羅를 이룬다. 그리고 그대를 향해 밀집해서 빛을 놓아 돌보니, 모든 존자들은 바로 그대를 수호하는 존자이다. 따라서 그대는 응당 이와 같은 사실을 명료히 깨달아야 한다.

존귀하신 붓다의 후예여, 5부部 쌍신의 여러 불보살들은 저마다 가슴 사이로부터 네 가지 지혜의 연합체인 빛이 방사放射한다. 이 빛은 극도로 청정해서 마치 태양 광선을 직조해서 선線을 이룬 듯한데, 그대의 마음을 비추어서 가피를 하고 접촉한다.

네 가지 지혜의 빛을 이제 자세히 서술하겠다.

법계 성품의 지혜는 푸른빛을 발사한다. 그 형태는 광구과 똑같은데, 마치 푸른 쪽빛을 반조返照하는 옥배玉杯와 같다. 하나하나의 광구는 주위에 저마다 가볍고 작은 광구가 있는데 찬란하고 눈부시다. 각각의 작은 광구는 다시 더 작은 다섯 개의 광구로 둘러싸여 있다. 바깥 층層에는 똑같은 푸른빛인 다섯 개의 별빛이 있으며, 이처럼 층층이 주위를 둘러싼 채 광선의 중심과 광선의 변두리에서 비할 바 없이 눈부시게 그대 앞을 비추고 있다.

금강살타의 가슴 사이에서는 대원경지의 흰색 광선을 발하는데 눈부시도록 찬란하다. 크고 작은 광구가 층층이 둘러싸고 있으며, 하나하나의 광구는 거울을 반사하는 것처럼 그대 앞을 비추고 있다.

보생여래의 가슴 사이에는 평등성지의 노란색 광선을 발하는데, 크고 작은 광구가 층층이 둘러싸고 있으며, 하나하나의 광구는 황금색을 반사하는 잔과 같은 형태로서 그대 앞을 비추고 있다.

아미타여래의 가슴 사이에서는 묘관찰지의 홍색 광선을 발하며, 각각 다섯 개인 크고 작은 광구가 층층이 둘러싸고 있으며, 하나하나의 광구는 그 형태가 산호를 반사하는 잔과 같다. 광선의 중심과 광선의 변두리에서 지극한 밝음으로 그대 앞을 비추고 있다. 이 네 가지 색깔의 광선이 동시에 이런 식으로 그대 마음에 발사된다.

존귀하신 붓다의 후예여, 각각의 광선이 그대 몸을 비추지만, 이는 밖으로부터 온 것이 아니라 자기 마음이 비쳐서 변화한 것이니 빨려들지 말라. 그리고 겁내지도 말고 두려워하지도 말라. 마음을 거두어 선정에 들어가면, 나타난 각각의 모습과 보이는 각각의 빛이 저절로 그대의 체體와 하나로 융합하여 불도를 증득하리라. 이때 성소작지의 녹색빛이 비추어 거두는 일만은 없을 것이다. 왜냐하면 그대 지혜의 능력이 아직 발달하지 못해서 상응하지 못하기 때문이다.

존귀하신 붓다의 후예여, 이것을 이름하여 네 가지 지혜가 합쳐진 빛이라 하나니, 이를 통해 금강살타가 인도해 들어가는 진공眞空의 불도에 도달하게 될 것이다.

이때 그대는 반드시 생전의 스승께서 입으로 가르쳐주신 깊고 깊은 '비밀의 법密法'을 기억해야 한다. 그 '비밀의 법'의 뜻義을 기억한다면, 응당 각각의 광선이 마음을 통해 반영된 것임을 스스로 변별해 인식할 것이다. 마치 옛 친구를 보듯이 한 번에 알아보고 깊이 믿어 의심치 않으리라. 또 유행遊行을 떠난 자식이 돌아와서 자신의 어머니를 알아보는 것과 같으리라.

만약 그대가 청정하고 거룩한 실상實相은 성품의 변이變異가 없는 것임을 믿고 이해한다면, 심념心念이 평화롭고 고요해서 선정에 머물 것이다. 온 전체를 던져서 원만한 '깨달음의 성품' 覺性과 합일하면, 즉 보신의 불도를 증득해서 다시는 물러나지 않으리라.

존귀하신 붓다의 후예여, 네 가지 지혜가 연합한 빛이 발사할 때 육도윤회의 청정하지 않은 환광幻光도 동시에 발사된다. 그 빛들은 무엇일까? 바로 천도의 미세한 흰색의 빛이고, 수라도의 어두운 녹색의 빛이고, 인도에서 발사된 옅은 노란색 빛이고, 축생도에서 발사된 옅은 푸른색 빛이고, 아귀도에서 발사된 옅은 붉은색의 빛이고, 지옥도에서 발사된 연기나 안개와 같은 빛이다. 이러한 열등한 빛과 네 가지 지혜의 빛이 동시에 모여서 발사되니, 결코 무서워하지 말고 흔들리지도 말라. 오로지 스스로 진정해서 선정에 머물러라. 만약 청정한 네 가지 지혜의 빛에 대해 겁내는 마음을 내고, 육도에서 발사된 더러운 빛에 대해서는 오히려 애착하는 마음을 낸다면, 그대는 장차 육도 중의 어느 한 길道에 뛰어들어 태어난다. 그러고는 생사를 다하도록 윤회의 고통을 받는데, 이처럼 생사의 바닷속을 윤회하면서 고뇌를 실컷 받아도 빠져나올 수가 없다.

존귀하신 붓다의 후예여, 만약 생전에 스승이 전수해준 '비밀의 법'을 겪지 못했다면, 청정한 지혜의 빛에 대해서는 반드시 두려워할 것이고, 육도의 더러운 사물에 대해서는 오히려 애착할 것이다. 하지만 그대는 그러지 말아야 한다. 성실을 다한 신앙으로 눈부신 지혜의 빛에 대해 그대의 신심을 굳게 하면서 이렇게 사유하라.

> '다섯 방위 붓다들의 대자대비한 지혜의 빛이 앞으로 다가와서 거두고 인도하니, 나를 제도하길 애달피 기원하면서 스스로 귀의해야 하리라.'

마음이 저 육도의 청정치 못한 환광幻光에 이끌리지 말아야 하며, 일심으로 다섯 방위의 5부 붓다아버지 붓다어머니에게 공경히 예배하면서 다음과 같이 기도하라.

> '다섯 가지 독의 묵은 힘으로 생사를 유전할 때
> 네 가지 지혜가 합친 빛이 찬란히 머물 곳을 비추어주시며,
> 승리의 다섯 존자께서 앞에서 맞이해 이끌어주시고
> 다섯 부의 붓다어머니께서 뒤에서 수호하셔서
> 육도의 청정치 못한 환광을 여의도록 건져주시고
> 중음의 함정을 안전하게 건너게 하시고
> 다섯 가지 청정한 불토에 가서 태어나길 원하나이다.'

이렇게 기도하면 그대는 내면의 광명을 인식할 것이며, 그 광명과 어떤 분리도 없이 융합하면 단박에 불과佛果를 증득하리라. 평범한 수행자는 경건하고 성실한 신앙으로 변별할 수 있어서 끝내 해탈을 얻을 것이며, 근기가 열등한 자도 기도의 힘에 의지해서 즉각 육도의 문을 닫을 수 있다. 그리하여 네 가지 지혜가 합체合體한 실상을 확연히 이해해서 금강살타의 진공밀도眞空密道에 섭입攝入1함으로써 바로 정각을 증득하리라. 이처럼 상세한 지도를 거치면, 반드시 해탈자는 실상을 깨달아 들어가서 해탈을 얻을 것이다. 그러나 가장 극단적으로 열등한 근기의 성품은 악업이 너무 무거워서 가르침을 기쁘게 받들지도 않고, 또 다른 열등한 근기는 계율을 많이 범해서 끝내 업력의 환상이 장애가 되기 때문에 비록 인도引導를 받더라도 실상을 분간하지 못하고 표류하다가 아래로 추락한다."

---

1 진공인 비밀의 길에 꺼잡혀서 들어간다는 뜻.

일곱째 날의 염송법

일곱째 날에는 지명부持明部 존자들이 성스러운 극락의 땅에서 와서 이끌 것이며, 분노의 업에 미혹된 축생도의 빛도 와서 유혹한다. 이때의 염송법은 망자의 이름을 부르면서 다음과 같이 고한다.

"존귀하신 붓다의 후예여, 일심으로 귀를 기울여라. 이 일곱째 날에는 여러 청정한 식의 씨앗에 있는 각각의 색깔의 빛이 그대를 향해 방출될 것이고, 지명부의 존자들이 동시에 그대를 맞이해 이끌 것이다.

만다라 중앙의 무지갯빛 바퀴 안에서는 무상지명無上持明과 연꽃 춤의 주인, 그리고 업의 열매를 성숙시키는 무상지명이라 칭할 수 있는 분이 다섯 색깔의 빛을 동시에 방출하고, 아울러 홍색의 공행천모空行天母를 양손으로 껴안고 있다. 무상지명은 오른손으로는 언월도偃月刀 : 금강월도金剛鉞刀를 가리킨다를 높게 쳐들고, 왼손으로는 피가 가득 담긴 사람의 두개골을 수평으로 받쳐 들고 있다. 그러고는 춤을 추고 조복정인調伏定印을 지으면서 앞으로 다가와서 거두고 이끌어주신다.

만다라 동쪽에서는 흰색의 몸을 가진 지거지명地居持明이 만면에 웃음을 가득 띠고서 역시 흰색인 공행천모를 양손으로 껴안고 있다. 지거지명은 오른손으로는 높이 언월도를 쳐들고 있고, 왼손으로는 피가 가득 담긴 사람의 두개골을 수평으로 받쳐 들고 있다. 그러고는 춤을 추고 조복정인을 지으면서 앞으로 다가와서 거두고 이끌어주신다.

만다라 남쪽에서는 노란색의 몸을 가진 사수지명司壽持明이 만면에 웃음을 가득 띠고서 역시 노란색인 공행천모를 양손으로 껴안고 있다. 사수지명은 오른손으로는 높이 언월도를 쳐들고 있으며, 왼손으로는 피가 가득 담긴 사람의 두개골을 수평으로 받쳐 들고 있다. 그러고는 춤을 추고 조복정인을 지으면서 앞으로 다가와서 거두고 이끌어주신다.

만다라의 서쪽에서는 대수인大手印이란 호칭을 가진 홍색지명紅色持明이 만면에 웃음을 가득 띠고서 역시 홍색인 공행청모를 양손으로 껴안고 있다. 지명 존자는 오른손으로는 높이 언월도를 쳐들고 있으며, 왼손으로는 피가 가득 담긴 사람의 두개골을 수평으로 받쳐 들고 있다. 그러고는 춤을 추고 조복정인을 지으면서 앞으로 다가와서 거두고 이끌어주신다.

만다라의 북쪽에서는 자생성自生成이란 호칭을 가진 녹색지명綠色持明이 반은 성내고 반은 웃는 모습으로 역시 녹색인 공행천모를 양손으로 껴안고 있다. 지명 존자는 오른손으로는 높이 언월도를 쳐들고 있으며, 왼손으로는 피가 가득 담긴 사람의 두개골을 수평으로 받쳐 들고 있다. 그러고는 춤을 추고 조복정인을 지으면서 앞으로 다가와서 거두고 이끌어주신다.

만다라 밖에서는 지명持明 신들의 주위를 여덟 곳의 한림寒林 공행천모, 4부와 세 곳의 공행천모, 서른 곳의 성지聖地와 스물네 곳의 조참朝參의 땅에 있는 공행천모가 사방으로 둘러싸고 있다. 또 한량없는 숫자의 공행천모, 용맹한 남자 장수와 여자 장수, 하늘 세계의 전사戰士, 법을 수호하는 신지神祇들이 저마다 여섯 종류의 뼈 장신구와 나란히 큰북을 걸고 있고, 넓적다리뼈로 만든 호통號筒; 나팔, 해골로 만든 법고法鼓, 나찰의 껍질로 만든 깃발, 사람의 피부로 만든 일산日傘, 사람의 피부로 만든 깃발, 사람의 기름을 만든 향고香膏를 갖추고 있다. 그래서 한량없는 숫자의 악기가 일제히 울리면서 대지가 진동하는데, 그 소리가 너무나 거대해서 머리가 어지러울 정도이며, 갖가지 춤을 추면서 올바른 믿음을 가진 자를 맞이해 인도하고 믿지 않는 자는 징벌로 다스린다.

존귀하신 붓다의 후예여, 청정한 식의 씨앗과 함께 생겨난 지혜의 5색 빛살은 눈부실 정도로 찬란하다. 마치 5색의 광선처럼 찬란하고 투명하게 하늘가를 넘실거리면서 두려운 마음을 일으킨다. 이 빛이 장차 지명주존持明主尊의 가슴 사이에서 방출하여 그대의 마음에 곧바로 닿을 터인데, 빛살이 너무나 예리해서 감히 똑바로 볼 수가 없다.

옅은 푸른빛은 축생도로부터 와서 똑같은 지혜의 빛을 따라 그대의 몸을 비출 것이다. 허망한 집착의 힘 때문에 5색 빛을 대하면 두려움으로 떨리는 마음이 생기면서 도피하고 싶어지는데, 그러다가 축생도의 옅은 빛에 빨려 들어가고 만다. 따라서 그대는 반드시 저 지혜의 빛에 대해 두려워하는 마음을 내지 말고 바로 그대의 근본 지혜의 빛임을 알아야 한다. 지혜의 빛 속에서 법이 실상이 전파하는 소리가 우레의 1천 배나 되는 굉음으로 울리는데, 마치 거대한 돌이 구르면서 사방에서 음향이 울리는 것과 같다. 소리 중에는 '죽여라'라고 부르짖는 소리도 들리고, 또 진언眞言처럼 사람의 마음을 놀라게 하는 것도 있지만, 두려워하지도 말고 도피하지도 말고 삼가면서 겁내거나 놀라지 말아야 한다. 그리고 그 소리가 내면의 빛인 지혜의 능력이란 걸 반드시 알아야 한다.

축생도의 옅은 푸른빛에 빨려 들어가지도 말고 겁내거나 나약해지지도 말라. 만약 미혹에 빠지면 세력이 치성한 어리석음의 독 때문에 온갖 수고로움에 시달리는 축생도에 떨어져서 우매한 벙어리와 귀머거리로 무한한 고통을 받을 것이다. 게다가 과보가 다하길 기다리지 않으면 구출할 방도가 없을 터이니 부디 미혹되지 말아야 한다. 오로지 밝게 비추는 지혜의 빛을 신뢰하고, 경건하고 성실한 마음으로 지명존자들을 향하여 한 뜻으로 다음과 같이 사유하라.

'지명 존자들과 용맹한 영웅들과 공행모들은 성스러운 극락의 땅으로부터 나를 인도하기 위해 오셨다. 반드시 기도를 들어달라고 간절히 청해야 한다. 오늘까지 다섯 방위 붓다 일족과 삼세 붓다들께서 은혜와 자비의 빛을 냈는데도 구원을 받아 해탈하지 못했으니, 나는 얼마나 어리석은가! 지금 이 시점에서 오직 바라는 것은 지명존자들께서 자비의 갈고리로 거두어들여서 다시는 추락하지 않고 성스러운 극락의 땅에 왕생할 수 있도록 인도하소서.'

이렇게 사유하면서 다음과 같이 기도하라.

'지명 존자들이여, 바라건대 자비로운 은혜에 의지해서 올바른 도에 들어갈 수 있도록 저의 기도를 들어주소서. 숙업宿業의 장애가 무거워서 생사에 유전하는데 함께 생겨난 지혜가 찬란히 비추어서 지명존자와 용맹한 영웅들이 앞에서 이끌어주시고 공행천모께서 뒤에서 수호해주시면서 중음의 함정에서 벗어나도록 저를 건져주시고 다시 성스러운 극락의 땅에 가서 태어나도록 하소서.'

이처럼 공경하면서도 경건하고 성실하게 기도하면, 그대의 몸은 장차 무지갯빛 바퀴 안에서 지명존자의 가슴 속으로 융합해 흘러들어가서 결정코 성스러운 극락의 땅에 가서 태어나리라.
일체의 삿된 가르침을 말하는 이교異敎의 무리들도 이 날에는 스스로 생사를 여읨을 능히 실답게 인식할 것이며, 악업을 갖추었어도 반드시 해탈을 얻으리라."

중음의 교법에서 임종 중음의 밝은 빛으로 가르쳐 보이고, 실상 중음의 안락부安樂部 존자에 깨달아 들어가도록 인도하는 염송을 마쳤다. 다음 일주일은 분노부忿怒部 존자들에게 깨달아 들어가는 것이다.

개설概說

이제 분노 존자들에게 깨달아 들어가는 방법을 열어 보이겠다.

안락부의 존자들이 현현하는 중음에는 모두 일곱 차례의 위험한 경계가 있다. 매번 법을 염송할 때마다 망자가 어느 한 번에라도 응해서 실답게 변별해서 깨달았다면 이미 해탈을 얻었으리라.

한량없는 숫자의 중생이 실답게 인식해서 스스로 해탈을 얻었다. 그러나 이렇게 해탈한 숫자가 비록 많다 해도 티끌세상塵世의 유정 중생은 무궁무진한데다 악업이 치성하여 번뇌의 장애도 무겁고 집착도 매우 깊다. 이 때문에 무명無明의 허망한 생각은 수레바퀴처럼 항상 구르고 있으며, 그 힘이 고갈되지도 않고 가속이 붙지도 않는다. 또 상세하게 법을 염송해서 다 듣게 해도, 극대極大의 한량없는 숫자의 중생이 표류하다 아래로 추락해서 해탈하지 못한다. 안락 존자들, 지명 존자들이 한 번 맞이해 이끌어주었는데도 깨달아 들어갈 수 없었다면, 불바퀴火輪 속에 머무는 58명의 존자들이 분노로 피를 마시면서 당장 현현한다. 이 존자들은 바로 안락 존자들이 비추는 방위에 따라 모습을 바꾸었을 뿐이다. 그러나 안락 존자들은 망자의 중음신의 심장과 신경 중추로부터 나와서 서로 닮지가 않았다.

이제부터 현현하는 것은 분노 존자들의 중음 경계이다. 망자는 단박에 전율과 두려움을 일으키기 때문에 인증認證하기가 비교적 어렵다. 혼침昏沈 상태에 빠져 들어간 그의 식은 미혹에서 다시 깨어났다가 깨어나서는 다시 미혹한다. 이런 순환으로는 스스로 주인일 수 없다. 하지만 망자가 만약 조금이라도 깨달음이 있다면 즉시 쉽게 해탈을 얻을 것이다. 그 까닭은 현현한 모든 빛이 놀랍고 두려워서 하나의 빛을 거두고 하나의 빛을 방출할 때마다 망자의 식識으로 하여금 일심으로 경각심을 갖고 흐트러뜨리지 않도록 힘쓰게 하기 때문이다.

이 광경에서 만약 망자가 전해진 법을 경험하지 못한다면, 생전에 큰 바다처럼 깊고 깊은 붓다의 이치佛理를 들었더라도 도무지 이익이 없다. 설사 계율을 청정하게 지닌 비구나 현묘한 이치를 잘 설명한 법사法師라도 중음의 광경에 미혹되어서 변별하지 못하면, 반드시 생사의 바닷속에 빠지고 만다.

그러니 보통의 세속 사람은 복잡하게 말할 필요도 없이 전율과 두려움으로 황망하게 도피하며, 끝내 스스로 낭떠러지에 매달리다가 나쁜 갈래로 굴러 떨어져서 한량없는 고통을 받는다. 그러나 밀교의 극소수 수행자라면, 설사 극소수라도 한 번 피를 마시는 존자들을 직면하는 순간 자신의 수호 존자임을 능히 변별해 알아챈다. 마치 인간 세상에서 옛 친구를 거듭 만난 것과 같아서 전혀 의심치 않고 신뢰해서 일체一體로 합일하여 불과를 얻으리라. 생전에 닦아 익히고 관상하면서 경문에서 말한 피를 마시는 존자들을 공양하고 찬탄하거나 지극히 적더라도 그림이나 만들어진 상들을 바라보았기 때문에 이때 존자들이 앞에 나타나는 걸 목격하면 저절로 즉시 알아챌 수 있고 이를 통해 해탈을 얻을 것이다. 밀교의 훌륭한 법은 바로 이 점에 있다.

만일 망자가 계율을 엄숙히 지킨 비구나 묘한 이치를 잘 천명한 법사라면, 세상에 있을 때 경건하고 성실하게 닦아 익히고 걸림 없는 변재로 솜씨 있게 법을 설했을 것이다. 그러나 아무리 그렇더라도 생전에 이 비밀의 법을 듣지 못했다면, 열반에 들어 화장할 때도 아무런 특이한 징후가 없어서 불로 태워도 무지갯빛으로 둘러싸이는 현상이 보이지 않으며, 사체에서 뛰어난 사리도 나오지 않는다. 생전에 비밀의 법을 믿지 않으면서 경시하고 훼방했기 때문이며, 비밀의 법에서 행하는 관정灌頂을 거치지 않아서 성스러운 상을 식별하지 못했기 때문이다. 그래서 중음에서 갑작스럽게 나타나면 스스로 식별하기 어려운 탓에 불시에 목도한 것이 평생 보지 못한 두려운 모습인지라 원수를 보듯 하면서 저항하는 마음을 내기 때문에 이렇듯 비참하고 고통스런 경계에 빠져든다. 이처럼 계율을 지킨 비구와 법을 천양한 법사가 비밀의 법을 닦지 못했다면, 화장할 때 무지갯빛을 보지 못하고, 뼈에 특이한 징후도 없으며, 사리도 생기지 않는 것은 바로 이 까닭이다.

밀교의 수행자는 극소수 중에서도 가장 극소수라서 행동거지가 거칠고, 부지런히 수행하지 않고, 생활의 이런저런 일을 잘 대응하지 못하고, 자신의 서원誓願을 어긴 채 위의威儀를 닦지 않으며, 가르침에 따라 실천하지 못할지라도 그 사람을 경시하거나 의심하지 말아야 한다. 그가 갖추고 있는 비밀의 법에 응당 공경히 예배해야 하나니, 중음의 경계는 오로지 비밀의 법에 의지해서 건널 수 있기 때문이다. 비밀의 법을 공경히 믿으면, 생전의 행위가 설사 충분하지 못했을지라도 화장할 때 일종의 상서로운 현상이나 무지갯빛이나 사리가 미약하나마 나타날 것이니, 비밀의 법이 갖고 있는 은총의 파동이 부사의不思議하기 때문이다.

밀교 수행자는 심령이 탁월해서 보편적으로 통하거나 아니면 비교적 높고 깊다. 그래서 경문대로 상을 관조하고 의식에 따라 닦아 익히며, 아울러 심주心呪를 염한다면, 실상 중음까지 떨어지지는 않을 것이다. 그는 임종하자마자 즉시 지명 존자와 용맹한 남자 장수와 여자 장수들에게 인도되어서 청정하고 즐거운 거룩한 국토로 갈 것이다. 그리고 몇 가지 특징을 갖추고 있는데, 비유하자면 하늘에 온통 구름 한 점 없고, 망자의 영靈이 무지갯빛 테두리에 융합해 들어가고, 태양의 빛이 발해서 기이한 노을의 색채를 띠고, 기이한 향기가 하늘에 가득하고, 하늘의 음악이 두루 연주되고, 상서로운 빛이 사방으로 발사되고, 사체 위에는 사리가 나타나는 것이다. 따라서 비구나 법사, 계율을 범한 라마, 보통의 세속인들에게 중음의 교법은 정말로 필수적이다. 그러나 대원만도大圓滿道의 대수인법大手印法을 닦아 익혔다면, 임종할 때 반드시 청정한 빛을 인식하여 법신을 증득할 것이다. 이와 같은 사람에게는 중음의 교법을 염송해줄 필요가 없다.

다른 사람들은 사망했을 때 청정한 빛을 인식하고, 실상 중음의 안락 존자와 분노 존자의 현현을 반드시 식별해서 보신을 증득할 것이다. 또 다른 망자의 영은 투생 중음에서 청정한 빛을 인식하여 응신應身을 증득해서 천도나 아수라도, 인도에 환생할 것이다. 만약 인도에 태어나면 전생의 혜업慧業이 지속되기 때문에 밀교의 유가정법瑜伽正法을 만날 것이다.

중음의 교법은 불과를 성취하는 데 선정을 필요로 하지 않는다. 한 번 법을 듣는 것만으로도 즉시 속박에서 해탈할 수 있다. 설사 극대한 악업을 지은 유정 중생이라도 이 교법에 의지해 밀교의 대도大道로 들어갈 것이며, 이미 비밀의 법을 들은 자와 아직 비밀의 법을 듣지 못한 자에 대해 즉시 차별을 드러내며, 깊고 오묘해서 바로 원만한 깨달음圓覺을 이룬다. 그러므로 비밀의 법으로 가피를 얻은 유정 중생은 악한 갈래에 떨어지지 않을 것이다.

중음의 교법과 중음의 비밀 주문을 동시에 염송하는 것은 마치 황금의 대만다라大曼陀羅에다 보물을 장엄한 듯해서 더욱 뛰어난 묘함을 드러내리라. 지금까지 깊고 오묘한 교법을 적지 않게 열어 보였다. 이제는 분노 존자들이 나타나는 정경情景을 염송해야 한다.

여덟째 날의 염송법
다음과 같이 다시 망자의 이름을 부르라.

"존귀하신 붓다의 후예여, 일심으로 귀를 기울여라. 중음에 나타난 안락 존자들을 인증하지 못한 채 망설이고 배회하다가 여기까지 이르렀다. 이제 여덟째 날에는 분노부忿怒部의 주인인 피를 마시는 존자들이 앞으로 다가와서 그대를 거두고 이끌 것이니, 반드시 식별해 인식하고 마음을 흐트러뜨리지 말라.

존귀하신 붓다의 후예여, 대영광불大榮光佛의 나체 화신은 짙은 갈색의 몸에다 머리는 셋이고 팔은 여섯이며, 네 다리로 안정되게 서 있다. 오른쪽 얼굴은 흰색이고, 왼쪽 얼굴은 붉은색이며, 중앙의 얼굴은 짙은 갈색인데, 몸 주변에서는 불꽃 같은 빛을 발한다. 아홉 개 눈의 둥근 눈알은 성을 내면서 무섭게 노려보고 있으며, 눈썹은 번갯불이 빛을 발하듯이 섬광처럼 움직이고 있으며, 거대한 어금니는 밖으로 노출된 채 위아래로 마주치고 있다. 입으로는 거대하게 울부짖으면서 '아' '라' '라' 소리와 '하' '하' 소리를 내는데 그 음조가 날카롭고 예리하다. 주황색 머리칼은 곤두서서 빛을 발하고 있으며, 관冠은 해골로 장식되었는데 해와 달을 상징하고 있으며, 검은 뱀으로 묶은 허리에는 사람의 머리를 매달아서 몸의 장식으로 삼고 있다.

오른쪽 머리에 있는 세 개의 손에서 위쪽 손은 바퀴를 들고 있고, 가운데 손은 칼을 들고 있고, 아래쪽 손은 도끼를 들고 있다. 왼쪽 머리에 있는 세 개의 손에서 위쪽 손은 방울을 잡고 있고, 가운데 손은 두개골을 들고 있고, 아래쪽 손은 쟁기를 들고 있다.

또 그의 몸은 붓다어머니인 대분노모大忿怒母: 이곳은 응당 '대력분노 붓다어머니大力忿怒佛母'로 번역되어야 한다가 양팔로 껴안고 있다. 붓다어머니의 오른손은 붓다의 목을 끌어안고 왼손은 붉은색 조개껍질에 피를 가득 담아서 붓다에게 바치고 있다. 혀와 턱이 서로 접해서 계속 우르릉거리며 우레 소리처럼 갈아대는 소리를 내고 있다.

두 존자는 자신의 털구멍으로부터 지혜의 빛나는 불꽃을 방출하고 있으며, 큰 불꽃은 저마다 활활 타오르는 금강저를 갖추고 있고, 두 존자는 저마다 양쪽 다리 중 하나는 굽히고 하나는 편 채 붕새가 엎드린 단壇 위에 서서 그 아래를 지탱하고 있는데, 모두가 다 그대의 뇌 속에서 나와 생동감 있게 활약하면서 그대를 향해 비출 것이다. 하지만 놀라지도 말고 두려워하지도 말라. 이것이 그대 스스로의 식으로 갖춘 체임을 알아야 하고, 또 그대 자신의 수호 존자이니 두려워하거나 겁내지 말아야 한다. 두 존자는 실제로는 바로 대일여래의 쌍신이 화현하여 이루어진 것이니, 한 번 가려내서 인식하면 즉시 스스로 해탈을 얻으리라. 이처럼 변별해서 인식한 후에 그대의 몸은 수호 존자와 함께 훌륭하고 묘한 보신과 계합하여 일체가 될 것이다."

아홉째 날의 염송법

만약 공포에 싸여서 의도적으로 기피한다면, 아홉째 날에는 금강부주金剛部主의 피를 마시는 존자가 앞으로 다가와서 그대를 거두어 인도할 것이다. 그때 반드시 망자의 이름을 부르면서 다음과 같이 염송해야 한다.

"존귀하신 붓다의 후예여, 일심으로 귀를 기울여라. 금강부주의 피를 마시는 존자인 금강살타의 나체 화신은 어두운 푸른빛의 몸에다 세 개의 얼굴과 여섯 개의 팔을 갖고 있으며, 네 개의 발로 안정되게 서 있다. 오른쪽 머리의 위쪽 손은 금강저를 들고 있고, 중앙의 손은 두개골을 들고 있고, 아래쪽 손은 도끼를 잡고 있다. 왼쪽 머리에도 세 개의 손이 있는데, 위쪽 손은 방울을 들고 있고, 중앙의 손은 두개골을 들고 있고, 아래쪽 손은 쟁기를 들고 있다.

그의 몸은 금강의 대분노모가 두 팔로 껴안고 있으며, 붓다어머니의 오른손은 붓다의 목을 끌어안고, 왼손은 붉은색 조개껍질에 피를 가득 담아서 붓다에게 바치고 있다. 이 모든 것은 다 그대 뇌의 동쪽 모퉁이로부터 변화해 나와서 빛을 방출하여 그대를 비추는 것이니, 놀라지도 말고 겁내지도 말고 전율하지도 말라. 이는 바로 그대 스스로의 식이 갖춘 체임을 알아야 하고, 또한 바로 그대 자신의 수호 존자이니 두려워하지 말라. 두 존자는 실제로 금강살타의 쌍신이 변화하여 이루어진 것이니, 이를 믿고 이를 인식하면 즉시 속박에서 해탈할 수 있으리라. 이미 스스로 변별해 인식해서 즉각 합체하면 불과를 얻으리라."

열째 날의 염송법

그러나 나쁜 업이 너무 심하게 덮고 있기 때문에 깨달아 들어가지 못한 채 오히려 겁내고 두려워하면서 도피하려고 한다. 그리하여 열째 날에 이르면 보생부주寶生部主의 피를 마시는 존자가 앞으로 다가와서 그대를 거두어 이끌어주신다. 이때 다시 망자의 이름을 부르면서 다음과 같이 염송해야 한다.

"존귀하신 붓다의 후예여, 일심으로 귀를 기울여라. 이제 열째 날이 되면 보생부주의 피를 마시는 존자인 보생여래寶生如來의 나체 화신이 나타나는데, 그는 노란색의 몸에다 세 개의 얼굴과 여섯 개의 팔을 갖고 있으며, 네 개의 발로 안정되게 서 있다. 오른쪽 얼굴은 흰색, 왼쪽 얼굴은 붉은색, 중앙의 얼굴은 어두운 노란색이며, 얼굴 뒤에는 화염이 이글거리는 빛의 바퀴光輪가 드러나 있다.

오른쪽 머리의 위쪽 손은 보물을 들고 있으며, 가운데 손은 강차鋼叉 : 강차는 응당 사람 머리가 붙어 있는 삼지창을 가리켜야 한다를 들고 있고, 아래쪽 손은 짧은 곤봉을 들고 있다. 왼쪽 머리에도 세 개의 손이 있는데, 위쪽 손은 방울을 들고 있고, 가운데 손은 두개골을 들고 있고, 아래쪽 손은 강차를 들고 있다.

그의 몸을 보생 대분노모가 양팔로 껴안고 있는데, 붓다어머니의 오른쪽 손은 붓다의 목을 끌어안고, 왼쪽 손은 붉은색 조개껍질에 피를 가득 담아서 붓다에게 바치고 있다. 이 모든 것은 다 그대의 두뇌 남쪽 모퉁이로부터 나와서 빛을 방출하는 것이니, 놀라지도 말고 겁내지도 말고 또 전율하지도 말라. 바로 그대 스스로의 식識이 갖춘 체體임을 알아야 하고, 또 그대 자신의 수호 존자이니 두려워하지 말아야 한다. 두 존자는 실제로 보생여래의 쌍신雙身이 변화해 이루어진 것이니, 이를 믿고 깨달아 들어가면 스스로 해탈할 수 있으리라. 이미 스스로 변별해 인식해서 즉각 합체하면 불과를 증득하리라."

열하루째 날의 염송법

이렇게 염송해도 숙세의 악업 때문에 수호 존자에게 깨달아 들어갈 수 없고 전율하면서 도피하려고 한다면, 열하루째 날에는 연화부주蓮花部主의 피를 마시는 존자가 앞으로 다가와서 그대를 거두어 이끌어주신다. 이때 다시 망자의 이름을 부르면서 다음과 같이 염송해야 한다.

"존귀하신 붓다의 후예여, 열하루째 날에는 연화부주의 피를 마시는 존자인 아미타여래의 나체 화신이 나타나는데, 그는 진홍색의 몸에다 세 개의 얼굴과 여섯 개의 팔을 갖고 있고, 네 개의 다리로 안정되게 서 있다. 왼쪽 얼굴은 흰색이고, 오른쪽 얼굴은 푸른색이며, 중앙의 얼굴은 진홍색이다. 오른쪽 팔에 세 개의 손이 있는데, 위쪽 손은 연꽃을 들고 있고, 중앙의 손은 삼지창을 들고 있고, 아래쪽 손은 지팡이를 짚고 있다. 왼쪽 팔의 위쪽 손은 방울을 들고 있고, 중앙의 손은 피를 가득 담은 두개골을 들고 있고, 아래쪽 손은 작은 북을 들고 있다.

그의 몸을 연화 대분노모가 양팔로 껴안고 있는데, 붓다어머니의 오른손은 붓다의 목을 끌어안고, 왼손은 붉은색 조개껍질에 역시 피를 담아서 붓다에게 바치고 있다. 두 존자의 합체는 모두 다 그대의 두뇌 서쪽 모퉁이로부터 나와서 빛을 방출하여 맞이해 이끌어주신다. 그러니 놀라지도 말고 겁내지도 말고, 다시 전율하지도 말고 지극히 믿고 즐거워해야 한다. 이는 그대 스스로의 식이 변하여 생긴 것임을 반드시 알아야 하며, 또한 그대 자신의 수호 존자이니 두려워하지 말라. 두 존자는 실제로 아미타여래의 쌍신이 변화하여 이루어진 것이니, 이를 믿고 깨달으면 그에 따라 해탈하리라. 이미 스스로 변별해 인식해서 즉각 합체했다면 불과를 얻으리라."

열둘째 날의 염송법

설사 이렇게 법을 들었더라도 숙세의 업 때문에 전율하면서 앞으로 다가가지 못하고, 특히 알아보지 못할 뿐만 아니라 마냥 도피하려고만 한다. 그래서 열둘째 날에는 반드시 업부業部의 피를 마시는 존자가 한림寒林의 여신, 짐승 머리를 한 여신인 '불래맹모不萊來孟母'와 '왕구모汪鳩母'의 옹호를 받으면서 앞으로 다가와 그대를 맞이해 이끌어주신다. 이때 공포심으로 인해 알아보지 못하고 더욱더 두려워하는데, 반드시 다시 망자의 이름을 부르면서 다음과 같이 염송해야 한다.

"존귀하신 붓다의 후예여, 열둘째 날에 나타나는 업부의 피를 마시는 존자인 불공성취不空成就의 나체 화신은 짙은 녹색의 몸에다가 세 개의 얼굴과 여섯 개의 팔을 갖고 있으며, 네 개의 발로 안정되게 서 있다. 오른쪽 얼굴은 흰색이고, 왼쪽 얼굴은 붉은색이며, 중앙의 얼굴은 짙은 녹색으로서 위의威儀를 갖추고 있다. 여섯 개의 손 중에서 오른손의 위쪽은 칼을 들고 있고, 중앙의 손은 삼지창을 들고 있고, 아래쪽 손은 지팡이를 잡고 있으며, 왼손의 위쪽은 방울을 들고 있고, 중앙의 손은 두개골을 들고 있고, 아래쪽 손은 쟁기를 들고 있다.

그의 몸을 업부 대분노모가 양팔로 껴안고 있는데, 붓다어머니의 오른손은 붓다의 목을 끌어안고, 왼손은 붉은색의 조개껍질에 피를 가득 담아서 붓다에게 바치고 있다. 두 존자의 합체는 모두 다 그대 두뇌의 북쪽 모퉁이로부터 나와서 빛을 방출하여 가피하는 것이니, 놀라지도 말고 겁내지도 말고 다시 전율하지도 말아야 한다. 이는 그대 스스로의 식이 변환한 것이고, 또 그대 자신의 수호 존자이니 두려워하지 말라. 두 존자는 실제로 불공성취의 쌍신이 변화해 이루어진 것이니, 그대는 경건하고 성실하게 믿고 즐거워해야 한다. 한 번 변별해 인식하면 그에 따라 즉시 해탈을 얻을 것이다. 이미 수호 존자를 변별해 인식해서 즉시 합체했다면 불도를 증득하리라.

구루가 열어 보이는 것이 지극히 현묘한 탓에 이 가르침에 의거한 망자는 눈에 보이는 존자들이 자기 식의 변화로 나타났으며 평소의 관상觀想에 의거해서 이루어진 것임을 깨달아 안다. 예컨대 어떤 사람이 사자의 가죽을 보면 한 번만 보아도 즉시 알아채서 두려운 마음을 내지 않겠지만, 그러나 사자의 가죽을 뒤집어쓴 걸 모른다면 두려움이 덜컥 생겨날 것이다. 그러다가 어떤 사람이 진짜 사자가 아니라고 말해주면 두려움은 저절로 사라진다. 마찬가지로 지금 몸집도 거대하고 사지도 방대해서 하늘처럼 큰 피를 마시는 무리들을 보면, 전율하는 마음이 예기치 않게 저절로 생겨남은 두말할 나위가 없다. 그러나 경문의 가르침을 보이면, 즉시 수호 존자임을 알고 또한 스스로의 식이 변현하여 이루어진 것임을 안다. 이때 홀연히 '어머니 청정한 빛母明光'이라고 하는 청정한 빛이 현현하는데, 이는 망자가 예전에 한 번 거친 것이다. 이 청정한 빛 위에 다시 청정한 빛이 붙는데, 그 이름을 '자식 청정한 빛子明光'이라고 한다. 이 '자식 청정한 빛'과 '어머니 청정한 빛'이 동시에 현현해서 마치 익숙한 친구가 만나듯이 서로 융합하여 떨어지지 않는다. 그리고 이를 통해 스스로를 제도하는 빛을 출현하여 스스로 깨닫고 스스로 증명해서 즉시 해탈을 얻는다."

열셋째 날의 염송법

지금까지 염송법에도 아직 깨닫지 못했다면, 설사 선행으로 심령이 탁월한 사람이라도 후퇴해서 윤회에 빠져들 수 있다. 이때 여덟 분의 분노 여존자, 한림寒林여신한림여신 역시 '고려高麗 여산'으로 번역할 수 있다, 다시 여덟 분의 불래맹모 짐승 머리의 여신이것 역시 '비살희여신琵薩希女神'으로 번역할 수 있다이 두뇌로부터 나와서 앞으로 다가와 그대를 이끌어준다. 이때 망자의 이름을 부르면서 다음과 같이 염송해야 한다.

"존귀하신 붓다의 후예여, 일심으로 귀를 기울여라. 열셋째 날에는 한림여신 여덟 분이 그대 두뇌의 동쪽 모퉁이로부터 출현해서 빛을 방출하여 가피를 하니, 결코 두려워하거나 겁내지 말라.

그대의 두뇌 동쪽 모퉁이로부터 흰색 한림여신이 오른손으로는 마치 지팡이를 들듯이 시체를 들고, 왼손으로는 피를 가득 담은 두개골을 들고서 빛을 방출하여 가피할 것이니 결코 두려워하지 말라. 그대 두뇌의 남쪽 모퉁이로부터 이름이 '주리마周利瑪'인 노란색 한림여신이 손에 활과 화살을 들고 나타나서 쏘려고 할 것이며, 그대 두뇌의 서쪽 모퉁이로부터 이름이 '보납마합普拉摩哈'인 붉은색 한림여신이 손에 바다사자로 이루어진 깃발을 들고 나타나며, 그대 두뇌의 북쪽 모퉁이로부터 이름이 '백달리白達利'인 검은색의 한림여신이 오른손으로는 금강저를 들고 왼손으로는 피를 가득 담은 두개골을 들고 나타나며, 그대 두뇌의 남동쪽 모퉁이로부터 이름이 '보객사普喀斯'인 붉은색 한림여신이 오른손으로는 인체의 장기臟器를 들고 왼손으로는 그걸 먹으면서 나타나며, 그대 두뇌의 남서쪽 모퉁이로부터 이름이 '객희마리喀喜瑪利'라는 짙은 녹색의 한림여신이 왼손으로는 피가 가득 담긴 두개골을 들고 오른손으로는 금강저로 마치 좋은 술을 마시듯이 피를 저어 마시면서 나타나며, 그대 두뇌의 북서쪽 모퉁이로부터 이름이 '장달리藏達利'인 황백색의 한림여신이 시체의 머리를 찢어내면서 오른손으로는 심장을 파내고 왼손으로는 시체를 끌어다 피를 빨아 마시며, 그대 두뇌의 북동쪽 모퉁이로부터 이름이 '사마하斯瑪夏'인 검푸른 색의 한림여신이 역시 시체의 머리를 찢어서 피를 마시며 나타난다. 이처럼 여덟 방위의 한림여신이 그대 두뇌로부터 나와서 5부의 피를 마시는 존자들을 둘러싼 채 앞으로 다가와서 그대를 맞이해 이끌어주시니 두려워하거나 겁내지 말라.

존귀하신 붓다의 후예여, 한림의 테두리 밖에서 그대 두뇌의 여덟 방위에서 생겨난 여덟 분의 '불래맹모' 짐승 머리를 한 여신도 와서 그대를 거두어 이끌어주신다. 동쪽에서는 짙은 갈색을 한 사자 머리의 존자가 양손을 가슴 앞에서 십자十字로 교차한 채 입으로는 시체를 씹고 목의 갈기를 흔들며, 남쪽에서는 붉은색을 한 호랑이 머리의 존자가 양손을 아래로 드리워 십자로 교차한 채 냉소하는 어금니로 부리를 찢고 성난 눈으로 바라보며, 서쪽에서는 검은색의 여우 머리를 한 존자가 오른손으로는 비수를 들고 왼손으로는 장기를 들고서 씹기도 하고 빨기도 하며, 북쪽에서는 검푸른 색의 늑대 머리를 한 존자가 양손으로 시체를 끌면서 성난 눈으로 주시하고 있으며, 남동쪽에서는 황백색의 붕새 머리를 한 존자가 어깨에 거대한 시체를 메고 손으로는 뼈를 잡고 있으며, 남서쪽에서는 검붉은 색의 독수리 머리를 한 존자가 역시 거대한 시체를 메고 있으며, 북서쪽에서는 검은색의 까마귀 머리를 한 존자가 왼손으로는 두개골을 들고 오른손으로는 칼을 들고서 심장과 폐를 파서 먹고 있으며, 북동쪽에서는 검푸른 색의 올빼미 머리를 한 존자가 오른손으로는 금강저를 들고 왼손으로는 칼을 들고서 시체를 베어서 썹어 먹고 있다.

이처럼 여덟 방위에서 여덟 분의 짐승 머리를 한 여신도 마찬가지로 피를 빼는 존자를 둘러싼 채 그대의 두뇌로부터 나와서 앞으로 다가와 그대를 맞이해 이끌어주신다. 따라서 두려워하거나 겁내지 말고 그대 스스로의 식이 변하여 나타난 것임을 반드시 알아야 한다."

열넷째 날의 염송법

"존귀하신 붓다의 후예여, 열넷째 날에는 네 개의 문門을 수호하는 여성 분노 존자가 그대의 뇌로부터 나와서 빛을 방출하여 비출 것이니, 그대는 반드시 알아차려야 한다. 그대 두뇌의 동쪽 모퉁이에서는 호랑이 머리에 갈고리를 든 흰색의 여신이 왼손으로는 피가 가득 담긴 두개골을 들고 나타나며, 그대 두뇌의 남쪽 모퉁이에서는 돼지 머리에 밧줄을 든 노란색의 여신이 나타나며, 그대 두뇌의 서쪽 모퉁이에서는 사자 머리에 쇠사슬을 든 붉은색 여신이 나타나며, 그대 두뇌의 북쪽 모퉁이에서는 뱀 머리에 방울을 든 녹색의 여신이 피가 가득 담긴 두개골을 들고 나타난다. 이 네 존자는 모두 그대의 두뇌로부터 나와서 빛을 방출하여 가피를 하니, 그대는 반드시 수호 존자들을 보듯이 해야 한다.

존귀하신 붓다의 후예여, 분노의 여성 존자들은 다섯 방위의 다섯 붓다가 나체로 변신한 것을 층층이 둘러싸며, 바깥층의 권역圈域 밖에선 다시 그대의 두뇌로부터 다른 종류의 머리를 한 여신 스물여덟 존자이곳은 '스물여덟의 동물 머리를 한 요가 여인瑜伽女'이라 칭한다가 저마다 손에 다양한 병장기를 들고 앞으로 다가와서 그대를 맞이해 이끌어주신다. 그러니 두려워하거나 겁내지 말고, 어떤 빛이든 즉시 자기 식의 환형幻形임을 알아차려야 한다. 바로 이 관문이 지극히 중요하니, 생전에 스승께서 전해준 묘법妙法을 반드시 기억해야 한다.

존귀하신 붓다의 후예여, 그대 두뇌의 동쪽 모퉁이에서는 암갈색의 소머리를 한 나찰羅刹여신이 한 손에는 금강저를 들고 또 한 손에는 방울을 들고 나타나며, 주황색의 이무기 머리를 한 범천梵天여신이 손에 연꽃을 들고 나타나며, 검은 녹색의 표범 머리를 한 거대巨大여신이 손에 삼지창을 들고 나타나며, 푸른색의 원숭이 머리를 한 사판司判여신이 손 안에 바퀴를 들고 나타나며, 붉은색 요가의 설산雪山 곰 머리를 한 동정童貞여신이 손에 짧은 창을 들고 나타나며, 흰색의 곰 머리를 한 제석帝釋여신이 손에 창자를 꿴 것을 들고 나타나니, 이 여섯 존자들은 요가 여신으로 그대 두뇌의 동쪽 모퉁이에서 출현하여 빛을 방출할 것이니 겁내거나 두려워하지 말라.

존귀하신 붓다의 후예여, 그대 두뇌의 남쪽 모퉁이에서는 노란색 박쥐 머리를 한 희락喜樂여신이 손에 비수를 들고 나타나며, 붉은 바다사자 머리를 한 안락安樂여신이 손에 항아리를 안고 나타나며, 붉은색 전갈 머리를 한 감로甘露여신이 손에 연꽃을 들고 나타나며, 흰색 독수리 머리를 한 월명月明여신이 금강저를 들고 나타나며, 암록색 여우 머리를 한 지곤持昆여신이 한 손으로 몽둥이를 휘두르며 나타나며, 누렇고 검은 호랑이 머리를 한 나찰여신이 손에 피가 가득 담긴 두개골을 들고 나타나니, 이 여섯 존자들은 요가 여신으로서 그대 두뇌의 남쪽 모퉁이에서 출현하여 빛을 방출할 것이니 겁내거나 두려워하지 말라.

존귀하신 붓다의 후예여, 그대 두뇌의 서쪽 모퉁이에서는 검은 녹색의 붕새 머리를 한 육식肉食여신이 손 안에 몽둥이를 들고 나타나며, 붉은색의 말 머리를 한 희락여신이 손에 사지가 전혀 없는 시체를 들고 나타나며, 흰색의 솔개 머리를 한 대력大力여신이 손에 지팡이를 들고 나타나며, 노란색의 개 머리를 한 나찰여신이 한 손에는 금강저를 들고 한 손으론 칼로 자르면서 나타나며, 붉은 야생마 머리를 한 욕망欲望여신이 활에다 화살을 얹고 나타나며, 녹색의 고라니 얼굴을 한 수재守財여신이 손에 항아리를 들고 나타나니, 이 여섯 존자는 요가 여신으로서 그대 두뇌의 서쪽 모퉁이에서 출현하여 빛을 방출하니 겁내거나 두려워하지 말라.

존귀하신 붓다의 후예여, 그대 두뇌의 북쪽 모퉁이에서는 푸른색 늑대 머리를 한 사풍司風여신이 손으로 깃발을 펼치면서 나타나며, 붉은색 양 머리를 한 묘만妙鬘여신이 손에 곧은 나무 막대기를 들고 나타나며, 검은 야생 돼지 머리를 한 야시野豕여신이 손 안에 어금니를 꿴 밧줄을 들고 나타나며, 붉은색 까마귀 머리를 한 벽력霹靂여신이 손에 갓난아기 시체를 들고 나타나며, 검은 녹색 코끼리 머리를 한 대비大鼻여신이 손에 거대한 시체를 들고 두개골의 피를 마시면서 나타나며, 푸른색 이무기 머리를 한 입수入水여신이 손에 뱀 밧줄을 들고 나타나니, 이 여섯 존자는 요가 여신으로서 그대 두뇌의 북쪽 모퉁이에서 출현하여 빛을 방출하니 겁내거나 두려워하지 말라.

존귀하신 붓다의 후예여, 네 개의 문을 수호하는 요가 여신이 그대의 두뇌로부터 나와서 앞으로 다가와 그대를 맞이해 이끌어주신다. 그대 두뇌의 동쪽 모퉁이에서는 검은 두견새 머리를 한 비밀秘密여신이 손에 무쇠 갈고리를 들고 나타나며, 그대 두뇌의 남쪽 모퉁이에서는 노란색 산양 머리를 한 비밀여신이 손 안에 밧줄을 들고 나타나며, 그대 두뇌의 서쪽 모퉁이에서는 붉은색 사자 머리의 비밀여신이 손에 철강鐵鋼을 들고 나타나며, 그대 두뇌의 북쪽 모퉁이에서는 검은 녹색의 이무기 머리를 한 비밀여신이 손 안에 방울을 들고 나타나니, 이처럼 문을 수호하는 네 분의 요가 여신은 그대 두뇌로부터 나와서 앞으로 다가와 그대를 맞이해 이끌어주신다. 이상 스물여덟 분의 분노의 여신들은 하나하나가 분노 존자들의 자기 성품自性으로부터 나온 몸이니, 그대는 반드시 이를 깨달아야 한다.

존귀하신 붓다의 후예여, 안락 존자들은 법신의 진공眞空의 성품에서 나온다는 걸 그대는 반드시 깨달아야 하며, 분노 존자들은 법신의 자비 지혜의 빛으로부터 나온다는 걸 역시 깨달아야 한다. 앞서 나온 피를 마시는 쉰여덟 분의 존자들이 그대의 두뇌로부터 나와서 그대를 비출 때 만약 자기 식識의 빛이란 걸 안다면, 그대는 장차 피를 마시는 존자들에게 융합해 들어가서 그들과 합체하여 불도를 증득하리라.

존귀하신 붓다의 후예여, 만약 분노 존자들을 알아차리지 못한 채 두려워서 도피하려고만 한다면, 고난이 닥쳐서 감당치 못할 인고忍苦를 받을 것이다. 이것을 깨닫지 못한다면 존자들을 목격해도 즉각 전율이 일어나면서 끝내 혼침昏沈에 이를 것이며, 그 뒤부터는 자기의 식이 환영의 모습을 이루어서 윤회에 떨어져 빠져나오질 못한다. 그러나 가르침에 근거해서 그들을 변별해 알아챘다면, 전율이 일어나지 않아서 스스로 생사윤회를 벗어날 수 있다. 그리고 안락 존자와 분노 존자들의 가장 큰 모습은 키가 하늘에 닿을 정도며, 그다음의 모습은 수미산만 하며, 가장 작은 몸이라도 그대 몸을 열여덟 개 포개놓은 높이와 같다. 그러한 모습을 목격해도 전율할 필요가 없다. 우주만상이 전변해서 신성의 모습相狀과 신성의 빛을 이룬다 해도 그대 식이 변하여 나타난 것임을 명료히 깨닫는다면, 한 번 변별해 알아차리는 것만으로도 즉각 불과를 증득한다. 묘의상전妙義相傳에 '찰나 사이에 단박에 불도를 이룬다'고 한 말이 바로 이것을 가리킨다. 이처럼 마음이 풀어지지 않도록 굳게 명심해서 저 법신과 더불어, 그리고 저 지혜의 빛과 더불어 일체一體로 융합하면 바로 불과를 증득할 것이다.

존귀하신 붓다의 후예여, 그러므로 보이는 것이 어떤 것이든, 설사 두려운 환상일지라도 그것이 바로 자기 식이 변하여 나타난 것임을 인식하라.

존귀하신 붓다의 후예여, 그대가 이를 깨닫지 못하고 위축되어 있으면, 안락 존자들은 즉시 서로 융합하여 '대흑천大黑天의 모습'으로 바뀔 것이며, 분노 존자들도 즉각 명부冥府를 주재하는 염마閻魔의 모습으로 바뀔 것이며, 자기 식의 변화는 다 환영을 이루어서 윤회에 빠져 들어가 스스로 벗어날 수 없을 것이다.

존귀하신 붓다의 후예여, 만약 자기 식의 실상을 깨닫지 못하면, 그대가 아무리 현교顯敎의 경전과 논서 및 밀교의 수행법을 정밀히 숙달하고 1겁의 오랜 세월을 고되게 수행했더라도 불도를 이루지는 못한다. 하지만 하나의 법에 의지하거나 한 글자에 의지해서도 즉각 실상을 깨닫는다면 과보를 증득할 수 있다.

망자가 실상 중음을 거치면서도 모습相狀이 자기 식의 환영으로 이루어진 것임을 깨닫지 못하면, 명부를 주재하는 염마의 옥졸들이 바로 앞에 나타날 것이다. 그들 중 가장 큰 자의 모습은 키가 하늘가에 이르고, 그다음 모습은 수미산만 하고, 가장 작은 모습도 인체를 열여덟 개 포개놓은 높이와 같은데, 그 숫자는 우주에 충만하다. 그들이 올 때의 모습은 이를 갈고 입술을 뒤트는 데다 두 눈은 섬광처럼 번쩍이며, 배는 거대하고 허리는 가는데다 머리칼을 묶어서 정수리에 동여매고 있다. 또 손으로는 선업과 악업을 기록한 장부를 들고서 스스로 입에서 '쳐라', '죽여라'라는 소리를 낸다. 뇌수를 빨고 피를 마시며, 시체를 찢어버리면서 그 수급首級을 취하고 다시 그의 심장을 파내는데, 이들은 벌떼처럼 쇄도해서 공간을 꽉 채운다.

존귀하신 붓다의 후예여, 이처럼 환영의 모습이 나올 때 겁내지도 말고 두려워하지도 말라. 그대가 지금 갖고 있는 몸은 숙업宿業에 감응된 '뜻으로 생긴 몸'이기 때문에 설사 자르고 죽일지라도 멸하여 없앨 수 없다. 그대 몸의 성품은 비어 있어서 두려워할 필요가 없다. 염마의 옥졸도 그대 자신의 식識이 변환해서 이루어진 것이라서 털끝만한 실체도 없다. 비어 있음空이 비어 있음을 물리친다는 것은 있을 수 없다. 그대 식으로 이루어진 환영의 모습 말고는 안락 존자, 분노 존자, 피를 마시는 존자, 다른 종류의 머리를 한 신들, 무지갯빛의 테두리, 염마의 악한 모습은 다 실체가 없으니 의심할 필요가 없다. 이렇게 깨달으면 두려움이 저절로 소멸될 것이고, 그들과 합체合體하면 불과를 저절로 증득할 것이다.

지금까지의 교법을 진실하게 깨달아 마쳤다면, 그대는 반드시 정성을 다하여 수호 존자들을 공경해야 한다. 그리하여 이 중음의 함정 속에서 그대에게 다가와 구원할 때 마음속으로 '나는 응당 귀의하리라' 생각하면서 삼보를 기억하고 삼보를 믿고 즐겨야 한다. 그대가 수행하는 수호 존자가 누구든 마음으로 관상觀想하고, 아울러 붓다의 명호를 생각하면서 다음과 같이 기도하라.

'수호하시는 자비의 성인이시여, 은혜의 가피로 중음에서 표류하는 저를 건져 벗어나게 하소서.'

다음에는 입으로 스승의 법호法號를 부르면서 다음과 같이 기도하라.

'중음에서 방황하는 저를 건져 벗어나게 하소서. 스승의 특별한 은혜로 영원히 버리지 말기를 바라나이다.'

다음에는 피를 마시는 존자들을 믿고 즐거워하면서 그들에게 기도를 하라.

'무명無明의 어둠에 휩쓸려서 생사를 유전하는데
빛이 찬란하게 길을 비추어서 공포를 없애주네.
안락 존자와 분노 존자들이 앞에서 이끌어주고
분노의 붓다어머니들이 한꺼번에 쇄도해서 수호하여
중음의 함정을 안전하게 건너게 하고
끝내 원만한 깨달음의 불과를 성취케 하네.
가까운 이와 벗들을 저버리고 터덜터덜 홀로 걸을 때
오직 식이 변한 텅 빈 성품空性의 외로운 몸을 오로지 바라노니
붓다들이여, 자비의 은혜로 가피하여서
이 중음에서 두려움이나 공포가 생기지 않도록 하시고
다섯 지혜의 빛이 찬란하게 비추고 있을 때
바라노니 능히 식별해서 두려움도 공포도 없게 하소서.
성스러운 안락 존자와 분노 존자가 앞에 나타났을 때
두려움 없는 확신으로 중음을 명료히 깨닫게 하시고
악업에 이끌려서 온갖 고통을 맛볼 때 수호 존자들이여,
그 길의 재앙과 고통을 소멸하소서.
실상의 근본 소리가 천 개의 우레처럼 우르릉거릴 때
바라노니 육자대명六字大明[1]으로 바뀌게 하시고
숙업宿業을 따라다니다가 믿을 데도 의지할 데도 없으니
앙모하는 성스러운 관자재觀自在 보살이여, 저를 수호하소서.
숙업에 감응된 고난을 감당키 어려우니
청정한 빛에 의지해 고통을 없애고 즐거움을 얻게 하시고
저 오대五大가 원수가 되지 않도록 생겨나지 않게 하시고

---

1 결교에서 외우는 '옴마니밧메훔'이란 관세음보살의 명호. 이 여섯 글자를 외움으로서 육도에 태어나고 죽는 문을 닫을 수 있다고 함.

다섯 붓다의 존귀한 깨달음의 땅에 들어가게 하소서.'

모든 정성을 다하여 이렇게 기도하면, 일체의 공포가 자연히 소멸되어서 의심할 바 없이 보신의 불도에 깨달아 들어가리라. 세 번에서 일곱 번까지 일심으로 염송하는 것이 지극히 중요하니 명심하고 절대로 잊지 말라."

그저 명료히 깨닫기만 하면, 아무리 깊고 무거운 악업이든 혹은 아무리 미약한 선업이든 해탈치 못한다는 건 진실로 불가능하다. 만약 중음에서 하나하나의 상세한 가르침을 거치는데도 깨닫지 못한다면, 장차 투생 중음에 떨어질 것이다. 그때의 염송법은 2권에서 상세히 보인다.

결론 : 중음의 가르침이 갖는 중요성

어떤 종교를 수행해 익혔든 간에, 혹은 그 수행이 깊고 넓든, 아니면 좁고 얕든 간에 죽을 때는 갖가지 미혹이 단박에 저절로 생겨난다. 이 중음의 가르침이 불충분하다고 할 수는 없다. 선정을 성취하면, 신식神識이 분리되자마자 실상이 현현한다. 그리고 생전의 경험은 실제로 필요하다. 자기 식識의 진실한 성품을 깨달아 마친 뒤 이 경험을 갖추었다면, 청정한 빛이 현현하는 임종 중음에서 그 효과가 아주 크다.

그리고 생전에 밀교 존자들에 대한 선정과 관상觀想을 성취했다면, 실상 중음에서 안락 존자와 분노 존자들이 맞이해 이끌어주실 때 아주 큰 힘을 발휘할 것이다. 따라서 생전에 중음의 가르침을 닦아 익히는 것이 특히 중요하다. 이 가르침을 믿고 받들면서 수시로 염송하고 암기해서 실답게 기억하라. 그리고 세 번씩 염송하는 것을 일상의 습관으로 삼아라. 글자 하나하나마다, 뜻 하나하나마다 명백히 이해하려고 힘쓸 것이며, 설사 원수들에게 둘러싸여서 신변이 위급할 때라도 가르침의 중대한 의미를 잊지 않아야 한다.

이 법의 이름을 '가르침을 듣는 것만으로도 해탈을 얻기'라고 하는데, 설사 오무간업五無間業을 지었다 해도 이 법을 귀로 듣기만 하면 반드시 해탈을 얻는다. 그러므로 응당 군중을 향해서 염송하고 강해講解해야 하나니, 법을 들은 사람은 혹시 이해하지 못했더라도 중음의 경계에서는 반드시 기억해서 한 글자도 잃지 않을 것이다. 중음의 기억력은 생전보다 아홉 배나 강해지기 때문이다. 그리고 세상 사람을 향하여 널리 설해주어야 하나니, 병상에 누운 사람 곁에서도 반드시 읽어주어야 하며, 망자의 영靈 앞에서라면 더더욱 염송해주어야 한다. 그리하여 세간에 널리 전파해서 누구나 성스러운 혜택을 입도록 해야 한다. 인연이 있어서 이 법을 만난다면 정말로 행운이 있는 것이다. 선善을 쌓아서 혜안慧眼을 갖춘 자가 아니면 이 법을 만나기란 지극히 어려우며, 설사 법을 만났다 해도 이해할 수가 없다. 오직 이 법을 듣고서 믿음으로 받아들이고 받들어 행한다면 스스로 초월해 해탈할 수 있다. 이처럼 보기 드문 모든 법의 왕이니 진귀한 보배로 여기면서 신뢰하고 기억하라.

중음에서 실상을 경험하는 염송법은 또한 그 이름을 '법을 듣는 것만으로도 해탈을 얻기', '주문에 의거해 해탈을 얻기'라고도 한다.

🏵 제2권 투생 중음

공경의 예

모든 붓다와 보살들에게, 온갖 수호 존자들에게, 일체의 구루들에게 경건히 머리 숙여 절하오니, 자비로 가피하셔서 중음을 초탈하도록 하소서.

염송을 여는 게송

중음의 교법에서 실상의 부분은 앞에서 다 설명했다. 이제는 투생 중음을 기억하기 쉽도록 생생하게 상세히 설명하겠다.

● 제1장 죽은 뒤의 경계

지금까지 실상 중음에 관해 마치 눈으로 보는 것처럼 상세히 인도해 보였다. 그러나 진실한 법의 모습法相과 선업을 갖춘 자만이 깨달아 마칠 수 있었고, 나머지는 악업 때문에 실상을 이해하지 못하거나 업력 때문에 전율과 공포로 스스로 깨닫기 어렵다. 이런 무리들은 열넷째 날이 지나도 아래로 가라앉는데, 이때는 다음과 같은 글을 염송해서 그 마음에 깊이 새겨야 한다.

중음의 체體는 어떻게 생겨나고 어떻게 감각의 초능력을 갖추는가?

먼저 삼보를 공경하고 모든 붓다와 보살들의 자비로운 은혜와 보편적인 가피를 청하는 기도의 게송을 외우고는 망자의 이름을 부르면서 세 번에서 일곱 번까지 다음과 같이 염송한다.

"존귀하신 붓다의 후예여, 일심으로 귀를 기울여서 잘 기억하고 잊지 말라. 사람이 죽은 후에는 지옥에 빠지거나 천도天道에 태어나거나, 나아가 중음의 몸으로 바뀌는데, 이와 같은 것을 이름하여 초상超常적인[1] 탄생이라 한다. 그대는 실상 중음을 거치면서 안락 존자와 분노 존자들이 비추는 지혜의 빛을 스스로 명료히 깨닫지 못하고 두려워하다가 혼미에 빠졌는데, 그 시간이 대략 사망 후 3일 반 정도이다. 그대가 다시 깨어나게 되면, 그대의 지혜는 반드시 원상으로 회복된다. 동시에 빛을 발하는 몸, 즉 발광체發光體로 전환되는데, 이는 살아 있을 때의 몸과 닮아 있다. 밀교에서는 한결같이 이렇게 수행법을 제시하고 있다.

'홀연히 저절로 받게 된 허깨비 같은 색신幻色身은 이전의 몸이나 미래에 태어날 몸과 닮아 있다. 육근六根이 다 온전하고 행동에 막힘이 없으며, 업의 감응으로 신통변화의 특수한 능력을 갖추고 있는데, 업의 감응이 동일한 성향인 중음의 몸에 갖춰진 천안天眼이 그 형상을 볼 수 있다.'

---

[1] 일상의 통상적인 현상을 초월한.

경문에서는 어떻게 상세히 설하고 있는가?

발광체는 경문에서 '이전의 몸과 미래에 태어날 몸과 닮은 형태'라고 해석하고 있는데, 망자의 앞으로 받을 몸이 전생의 숙업에서 감응된 혈육의 몸과 흡사하다는 뜻이다. 그 몸에도 역시 원만한 상호相好를 갖추고 있는데, 인류의 복의 과보로 감응된 것과 같다.

이 닮은 몸이 자기 의식을 낳아 중음 경계에서 허깨비인 상념을 맺는데, 이것을 이름하여 뜻이 낳은 몸, 즉 의생신意生身이라 한다. 이때 그대가 당장 하늘 세계에 태어나겠다면, 하늘 세계의 경계가 바로 현전한다. 이처럼 어느 세계든 그대는 당장에 생生을 받는데, 아수라의 세계에 태어나거나, 인간의 세계에 태어나거나, 축생의 세계에 태어나거나, 아귀의 세계에 태어나거나, 지옥에 빠지거나 하면서 저마다 정경情景에 나아가 감응에 따라 틀림없이 나타난다.

'이전의 몸'이란 3일 반 이전에는 지금 그대에게 갖춰진 몸이 바로 전생의 업력이 감응한 피와 살로 된 예전의 육체라고 생각한다는 걸 암암리에 가리키고 있다. '미래에 태어날 몸'이란 미래에 투생할 처소의 정경이 감응되는 걸 가리킨다. 따라서 경문의 구절인 '이전의 몸이나 미래에 태어날 몸과 닮아 있다'는 바로 이미 버린 색신色身과 미래에 다시 생生을 받아서 주어진 색신이라고 해석한다. 이때 그대에게 생겨난 정경이 그 어떤 것이든 탐내지도 말고 빨려들어가지도 말고 나약함을 보이지도 말라. 나약함으로 인해 홀연히 기뻐하고 애착하는 마음을 낸다면, 그대는 육도 속으로 빠져 들어가 다함없는 고통을 받을 것이다.

어제까지도 그대는 실상 중음을 깨닫지 못한 채 이리저리 표류하다 아래로 떨어져서 이 지경에 이르렀다. 지금이라도 진실을 믿어서 지니고 싶다면, 그대는 반드시 스승이 전해준 가르침에 의거해 마음을 흐트러뜨리지 않은 채 작용도 없고 생각도 없어서無作無念 스스로의 식이 원명元明하고, 빛이 비추면서도 공적空寂한 법 그대로의 성품 경계法爾性境에 스스로 잘 안주해야 한다. 과연 이렇게 할 수만 있다면 스스로 반드시 해탈을 얻을 것이며, 다시는 생을 받는 태胎의 문으로 들어가지 않는다.

그러나 그대가 스스로의 식을 능히 명료히 깨달을 수 없다면, 어떤 스승이나 수호 존자든 믿고 즐거워하면서 경건히 관상해야 한다. 마치 그대의 정수리에 자비의 그늘을 드리우는 것처럼 말이다. 이처럼 중요한 법을 일심으로 믿고 지녀라."

이와 같은 염송으로 망자가 깨달아서 스스로 해탈을 얻는다면, 다시는 생사의 바닷속으로 빠져 들어가지 않는다. 하지만 그래도 악업에 이끌려서 여전히 깨닫지 못한다면, 다음과 같이 계속해서 염송하라.

"존귀하신 붓다의 후예여, 다시 삼가 귀를 기울여서 잘 들어라. '육근이 다 온전하고 행동에 막힘이 없다'란 그대가 생전에 눈이 멀고 귀가 들리지 않고 다니는 데 불편했다 해도 지금 중음에서는 스스로 볼 수 있고 귀로도 잘 듣고 육근도 손상이 없어서 결손 없이 민첩하다는 뜻이다. 그래서 중음의 몸은 '육근이 다 온전하다'고 말하는 것이다. 그대가 가령 육근이 결핍되지 않은 몸을 갖추었다면, 이는 그대가 이미 세상을 여의고 중음을 표류하고 있다는 증거이다. 이 이치를 분명히 깨달아서 기억해 지녀라.

존귀하신 붓다의 후예여, '행동에 막힘이 없다'는 그대 식의 업이 풍진세상의 색신色身을 여의고서 그대로 하여금 의생신意生身을 받게 하는데, 예전의 조잡하고 막혀 있는 색체色體가 아니라는 뜻이다. 그래서 그대로 하여금 홀연히 특수한 능력을 갖게 해서 온갖 반석, 산의 구릉, 언덕, 흙, 집, 나아가 수미산까지도 그대가 멋대로 막힘없이 뚫고 다니게 할 수 있다.

그대는 붓다의 법좌法座나 어머니의 태를 제외하고는 설사 산 중의 왕인 수미산이라도 오고가며 투과하는 데 털끝만큼도 장애가 없다. 바로 이것도 그대가 투신投身 중음을 방황하고 있다는 증거이다. 그러니 스승의 가르침을 간절히 기억하고 성스러운 관자재觀自在에게 경건히 기도하라.

존귀하신 붓다의 후예여, 그대는 지금 실제로 신통변화의 특수한 능력을 갖고 있다. 이 능력은 삼매의 효과가 아니라, 겨우 중음에 자연히 갖춰져 있는 업력業力의 성품 때문이다. 그대는 이제 한 찰나 사이에도 수미산을 돌고 사대주四大洲에서 노닐 수 있으며, 혹은 팔을 굽히고 펴는 사이에 어떤 곳이라도 생각에 따라 이를 수 있는데, 이는 능력이 미치기 때문이다. 하지만 이런 갖가지 신통변화의 환력幻力을 결코 탐내지 말고 결코 갈구하지 말라.

그대의 뜻과 욕망대로 어떤 신통이든 나타나니, 그대가 나타내지 못하는 신통이란 없다. 신통의 능력이 그대 자신에게 갖춰져 있으며, 그대가 나타내는 대로 막힘이나 걸림이 없다. 오직 그대는 올바른 가르침을 확연히 깨닫고서 스승에게 기도하라.

존귀하신 붓다의 후예여, '업의 감응이 동일한 성향인 중음의 몸에 갖춰진 천안天眼이 그 형상을 볼 수 있다'는 구절의 뜻은 이렇다. 중음의 경계에 있는 망자들은 업력의 감응 때문에 한 갈래에 함께 태어나면, 스스로 그 형태를 서로서로 능히 볼 수 있다. 비유컨대 복福의 과보로 천계에 함께 태어나면 천인天人의 몸이 피차 저절로 보인다. 다른 갈래에 태어났어도 이 이치는 동일하다. 따라서 그대에게 현전한 각각의 형상을 결코 희구하지 말고 오직 성스러운 관자재를 관상해야 한다.

'천안을 갖춘 자가 그 형상을 볼 수 있다'는 복의 과보로 천계에 생生을 받은 몸은 오직 선정을 익혀서 천안을 갖춘 자만이 비로소 볼 수 있다는 뜻이다. 그러나 천계의 몸이 늘 보이는 것은 아니다. 일심으로 관상해야 비로소 그 형상이 보이지, 그렇지 않으면 보이지 않는다. 이따금 선정을 익히긴 하지만 심신心神이 밖으로 치달리면 역시 볼 수가 없다."

'중음의 몸'의 특수한 상태

"존귀하신 붓다의 후예여, 그대가 앞으로 중음의 몸에 의지해서 티끌세상의 익숙히 아는 곳과 저 친족들을 바라보면 마치 꿈속에서 서로 상봉하는 것 같으리라. 그대가 친족이나 벗을 보고서 다가가 말을 걸어도 그들은 듣지 못한 듯이 무시한다. 그들을 바라보고 그대 가족을 바라보지만, 그들은 온통 슬픔에 젖어 있다. 그대 마음은 '내가 죽었구나. 이제 어떻게 해야 하지?'라고 생각하면서 지극히 비통해한다. 마치 물고기가 물을 떠나 뜨거운 불구덩이에 던져진 것과 같으니, 그 고통의 참담함을 그대는 직접 겪고 있다. 그러나 비통해한들 무슨 이익이 있으랴? 즉시 본래부터 받들고 있던 초인超人의 구루에게 고해야 하며, 동시에 수호 존자와 성스러운 관자재에게 기도해야 한다. 설사 가족이나 벗에 대한 애련愛戀의 감정을 버리지 못한다 해도 그대에게 전혀 도움이 되지 못하니, 결코 그들에게 집착하지 말라. 성스러운 관자재에게 경건히 기도하면, 비통함이 저절로 그치고 두려움도 생기지 않으리라.

존귀하신 붓다의 후예여, 영원히 그치지 않는 업의 바람이 불어대기 때문에 그대는 중음에서 이리저리 표류하면서 마음이 스스로 주인 되지 못하니, 마치 깃털이 바람 속에 오르락내리락하는 것 같고, 또 헐떡거리는 병든 말에 올라타서 달리는 걸 그만두지 못하는 것과 같다. 홀연히 또 슬프게 곡을 하는 소리가 들린다. 그대의 입에서 '내가 여기 있으니 슬퍼하지 마시오'라는 호소가 터져 나오지만, 그들이 들을 리가 없다. 그대는 또 '난 이미 죽었구나'라고 생각한다. 이때 그대는 다시 비통함을 이기지 못한다. 하지만 그 비통함에 결코 주의를 돌리지 말라. 낮이나 밤이나 수시로 회백색의 서광이 비추는데, 그대는 이렇게 중음에서 1주일, 2주일, 3주일, 4주일, 5주일, 6주일, 나아가 7주일까지 49일을 머물 것이다. 투생 중음의 비참한 시기는 22일을 벗어나지 않는다고 말하지만, 그러나 숙업이 저마다 동일하지 않기 때문에 업에 따라 감응하는 바는 기간을 확정하기 어렵다.

존귀하신 붓다의 후예여, 대체로 이때는 더할 나위 없이 맹렬한 업력의 광풍이 그대의 몸 뒤로 몰려와서 발을 멈출 수 없을 정도로 밀쳐내지만, 자기 식으로 만든 환영이니 두려워할 필요가 없다. 무간無間의 어둠이 이제 그대 앞에 임하는데, 마치 짙은 안개가 끼는 것 같아서 머리털이 곤두설 것이다. 이때 홀연히 저절로 어둠 속에서 '때려!', '죽여!' 하는 소리가 나오고, 다시 갖가지 위협과 협박의 소리가 들리는데, 그 갖가지 소리는 간담이 찢어질 정도지만 겁내거나 두려워하지 말라.

그리고 악업이 치성한 망자에게는 악업에 감응된 사람 먹는 나찰이 저마다 병장기를 든 채 입으로는 '쳐라!', '죽여라!' 외치며 요란을 떨면서 공포의 상황을 조성하는데, 오직 그대를 먼저 때려잡지 못할까 앞을 다툰다. 혹은 온갖 흉악한 고기 먹는 짐승이 쫓아오는 환영이 나타나기도 하며, 혹은 사나운 바람, 폭우, 엄청난 눈, 깊은 안개가 환영으로 나타나기도 하며, 혹은 군중들이 급박하게 뒤쫓는 환영이 나타나기도 한다. 혹은 거대한 음향이 들리는데, 산사태가 나는 듯한 소리도 있고, 바닷물이 철썩이는 소리도 있고, 불을 분출하며 굉음을 내는 소리도 있고, 바람이 성난 듯 부르짖는 소리도 있다. 이런 거대한 소리가 들려오면, 그대는 놀랍고 두려운 나머지 어느 길인지도 모른 채 사방으로 숨으려고 도망치지만, 끝내 마주치는 것은 흰색의 절벽, 검은색의 절벽, 붉은색의 절벽이다, 천 길이나 되는 낭떠러지는 바라보기만 해도 두려운데, 살 길이 궁할수록 더 아래로 추락하는 형세이다.

존귀하신 붓다의 후예여, 세 개의 절벽이란 바로 탐욕과 성냄과 어리석음일 뿐 실재하지 않는다. 이때 불행한 몸이 있는 곳이 투신投身 중음이란 걸 반드시 알아야 한다. 그리고 정성을 다하여 성스러운 관자재를 축원하고 부처의 명호名號를 염송하면서 다음과 같이 기도하라.

'성스러운 관자재여, 스승이시여, 삼보여, 자비로 가피해서 저를 온갖 고통에서 구원하소서.'

이 기도를 기억하고 잊지 말아야 한다. 혹은 선행을 쌓거나 지극 정성으로 가르침을 받들면, 행복의 과보가 가득해서 기쁘고 즐겁고 유쾌하고 안온하다. 그러나 선행도 쌓지 않고 악행도 짓지 않은 자에게 감응되는 과보는 즐겁지도 괴롭지도 않기 때문에 범속하고 용렬해서 아무런 정情도 없이 막연하다.

존귀하신 붓다의 후예여, 태어나 받는 과보가 어떤 것인지 논하지 말라. 혹시 선업 때문에 어떤 즐거움을 느낀다 해도 그것에 빠려들지 말고 탐착하지 말아야 하며, 반드시 이렇게 생각해야 한다.

　　'선행을 쌓아서 느낀 일체의 기쁨과 즐거움을 삼가 스승과 삼보에 공양供養합니다.'

　　일체의 애욕과 탐착을 버려야 한다. 설사 그대가 즐겁지도 괴롭지도 않아서 아무런 정도 없이 막연하다 해도, 마음속에 선정이란 생각도 없이 선정의 마음이 대수인법大手印法에 머무는 것이 지극히 중요하다.
　　존귀하신 붓다의 후예여, 이때 그대가 다리 입구나 절, 여덟 가지 신령한 탑을 만난다면, 그대는 잠시 쉬고 싶겠지만 오래 머물 수가 없다. 왜냐하면 그대 식의 업이 사대四大를 여의어서 질애質碍1의 색체色體가 머물 수 없기 때문이다. 그대는 즉시 실의에 빠져서 번뇌로 비통해 한다. 능지能知의 식識이 안정되지 못하고 흐리멍덩해서 조금만 늦추어도 달아나서 의지할 바를 잃는다. 그래서 어쩔 수 없이 스스로 '아! 난 이미 죽었구나. 앞으로 어떻게 해야 하지?' 하는 생각을 하는데, 이런 생각이 일단 일어나면 슬픔을 이기지 못해서 온갖 생각이 다 소멸되며 무한히 고통스럽다.
　　그대는 이미 뜻대로 머물 수 없고 흡사 정처 없이 떠밀려가는 것 같다. 그러나 반드시 잡념을 조복調伏해서 부동심不動心의 경계에 편안히 머물러야 한다. 준비된 공물供物은 그대를 위해 특별히 마련된 것이라야 비로소 누릴 수 있고, 다른 공물은 맛보거나 먹을 수가 없다. 이때는 친구도 단 한 명이라도 스스로를 돕기 위해 끌어들일 수가 없다. 이런 것들은 모두 투생 중음에서 의생신이 표류하는 증거이다. 이때의 고통과 즐거움은 균등하게 업의 힘에 속한다.
　　홀연히 집으로 돌아가서 시종들과 친족들, 자기의 유체遺體를 바라보게 된다. 마음으로는 다시 '난 이미 죽었구나. 앞으로 어떻게 해야 하지?'라고 생각하고, 슬픔과 고통을 이기지 못해서 홀연히 '만약 다시 태어나게 되면 무엇이든 아깝지 않을 텐데'라고 망령되게 생각한다. 이렇게 생각하면서 색신色身을 찾아서 이리저리 흘러 다닌다. 설사 아홉 번 이상 시체에 들어간다 해도 실상 중음을 거치면서 시간을 오래 보냈기 때문에 그대의 시신은 겨울이라면 얼어붙었을 것이고 여름이라면 부패했을 것이다. 혹은 친족들에 의해 화장을 당하기도 하고, 땅에 매장되기도 하고, 물에 던져지기도 하고, 새들이 쪼아 먹도록 산의 벼랑에 놓이기도 한다. 결국 그대는 깃들 곳이 없어서 불만을 갖다가 문득 자신이 산벼랑의 돌구멍이나 틈새 속에 밀려들어가는 듯한 느낌을 갖는다. 투생 중음에서 맛보는 고통은 바로 이런 것이다. 설사 그대가 사대의 몸을 찾았다 해도 고통 외에는 털끝만큼도 얻을 것이 없다. 그러니 투생의 허망한 상념을 다시는 일으키지 말고, 마음을 안주시켜서 집착을 낳지 말라. 그리고 자주 이렇게 마음을 안주시켜야 한다.
　　지금까지 보인 염송법에 의거해서 행한다면, 중음의 경계 안에서 즉각 해탈을 얻을 것이다."

명부의 심판 풍경

　　간혹 아직도 악업의 힘이 있기 때문에 명료히 깨닫지 못할 수 있다. 그러면 망자의 이름을 부르면서 다음과 같이 염송해야 한다.

---

1 사대라는 물질의 성질은 질량을 갖고 있어서 서로 장애가 되는데, 이를 질애라고 한다.

"존귀하신 붓다의 후예여, 일심으로 귀를 기울여라. 그대가 받는 고통은 업력의 감응이라서 순수하게 자신의 업과 관계되어 있지 남에게 속해 있지 않다. 그러므로 그대는 한마음의 지극 정성으로 삼보의 수호와 가피를 기도해야 한다. 가령 기도하지도 못하고, 대수인법에 마음을 집중하지도 못하고, 수호 존자를 관상하지도 못한다면, 생전에 그대와 함께 태어난 선善을 맡은 수호신이 그대 앞에 나타나서 하얀 둥근 돌石卵로 그대의 선업을 계산할 것이고, 또 생전에 그대와 함께 태어난 악惡을 맡은 수호신이 검은 둥근 돌로 악업을 계산할 것이다. 그대는 놀랍고 두려워서 온몸이 전율한다. 그리고 '생전에 어떤 악업도 짓지 않았습니다'라고 거짓말을 시도한다. 그러면 지부地府의 주재자는 이렇게 선언한다.

'나에게 있는 업의 거울에 비추면 밝게 드러나리라.'

말을 마치고 거울을 보면, 선과 악이 마치 그림처럼 역력하게 비치는데, 설사 가리고 싶어도 아무 소용이 없다. 그다음 지부의 주재자가 보낸 흉악한 옥졸獄卒이 밧줄을 그대의 목에 걸고서 아래 당堂으로 끌고 내려간다. 거기서 옥졸은 그대의 목을 자르고, 그대의 심장과 간을 가르고, 그대의 오장육부를 뽑아내고, 그대 뇌수의 즙汁을 핥아먹고, 그대의 피를 마시며, 그대의 살을 씹고, 그대의 뼈를 먹는다. 그대는 비록 고통을 겪을지라도 죽지는 못한다. 그대의 몸이 부서져도 다시 온전해지면서 반복하여 형벌을 받으며 고초를 이기지 못한다.

설사 수호신이 둥근 돌을 계산하더라도 놀라거나 두려워하지 말고, 또 거짓말을 하지도 말라. 그리고 지부의 주재자를 무서워하지 말라. 그대의 몸이 의생신임을 반드시 알라. 머리가 잘리고 사지가 절단되어도 소멸시키는 것은 불가능하다. 그대의 몸은 실제로는 진공眞空의 성품이기 때문에 두려워할 필요가 없다. 저 염라대왕도 마찬가지로 그대의 식이 스스로 변환된 의생신으로서 습기習氣의 결정체일 뿐 텅 비어서 실제로 있지는 않다. 비어 있음이 비어 있음을 파괴할 수 없으니, 마치 아무 성질質이 없는 것이 아무 성질이 없는 것을 해치지 못하는 것과 같다.

그대의 몸 말고도 염라대왕이나 판관, 옥졸, 귀신, 유령, 혹은 소 머리를 한 위덕명왕威德明王도 그대의 식이 스스로 변하여 나타난 것에 지나지 않을 뿐 실제로는 모두 있지 않다. 그대는 이를 스스로 진실하면서도 명료하게 알아야 한다. 이때 이미 중음에 처해 있음을 알아야 하고, 그대는 마음을 대수인정大手印定에 머물러야 한다. 만약 그대가 어떻게 선정에 머물러야 할지 모른다면, 공포의 실제 성품이 본래 생기지 않았고 법신은 진공의 성품이란 걸 경건히 추구하라.

그러나 이 공空은 텅 빈 무소유無所有가 아니라, 실다운 성품의 공性空이 바야흐로 공이 될 수 있어서 그대가 공의 성품을 대하면 두려움을 면하지 못한다. 또 그대의 식이 공과 마주하면 비춤이 더욱 밝아지니, 이 식의 밝음이 찬란히 비추는 것이 보신報身의 경계이다.

그대는 이 경계에 처해서 홀연히 저절로 텅 빔과 밝음이 서로 융합한 걸 거치는데, 그 강렬함은 견디기 어렵다. 비어 있는 성품은 본래 밝으며, 밝음의 알맹이明實는 성품이 비어 있다. 밝음과 비어 있음은 분리하지 못하니, 이것이 근본 성품의 제일의第一義의 몸이다. 그리하여 사방팔방으로 방사放射해서 아무런 막힘없이 찬란히 비치니, 이것이 바로 응신應身이다.

존귀하신 붓다의 후예여, 마음을 흐트러뜨리지 말고 고요히 가르침에 귀를 기울여라. 앞에서 말한 네 가지 몸을 명료히 깨달을 수 있다면, 어느 몸에 맡겨 있든 기필코 해탈할 것이다. 마음을 밖으로 달리게 하지 말 것이며, 오직 내 말에 귀를 기울일지니, 부처와 유정 중생이 바로 여기서 경계가 나뉜다. 이 한 찰나가 지극히 중요하다. 마음이 안정되지 못하면 거듭 고통의 바다에 떨어져서 한량없는 수의 겁을 지나더라도 벗어날 수 없다. 경전의 글에서는 이렇게 말하고 있다.

'한 찰나 사이에 경계선이 분명해지고 한 찰나 사이에 원각圓覺을 증득할 수 있다.'

이 뜻의 진실은 이러하다.

방금 전에 거친 중음의 현상은 마음이 흐트러졌기 때문에 그대가 깨달을 수 없었다. 바로 이 때문에 억울하게 공포를 겪었다. 만약 다시 마음이 흐트러진다면, 성스러운 관자재의 크게 자비로운 은혜의 파동이 중도에서 막히고 끊길 것이다. 그러면 그대는 침체에 빠져서 영원히 벗어나지 못한다. 그러므로 그대는 아주 삼가고 신중해야 한다. 앞에서 이 법을 들었는데도 명료히 깨닫지 못했다면, 설사 그럴지라도 지금 바로 가려내서 알아챈다면 바로 해탈할 수 있다."

망자가 생전에 무지하고 무식해서 선정을 이해하지 못한다면, 다시 이렇게 염송해야 한다.

"존귀하신 붓다의 후예여, 그대가 어떤 선정에 대해서도 밝지 못하다면, 그대는 성스러운 관자재나 삼보를 상기憶念하면서 간절히 기도하고, 모든 공포의 모습을 자기의 수호 존자뿐만 아니라 성스러운 관자재로 보인다고 사유하라. 생전에 스승이 관정하면서 그대에게 내린 법명을 기억하고, 동시에 스승의 법명을 기억하라. 그리고 그 법명을 명부의 주재자와 판관, 옥졸에게 하나하나 알려주면서 가르침에 따라 행하라. 그러면 절벽에서 떨어져도 다치지 않고 스스로 떨쳐 일어나니 겁내지도 말고 두려워하지도 말라."

심념心念이 이르는 곳마다 감응하지 않음이 없다

앞에서 이 법을 듣고서도 아직 해탈하지 못했다면, 여기서도 해탈을 얻게 할 수 있다. 하지만 끝내 해탈을 얻지 못하는 자가 있을 수 있기 때문에 아주 간절하고 진지하게 계속 인도해야 한다. 다시 망자의 이름을 부르면서 다음과 같이 염송하라.

"존귀하신 붓다의 후예여, 찰나의 즐거움과 찰나의 고통이란 걸 단박에 깨달아라. 그 긴장된 상황은 마치 쇠뇌의 당김과 이완이 저절로 그러해서 기틀의 힘에 맡겨진 것과 같다. 즐거울 때에도 탐내거나 애착하지 말 것이며, 고통의 근심이 닥쳐올 때도 싫어하지 말라. 만약 그대의 업이 상계上界의 인간, 천상, 수라에 태어나는데 감응하면, 상계의 정경情景이 즉각 현전한다.

또 생전의 권속眷屬: 가족과 친척들이 그대를 위해 제사를 마련해서 살아 있는 생명을 죽이고, 불사佛事를 짓고, 보시를 행하는데, 그대는 이때 의근意根이 아직 청정하지 않기 때문에 그런 일체의 거동을 목격하면 인색한 마음으로 인해 화가 난다. 결국 그대는 성내는 생각 때문에 즉각 지옥에 떨어진다. 남아 있는 권속이 어떤 짓을 하든지 성내는 마음을 억눌러서 일으키지 말라. 마음은 존경하고 사랑하는 생각에 머물러야 한다.

만약 생전에 축적한 재물을 보면서 탐심과 미련을 버리지 못하거나, 혹은 재물이 이미 남의 손에 들어가 쓰이는 것을 보자 의지가 박약해서 탐심과 미련을 끊지 못하거나, 혹은 끝내 분노가 그 재물을 향유해서 쓰는 사람에게 미친다면, 그런 생각은 손가락을 한 번 튕기는 사이에 심념心念에 영향을 준다. 그래서 설사 그대가 상계의 낙토樂土 : 즐거운 나라에 태어나야 했을지라도 이로 인해 지옥에 떨어지거나 아귀가 된다. 남겨놓은 보배와 재물을 설사 그대가 탐내어 미련을 둔다 해도, 이때는 다시 그대의 소유가 될 수 없을 뿐만 아니라 그대가 다시 향유하여 누릴 수도 없다. 그러므로 견고한 의지로 삼가면서 탐내어 집착하지 말라. 그것을 포기하고 털끝만큼도 염두에 두지 말라. 어떤 사람이 그대의 재산을 향유해서 쓰든 인색한 마음을 내지 말고 보시의 마음을 간직하라. 삼보와 그대의 스승을 똑같이 관상하면서 공양하고, 그대의 의지를 굳건히 해서 집착하는 마음을 내지 말라.

공양을 마련할 때 음식물을 지니는 것처럼 진언眞言을 염송하거나, 그대의 악업을 소멸해서 고통의 갈래를 빠져나오도록 불사를 닦지만, 그대는 주문을 외우고 법을 닦는 것이 의궤儀軌에 합치하지 않고, 법을 닦는 승려가 그 사이에 혼미해서 졸고, 마음이 하나로 집중하지 않아 계율을 범하고 청정한 행行을 훼손하며, 나아가 일체가 정법正法을 가벼이 업신여기는 것을 골고루 목격한다.

그리하여 중음에서 그대는 이미 업력에 감응된 약간의 누통漏通을 부여받는데, 이 때문에 그대는 성스러운 가르침에 의심이 일어나서 올바른 믿음을 잃어버릴 수도 있다. 그대는 다시 법을 닦는 승려가 놀람과 두려움으로 불안해하다가 끝내 흑교黑教에서 추천追薦 : 죽은 사람을 공양함하는 법을 사용해서 올바른 가르침을 모독하고 의궤를 함부로 행하는 걸 볼 수 있다. 그대는 이때 반드시 이렇게 생각한다. '아! 난 끝내 저들에게 속았구나.' 그러고는 지극한 상실감에 빠져서 분개한 나머지 성스러운 가르침을 의심하고 올바른 믿음을 잃는 바람에 마음이 기쁘지 아니하고 경건한 신앙을 잃는다. 그러면 손가락을 한 번 튕기는 사이에 심령心靈에 영향을 미쳐 반드시 고통의 갈래에 빠진다.

이런 생각들은 그대에게 이익은 없고 오히려 해로움만 있을 뿐이다. 저 승려에 맡겨 법을 닦을 때 의궤에 합치지 않고 청정한 행이 결핍되어도 마음으로는 반드시 이렇게 생각해야 한다.

'내 마음의 청정치 못함이 이 지경까지 되었구나. 나의 부처님이 내리신 가르침이 어찌 틀릴 수 있겠는가! 마치 잡고 있는 거울에 얼룩이 드러나면 거울이 비치는 것과 같으니, 마음의 청정치 못함이 어찌 이와 같지 않겠는가? 저 승려들로 말하자면, 그 몸은 승려이고, 그 말은 법이고, 그 마음은 실제 부처이니, 내가 귀의해야 하리라.'

이렇게 생각하고는 승려에 대해 신심을 갖추어서 정성껏 공경하고 사랑해야 한다. 가족들이 그대를 위해 불사를 짓는 것은 그대에게 즐겁고 이익이 돼서 실제로 도움이 된다. 따라서 그대가 공경하고 사랑하는 마음을 간직하는 것이 가장 중요하다. 이를 명심하고 잊지 말라.

또 그대 업의 감응이 고통스런 갈래에 떨어지기로 되어 있고, 그 고통의 갈래로부터 온 빛이 즉각 와서 빨아들일지라도, 그대의 후손과 그대의 친족이 불사를 청정히 닦고 삿된 무술巫術에 물들지 않으며, 초빙된 수석 라마들은 불법의 이치를 깊이 궁구해서 몸과 말과 뜻의 하나하나가 공덕을 경건히 닦는 데 온통 집중하여 의궤를 잃지 않는 광경을 목격하면 마음이 크게 환희한다. 바로 이 환희하는 마음의 찰나적인 선善이 그대의 업을 전이轉移시켜서 설사 악도惡道에 감응해도 상계의 비교적 즐거운 국토로 바뀌어서 태어난다. 따라서 그대는 청정치 못한 마음을 내지 말 것이며, 반드시 일체를 기뻐하고 사랑하고 공경하고 신뢰해서 분별을 가하지 말아야 한다. 이는 지극히 중요하니 극히 주의해야 한다.

　존귀하신 붓다의 후예여, 앞서의 내용을 종합해서 말하면, 그대의 식은 현재 중음의 경계에서 의지할 바가 없고, 체의 무게도 미약해서 쉬지 않고 유동流動한다. 그대가 생각을 일으키면, 그 생각이 청정하든지 청정하지 않든지 지극히 쉽게 감응한다. 그러니 마음속에 청정치 못한 생각을 일으키지 말고, 다만 생전에 닦았던 어떤 수행이든 기억하라. 설사 수행을 하지 못했더라도 환희의 마음과 지극한 정성으로 귀의하면서 성스러운 관자재와 수호 존자들에게 간절히 기도하라. 기도문은 다음과 같다.

　　'가까운 이들과 헤어져 쓸쓸히 홀로 다니는
　　오직 식의 반영일 뿐인 텅 빈 성품의 외로운 몸이니,
　　오직 바라건대, 모든 부처님들이여, 자비와 가피를 베푸셔서
　　이 중음의 세계에서 두려움이 생기지 않도록 하시고,
　　악한 업에 이끌려서 온갖 고통을 가지가지 맛볼 때
　　수호 존자들이여, 재난을 소멸하고 고통을 없애주시고,
　　실상實相의 본래 소리인 천 개의 천둥이 우르릉거리면
　　바라노니, 육자대명六字大明으로 바뀔 수 있도록 하시고,
　　숙세宿世의 업이 따라 다니면서 의지가지 없을 때
　　오직 우러를 뿐인 성스러운 관자재여, 나를 보호하시고,
　　숙세의 업에 감응된 고난을 견디기 힘들 때
　　선정의 힘에서 나온 청정한 빛이 즐거움을 얻도록 날 인도하소서.'

　이 경건한 기도의 게송이 반드시 인도해준다는 것은 결코 거짓말이 아니니, 그대는 안심하고 이렇게 기도해서 오묘한 핵심에 이르러야 한다. 거듭해서 염송하면 살아 있을 때를 상기해서 스스로 깨달아 들어가고 스스로 해탈하게 되리라."

육도를 윤회하는 열등한 빛이 현전하다

　거듭 말하지만, 망자의 악업이 없애기 어려울 정도로 치성해서 명료히 깨달아 잊을 수 없다면, 다시 반복해서 여러 번 가르쳐 보이면 아주 도움이 된다. 그러니 반드시 저 망자의 이름을 부르면서 다음과 같이 염송하라.

　"존귀하신 붓다의 후예여, 그대가 아직 깨닫지 못했다면, 예전에 있던 몸의 형상이 점차 분간할 수 없을 정도로 소멸되고, '나중에 있을 몸後有身'이 더욱 선명히 드러난다. 이것이 근심스럽고 괴로운 나머지 그의 마음은 이렇게 생각한다.

1　무생법인을 말함. 생겨나지도 않고 소멸하지도 않는 절대적인 진여眞如의 법성法性을 깨달아서 안주하는 것이다.

'난 얼마나 상처를 입었는가? 이토록 고통을 맛보다니! 이제 어떤 몸에 뛰어들든지, 나는 그걸 찾아서 머물리라.'

이렇게 생각하면서 사방을 쉬지 않고 바쁘게 오고가지만 어디로 갈지는 모른다. 육도의 윤회가 바로 이때 빛을 발하여 그대를 빨아들일 것이다. 그대 업의 감응으로 태어나야 할 어떤 길, 그 길의 빛이 더욱더 강렬하다.

존귀하신 붓다의 후예여, 그대가 육도의 빛의 색깔이 어떤 것인지 알고 싶다면, 한마음으로 귀를 기울여라. 천도의 빛은 회백색이고, 아수라도의 빛은 엷은 녹색이고, 인도의 빛은 어두운 황색이며, 축생도의 빛은 어두운 푸른색이고, 아귀도의 빛은 어두운 붉은색이다. 오직 지옥의 빛만은 연기나 안개 같다. 그대는 업의 힘 때문에 어느 길에 태어나야 하며, 그대의 몸은 그 길에서 오는 빛의 색깔에 물들 것이다.

존귀하신 붓다의 후예여, 이와 같은 교법敎法은 비할 바 없이 특별하고 묘하지만, 이 시점에서는 더욱 중요하다. 어떤 빛이 현전하여 유혹하든 그 빛을 성스러운 관자재라 관상하고, 그 빛살이 어떤 길道로부터 온 것이든 마치 성스러운 관자재가 저쪽으로부터 왔다고 관상하라. 이 법은 현묘玄妙하다. 이 법에 의지해 저 길道에 몸을 던지는 걸 면할 수 있다. 혹은 닦아 지닌 적이 있는 수호 존자가 어느 누구든 그 형상을 관상하면, 오래 유지되면서 흩어지지 않는 것이 있는 듯하지만 실제로는 없다. 마치 마술사가 변화시킨 환영의 모습과 같으니, 이것이 소위 청정한 환영의 모습이다.

다음에는 그 존자를 밖으로부터 안을 향해 관觀하면서 보이지 않을 때까지 점점 수렴하라. 그 다음엔 자신이 홀연히 빛이 환한 진공眞空의 경계에 있다는 걸 관해서 마음에 집착함이 없이 잠시 안주하라. 다시 그 존자를 관하고, 다시 청정한 빛을 관하라. 이와 같이 반복하면서 차례대로 관상하다가 맨 끝에 스스로의 식을 관하는 것을 역시 마찬가지로 밖으로부터 안을 향해 보이지 않을 때까지 점점 수렴하라. 공空은 일체에 편재遍在하고 식도 일체에 편재하는데, 식이 일체에 편재하는 것이 바로 법신이 일체 처소에 편재하는 것이다. 법신의 태어나지 않는不生 경계에 편안히 머물러라. 이 경계에 존재하는 것이 곧 무생無生[1]을 증득함이고, 바로 원각圓覺을 증득함이다."

● 제2장 전생의 법문

태의 문을 막기

망자가 생전에 수행에 힘쓰지 않고 정법正法을 가까이 하지 않아서 아직 명료히 깨닫지 못했다면, 망념妄念을 통제하기 어려워서 태의 문을 배회하게 된다. 따라서 태의 문을 막도록 가르치는 것이 지극히 중요하니, 망자의 이름을 부르면서 다음과 같이 염송하라.

"존귀하신 붓다의 후예여, 지금까지 해온 가르침을 아직도 깨닫지 못했다면, 그대는 업의 힘 때문에 스스로 주체가 되지 못하고 위로 올라가거나 앞으로 나아가거나 밑으로 떨어지기도 하니, 즉시 성스러운 관자재를 관상하면서 간절히 기억하고 잊지 말아야 한다. 이때는 홀연히 앞에서 말한 대로 질풍이 불고 폭우가 내리면서 차가움이 골수에 사무치고, 얼음과 우박이 서로 뒤섞이고 무간無間의 어둠이 드리우며, 마치 군중들이 뒤를 쫓으면서 해를 가하는 듯해서 도망치려고 한다. 이는 착한 업이 없기 때문에 도리어 고통의 갈래로 떨어지는 것이니, 온갖 선행을 갖추면 저절로 상계의 즐거운 국토로 가서 태어나리라.

존귀하신 붓다의 후예여, 그대가 이때 어느 길에 업이 감응하든, 그 길의 경계가 즉각 현전하리라. 바로 이 관문에서 한마음으로 귀를 기울여라. 매우 깊고 미묘하면서도 중요한 법문이다. 지나간 가르침을 설사 밝히지 못했다 해도 지금 설하는 것은 반드시 명료하게 깨달을 수 있을 것이다. 성스러운 가르침을 수행한 힘이 없는 자라도 깨달아 들어갈 수 있으니, 그대는 고요히 귀를 기울이며 염송해야 한다."

이때 태를 막는 법문을 실천하는 것이 지극히 중요해서 매우 주의를 요한다. 이 중요한 법문은 두 가지로 나눌 수 있으니, 하나는 태의 문으로 들어가지 못하게 제지하는 것이며, 다른 하나는 들어가는 태의 문을 막아버리는 것이다.

망자가 태의 문으로 들어가지 못하게 제지한다

"존귀하신 붓다의 후예여, 아울러 그의 이름을 부른다 어떤 수호 존자이든 그에게 안주하고 관상하라. 비유하자면 모든 관상은 물에 비친 달 바퀴와 같다. 비록 달이 있지 않더라도 명료하고 분명하니, 흡사 마술사에 의해 변환된 모습 같다. 수호 존자를 닦은 적이 없다면, 즉각 성스러운 관자재를 관상해야 하고, 아니면 법을 염송하는 사람을 관상하라. 그리고 이런 생각을 마음에 정했으면 관상에 안주하라.

다음에는 수호 존자를 밖으로부터 안을 향해 관상해서 점점 수렴해야 한다. 그다음엔 다시 진공의 청정한 빛을 관상해서 마음에 집착이 없어야 한다. 이와 같이 매우 깊고 미묘한 법문인 이 법문을 의지하면 결단코 태에 들어가지 않을 것이다."

첫 번째 태를 막는 법문

만약 그렇게 관상해도 그대의 몸이 태의 문에 진입하는 것을 제지할 수 없다면, 바로 태에 들어갈 때 태의 문을 막는 묘법妙法이 아직 있으니, 삼가 그 지시에 귀를 기울여라.

"투신投身 중음이 지금 현전했으니,
마음은 순수하고 통일된 의념意念을 잘 유지해야 하고
중음의 경계 안에서 착한 업을 상속相續해야 하니,
태의 문을 막는 것을 적으로 여기기 때문이다.
정성껏 공경하고 사랑하는 것이 지금은 필요하니,
저 질투 따위는 남김없이 없애버리고
한마음으로 쌍신의 스승을 관상하라."

이 게송을 반복해서 염송하고 발음을 똑똑하게 하라. 그 뜻을 기억해 지니고, 그 뜻대로 관상하라. 이렇게 닦아 익히는 것이 실제로 필수적이다.

앞서 말한 게송의 뜻은 다음과 같다. '투생 중음이 지금 현전했다'의 뜻은 그대가 바로 투생 중음을 배회하고 있음을 명시한다. 가령 그대가 물을 들여다보거나 거울을 비추어보면, 그 속에 그대의 얼굴이나 몸이 비치지 않는다. 그대의 몸도 그림자를 투사하지 않는다. 그대는 이미 조잡함과 장애를 본질로 삼고 있는 피와 살로 이루어진 색신色身을 버렸다. 이것이 바로 중음의 두드러진 상징이며, 또한 그대가 투생 중음을 배회하고 있음을 증명하는 것이기도 하다. 이때 그대는 반드시 의념意念을 순일純一하게 해야 하며 마음을 날뛰지 않도록 해야 한다. 순일한 의념은 지극히 중요해서 마치 달리는 말을 고삐로 조종하는 것과 같다. 이때는 그대가 무엇을 욕구意欲하든 욕구하는 경계가 당장 현전한다. 따라서 마음에 악한 생각을 일으키지 말아야 하니, 진실로 그런 생각이 일어나서 앞길을 바꿔놓을까 염려하기 때문이다. 반드시 중음의 교법과 그 법을 염송하는 승려, 생전에 배운 스승의 설법, 그대에게 관정灌頂을 해준 사람, 그대에게 닦아 익힘을 허용한 사람, 밀교의 경전에 그대의 생각을 매어놓아라. 그리고 마음과 신神이 연계되어 합쳐짐을 기억하고, '착한 업이 계속 이어지길' 간절히 요구하라. 이때 마음에 망념이 일어나지 않아야 한다. 위로 올라가느냐 밑으로 떨어지느냐의 경계선이 여기서 분명해진다. 만약 다시 망설이면 한 찰나 사이에 오랜 겁 동안 고통을 받는다. 이 중요한 갈림길에서는 '마음속에 통일된 의념을 잘 유지하고' '착한 업이 계속 이어지면서' 끊어지지 않도록 힘써야 한다. 그대는 이제 태를 막을 때가 되었다. '정성껏 공경하고 사랑하는 것이 지금 필요하다'는 게송의 경문은 태의 문을 막는 다섯 가지 방법 중에서 이것이 가장 우선임을 암시하는 것이니, 태를 막는 법문을 스스로 잘 기억해서 오래도록 잊지 말아야 한다.

두 번째 태를 막는 법문

"존귀하신 붓다의 후예여, 그대는 이제 남녀가 방에 있는 환영을 진짜처럼 목도할 것이다. 설사 그 광경이 보이더라도 자신을 그 사이에 놓겠다는 망상을 부리지 말아야 한다. 반드시 초인超人인 구루와 그 붓다어머니로 보는 관상이 풀리지 않아야 한다. 경건히 예배하는 신앙과 마음으로 관하는 공양으로 지극히 정성스럽게 불법의 가피를 결단코 기도해 구하라.

바로 이 결정으로도 태의 문은 반드시 막힌다. 그러나 막히지 않고 자신이 감우堪虞:견디고 근심함에 떨어져 들어가는 걸 단박에 지각한다면, 즉각 초인인 구루와 그 붓다어머니를 관상하거나, 혹은 수호 존자나 쌍신의 성스러운 관자재를 관상하라. 관상을 풀지 않고 마음으로 공양을 지으면서 정성껏 가피를 기도하라. 이와 같이 행하면 태의 문은 저절로 막히리라."

세 번째 태를 막는 법문

"앞서 말한 과정을 거치는데도 태를 아직 막지 못한다면, 그대는 자신이 감우에 떨어져 들어가는 걸 지각한다. 그래서 이제 그대에게 애착과 증오를 억제하는 세 번째 법문을 제시하겠다.

생生을 받는 종류에는 네 가지 종류가 있으니, 알에서 태어남卵生, 태에서 태어남胎生, 식을 옮겨서 태어남遷識往生, 나아가 초생超生[1]이다. 이 네 가지 탄생 중에서 난생과 태생은 성질이 비슷하다. 앞에서 말했듯이, 남녀가 방에 있는 환상이 현전하는데, 이때 애착하고 미워하는 마음을 일으키

---

[1] 흔히 사생은 난생, 태생, 습생, 화생을 가리킨다. 초생은 화생으로 추측된다.

면, 즉각 태 속으로 들어가서 말로 태어나게 되거나, 혹은 개나 닭으로 태어나거나, 혹은 인간으로 태어난다.

남자 몸을 느끼게 되면 능히 아는 식이 홀연히 망념을 일으켜서 남자라고 자각한다. 그러면 보고 있는 남녀 둘 중에서 남자를 깊이 미워하고 여자를 사랑하고 좋아한다. 여자 몸을 느끼게 되면 능히 아는 식이 역시 망념을 일으켜서 여자라고 자각한다. 그러면 보고 있는 남녀 둘 중에서 여자를 깊이 미워하고 남자를 사랑하고 좋아한다. 저 남녀가 감리坎離의 상합相合[1]으로 깊이 취해버리면, 능히 아는 식은 망념이 늘어나 함께 욕망의 쾌락을 느끼다가 단박에 지각知覺 없는 혼미 속으로 들어간다. 이윽고 다시 깨어났을 때는 이미 알 속이거나 태 속이고, 태를 벗어나 눈을 뜨면 이미 강아지가 되어 있다. 생전에는 사람이었지만 지금은 개로 변했으니, 개집 속에서 고통을 실컷 겪을 것이다. 혹은 새끼 돼지로 변하여 우리 생활을 하거나, 혹은 개미로 변하여 구멍 속에서 분주히 바쁘거나, 혹은 곤충이나 진흙 구멍 속의 굼벵이가 되거나, 혹은 양이나 염소가 되거나, 혹은 송아지가 되니, 이러한 형상은 겁을 거쳐도 바꾸기 어려워서 어리석은 미물이 불쌍하다. 게다가 다시 갖가지 고통을 받는 지옥에 떨어지기도 하고 악한 갈래에 감응하기도 해서 끝내 육도를 윤회하는데, 역시 마찬가지로 그 받는 고통은 말로 하기 어렵다.

세상 사람은 미혹에 집착하느라 깨닫지 못해서 허망하게 생사를 도모하고 두려움을 알지 못하니, 얼마나 슬프고 얼마나 개탄스러운가! 그 사이에 스승의 설법을 듣지 못하면 단박에 이처럼 나락에 떨어져서 생사에 빠진 채 견디기 힘든 고통을 영원히 쉬지 않고 받으리라. 만약 그대가 이런 처지를 당하고 싶지 않다면, 다행히 가르침에 귀를 기울이고 마음에 새겨두어라.

그대는 반드시 애착하고 미워하는 생각을 그쳐야 하며, 아울러 태를 막는 방법인 앞서 말한 다음과 같은 게송의 가르침을 꼭 명심해야 한다.

> '태胎의 문을 막는 것을 적으로 여기기 때문에
> 정성껏 공경하고 사랑하는 것이 지금은 필요하니,
> 저 질투 따위는 남김없이 없애버리고
> 한마음으로 쌍신의 스승을 관상하라.'

바로 이때를 가리켜서 앞에서 말하지 않았던가! 남자의 몸을 느끼면 여자에 애착하고 남자를 미워하며, 여자 몸을 느끼면 남자에 애착하고 여자를 미워한다. 이렇게 망념이 일어남에 따라 저 남자와 여자에 대해 단박에 질투심이 생겨난다. 이때 매우 깊고 현묘한 교법이 있다.

존귀하신 붓다의 후예여, 애착하고 미워하는 망념이 일어날 때는 즉각 반드시 다음과 같이 관상해야 한다.

> '악업의 치성함이 이 지경에 이르렀구나! 애증愛憎의 집착 때문에 생사윤회에 빠졌으니, 만약 스스로 뽑아내지 못하고 여전히 애증에 집착한다면, 스스로 생사에 빠진 채 고통의 바다에서

---

[1] 음양의 결합, 즉 남녀의 성교를 뜻한다.

쉬지 못하고 오랜 겁 동안 빠져나오지 못하리라. 나는 오늘부터 반드시 애증을 버리리라. 아! 나의 몸은 이제부터는 애증의 망념을 영원히 일으키지 않으리라.'

이렇게 관상하면서 그대의 심의心意를 견고히 하고 그대의 의지를 바꾸지 말라. 밀교, 즉 비밀의 가르침은 다음과 같이 절실히 가르치고 있다.

'오직 이런 의지를 세우는 것만으로도 태의 문이 막힌다.'

존귀하신 붓다의 후예여, 마음을 흐트러뜨리지 말라. 한마음으로 결정하고 또한 그 의지를 바꾸지 말라."

네 번째 태를 막는 법문

"앞서 말한 가르침에도 태의 문을 막지 못하고 망자가 감우에 뛰어드는 걸 자각한다면, 네 번째 법문인 '실답지 않아서 환영과 같다'는 법에 의거해 실천함으로서 태의 문을 막아야 한다. 스스로 의지를 갖고 다음과 같이 자세히 관찰해야 한다.

'아! 저 남자와 여자, 광풍과 폭우, 벼락과 거대한 소리, 두려운 모습의 모든 현상은 그 실제實際를 궁구하면 하나라도 환영 아님이 없다. 비록 있는 것처럼 보이지만 실제로는 자기 성품이 없다. 허깨비 같아서 실체가 없고, 꿈과 같고 잠과 같으며, 무상無常하고 고정됨이 없으니, 무슨 애착할 만한 것이 있고, 무슨 두려워할 만한 것이 있겠는가? 실제로는 있지 않은 것을 실답게 있다고 보는 것이니, 일체는 본래 자기 마음으로부터 변화한 환영이다. 그리고 능히 환영을 내는 마음도 실제로 존재하는 것이 아니니, 환영인 현상이 어찌 홀로 있을 수 있겠는가?'

과거부터 지금까지 이를 미혹하여 깨닫지 못한 탓에 없는 걸 있다고 여기고, 가짜를 진짜로 만들었고, 환영을 진실로 보았다. 그래서 지금 생사의 바다에 빠져 있다. 만약 일체가 환영임을 다시는 깨닫지 못한다면, 나는 오랜 겁 동안 생사에 윤회하면서 악한 갈래에 빠져 들어가 온갖 고통을 받으리라.

진실하도다! 일체는 꿈과 같고, 환영과 같고, 메아리 같고, 아지랑이 같고, 화성化城2 같고, 바다의 신기루 같고, 거울의 꽃과 같고, 물에 비친 달과 같고, 환영의 등불이 경물景物을 비추는 것과 같아서 한 찰나도 실재實在가 없고 오로지 헛될 뿐 실답지 않다.'

이렇게 한마음으로 추구하면 실답지 않음을 명료히 알 것이며, 이처럼 능지能知가 계속 이어져서 명료히 통달하면 다시는 미혹되지 않아서 싫증을 내며 귀환歸還을 생각한다. 이처럼 실다움이 없음을 명료히 통달하면, 태의 문은 저절로 막힌다."

---

2 신기루로 이루어진 성.

다섯 번째 태를 막는 법문

"앞에서 말한 환영을 관찰하는 방법으로도 삼라만상이 실제로 없다는 걸 철저히 깨닫지 못했다면, 태의 문이 막히지 않아서 감우로 뛰어들 것이다. 그러면 다시 다섯 번째 법문을 배워야 한다. 즉 청정한 빛을 관상하여 태의 문을 막아야 하니, 스스로 의지를 갖고 다음과 같이 관상해야 한다.

'저 일체를 관觀하는 것은 바로 나의 자심自心이니, 이 마음도 곧 텅 비어서 생기지도 않고 멸하지도 않는다.'

이렇게 관상해서 마음을 무생無生의 경계에 안주시켜라. 비유하자면 물에다 물을 부어넣으면 자연히 화합하듯이, 마음을 자재自在롭게 해서 본래의 변할 수 없고 움직임이 절로 그러한 밝고 청정한 경계에 들어간다. 이처럼 여여如如한 무생無生의 상태를 유지하면, 네 가지 탄생의 태문은 결단코 저절로 막히니, 이것이 성공할 수 있도록 오래 관상을 지속하라."

태의 문을 막는 아주 깊고 묘한 법은 앞에서 자세히 서술했다. 최상의 지혜를 가졌든, 중간의 지혜를 가졌든, 하천한 어리석은 사람이든 해탈을 얻지 못할 아무런 이유가 없다. 어째서 그러한가? 그 인연에 네 가지가 있다. 첫째, 유정 중생은 중음의 경계 안에서 저마다 누통漏通:제한적이라서 누진통이 아니다을 갖추고 있어서 가르침을 만나면 대체로 명료히 깨달을 수 있기 때문이다. 둘째, 생전에 소경이나 귀머거리일지라도 중음에서는 육근六根이 일제히 온전해져서 가르침을 만나면 스스로 잘 들을 수 있기 때문이다. 셋째, 유정 중생은 중음의 경계 안에서 두려움에 늘 쫓기면서 스스로 살길을 잘 헤아려서 성품이 저절로 놀라 깨어 있는 탓에 가르쳐주기만 하면 스스로 귀 기울여 듣기 때문이다. 또 저 식의 체가 의지할 바를 잃어서 어느 곳이든 생각에 따라 이르기 때문이다. 넷째, 유정 중생은 기억력이 생전보다 아홉 배나 명석해지므로 생전에 우둔했다 해도 중음에서는 업의 힘이 명민하게 만드는 탓에 가르침을 들으면 능히 잘 관상하고 쉽게 성취하기 때문이다. 이 네 가지 이유를 갖고 있기 때문에 스스로 쉽게 해탈할 수 있다. 이 네 가지 이유를 갖고서 망자를 위하여 불사佛事를 지으면 반드시 효과가 있다. 중음의 교법은 49일 동안 계속 염송하는 것이 아주 중요하다. 한 번의 인도로 해탈하지 못했더라도 거듭 인도하면 스스로 해탈할 수 있다. 그래서 이렇게 갖가지 인도의 법문이 있는 것이다.

태의 문을 선택하기

간혹 어떤 중생은 심념을 하나로 집중하라는 촉구를 받아도 악업의 장애가 무겁고, 여러 겁 동안 선善이 부족하고, 청정한 행을 익히지 않아서 결국 해탈하지 못하고 있다. 그러므로 눈앞에서 태의 문이 아직 막히지 않았다면, 이제는 태를 선택하는 방법을 가르쳐야 한다. 모든 부처님과 보살의 가피를 두루 청하고, 아울러 삼귀의를 염송하라. 그러고는 다시 망자의 이름을 부르면서 다음과 같이 인도한다.

"존귀하신 붓다의 후예여, 일심으로 귀를 기울여라. 지금까지 그대를 위해 교법을 상세히 설했지만, 그대는 여전히 깨닫지 못해서 태의 문이 막히지 않았다. 그래서 이제는 생을 받을 때가 되었다. 다시 아주 깊고 묘한 법을 가르쳐주나니, 이 교법에 의거해서 태의 문을 선택하라. 주의해서 자세히 들어라. 그러고는 믿고 받아들이면서 잊어버리지 말라."

태어나는 광경이 경각심을 보여준다

 "존귀하신 붓다의 후예여, 온갖 태어나는 곳들에는 저마다 특징이 있다. 앞으로 그 광경이 현전하면 즉각 명료히 깨달아야 하고, 어느 주洲:대륙가 비교적 뛰어난지 스스로 잘 감별해야 한다.

 그대가 동승신주東勝身洲에 감응해 태어날 것 같다면, 호수 안에 암수의 기러기가 수면 위에서 쫓아다니는 모습이 보이리라. 그곳으로는 절대로 가서 태어나지 말라. 한마음으로 잘못을 깨닫고서 그곳에 태어나길 구하지 말라. 만약 그 동승신주에 태어나면 안락하긴 하지만 불법을 듣지 못하기 때문에 가지 않아야 한다. 그대가 남섬부주南瞻部洲에 태어날 것 같으면, 그곳의 궁전과 집은 휘황찬란할 것이다. 만약 반드시 태어나고 싶다면 이 남섬부주는 비교적 괜찮다. 그대가 서우화주西牛貨洲에 태어날 것 같으면, 호숫가에 소와 말이 암수 무리를 지어서 뛰노는 광경이 보일 것이다. 그러나 속히 돌아와야지 앞으로 나가지 말라. 서우화주가 부유하고 풍요롭긴 해도 불법을 들을 수 없으니 역시 가지 말아야 한다. 그대가 북구로주北俱盧洲에 감응해 태어날 것 같으면, 호숫가에 수목이 사방에 무성하고 무리를 지어 노니는 가축들이 보일 것이다. 이 북구로주에 가서 태어나면 장수를 누리고 복의 과보를 받지만, 불법이 없기 때문에 역시 가지 말아야 한다.

 앞에서 말한 네 개의 주에 태어날 징조가 하나하나 제시되면서 그대에게 경각심을 주면, 즉각 분명히 깨달아서 경솔히 가지 말아야 한다.

 만약 천도天道에 태어날 것 같으면, 온갖 보배로 장엄한 궁전이 보이면서 복福이 그 땅에 감응하므로 가서 태어나도 좋다. 만약 수라修羅에 감응한다면, 그대는 눈을 즐겁게 하는 수목을 보거나, 서로를 향해 돌면서 춤추는 둥근 불 바퀴를 볼 것이다. 한마음으로 잘못을 깨닫고서 그곳에 태어나길 구하지 말라. 뭐라고 하든지 앞으로 나아가지 말라. 만약 축생도에 감응한다면, 산 동굴이나 석굴石窟, 땅에 있는 깊은 동혈洞穴, 자욱한 안개를 목격할 수 있을 텐데, 결코 가지 말아야 한다. 만약 아귀도에 감응한다면, 사람이 살지 않거나 나무도 자라지 않는 황량한 들판, 그리고 땅의 균열이나 얕은 구멍이 보일 것이다. 아니면 빈 숲에 마른 풀과 시든 뿌리가 보일 것이다. 이 아귀도에 태어나면 배고픔과 굶주림으로 더할 나위 없는 참담한 고통을 겪으리라. 한마음으로 잘못을 깨닫고서 그곳에 태어나지 말고, 애써 노력해서 결코 앞으로 나가지 말라. 만약 지옥에 감응하면, 악업에 감응된 슬프고 애달프고 처절한 노랫소리가 들리면서 몸이 그 속에 떨어져 저항할 수 없으리라. 한 치의 틈도 없는 어둠의 땅이고, 검은색과 흰색이 섞여 있는 집들이 흩어져 있고, 온 땅이 함정인 데다 길은 캄캄하니, 그곳으로 가면 즉각 지옥에 빠져서 뜨거운 불과 차가운 얼음의 견디기 힘든 고통을 겪는다. 일단 그 속으로 들어가면 구출할 기약이 없으니, 따라서 그 속에 몸을 두지 말아야 한다. 앞에서 제시한 가르침을 실천하고 노력하는 것이 지금이야말로 가장 필요한 때이다."

목숨을 쫓는 악귀惡鬼를 막는 법문

 "존귀하신 붓다의 후예여, 업력의 감응으로 목숨을 쫓는 악귀追命惡鬼가 뒤에서 숨 가쁘게 쫓아온다. 몸을 주체하질 못해서 곧장 저절로 앞으로 나아가는데, 비록 원하는 바는 아니지만 정말로 어쩔 수가 없다. 그대 앞에도 목숨을 쫓는 악귀가 있으니, 마치 망나니가 형장으로 인도하는 것 같다. 동시에 눈을 어지럽히는 검은 안개가 홀연히 일어나고, 업의 감응으로 회오리바람이 일고, 비와 눈이 오락가락하고, 돌 같은 우박이 미친 듯이 떨어지고, 얼음 칼이 돌면서 춤을 추는데, 마음은 놀랍고 두려워하며 생각은 도망치려고만 한다. 이 두려움 속에서 급히 도피처를 찾다가 홀연히 궁전과 바위 동굴, 땅굴, 황량한 풀숲, 마른 연못의 시든 연꽃을 보는데, 자세히는 앞에서 말한 것과 같다.

급히 도피처를 생각하다가 자세히 살피지도 못한 채 멋대로 한 곳에 들어가 복지부동伏地不動하면서 두려움 때문에 감히 나오지를 못한다. 그리고 마음속으로는 이렇게 생각한다.

'지금 밖으로 나가면 재난과 고통을 면하지 못할 거야.'

이미 두려움 때문에 감히 다시 나오지 못하므로 그 도피처에 집착하는 마음을 낸다. 그리고 도피처라고 기억한 곳이 바로 어머니의 태이다. 두려움 때문에 중음의 공포스러운 광경에서 도피하려고 도피처를 택하든 어머니의 태를 택하든 숨어서 나오지 않는다. 그 결과 스스로 열등한 몸을 얻어서 온갖 고난을 겪어야 한다.

앞서 말한 광경이 펼쳐질 뿐만 아니라 악귀와 야차가 멋대로 가로막고 고난을 가하면서 선한 국토에 태어나는 걸 막는다. 이때도 아주 깊고 묘한 법이 있으니, 가르침을 자세히 듣고 잊지 않도록 주의하라.

이때 목숨을 쫓는 악귀가 뒤에서 숨 가쁘게 쫓아와서 갖가지 공포가 일어나면, 즉각 무상나신無上裸身:대흑천왕, 마두명왕馬頭明王, 금강수金剛手 존자를 관상하거나, 혹은 본래 공양하고 받들던 수호존자의 원만한 장엄 및 몸과 사지의 위엄, 무서운 분노의 모습을 관상하라. 그리고 저 악귀 하나하나를 꺾어서 멸한다고 관상하라. 한 찰나 사이에 관상을 성취해서 은혜의 파동에 의지하고 어떤 위력에 의지하면, 목숨을 쫓는 악귀도 감히 다가오지 못한다. 그래서 그대는 조용히 태를 선택하게 된다. 이것은 아주 중요하고 미묘한 법문이니, 신심信心으로 지니면서 잊지 말아야 한다.

존귀하신 붓다의 후예여, 선정禪定의 붓다들과 보살 존자들이 현현하는 모습은 등지等持:삼매,정定의 힘이다. 아귀나 모종의 악마, 그리고 망자의 혼魂은 중음을 거치면서 심념이 변해서 바뀐 것이며, 몸은 그 마음을 따라 변하면서도 상실되지 않고 유지한 탓에 단박에 아귀와 악마와 나찰이 된 것이다. 이들은 신통변화와 형태를 바꾸는 능력을 갖추고 있으며, 상하의 공간을 꽉 채우고 있는 모든 아귀와 8만 종류의 악귀들은 다 중음의 의생신에 속하고 있으니, 변역變易의 심념이 마침내 이 체를 갖춘 것이다.

이때 대수인법을 기억해서 선정에 들어가 공空을 관조한다면, 그것이 최상승最上乘이다. 만약 이 법을 익히지 못했다면 일체가 실답지 않은 환영이란 걸 추구하라. 하지만 둘 다 할 수 없더라도 마음을 움직이지는 말라. 한결같은 뜻으로 수호 존자와 성스러운 관자재를 관상하면, 스스로 보신報身의 불도佛道를 증득할 수 있다."

천식법으로 왕생하거나, 인도로 전생하거나, 둘 중 선택하다

"존귀하신 붓다의 후예여, 업의 힘 때문에 반드시 태에 들어가야 한다면, 태를 선택하는 방법을 상세하게 설명할 테니 주의해서 듣고 잊지 말라. 그대에게 보이는 태는 어떤 종류이든 들어가지 말아야 한다. 목숨을 쫓는 악귀가 들어가도록 핍박한다면, 즉시 마두명왕을 관상해야 한다.

그대는 이미 누통의 신력을 부여받았기 때문에 태어나는 곳마다 환영의 경계가 하나하나 현전하니, 스스로 잘 식별해서 스스로 잘 선택하라.

천식遷識으로 불국佛國의 정토에 가서 태어나거나, 혹은 청정치 못한 인도人道의 태문胎門을 택하거나, 두 법문 중에서 임의로 하나를 택하라. 그걸 성취하는 길을 다음에 상세히 제시하겠다."

천식으로 불국의 정토에 가서 태어나다

"불국의 즐거운 땅에 가서 태어나는 법문은 다음과 같이 관상한다.

'나는 얼마나 고난을 겪었던가! 비롯 없는 겁 이래로 오늘에 이르기까지 생사의 고해苦海에 빠져 윤회하였으니, 난 얼마나 고통스러운가! 아직도 여전히 식과 아我:나가 둘이 아님을 깨닫지 못해서 능히 해탈하여 불도를 성취하지 못한다. 이제 윤회를 너무 싫어해서 두렵고 염증 나는 시기에 이르렀으니 시급히 버리고 여의어야 한다. 이후로는 맹세코 용감하게 앞으로 곧장 가서 서방의 극락세계에 태어나길 희구하리니, 아미타여래에게 경건히 기도해서 부처님 능력의 가피로 연꽃 속에 화생化生하리라.'

이렇게 관상하면서 저 땅에 가서 태어나겠다는 그대의 염원을 굳게 지녀라. 가장 뛰어나고 즐거운 땅에 가서 태어나길 염원하든, 불퇴전不退轉의 땅에 가서 태어나길 염원하든, 무상無上의 묘한 행이 성취되는 즐거운 땅에 가서 태어나길 염원하든, 한량없는 연꽃이 빛으로 불타는 국토에 태어나서 아침저녁으로 청정한 연화생蓮花生을 가까이 할 염원하든, 어떤 불국토에 가서 태어나길 염원하든, 그대의 염원을 굳건히 지니면서 한마음이 흐트러지지 않은 채 스스로 감응할 수 있다면 즉각 저 땅에 태어나리라.

또 도솔천 내원內院에 태어나서 미륵불을 가까이하길 염원하면, 역시 이와 똑같이 그대의 염원을 굳건히 지니면서 마음으로는 이렇게 생각해야 한다.

'비록 중음에 처했어도 시기가 성숙했으므로 나는 당장 도솔천 내원에 태어나서 미륵존자慈尊를 가까이 뵈리라. 그리고 부처님 능력의 가지加持[1]로 연꽃 태에 뛰어 들어가면 꽃이 필 때 부처님을 뵈리라.'"

인도에 전생해서 다시 티끌 세상에 들어가다

"천식遷識으로 왕생하는 것이 불가능해서 그대가 기꺼이 인간의 태에 뛰어들고자 하거나, 혹은 업의 힘 때문에 반드시 태에 들어가야 한다면, 이제 청정치 못한 윤회의 태문을 선택하는 아주 깊고 묘한 법을 인도해 보이리니, 자세히 귀 기울여 듣고 잊지 말아라.

그대의 누통으로 네 개의 주洲를 두루 살펴서 불법이 있는 걸 보면 즉각 가서 태어나라.

몸이 만약 감리의 화합으로부터 나오면, 코가 향기로운 맛에 접촉되면서 즉각 끌려들어간다. 감리에 접착해 붙으면 태 안에서 생을 받는다. 이때 어떤 경물이 생기生起하든 그 경물을 실답다고

---

[1] 베풀어서 지니게 하는 것.

보지 말라. 애착하는 마음도 내지 말고 미워하는 마음도 내지 않는다면, 좋은 태를 저절로 얻으리라. 그리고 염원을 갖추어 왕생하는 것이 지극히 중요하니, 이때는 마음으로 그대의 염원을 다음과 같이 기원하라.

'나는 반드시 세간의 왕으로 태어나야 하거나, 브라만 가문의 위대한 사라수娑羅樹[1]와 같은 자로 태어나거나, 요가 수행자의 가문에 태어나거나, 아무 흠 없이 청정한 세간의 가계家系에 태어나거나, 성스러운 종교를 신봉하는 가문에 태어나리니, 이렇게 태어나서 복의 과보를 충분히 갖추어 중생을 이롭고 즐겁게 하리라.'

이렇게 생각하고 이렇게 염원을 갖추어서 처음으로 태의 문으로 들어가라. 동시에 은혜의 파동과 청정한 빛을 발사하여 그 태에 가지加持함으로서 들어갈 때는 천궁으로 바뀌었음을 관상하라.

시방의 부처와 보살, 수호 존자들을 경건히 믿을 것이며, 더 중요한 것은 성스러운 관자재의 자비로운 은혜의 가지를 간절히 기도하여 구하라. 태를 선택할 즈음에는 착오를 면하기 어렵다. 업의 힘 때문에 좋은 태를 문득 나쁜 태로 인식하기도 하고 나쁜 태를 좋은 태로 오인하기도 한다. 이제 다시 중요한 묘법을 가르쳐줄 테니, 자세히 다음 내용을 귀 기울여 들어라. 태가 좋게 보여도 탐내거나 애착하지 말 것이며, 태가 나쁘게 보여도 미워하지 말라. 마음에 애착함이나 미워함이 없으면 생각도 취사선택을 여의어서 분별을 일으키지 않으니, 이것이 바로 묘법이다. 그러나 평소에 등지等持를 익혀서 망념이 일어나지 않는 소수를 제외하고는, 대부분의 유정 중생은 업의 감응으로 쌓은 습기를 쉽게 없애지 못한다."

망자가 애착과 증오를 아직 버리지 못했다면, 숙세宿世의 지혜가 없고 악업도 무거운지라 반드시 축생도에 떨어진다. 설사 인도에 태어나더라도 심성이 축생과 같으니, 다시 망자의 이름을 부르면서 피할 수 있도록 가르친다.

"존귀하신 붓다의 후예여, 그대가 아직 애착과 미움을 버리지 못했거나, 혹은 그대가 태를 선택하는 묘법을 깨닫지 못했다면, 어떤 경물이 그대 앞에 나타나든 간에 삼보에 축원을 고하여 경건히 귀의한 뒤 정성껏 성스러운 관자재에게 기도하면서 머리를 들고 앞으로 가라. 자신이 이미 중음에 떨어졌다는 걸 명료히 알라. 뒤에 남겨진 자녀를 비롯한 권속도 이미 소유가 아니니, 미련이나 탐심을 즉각 버려 없애라. 하얀빛의 길이 나 있는 천도에 진입하거나, 아니면 노란빛으로 달려가서 다시 인도에 태어나라. 저 장엄한 궁전을 보고, 저 동산 숲을 보면서 마음은 감상鑑賞하고 눈은 기뻐하라. 그 길로 들어가고 돌아보지 말라."

이 경문을 일곱 번 반복해서 염송하라. 그런 뒤에 「모든 부처와 보살들에게 경건히 도움을 청하는 게송문」, 「중음의 험난함에서 보호해주길 기원하는 게송문」, 「여섯 가지 중음의 경책하는 게송문」, 「중음

---

[1] '사라'는 Sala의 음역으로 견고하고 크다는 뜻이다. 사라수는 인도에서 최고로 여기는 나무이다.

의 두려움에서 보호해주길 기원하는 게송」을 다 염송하는데, 이 네 개의 게송을 각각 세 번씩 염송한다. 그 다음 마지막으로 「오온五蘊의 몸에서 해탈하는 신령스런 주문」,「항상 염송해서 스스로 해탈하는 의궤법儀軌法의 노래」를 염송해야 한다.

마지막 결론

교법을 외우면서 염송念하는 것이 타당하면, 지혜의 힘이 늘어난 요가 수행자는 목숨을 마칠 때 신령한 식을 옮겨서 지극히 강한 효과를 본다. 즉 중음의 경계를 거치지 않은 채 수직으로 오르는 위대한 길을 통해서 단박에 법신을 증득한다.

비밀의 교법을 닦아 익힌 성취가 약간 부족한 자는 죽은 뒤의 실상 중음에서 이 교법에 의지해 청정한 빛을 변별해 인식함으로써 역시 이 길을 통해 보신을 증득할 것이다. 비밀의 교법을 닦아 익힌 성취가 더 부족한 자는 죽은 뒤 2주 동안 실상 중음에서 안락 존자와 분노 존자가 현전할 때 각자의 발전 정도에 따라서, 각자의 근기根器에 따라서 하나하나 해탈하게 된다. 이 가운데 가장 중요한 것은 어느 곳에서 깨달아 증명하고 어느 곳에서 해탈을 얻는지 역력하게 헤아릴 수 있다는 점이다. 근기가 둔하고 악업의 장애가 무거우면 다시 아래로 투생 중음까지 가라앉는다. 교법의 다양한 문은 사다리를 오르듯이 걸음을 좇아 인도하니, 그 한 걸음이 어떤 것이든 반드시 명료히 깨달아서 생사를 초탈超脫할 수 있다.

하지만 저 업이 무겁고 근기가 지극히 열등한 자는 능히 식별하지 못하고 공포를 멋대로 생성한다. 이들에게도 갖가지 태를 막는 법문과 태를 선택하는 방법을 가르쳐주면, 어느 법을 선택하든 반드시 깨달을 수 있다. 즉 법에 의거해 관상하고 부처의 힘이 가지하면 열등함도 탁월함으로 바뀌니, 설사 악한 근기를 갖추고 심성이 축생 같아도 한마음으로 귀의하면 온갖 고통을 벗어날 수 있고, 아울러 원만圓滿함을 획득해서 여덟 가지 뛰어난 사람 몸의 이로움을 구족하고, 다시 다음 생에서는 대덕大德인 스승의 설법을 만나게 되어서 소원대로 초탈할 것이다.

망자가 이미 투생 중음에 떨어졌어도 이 교법을 듣게 된다면, 선善의 인자因子가 상속되는 것이 마치 막힌 하수구를 틔워서 소통시키는 것과 같으니, 이 교법의 오묘함을 볼 수 있다.

설사 악한 업이 너무 치성한 중생일지라도 법을 듣고 깨달으면 역시 해탈을 얻을 수 있다. 왜냐하면 이때 안락 존자와 분노 존자들이 맞이해 인도하고, 아울러 마왕과 마군魔軍도 와서 유혹하므로 교법을 한 번 듣는 것으로도 마음이 법에 따라 굴러서 저절로 해탈을 얻을 수 있기 때문이다.

망자가 피와 살로 된 몸을 이미 버리고 '뜻으로 이루어진 몸意身'만을 갖추고 있어서 감응이 저절로 쉽게 된다. 망자는 누통을 약간이나마 갖추고 있기 때문에 법을 들으면 기억을 돌이켜 단박에 깨달음으로서 마음이 법에 따라 구른다. 이때 법을 염송하는 것은 크나큰 공용功用이 있으니, 비유하자면 투석기로 돌을 발사하여 적중시키는 것과 같고, 커다란 대들보 나무를 백 사람도 짊어지지 못하지만 물에 띄우면 뜻대로 끌고 갈 수 있는 것과 같고, 또 달리는 말을 고삐로 다루는 것과 같다.

망자의 사체가 아직 방에 있다면, 반드시 그의 몸 곁에서 명석하게 들을 수 있도록 반복해 염송해야 한다. 혈액이 황색의 분비물로 콧구멍으로부터 흘러나올 때까지 하되, 이때는 그의 몸을 이동시키지 말아야 한다.

법을 염송해서 효과를 일으키고 싶다면, 특히 다음에 열거하는 몇 가지 일을 반드시 준수해야 한다. 망자를 위하여 동물을 희생물로 죽이지 말 것, 절대로 권속들이 시체 곁에서 곡을 하거나 울지 않도록 할 것, 전력을 다해 보시를 해서 온갖 공덕을 닦을 것 등이다.

이 밖에도 망자의 영전靈前에서 어떤 경전이든 교법을 강의하고 해설해야 한다. 교법을 염송하고 나서도 계속해서 염송할 수 있으면, 수도修道의 단계가 더욱 신령한 효과를 갖춘다. 그다음엔 평시에도 항상 끊임없이 교법을 소리 내서 염송해야 하고, 사람마다 교법의 경문과 뜻을 기억해야 한다. 하루아침에 목숨이 다해서 죽음의 상징이 이미 드러나면, 미류彌留:임종의 즈음에 스스로 암송해서 그 뜻을 깊이 음미해야 한다. 정기와 힘이 이미 다했다면, 벗이나 도반이 망자를 위해 소리 내어 염송한 것을 생생히 귀 기울여 들어야 한다. 이상과 같이 하면 스스로 능히 해탈을 얻어서 진실하여 허망하지 않을 것이다.

교법의 오묘함은 선정이나 수행법에 의존함이 없이 한 번의 열독閱讀만으로도 초탈할 수 있다는 점이다. 이런 묘법은 읽는 자든 듣는 자든 골고루 해탈을 얻을 수 있다. 또 악업이 무겁더라도 교법에 의지해 비밀리 가지하면 생사를 해탈한다. 그러므로 교법의 구절이나 경문의 뜻은 반드시 기억해야 한다. 일곱 마리 맹견이 짖으면서 쫓아오더라도 잊지 말아야 한다.

이 묘법에 의지하면 목숨을 마칠 때 과보를 증득한다. 과거, 현재, 미래의 모든 부처들이 법을 간택해서 기틀에 응한다 해도 이보다 뛰어나지는 못하리라. 『중음에서 가르침을 듣는 것만으로도 해탈을 얻는 비밀의 법』을 여기서 마친다.

『중음에서 가르침을 듣는 것만으로도 해탈의 얻는 위대한 법』 부록

이 책의 원고 말미에 정문正文으로 13페이지에 걸친 게송이 이어져 있다. 목판본에는 없는 것이지만, 법을 염송하는 라마가 입으로 귀에다 전해주면서 응용해야 할 때는 결국 암송할 수 있어야 한다. 다음과 같이 번역해서 싣는다.

모든 부처와 보살들에게 경건히 청하는 게송즉 모든 부처와 보살들에게 가피를 청하는 기원의 게송

미류彌留 즈음에 모든 부처와 보살들의 가피를 경건히 청하는 경문은 다음과 같다.

자기 자신이나 그 권속들이 극진히 마련한 것을 삼보에 공양하고, 마음은 다시 광대한 공양을 관하여 이루고 손으로는 묘한 향을 든 채 정성껏 공경하면서 게송을 다음과 같이 노래한다.

"대자대비하고, 누진통漏盡通을 갖추고, 지혜의 눈으로 관조하고, 사랑慈으로 유정 중생을 돕고, 비원悲願을 버리지 않으시면서 시방十方에 항상 머무는 모든 부처와 보살이여, 방편으로 바치는 공양과 마음으로 관하는 공양을 받아서 누리소서.

자비의 존자들께서는 일체지一切智를 갖추고, 비원悲願을 갖추고, 성스러운 행行을 갖추어서 유정 중생을 수호함이 한량없고 가이없어 불가사의不可思議합니다. 자비 존자들이여, 유정 중생 아무개가 생生에서 벗어나 죽음으로 들어가면서 이 티끌세상을 끊고 험난함에 직면하고 있습니다. 친구도 없이 홀로 가느라고 지극히 외롭고 고통스러우며, 돕거나 보호해줄 자도 없고 의지할 곳도 없습니다. 고향을 떠난 뒤 해는 저물고 갈 길은 아득해서 마치 겹겹의 안개 속으로 들어간 듯하고, 마치 낭떠러지에서 추락한 듯하고, 마치 숲 속으로 달려 들어가는 듯합니다. 업의 힘이 추격해서 큰 황야에 낙오한 듯하고, 큰 바다에 표류한 듯합니다. 업의 바람이 휩쓸고 가면 몸은 멈추질 못합니다. 때로는 원한에 집착하기도 하고, 때로는 악귀나 염라대왕의 사자를 만나서 바라보기만 해도 두려워합니다. 업의 감응으로 생사의 순환이 그치질 않는데, 힘이 다하여 엎어지고 자빠지면서 연민을 자아냅니다.

자비 존자들이여, 유정 중생인 아무개는 보호도 받지 못하고 의지할 곳도 없습니다. 자비와 연민을 간절히 기원하오니, 구원의 손길을 내려 지켜주소서. 자비의 은혜와 가피로 사랑스런 자식을 보호하듯이 하시고, 그를 도와서 중음의 근심과 고통을 없애주소서. 업의 바람을 막아 그치게 하시고, 악귀를 막아 여의게 함으로써 중음의 험난한 경계에서 안전하게 구출해주소서.

자비 존자들이여, 자비와 연민을 버리지 마시고, 광대한 서원誓願을 버리지 마옵소서. 그리하여 온갖 고통을 쫓지 않도록 그를 보호하고 그로 하여금 알게 하소서. 모든 부처와 보살들의 보편적인 은혜의 가피인 빛의 갈고리로 거두어줌으로써 멋대로 업이 감응한 고통의 갈래로 빠져들게 하지 마옵소서. 경건하고 간절한 삼보의 은혜로 가피를 드리워서 중음의 다함없는 고통을 여의도록 수호하소서."

법을 주재하는 자가 선창하여 인도하고 대중들은 그에 따라 염송하는데, 지극히 경건한 정성으로 세 번을 반복한다.

중음의 험난함에서 보호해주길 기원하는 게송문
시방 삼세의 모든 부처와 보살들이여,
보현普賢여래, 안락 존자들, 분노 존자들이여,
바다처럼 모인 훌륭한 대중들이여,
스승과 모든 하늘, 공행천모空行天母여,
자비를 내리셔서 이 기원을 들어주소서.
스승과 천모天母들에게 공경히 예배하오니
연민의 마음으로 우리를 인도해주소서.

환영과 망상을 깨닫지 못해서 생사에 빠져 들어가니
광명에 기대어 도道를 듣고, 사유하고, 닦기를 원하나이다.
관정을 하신 스승께서는 앞에서 인도하시고
모든 붓다어머니들께서는 뒤에서 돕고 수호하셔서
오직 중음의 험난함을 여의도록 구원해주길 원하옵고
오직 원만한 불과를 증득하길 원하나이다.
분노가 원인이 되어서 생사에 빠져들어갈 때
대원경지가 찬란히 빛을 비추니
금강살타는 앞에서 인도하시고
남의붓다어머니藍衣佛母 : 반드시 佛眼佛母로 바로잡아야 함는 뒤에서 돕고 수호하셔서
오직 중음의 험난함을 여의도록 구원해주길 원하옵고
오직 원만한 불과를 증득하길 원하나이다.

교만이 원인이 되어서 생사에 빠져들어갈 때
평등성지가 찬란히 빛을 비추니
보생여래께서는 앞에서 인도하시고
혜안붓다어머니慧眼佛母 : 반드시 佛母瑪瑪基로 바로잡아야 한다는 뒤에서 돕고 수호하셔서
오직 중음의 험난함을 여의도록 구원해주길 원하옵고
오직 원만한 불과를 증득하길 원하나이다.

탐욕이 원인이 되어서 생사에 빠져 들어갈 때
묘관찰지妙觀察智가 찬란히 빛을 비추니 미타彌陀여래께서 앞에서 인도하시고
백의 붓다어머니白衣佛母께서 뒤에서 돕고 수호하셔서
오직 중음의 험난함을 여의도록 구원해주길 원하옵고
오직 원만한 불과佛果를 증득하길 원하나이다.

질투가 원인이 되어서 생사에 빠져들어갈 때
성소작지가 찬란히 빛을 비추니

불공여래께서 앞에서 인도하시고
고통을 구원하는 도모度母:반드시 貞信度佛母나 綠度母로 바로잡아야 함께서 뒤에서 돕고 수호하셔서
오직 중음의 험난함을 여의도록 구원해주길 원하옵고
오직 원만한 불과를 증득하길 원하나이다.

무명無明이 원인이 되어서 생사에 빠져들어갈 때
법계의 지혜 광명法界智光이 찬란히 빛을 비추니
대일大日여래께서 앞에서 인도하시고
천공 붓다어머니天空佛母:반드시 金剛虛空佛母로 바로잡아야 함께서 뒤에서 돕고 수호하셔서
오직 중음의 험난함을 여의도록 구원해주길 원하옵고
오직 원만한 불과를 증득하길 원하나이다.

환영과 망상의 깊은 집착으로 중음에 빠져들어갈 때
광명에 기대어 공포를 없애기를 원하나이다.
분노 존자들이 앞에서 인도하시고
큰 분노의 어머니大忿怒母께서 뒤에서 돕고 수호하셔서
오직 중음의 험난함을 여의도록 구원해주길 원하옵고
오직 원만한 불과를 증득하길 원하나이다.

축적된 습기習氣가 원인이 되어서 생사에 빠져들어갈 때
함께 태어난 지혜 광명俱生智光이 찬란히 빛을 비추니
용감한 지명勇武持明께서 앞에서 인도하시고.
공행천모空行天母께서 뒤에서 돕고 수호하셔서
오직 중음의 험난함을 여의도록 구원해주길 원하옵고
오직 원만한 불과를 증득하길 원하나이다.

오직 바라노니, 공의 원소空大가 일어나도 적이 되지 말기를,
하여 오직 바라노니, 푸른빛의 불국토를 직접 보게 되기를.
오직 바라노니, 물의 원소水大가 일어나도 적이 되지 말기를,
하여 오직 바라노니, 흰빛의 불국토를 직접 보게 되기를.
오직 바라노니, 땅의 원소地大가 일어나도 적이 되지 말기를,
하여 오직 바라노니, 노란빛의 불국토를 직접 보게 되기를.
오직 바라노니, 불의 원소火大가 일어나도 적이 되지 말기를,
하여 오직 바라노니, 붉은빛의 불국토를 직접 보게 되기를.
오직 바라노니, 바람의 원소風大가 일어나도 적이 되지 말기를,
하여 오직 바라노니, 초록빛의 불국토를 직접 보게 되기를.
오직 바라노니, 무지갯빛霓光이 일어나도 적이 되지 말기를,

하여 오직 바라노니, 일체의 불국토를 직접 보게 되기를.
오직 바라노니, 중음의 모든 음성이 오로지 자신의 음성이란 걸 실답게 명료히 알기를.
오직 바라노니, 중음의 모든 광염光焰이 오로지 자신의 광염이란 걸 실답게 명료히 알기를.
오직 바라노니, 삼신三身의 진실한 자성自性을 중음의 경계 안에서 실답게 가려내 증명하기를.

여섯 가지 중음의 경책 게송문 즉 여섯 가지 중음 경계의 근본적인 경책 게송

태에 처한 중음 경계의 징후가 현전하니
정진하고 수행할 뿐 게으름은 버려야 한다.
마음은 실상實相에 머물고
도道를 듣고, 사유하고, 닦아서
색色과 마음의 자성自性을
깨달아서 삼신을 증명하고,
한 번 사람 몸을 얻으면
찰나라도 게으르지 말고 이번 생을 허비하지 말라.
꿈속 중음 경계의 징후가 현전하니
시체처럼 긴 잠인 무명을 버려야 하고
바라노니, 본연本然의 경계에 식이 머무소서
꿈의 자성은 신령스럽게 변화하는 청정한 빛이니
나태하고 용렬한 축생의 종류를 본받지 말고
꿈을 관하면서도 선정에 들어 있는 것,
이 둘을 쌍雙으로 닦는 것이야말로 고귀하다.

선정 중음 경계의 징후가 현전하니
흐트러진 망념을 몽땅 없애버려야 하고
등지等持에 오래 머물러서 마음이 산란하지 않고
불변의 성취와 견고함을 관상하며
한마음의 참선으로 작용도 없고 생각도 없으니
삿된 반연의 어리석음이 와서 흔들지 않게 하소서.

임종 중음 경계의 징후가 현전하니
집착과 애욕과 열등한 뜻을 버려야 하며
오직 정각正覺의 광명과 계합하길 염원하고
오직 무생법인無生法忍에 증명해 들어가길 원합니다.
피와 살로 된 몸은 이때 반드시 버리면서
이 몸이 아주 허망한 환영임을 명료히 알게 하소서.

실상 중음 경계의 징후가 현전하니

일체 현상의 공포를 반드시 없애야 하며
어떤 환영의 모습이든 스스로의 식이 변한 것이고
중음의 형상은 실답지 않은 환영일 뿐이며
위기일발의 순간이 바로 이때이지만,
안락 존자든 분노 존자든 식의 환영인데 무얼 두려워하랴.

투생 중음 경계의 징후가 현전하니
한마음으로 염원을 갖추어 굳건히 지니면서 잃지 말라.
착한 업이 계속 이어져서 짬이 없이 정진하고
오직 태를 막아서 잘못을 깨달아 들어가지 않게 하고
노력과 수희随喜1로 그때를 위하게 하고
쌍신을 관상하여 애착과 미움을 끊게 하소서.

임종이 다가왔는데 어찌 아직도 망설이는가?
무익한 짓을 하면서 한갓 이번 생을 저버리고 있으니
시기를 놓친다면 어찌 지혜롭다고 말하겠는가?
마치 보배 산에 들어갔다가 헛되이 돌아와 탄식하는 것과 같으니,
이미 불법이 그대에게 필요하다는 걸 알았다면
저 교법을 어찌 닦고 익히지 않을 수 있겠는가!

게송을 맺으면서

대성취를 하신 스승께서는 일찍이 가르쳐 보였으니, 스승께서 전해주신 교법을 잘 기억해 지니지 않으면 스스로를 해치는 것과 다름없으니 배우는 자는 경계해야 하며 기본적인 게송의 경문은 중요하니 반드시 알아야 한다.

중음의 공포에서 벗어나도록 보호를 염원하는 게송

나는 이제 업보가 다한 시기에 이르렀다.
생전의 권속은 나에게 소용이 없으며
외로운 혼자 몸으로 중음을 배회할 뿐이니
안락 존자와 분노 존자들이여, 불쌍히 여겨서
무명의 어둠을 남김없이 없애주소서.
사랑하는 사람들과 헤어지고 홀로 된 몸으로 배회할 때
보이는 환영의 모습은 자신의 식이 변하여 나타난 것이니,
오직 바라노니, 모든 부처님이시여, 자비로운 은혜의 가피와

---

1 원어는 anumodana. 타인의 선행을 보고 그에 따라 기쁜 마음을 내는 것. 또는 자기가 기뻐하는 것을 따른다는 뜻.

위엄의 힘으로 중음의 공포를 해결해 없애주소서.
다섯 가지 지혜의 빛이 찬란히 비출 때는 바라노니,
공포를 없애서 자신의 체體를 깨닫게 하시고
안락 존자와 분노 존자들이 나타나실 때는
중음의 환상을 깨달아 두려움이 없게 하소서.
악업의 힘이 무거워서 온갖 고통을 맛볼 때
안락 존자와 분노 존자들이여, 재난과 고통을 없애주시고,
실상實相의 소리가 천 개의 천둥처럼 우르릉거릴 때 바라노니,
모두 대승법大乘法의 소리로 바뀌지게 하소서.

업의 장애가 몸을 구속해서 믿고 의지할 곳이 없을 때
안락 존자와 분노 존자들이여, 저를 돕고 수호하시고,
업의 장애로 맺힌 습기 때문에 온갖 고통을 받을 때
청정한 빛의 등지等持가 내 앞에 나타나 임하게 하소서.

투생 중음에서 천식遷識으로 가서 태어날 때
천마天魔의 사악한 빛이 내 앞에 임하지 않도록 하시고,
어떤 즐거운 국토든 염원대로 가서 태어났을 때 바라노니,
업에서 비롯한 환영의 공포를 없애주소서.

황야에서 사나운 짐승이 무섭게 으르렁거릴 때
그 소리가 육자대명六字大明의 진언으로 바뀌게 하시고,
비와 눈이 몰아치고 바람과 안개가 미친 듯이 밀려올 때
반드시 천안天眼에 의지한 지혜의 빛으로 홀로 비추게 하소서.

중음에서 공통의 업을 가진 모든 유정 중생들이
저마다 시기함 없이 훌륭한 국토에 가서 태어나게 하시고,
아귀의 배고픔과 목마름, 그리고 지옥의 추위와 더위 바라노니,
이러한 고초苦楚를 벗어날 수 있게 하소서.

미래의 부모가 방 안에 있는 환영의 모습을
안락 존자와 분노 존자의 쌍신과 똑같이 보게 하시고
곳에 따라 전생轉生할 때마다 유정 중생을 이롭게 해서
온갖 상호相好를 갖춘 원만한 몸을 얻도록 하소서.

오직 바라노니, 전생할 때는 남자 몸을 얻어서
나를 보고 나에 대해 듣는 자마다 다 해탈케 하시고,

악업을 차단하고 없애서 다시는 쫓겨 다니지 않게 하며
어떤 복의 과보이든 그 복이 배로 늘어나게 하소서.
오직 바라노니, 어느 곳이든 전생할 때마다
안락 존자와 분노 존자들을 만나게 하시고,
나면서부터 말할 수 있고 나면서부터 걸을 수 있어서
숙명통宿命通의 지혜로 전생을 잘 기억하게 하소서.
상근기이든 중근기이든 하근기이든 보리도菩提道의 단계를
보고, 듣고, 사유해서 그 정수精髓까지 깊어지도록 하시고,
어느 곳에 태어나든 크나큰 상서로움吉祥을 갖춤으로서
일체의 유정 중생들이 골고루 이익과 즐거움을 얻도록 하소서.

안락 존자와 분노 존자들의 장엄한 묘한 몸妙身과
권속들의 수명이 끝이 없는 국토와
나아가 모든 존자와 성스러운 부처의 명호名號에 이르기까지
나와 중생들이 똑같이 증득하기를 기원하나이다.

안락 존자와 분노 존자, 그리고 보현普賢 부처의 빛으로서
원만하고 청정한 실상實相 법신의 은혜로운 파동으로서
요가 수행자가 비밀 교법을 수행해 지니는 것으로서
무릇 온갖 염원하는 바를 성취하지 않음이 없게 하소서.

책을 쓰고 난 뒤의 회향廻向

이 책의 원고 끝머리에 편집자인 어느 라마가 회향한 게송이 있어서 소개한다. 비밀의 뜻이라면 세상 사람은 스스로를 낮추고 경문經文만을 우뚝 높여서 누구나 함께 추앙할 수 있도록 해야 하는데, 이 라마도 그 뜻을 성실히 지켜서 자신의 이름을 싣지 않았다.

"이제 나는 순수함이 충만한 의도로 교법敎法을 편집하였다. 오직 바라노니, 이 선인善因에 의해 어느 세상에서나 도움도 보호도 받지 못한 채 태어나는 몸들의 어머니도 똑같이 불도를 증득하소서. 묘하고 상서로운 빛이 인도人道를 두루 비추고 아울러 이 책도 똑같이 상서로움을 이루기를 바라오며 복과 선을 갖추어서 나의 염원도 원만하길 바랍니다."

| 옮긴이의 말 |

죽음을 이해해야 삶이 바로 선다

젊은 시절, 윤회전생에 대해 의문을 품은 적이 있었다. 무아無我가 불법의 근본 진리라면, 도대체 '나'가 없는데 무엇이 윤회전생한다는 말인가? 또 절에서 49재를 지낸다는 말을 듣고 왜 49일인지 궁금하게 여겼던 적도 있었다. 도중에 그것이 죽음의 과정이란 말을 듣기는 했지만, 그 상세한 내용에 대해서는 알지 못했다.

이렇게 상식적이지만 본질적인 의문을 품은 사람들은 이 책 『티베트 사자의 서』를 보면 의문이 풀릴 것이다. 『티베트 사자의 서』에서는 실체가 없는 우리의 식識이 윤회의 주체이고, 죽음의 과정은 그 식이 임종의 순간부터 49일 동안 체험하는 경계란 사실을 알려주고 있다. 또 『티베트 사자의 서』는 죽음의 과정만이 아니라 해탈의 길까지 제시하고 있는데, 그 내용은 대승불교의 근본 진리와 정확히 부합하고 있다.

죽음은 기피해야 할 그 무언가가 아니라 냉정히 이해하고 받아들여야 할 현상이다. 죽음에 대한 이해야말로 오히려 우리의 삶을 올바로 이끌어주는 길잡이가 될 수 있기 때문이다. 『티베트 사자의 서』를 보면 죽음의 과정 속에서 우리가 겪게 되는 온갖 경계를 알 수 있는데, 이것만으로도 생전의 삶에서 몸, 입, 뜻의 삼업三業이 청정해야 하고 탐욕, 성냄, 어리석음의 삼독三毒을 멀리해야 한다는 사실을 뼈저리게 깨달을 수 있다.

요즘 웰빙이란 말이 유행하면서 웰다잉Well-Dying에 대한 관심도 급격히 고조되고 있다. 특히 사회가 고령화되면서 죽음의 과정을 제대로 인도하는 문제는 더욱 중시되고 있다. 불교계에서도 예로부터 망자에 대한 제의祭儀를 집행하고 있다. 하지만 개인적으로는 이 『티베트 사자의 서』의 가르침을 깨닫고 체득해서 실제적으로 망자를 인도하는 법사가 나오기를 바란다. 어느 종교를 막론하고 죽음의 과정을 이토록 상세하게 묘사하면서 망자를 해탈로 인도하는 경전은 전무후무하다고 할 수 있기 때문이다. 나아가 『티베트 사자의 서』의 가르침대로 망자를 인도해서 웰다잉의 문화가 정착된다면, 불교의 사회적 공헌은 더 이상 클 수 없을 정도로 지대할 것이다.

2008년 11월
장순용